전북지역 고대문화와 사회

전북지역
고대문화와 사회

최완규 지음

서경문화사

서문

올해는 원광대학교 마한·백제문화연구소가 설립된 지 반백년이 되는 해이다. 학부 시절부터 연구소 문턱을 드나들기를 50여 년이 되었으니 내게는 참으로 특별한 공간이 아닐 수 없다. 그 많은 시간을 타고 고고학을 한답시고 치기스럽게 겉멋으로 달려온 건 아닌지 스스로를 뒤돌아 보게 된다.

나는 대학 2학년 겨울 방학 때 처음으로 익산 왕궁리유적 발굴현장에 참가하면서 고고학 연구자의 길을 지금까지 걸어왔다. 이를 계기로 방학 때마다 '경주고적 발굴단'에 실습생으로 참여하면서 고고학 발굴의 기본적인 지식을 경험할 기회를 가질 수 있었다. 군 제대후 익산토성(오금산성) 1차 발굴조사에 본격적으로 참여하게 되었는데, 이곳에서 출토된 많은 양의 백제토기를 접하면서 자연히 석사논문을 '전북지방 백제토기 연구'로 쓰게 되었다.

1986년 봄, 금강하구에 위치한 웅포면 입점리에서 백제 중기의 석실분과 금동관모 및 신발을 비롯한 유물들이 신고되어 문화재연구소 주관으로 발굴조사가 이루어졌다. 당시로는 왕도 이외의 지역에서 금동관모를 비롯한 위세품이 출토되어 금강하구 지역이 백제의 지방통치에서 매우 중요한 지점이라는 점에서 학계의 관심을 끌었다.

그 해, 마·백연구소 주관으로 실시한 '익산지역 정밀지표조사'에서 백제시대 유적을 담당하게 되었는데, 이 조사를 통해 익산지역에서 금강하구의 웅포리 고분군과 미륵산 북편의 성남리 고분군 등 많은 수의 백제고분을 확인할 수 있었다. 지표조사에서 확인된 옥구 장상리고분군과 익산 웅포리고분군, 그리고 성남리고분군의 발굴조사 책임을 맡게 되었고, 이때부터 백제 고분에 대한 본격적인 관심을 가지고 연구를 시작하게 되었다. 이와같이 발굴조사와 연구를 병행한 성과를 토대로 1997년에는 숭실대학교에서 「錦江流域 百濟古墳研究」로 박사학위를 취득하였다.

한편 1995년 익산 영등동에서는 전·중기의 청동기시대 집자리와 더불어 보령 관창리에 이어 국내에서 두 번째로 주구묘가 발견되었는데, 이를 계기로 마한 분묘에 대한 연구를 시작하게 되었다. 우리나라 처음으로 작성한 「주구묘의 특징과 제문제」라는 논문에서 주구묘는 영산강유역에 집중되어 있는 대형 분구묘의 조형이라는 견해를 밝히기도 하였다. 그런데 익산 율촌리 저분구묘 조사에서 이를 뒷받침하는 자료인 이른 단계에 해당하는 소위 '선황리식' 옹관이 확인되었다.

1999년 서해안 고속도로 건설구간의 발굴조사에서는 충남에서 전남에 이르는 서해안지역에서 주구묘가 잇달아 발견되어 마한의 보편적 묘제라는 점이 확인되었다. 2009년에 진행하였던 고창 봉덕리 분구묘 조사에서는 금동신발을 비롯한 위신재와 중국제 청자 등이 발견되었는데, 마한의 '모로비리국'의 실체를 파악하는 중요한 단서로 평가되었다. 또한 고창지역에는 영산강유역과 같은 양상으로 백제 영역화 이후에도 오랜기간 마한문화 전통을 가진 세력집단이 유지되고 있었다는 점도 이 지역에 남아있는 분구묘를 통해 살필 수 있다.

2002년에는 한반도 서남부 해안에서 발견되는 주구묘와 일본의 방형주구묘와 비교 연구를 위하여 '나라(奈良)국립문화재연구소'와 '리츠메이칸(立命館)'대학에 각각 머물면서 논문 발표와 강연을 통해 야요이(弥生)문화의 보편적 묘제인 방형주구묘는 그 기원이 마한에서 비롯된 것이라는 견해를 밝힌 바 있다.

2006년 마한 · 백제문화연구소장을 맡으면서 대학 연구소가 지역사회를 위해서 할 수 있는 역할을 고민하던 중 세계문화유산 등재추진과 익산천도론에 대한 집중적인 연구에 우선순위를 두고자 했다. 그 결과 2015년에는 공주, 부여와 더불어 익산도 세계문화유산에 등재되는 쾌거를 이루었다. 백제 무왕대 익산천도론에 대해서는 『삼국유사』와 『삼국사기』의 기록에서 천도에 대한 정황적 근거를 찾아 완성도를 높이고자 시도하였다. 특히 익산 쌍릉에 대한 발굴조사에서 대왕릉에서 수습된 인골분석과 방사성탄소연대 측정 결과를 통해 피장자를 백제 무왕으로 특정할 수 있게 되었다. 이러한 분석 결과를 삼국시대의 왕릉원이 반드시 왕도에 있

다는 점과 연결시켜 본다면 익산지역 무왕릉의 존재는 백제 익산천도론을 뒷받침
하는 적극적 증거로 볼 수 있지 않을까 한다.

2004년부터 시작한 고부 구읍성의 발굴조사 결과, 이 성곽은 백제시대 초축된
것으로 밝혀내고, 특히 '상부상항'명의 기와가 북문지에서 발견됨에 따라 백제 오
방성 가운데 '중방고사성'의 치소라는 사실을 밝혀냈다. 2012년부터 시작한 김제
벽골제 발굴조사에서는 제방축조에 부엽공법과 토낭을 사용하고 있는 점이 확인
되었는데, 이는 마한 분구묘 축조와 그 수법이 동일하여 초축의 주체를 마한세력
으로 추정하게 되었다. 그리고 벽골제 중수비에 보이는 각 수문의 물길이 닿는 지
역이 백제시대 고부의 속현과 일치한다는 점도 확인할 수 있었다. 이를 중방 고사
성의 공간적 범위로 특정하여 그 내부에 있는 동시대의 유적들을 비교 분석하여
본 결과, 벽골제와 눌제는 농업생산력의 경제적 기반으로, 다량의 곡물류와 몇겹
의 환호유구가 확인된 부안 백산성은 테뫼식 산성이 아니라 발굴결과를 토대로 유
통의 거점으로 볼 수 있으며, 그리고 보화리 석불은 불교를 매개로 중앙세력과 관
련성을 찾을 수 있고, 은선리의 횡혈식석실분들은 백제 중앙세력의 진출이란 관
점에서 접근할 수 있었다.

이 책에서는 발굴조사를 통해 얻어진 그동안의 자료를 바탕으로 전북지역의 고
대문화와 그 당시의 사회를 재구성하고자 시도하였다.

제1장에서는 송국리문화를 바탕으로 하는 '韓문화'로부터 마한이 성립하는 과
정에 대해 만경강유역을 중심으로 새롭게 등장하는 초기철기시대의 분묘유적과
제의유적을 통해 조명해 보았다. 마한 성립기의 토광묘 이후 등장하는 분구묘 출
현과 그 축조집단에 대해 살펴보고, 분구묘의 전개양상과 주거유적을 종합하여
전북지역의 마한소국을 비정해 보았다. 또한 전북지역에서 마한 문화전통이 가장
오랜기간 지속되었던 고창지역의 마한문화를 살펴보았다.

제2장에서는 백제 무왕대 왕도였던 익산지역의 전통세력의 양상을 분묘를 통
해 밝혀 보았다. 이 지역에 잘 남아있는 백제 말기 유적들에 대한 발굴 조사결과를
바탕으로 도성과 관련하여 그 성격을 규정하고 익산도성의 완전성을 천착해 보았
다. 그리고 도성 유적과 더불어 『삼국사기』나 『삼국유사』에 남아있는 익산 천도의
정황적 문헌 근거를 비교 검토하여 천도에 대한 근거를 제시하였다.

제3장에서는 김제 벽골제 중수비에 기록되어 있는 몽리구역과 『삼국사기』 지리지의 고부 속현과 그 공간적 범위가 일치한다는 전제 하에 백제 중방 고사성의 구체적인 모습을 그려 보고자 했다. 중방성의 치소로 비정된 고부 구읍성을 중심으로 분포하고 있는 벽골제, 백산성 등 여러 유적들을 분석하여 백제 중방 고사성을 구성하는 근간으로서 그 성격을 추론하였다.

제4장에서는 전북 동부 산간지역에 분포하고 있는 가야 고분군을 중심으로 중심지역과 주변지역으로 구분하여 그 성격을 밝히고, 고분구조와 출토유물을 분석하여 백제와 관련성을 살펴 보았다. 또한 백제는 동부지역의 가야세력과 친백제적인 관계 속에서 남원지역을 중심으로 남방성을 설치했을 것으로 보았다.

제5장에서는 호남 3대 제호라 불리는 익산 황등제, 김제 벽골제, 정읍 눌제 등에 대하여 문헌 고찰과 최근 발굴조사 결과를 바탕으로 새로운 접근을 시도하였다. 황등제는 마한 성립의 경제적 기반이 되었을 것으로, 벽골제의 축조 주체는 마한 세력으로 논증했으며, 특히 눌제와 더불어 중방 고사성의 경제적 기반으로 이해하였다.

저자는 고고학 연구자로서 전북지역의 유적 발굴의 여정과 연구 성과를 통해 이 지역의 고대문화와 사회를 주요 논제로 다루었다. 그러나 다양한 성격의 유적을 조사하고 연구해 왔기 때문에 한 분야의 심층적인 연구에는 미치지 못한 점이 있을 것으로 생각된다. 그리고 고고학적인 발굴조사를 통하여 얻은 정보를 문화적 관점에 국한해서 연구하는 자세에서 벗어나 정치 사회적인 해석으로 확대해 보려고 노력했기 때문에 많은 오류도 있을 것으로 생각된다. 그럼에도 이 책을 발간하는 목적은 지금까지의 저자 자신의 연구를 정리하면서 연구자들의 많은 비판과 질정을 통해 새로운 연구의 길을 모색하기 위해서이다. 연구자들의 관심과 조언을 부탁드린다.

목차

contents

제2장 백제왕도 익산   133

제1절 분묘유적으로 본 익산세력의 전통성 … 136

목차

제3장 백제지방통치의 거점 "중방 고사성" 245

제1절 머리말 … 246

제2절 중방성의 기층문화 마한 … 250

contents

목차

제1장 마한문화와 사회

전라북도는 동고서저의 지형으로서 서부 평야지대와 동부 산간지대로 구성되어 있다. 이 두 지역에는 각각 문화적 특징을 달리하고 있는데, 서부 평야지대에는 마한과 백제문화가 근간을 이루고 있고, 동부 산간지역에는 마한과 백제문화와 더불어 가야문화가 다양하게 분포하고 있음을 알 수 있다.

농경을 주된 생업경제로 삼았던 고대사회에서는 너른 평야와 풍부한 수량을 갖춘 금강하구와 만경강 유역이야말로 인간의 삶을 영위하기에 가장 적합한 곳이었을 것이다. 자연 지리적으로 보면, 미륵산을 중심으로 남쪽으로 모악산에 이르는 분지형 공간지대 가운데에는 만경강이 흐르고 있고, 북쪽으로는 계룡산을 경계로 또 하나의 분지형 공간이 형성되어 있는데, 그 중간에는 논산천과 강경천이 금강으로 이어지고 있다. 그리고 동쪽으로는 북에서 남으로 이어지는 노령준령이 병풍처럼 휘감고 있어서 천혜의 방어벽이자, 맑은 수자원의 원천이 되고 있다. 이와 같이 농경에 유리한 자연환경을 갖춘 미륵산 중심의 남쪽과 북쪽의 공간지대에는 선사시대 이래 인간의 문화 활동이 끊임없이 이루어져 왔기 때문에 수많은 문화유적이 남아 있다.

지금까지 마한에 대한 연구는 대부분 문헌을 중심으로 이루어져 왔으나 최근에는 고고학적인 자료를 활용하여 그 이해의 폭을 넓혀가고 있다. 그러나 아직도 문헌과 고고학 자료의 상호 접목에는 연구자간의 서로 다른 관점과 방법적인 문제 등에서 많은 과제를 안고 있는 것이 현실이다. 따라서 한국 고대사의 올바른 복원을 위해서는 연구자들이 정확하고 객관적인 자료를 선택할 수 있도록 상호간 적극적인 협조가 절실히 요구된다.

마한의 공간적 범위는 경기 · 충청 · 전라지역 등 한반도 서남부지역에 비정되는 것이 일반적이다. 그 성립에 대해서는 철기문화의 유입에 따른 사회변화와 관련지어 설명하고 있는데, 그 성립 시기는 대체로 B.C.3세기경에서 B.C.1세기까지 다양하다. 한편 마한의 소멸 시기에 대해서도 A.D.4세기 후반에서 6세기 중엽에 이르기까지 상당한 견해차를 보이고 있다. 이와 같이 견해차가 심한 이유는 우선 절대적으로 부족한 문헌 사료에서 기인한다고 여겨지지만, 다른 한편으로는 고고학 자료의 해석 차이에서도 그 원인을 찾을 수 있다.

이러한 연구 가운데 주목되는 것은 영산강(榮山江)유역의 대형 분구묘 곧 옹관고분에 대한 연구로서 마한의 지역적 성격을 이해하는 자료로 활용되고 있다. 이러한 연구결과는 마한의 백제복속에 대한 연대가 문헌에 보이는 사실보다 더 늦은 시기라는 점을 인식하게 되었고, 또한 백제의 마한 지배방식이 직접지배가 아닌 간접지배의 형태임을 파악할 수 있게 되었다. 특히 영산강유역의 마한 분구묘나 생활유적에서 출토되는 유물을 분석한 결과, 이 지역은 백제 영역화 이후에도 마한의 독자적인 문화가 상당기간 유지되고 있었음이 확인되고 있다.

2000년대 이후에는 충청 · 전라지역의 서해안 일대에서 기본적으로 공통적 속성을 가진 여러 유형의 주구묘나 분구묘가 조사됨으로써 마한묘제의 변화 및 전개과정을 파악할 수 있는 계기가 마련되었다. 나아가 이러한 묘제 변화를 통해 마한의 구체적인 실체 접근이 가능하게 되었고, 백제문화와의 차이점도 인식할 수 있게 되었다.

마한 묘제는 그 성립과 변천과정의 특징에 따라 조기, 전기, 중기, 후기 등 4단계로 구분할 수 있다.[1] 그런데 조기 단계의 적석목관묘나 토광묘는 앞선 송국

---

1 최완규, 2000, 「호남지역의 마한분묘 유형과 전개」, 『호남고고학보』 11, 호남고고학회.

리문화 단계의 묘제와 계승적 관계 속에서 변화된 것이 아니라 중국 동북지방이나 서북한지역의 묘제와 연결이 되고 있다. 또한 조기 묘제는 분구묘의 조형이 되는 전기 주구묘와 그 구조적 속성에서 계승 관계를 찾을 수 없다. 그렇지만 주구묘가 출현하는 전기 이후 중·후기의 묘제는 기본적 속성을 공유하면서 변화 발전되어 갔음을 확인할 수 있다.

한편 익산지역은 문헌 기록과 더불어 청동유물이 오래 전부터 집중적으로 발견되어 왔기 때문에 '마한의 고도'라 불릴 만큼 마한의 정치·문화 중심지로서 주목되어 왔다. 그러나 이러한 청동유물들은 고고학적인 발굴조사를 통해 수습된 것이 아니라 대부분 발견신고에 따른 것들이어서 구체적 실상에 접근할 수 있는 자료로서는 한계가 있을 수밖에 없었다. 2000년대 이후 익산지역은 물론 전주, 완주지역의 혁신도시 건설지구를 비롯한 주변 지역에서도 청동기와 철기 그리고 점토대토기가 부장된 토광묘들이 잇달아 발견됨에 따라 마한성립 중심지의 공간적 범위가 익산지역을 넘어서 만경강 유역으로까지 좀 더 넓게 설정할 수 있게 되었다.

따라서 만경강유역을 중심으로 일찍이 철기문화를 수용함으로서 마한 정치체의 성립이 가능했고, 또한 마한의 중심지로 성장할 수 있는 배경이 된 것으로 이해할 수 있다. 이러한 마한의 정치·문화 중심지로서 이 지역은 백제 영역화가 이루어진 이후에도 마한 전통이 강하게 지속되어 백제 중앙의 묘제보다 오히려 마한 전통의 분구묘를 선호하고 있음이 밝혀지고 있다. 만경강 유역에서 대표적인 마한 분구묘 유적으로는 익산 모현동, 간촌리, 완주 상운리, 전주 마전과 장동 유적을 들 수 있다. 상운리 분구묘는 마한 지역에서 최대 규모라 할 수 있는데, 발굴조사 결과 분구묘의 발전과정을 잘 보여주고 있다. 또한 출토된 유물들이 철기의 가공과 관련된 다양한 공구류와 원재료인 철정, 그리고 생산된 철제품 등이어서 상운리 분구묘 축조세력은 당시 최고 수준의 철기 가공 전문집단임을 말해 주고 있다.

한편 마한의 분구묘는 백제 중앙세력이 전북지역으로 정착하는데 기층문화로서 큰 역할을 한 증거가 되기도 하는데, 정읍 지사리나 운학리 분구묘 축조세력은 백제 중방 고사성이 자리잡게 될 수 있는 마중물이 되었을 것으로 추정된다. 특히 고창지역에는 많은 수의 대형 분구묘가 축조되어 있는데, 그 가운데 봉덕리에는 구릉 정상을 따라 4기의 초대형 분구묘가 배치되어 마한 '모로비리국'의 중심지임을 증명하고 있다. 봉덕리 1호분 발굴결과 출토된 중국제 청자와 중국에서 소위 오련관으로 불리는 소호장식유공광구호는 고창지역의 국제성을 증명하고 있다.

이와 같이 전북지역에서 마한문화는 성립기에서 발전기를 거쳐 이 지역의 기층문화로서 백제 영역화 이후까지 다양하게 지속되고 있음을 마한 분묘를 통해 확인할 수 있다. 이를 통해서 보면 마한 고지에 해당하는 경기 · 충청지역이나 전남지역과 뚜렷이 구별되는 전북지역의 마한문화 특징을 살필 수 있다.

제1절 청동기문화와 한문화

한국 고대사에서 매우 중요한 의미를 차지하고 있는 마한에 대해서 문헌자료를 바탕으로 연구하는 시각은 크게 두 가지로 나뉜다. 첫째는 마한을 종족의 명칭이나 문화계통적인 의미로 보는 시각이며, 둘째는 지연적, 정치 · 사회적으로 통합된 정치체로 보는 관점에서 접근하고 있다.

전자의 관점에서 마한을 바라본 대표적인 연구자는 민족사학자인 단재 신채호 선생인데, 그는 「전후삼한고」(1925)와 「조선상고사」(1931)에서 삼한을 "전삼한"과 "후삼한"으로 구분하였다.[2] 이러한 전후 삼한의 구분은 고조선 준왕이 남쪽으로 이주한 시점을 기준으로 삼고 있다. "전삼한"은 단군조선이 "신(眞)조선", "불(番)조선", "말(馬)조선"으로 분화한 것이며, 말조선을 제외한 위치는 중국의 요서와 요동에 걸쳐 있는 것으로 보았다. 또한 말조선은 한반도의 기자조선으로 마한의 전신으로 인식하고 있다. 결국 마한을 비롯한 한(韓)을 북쪽의 고조선

---

2 신채호, 1982, 「삼조선 분립시대」, 『조선상고사』, 진경환 주역, 인물연구소.

을 구성하고 있던 종족으로 보고 있다는 점이며, 북에서 남으로 이동한 것으로 파악하고 있다. 한편 이병도는 준왕의 남천으로 비로소 남한지방에 한이라는 종족명이 등장하고 이것이 점차 확대되어 남한 전체를 한으로 부르게 되었다는 것이어서 신채호와는 약간의 차이를 보이고 있다.

후자의 관점은 지연적인 또는 사회적인 단위의 정치체로 보는 시각으로 최근 연구자들의 통설이 되고 있는데, 그 주된 내용은 마한을 비롯한 삼한을 소국연맹체로 인식하고 있다는 점이다. 이러한 근거는 『삼국지』나 『후한서』에서 고조선 준왕의 남천지를 "한지(韓地)"로 특정하고[3] 있기 때문에 한반도 남부에는 준왕의 남천 이전부터 한이 성립되어 있었고, 이것이 곧 마한이라는 것이다. 곧 북방에서 종족이 이동하여 한을 성립한 것이 아니라, 한반도 선주 토착 집단들의 점진적인 발전의 결과로 한(韓)이 대두된다는 것이다. 이러한 견해를 바탕으로 한다면 한반도 중남부 지역에 넓게 퍼져 있는 청동기문화를 바탕으로 '한(韓)'문화권이 형성되며, '한(韓)' 소국들이 연맹체를 구성해 나가는 과정이 마한의 성립과 관련된다는 것이다.

전북지역 서부 평야지대에서는 고고학적인 조사를 통해 익산지역과 전주 혁신도시 일대에 만경강문화권역으로 설정이 가능할 만큼 주목되는 유적들이 다수 발견되었다. 그것은 바로 청동기시대 전기부터 후기에 걸치는 집자리 유적과 분묘유적인데, 중국 사서에 보이는 마한 성립기의 한(韓)과 관련되는 고고학적인 자료로 평가되고 있다. 미륵산을 중심으로 남으로 만경강문화권역뿐 아니라 북으로 금강문화권역에 분포되어 있는 청동기시대의 전기 및 중기의 유적들 또한 '한(韓)문화'의 증거라 할 수 있는 것이다.

마한의 성립 중심지와 관련하여 익산지역에서는 이미 1970년대부터 많은 청동유물들이 신고되고 수습되면서 청동기문화의 중심지로 주목되었고, 이러한

---

3 『三國志』魏書, 東夷傳, 韓條 "侯準旣僭號稱王, 爲燕亡人衛滿所攻奪 將其左右宮人走入海 居韓地自號韓王 其後絶滅 今韓人猶有奉其祭祀者"
  『後漢書』東夷列傳, 韓條 "初朝鮮王準爲衛滿所破 乃將其餘衆數千人走入海, 攻馬韓, 破之, 自立爲韓王, 準後絶滅, 馬韓人復自立爲辰王"

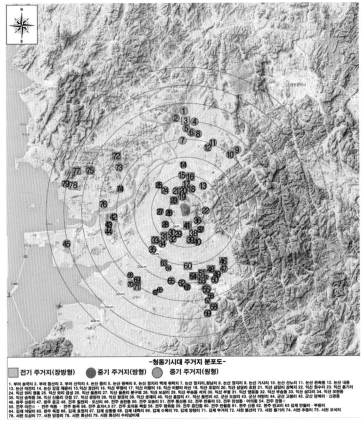

-청동기시대 주거지 분포도-

1. 부여 송국리 2. 부여 증산리 3. 부여 산직리 4. 논산 정지리 5. 논산 원북리 6. 논산 정지리,원남리 7. 논산 정지리 8. 논산 거사리 9. 논산 산노리 10. 논산 관촉동 11. 논산 내동 12. 논산 동기리 13. 논산 마전리 14. 논산 강경 채운리 15. 익산 정산리 16. 익산 부정리 17. 익산 어량리 18. 익산 어량리 마산 19. 익산 호암리 20. 익산 삼담리 흥천 21. 익산 삼담리 상제지 22. 익산 원수리 23. 익산 동기리 24. 익산 와리 평동 25. 익산 와리 금성 26. 익산 율촌리 27. 익산 율촌리 분구묘 28. 익산 석사 석치 30. 익산 영등동 31. 익산 부송동 32. 익산 부송동 33. 익산 신동리 34. 익산 오산동 35. 익산 송학동 36. 익산 신용리 갓점 37. 익산 황등리 39. 익산 광암리 39. 익산 총암리 40. 익산 송암리 41. 익산 송학리 42. 군산 도암리 43. 군산 고봉리 45. 군산 당북리 · 신관동 46. 완주 상운리 47. 완주 운교 48. 전주 원천리 · 오산리 49. 전주 송천동 50. 전주 오송리 51. 전주 반교리 52. 전주 반대리 53. 전주 안성동 · 여의동 54. 전주 장동 · 55. 전주 마전리 · 전주 덕동 56. 전주 봉곡 55. 57. 전주 효자4,5,57. 전주 효자동 내접 58. 전주 중인동 59. 전주 동서동 60. 전주 만성동 61. 완주 신풍 62. 전주 반교리 63 김제 반월리 · 부동리 64. 김제 석담리 65. 완주 복정 66. 김제 효정리 67. 김제 상동동 68. 김제 내죽리 69. 김제 수록리 70. 김제 양청리 71. 김제 부거리 72. 서천 봉선리 73. 서천 월기리 74. 서천 추동리 75. 서천 오석리 76. 서천 도삼리 77. 서천 당정리 78. 서천 화산리 79. 서천 화산리 수리넘어재

그림 1. 미륵산 중심의 청동기시대 주거지 분포도

고고학 자료를 마한과 관련짓고자 하는 접근이 이루어져 왔다. 이를 바탕으로 김원용 선생은 익산지역을 중심으로 반경 60km 이내에 분포되어 있는 청동유물 출토유적에 주목하고 익산문화권[4]으로 설정한 바 있다. 그리고 금강과 만경 평야가 마한의 근거지이며, 익산지역 청동기인들을 후에 마한인으로 발전하는 이 지역의 선주민으로 파악하였다. 충청·전라지역의 청동유물과 공반되는 철

---

4 김원용, 1977, 「익산지역의 청동기문화」, 『마한·백제문화』 2, 원광대학교 마한·백제문화연구소.

기의 성격을 마한사회 소국성립과 관련짓고 그 배경에는 서북한지방의 정치적 파동과 관련된 주민이동에서 비롯되었다고 이해하는데, 대표적으로 준왕의 남천 사건을 예시하고 있다.[5] 이러한 견해들은 매우 탁견이라 할 것이다. 이를 뒷받침하는 고고학적 자료들로서 전기와 중기에 해당하는 주거유적과 송국리식 묘제들이 여러 곳에서 발견되어 왔으며, 이전과 다른 새로운 청동유물과 철기가 공반되는 청동기시대 후기의 분묘유적도 다수 발견되었다.

1. '韓'의 선주민 '송국리형 문화'

중서부지방의 청동기시대 문화는 중기에 해당하는 송국리형 문화가 광범위하게 자리잡고 있다. 송국리형 문화란 부여 송국리 유적에서 발견된 일련의 유구와 유물을 표지하는 것으로, 주거지 평면 형태는 일부 방형도 보이지만 원형이 주를 이루고 있다. 주거지 내부시설로는 기본적으로 양단에 주혈이 있는 타원형 구덩이가 중앙에 위치하고 있다. 출토유물로는 호형토기(송국리형 토기)와 플라스크형의 홍도 등의 토기류와 유경식 석촉, 삼각형 석도 등을 표지로 하고 있다.[6]

송국리형 문화단계에 대한 사회발전과 관련해서는 묘제 분석을 통해서 비파형동검이 출토된 송국리 52지구 1호분을 지배자집단의 정점에 위치하는 최고 신분자의 무덤으로 파악하였다. 또한 부여 가증리 유적의 경우 모든 석관에 석촉이 다량 부장되어 있고 1호에서 4호까지 질서정연하게 배열되어 있는 점에서 피장자가 유력집단이었을 가능성을 상정하고 있다. 그러나 이러한 증거가 곧바로 개인과 집단의 사회적 지위가 세습되거나 제도적으로 고정되는 귀속지위가 당시에 존재했음을 입증하는 것은 아니라는 조심스런 입장을 견지하고 있기도 하다.[7]

5 전영래, 1990, 「마한시대의 고고학과 문헌사학」, 『마한 · 백제문화』 12, 원광대학교 마한 · 백제문화연구소.

6 안재호, 1992, 「송국리유형의 검토」, 『영남고고학보』 11, 영남고고학회, pp.1~2.

7 김승옥, 2001, 「금강유역 송국리형 묘제의 연구: 석관묘 · 석개토광묘 · 옹관묘를 중

최근 조사된 송국리 취
락유적들에 대한 신자료
와 서구이론 접목을 통해
송국리 유형의 성격에 대
해 검토한 결과, 대형 지
상건물지와 울책에 대해
의례적 중심지로서의 성
격이 강했을 것으로 보았
다. 그 중 티모시 얼의 이
론과 방법론을 이용해서
파악한 송국리유적의 성
격은 위세품과 현물-재정
을 고루 활용한 복합사회
를 유지하고 있는 것으로
보았다.[8]

송국리형 문화단계의
묘제에 대해서는 무문토
기시대 전기말에서 중기

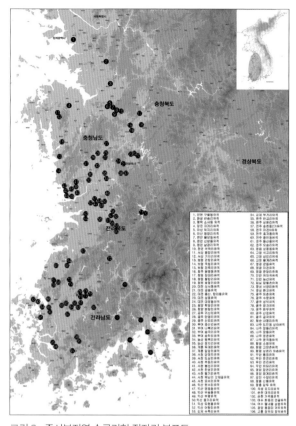

그림 2. 중서부지역 송국리형 집자리 분포도

에 한반도 중서부지방에서 유행하기 시작하여 남부지역 전역에 영향을 미친 석
관묘, 석개토광묘, 옹관묘를 송국리형 문화의 대표적인 묘제로 설정하고 있다.[9]
그 중심적인 분포권역은 부여, 공주, 논산, 익산일대의 금강 중·하류역으로 볼
수 있는데, 이곳에는 다른 지역에 비해 지석묘가 가장 적게 발견되고 군집을 이

심으로」, 『한국고고학보』 45, 한국고고학회, pp.55~57.

8 김경택, 2014, 「청동기시대 복합사회 등장에 관한 일 고찰 : 송국리유적을 중심으로」,
   『호남고고학보』 46, 호남고고학회, pp.13~14.

9 김승옥, 2001, 앞의 논문, p.55.

루는 경우는 거의 없다. 그러나 송국리형 묘제의 중심권역의 외곽에 해당하는 금강상류지역과 서해안의 보령지역에서는 지석묘와 석관묘나 석개토광묘가 혼재되어 있지만, 옹관묘는 확인되지 않고 있다. 따라서 서해안 일대와 금강 상류지역은 송국리형 문화와 지석묘 문화가 결합된 일종의 '문화혼합지대'라 보고 있다.[10]

한편 지석묘와 송국리형 묘제가 공존하고 있는 호서지역은 두 묘제 비교연구를 진행하는데 있어서 매우 적절한 지역으로 판단하고, 두 묘제가 결합된 양상에 따라 3유형으로 설정하였다. 먼저 Ⅰ, Ⅱ유형의 지석묘는 무덤으로서 기능보다는 상징적인 성격을 지닌 것으로서 보령지역에 위치하며, Ⅲ유형은 지석묘 요소가 반영된 송국리형 묘제가 입지상 중심을 이루면서 분묘군을 형성하고 있는데, 공주·부여 등의 송국리형 문화 중심권역에 해당한다는 것이다.[11]

지석묘가 청동기시대

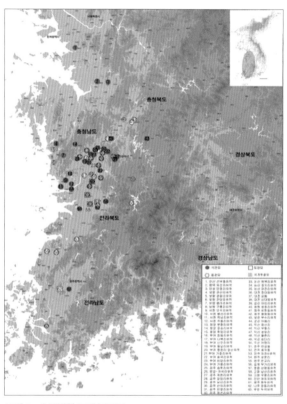

그림 3. 송국리형 묘제 분포도

---

10   김경택, 2014, 앞의 논문, 표 3 참조.
11   손준호, 2009,「호서지역 청동기시대 묘제의 성격」,『선사와 고대』31, 한국고대학회, 표 3 참조.

전기부터 축조되어온 묘제라는 전제에서 볼 때, 앞의 두 견해에는 약간의 차이를 발견할 수 있다. 우선 전자의 경우 송국리형 묘제가 중심권역에서는 지석묘와 전혀 관계없이 축조되었다는 것이다. 그러나 후자의 경우 송국리형 묘제의 중심권역에서조차 지석묘와 결합된 형태로 나타난 것으로 보고 있다. 결국 송국리형 묘제의 성립과 관련된 문제일 뿐 아니라 지석묘와 송국리형 묘제의 축조 집단과도 연결해서 들여다 볼 문제라고 생각된다. 그러나 두 연구자간에 약간의 견해 차이는 송국리형 문화의 중심권역을 익산이나 전주·완주까지 확대한다면 송국리형 묘제의 고유한 독자성에 대한 이해 폭이 넓어질 것으로 생각된다. 왜냐하면 송국리형 묘제의 중심권역을 좀 더 넓혀 볼 때에도 지석묘 축조예는 매우 적기 때문이다.

그런데 송국리형 묘제의 하나인 옹관묘 가운데 전형적인 외반구연의 송국리형 토기를 사용하지 않고 직립구연의 토기를 옹관으로 사용된 예가 있어 주목된다. 그 유적으로는 익산 석천리·율촌리, 서천 옥남리에서 조사된 옹관이 이에 해당된다. 특히, 익산 석천리에서 출토된 옹관은 직립 경부의 구순부에 각목이 시문되어 있어 그 상한을 휴암리 유적 시기로 볼 수 있고, 하한은 안면도 고남리나 부여 송국리유적 시기인 B.C.5세기경으로 보고 있다.[12] 그리고 이 옹관은 무문토기 옹 가운데 가장 고식으로 전기후반 내지 말로 보는 경향도 있고,[13] 주변 익

그림 4. 익산 석천리 출토 옹관

12 이건무·신광섭, 1994, 「익산 석천리 옹관묘에 대하여」, 『고고학지』 6, 한국고고미술연구소, p.52.

13 하인수, 2000, 「남강유역 무문토기시대의 묘제」, 『진주 남강유적과 고대일본』, 국제학술회의 발표자료집.

산 영등동 유적 가운데 Ⅰ-3호 장방형 주거지에서 출토된 토기와 유사하여 늦어도 전기 후반으로 편년하기도 한다.[14] 따라서 송국리형 묘제 가운데 옹관은 전기에서 이어지는 전통이 남아있는 것으로 볼 수 있다.

그림 5. 익산 웅포리 석관묘

호남지방의 송국리형 주거지 분포권 내에서 살펴보면, 만경강유역과 고창 이남을 포함하여 전라남도에 걸치는 남서부지방의 묘제가 다르게 분포하고 있음을 알 수 있다. 전자는 송국리형 문화의 대표적인 묘제인 석관묘·석개토광묘·옹관묘 등이며, 후자는 지석묘로서 서로 전혀 다른 묘제가 분포되고 있다.

한편 고창이남 및 전남지방을 중심으로 지석묘에서 점토대토기와 세형동검이 출토되는 예가 있는데, 먼저 점토대토기가 출토되는 유적은 광주 매월동 등산, 보성 송곡리, 장흥 송정리, 강진 영복리 등이다. 세형동검이 출토되는 지석묘 유적은 영암 장천리 1호, 순천 평중리, 화순 절산리 등을 들 수 있다.[15] 이러한 양상은 금강 중·하류지역의 충남과 전북지역 일원에서 송국리형 묘제가 적석목관묘 또는 토광묘로 변화되면서 세형동검이나 점토대토기를 출토하는 예와는 그 양상이 전혀 다르다.

이와 같이 두 지역을 비교해서 보면 금강유역의 분묘 변화와 더불어 출토유물의 부장양상이 다른 원인은 지석묘의 특수성에서 찾을 수 있다. 주지하다시피 지석묘의 축조에는 많은 노동력을 필요로 하지만, 송국리형 묘제를 축조하는 데는 그만한 노동력이 필요하지 않다. 지석묘를 축조하는 과정에서 많은 사

---

14 김규정, 2006, 「무문토기 옹관묘 검토」, 『선사와 고대』 25, 한국고대학회.
15 조진선, 2005, 『세형동검문화의 연구』, 학연문화사.

람이 동원된다는 것은 사회적 결속력을 높이는 공동체적인 큰 행사였을 것으로 추정된다. 따라서 지석묘 사회는 송국리형 묘제 사회보다 견고한 유대감으로 형성된 사회였으며, 그만큼 배타성도 강했을 것으로 판단된다. 그렇기 때문에 송국리형 묘제의 중심지인 금강 중·하류지역에서와 달리 점토대토기를 보유하는 집단의 토광묘가 널리 보급되지 못하고 지석묘 사회에 흡수 동화된 것으로 추측된다. 그 결과 지석묘에 점토대토기가 부장되는 양상이 나타나게 된 것으로 볼 수 있다. 또한 송국리형 묘제의 중심지인 금강 중·하류나 만경강유역은 해로교통의 요충지이기도 한데, 이점도 이곳에 점토대토기와 철기를 가지는 토광묘 집단의 안착지가 된 이유가 될 수 있을 것이다.

제2절 마한의 태동

마한의 성립과 발전에 대해서는 그동안 문헌자료를 중심으로 이루어져 왔으나, 문헌자료의 한계를 극복하고자 최근에는 고고학 자료를 적극적으로 활용하는 새로운 연구들이 시도되고 있다. 먼저 한반도 서남부지역의 청동기문화단계의 정치집단을 통하여 마한 소국의 성립을 살핀 연구[16]에 의하면, B.C.3~2세기 한반도 중남부지역 청동기문화 단계를 대전 괴정동계, 익산 용제리계, 화순 대곡리계로 나누고 있다. 한반도 중남부지역에는 이미 대동강 유역과 비슷한 단계의 청동기 문화를 유지하고 있었던 것으로 판단하고 있으며, 준왕의 남천은 하나의 사건에 불과한 것으로 파악하고 있다. 마한 제소국의 성립은 청동기문화 단계의 이 같은 정치집단들을 토대로 성장 발전한 것으로서, 그 성립시기와 배경에 대해서는 준왕의 남천시기, 위씨조선의 멸망시기 등과 관련이 있으며, 성립주체는 토착세력을 계승한 집단, 위씨조선계가 주축이 된 것, 부여계 이주 집단 등을 상정하고 있다.

---

16 이현혜, 1984, 『삼한사회형성과정연구』, 일조각, pp.11~31.

준왕집단이 남하했을 B.C.200년경에는 당시에 한족이라 부르고 있었기 때문에 마한의 성립은 일반적으로 B.C.3세기경에 이루어진 것으로 보고 있다.[17] 초기철기시대 문화의 마한문화권이란 청동기부장분묘의 금강유역과 지석묘가 집중된 영산강 유역으로 나뉘는데, 토착적 성격은 금강유역이 더 강한 것으로 보고 있기도 하다.[18]

그림 6. 점토대토기와 흑도장경호

한편 남한지방에서 점토대토기의 등장을 고고학적으로 하나의 분기점으로 보고, 토기의 형태 변화와 문헌으로 보아 삼한사회 원류를 점토대토기문화의 성립으로 보는 견해가[19] 주목된다. 그는 한사회의 형성을 넓은 의미의 마한으로 상정하고 마한이 형성된 시점을 점토대토기문화가 남한지방으로 파급되는 시점인 B.C.300년경에 두고 있다.

필자는 익산과 만경강을 중심으로 송국리 문화단계 묘제인 석관묘나 석개토광묘, 옹관묘 등이 사라지고 새롭게 토광묘가 등장하는 것에 주목하여 이를 마

17 노중국, 1987, 「마한의 성립과 변천」, 『마한 · 백제문화』 10, 원광대학교 마한 · 백제
    문화연구소, pp.25~27.
    김원룡, 1990, 「마한고고학의 현상과 과제」, 『마한 · 백제문화』 12, 원광대학교 마
    한 · 백제문화연구소, pp.7~8.
18 김원룡, 1990, 앞의 논문, pp.7~8.
19 박순발, 1998, 「전기 마한의 시 · 공간적 위치에 대하여」, 『마한사연구』, 충남대학교
    출판부, p.19.

한의 성립과 관련된 묘제로 파악한 바[20] 있다. 그리고 중서부지방에서 산발적으로 보이는 적석목관묘를 만경강유역에서 군집을 이루는 토광묘의 선행 묘제로 보고 준왕의 남천과 같은 사건으로 상징되는 이주민의 선행 경로와 관련 속에서 축조된 것으로 본 바 있다.

송국리형 문화단계 이후 금강 하구의 문화양상은 중서부지역과 전혀 다른 새로운 문화가 전개되고 있는데, 청동유물과 더불어 철기, 점토대토기, 흑도장경호를 표식으로 하는 초기철기문화가 그것이다. 새로운 문화요소 가운데 묘제에서 보면 적석목관묘와 목관묘, 순수토광묘로 변화되는데, 묘제의 구조뿐만 아니라, 송국리 문화단계의 분묘에서 적용하기 어려운 신전장을 채택하여 장제에 있어서도 변화가 뚜렷하게 나타나고 있다. 곧 두 문화 사이에 묘제나 장제를 비교해 볼 때 계승적 관계 속에서 변화가 이루어진 것으로 볼 수 없기 때문에 묘제의 속성상 새로이 이동해온 집단에 의해 축조된 것으로 밖에 볼 수 없다.[21]

한편 세형동검을 비롯한 청동기류와 세트를 이루는 점토대토기는 요녕지방에서 한반도로 철기와 더불어 파급되는 것으로 파악하고 전국 연과 고조선의 충돌이 그 중요한 계기가 된 것으로 보고 있다. 요동반도의 점토대토기문화는 한반도 내의 유적분포로 보아 유입경로는 주로 연안 해로를 이용해 경기, 충청지역의 서해안으로 상륙하여 B.C.300년경 비파형동검기의 한반도 지석묘 사회는 사회변동을 겪게 된다. 점토대토기문화 사람들은 초기에는 마찰 과정을 거치지만[22] 토착 지석묘 사회를 재편하는데 성공한 것으로 보고 새로이 지역통합을 이룬 중심지로 경기 · 충청 · 전라지역의 청동유물과 점토대토기를 반출하

---

20 최완규, 2009, 「마한분묘의 형성과 전북지역에서의 전개」, 『마한 숨쉬는 기록』, 국립 전주박물관.

21 필자는 서해안 일대에서 발견되는 주구묘와 중부 내륙에서 발견되는 주구토광묘와는 출자가 다른 것으로 파악하고 전자는 마한세력으로, 후자는 『삼국지』 위서 동이전의 진한조의 내용처럼 유이민 집단의 분묘로 추정한 바 있다.

22 점토대토기문화의 주거유적이 생활이 불편할 정도의 산상에 위치하고, 지석묘 밀집 지역에는 점토대토기 유적이 분포되어 있지 않다는 것이다.

는 유적을 예시하고 있다.[23] 또한 한반도 남부지역의 철기는 원형점토대토기보다 후행하는 단면삼각형점토대토기와 함께 대동강 유역으로부터 파급된 것으로 이해하기도 한다. 그러나 장수 남양리 2호와 완주 갈동 3·4호 토광묘와 수혈유구에서 원형점토대토기와 철기가 공반되고 있기 때문에 최소한 원형점토대토기와 더불어 철기가 유입되었거나 그 이전에 들어왔을 가능성을 보여주고 있다. 한편 완주 반교리에서는 송국리 단계의 석개토광묘, 석관묘, 토광묘가 조사되었는데 그 중 8호의 묘광내 함몰토에서 원형점토대토기편이 발견되었다.[24] 이는 송국리 문화 후기 단계에 원형점토대토기 문화의 유입을 시사하는 것이며, 서북한 지역의 철기 유입 이전에 원형점토대토기와 더불어 요동지방으로부터 철기가 직접 유입되었을 가능성을 보여주고 있다.

1. 동화되지 못한 이주민의 묘제 '적석목관묘'

앞서 살펴본바와 같이 마한의 공간적 범위에 해당하는 한반도 중서부지방에는 송국리 문화가 광범위하게 자리잡고 있었다. B.C.4세기경 중국 연의 고조선 침공으로 인한 고조선계 유이민의 집단이주로 점토대토기문화라는 새로운 문화가 들어오면서[25] 송국리 문화는 점차 위축되어가게 되는데, 특히 묘제의 변화가 두드러지게 간취된다. 만경강유역과 금강 하구를 중심으로 충남과 전북지역에 분포하고 있었던 송국리형 묘제인 석관묘, 석개토광묘, 옹관묘는 사라지고 토광묘(목관묘)가 새롭게 축조되게 된다.[26]

---

23 박순발, 1998, 앞의 논문, p.21.
24 국립전주박물관, 1996, 『완주 반교리 유적』.
25 박진일, 2000, 「원형점토대토기문화연구 -호서 및 호남지역을 중심으로」, 『호남고고학보』 12, 호남고고학회.
26 토광묘 내에 목관을 안치한 것일지라도 부식정도가 심한 경우 발굴과정에서 발견하기 쉽지 않다. 따라서 여기에서는 토광내에 목관이 안치되었다고 판단되는 것도 토광묘로 통칭하도록 한다. 적석목관묘는 토광에 목관을 안치한 후 적석이나 위석을 한 구조로서 기본적으로 토광묘계열에 속하는 것으로서 석재 사용은 시간에 따라

마한고지에서 송국리 문화 다음 단계에 새로운 문화요소를 담고 있는 묘제는 적석목관묘와 목관묘, 토광직장묘[27]로 구분할 수 있다. 적석목관묘의 구조는 묘광을 굴착한 후 목관을 안치하고 목관을 보호하기 위하여 그 둘레에 할석이나 괴석을 돌리고 목관 위에도 석재를 올려 축조하고 있어 벽을 정연하게 축조한 석곽분과 다르게 석재조합이 균일하지 못하게 나타난다. 한편 목관 위에 둘레석을 벽석삼아 개석형태의 판석을 올려 놓은 경우가 있어 자칫 석곽묘의 개석처럼 보

그림 7. 군산 선제리 적석목관묘

그림 8. 군산 선제리 적석목관묘 출토유물

이는 경우도 있다. 이 적석목관묘도 점토대토기와 마찬가지로 그 원형은 중국 동북지방이나 서북한지역의 요녕성 윤가촌 12호분[28], 봉산 송산리 솔뫼골 무덤[29] 등에서 찾을 수 있다.

점차 사라지는 것으로 보인다.

27 발굴조사결과, 목관 사용의 고고학적 증거가 남아 있지 않은 경우에는 일단 토광직장묘로 볼 수밖에 없다.

28 사회과학출판사, 1966, 『중국 동북지방 유적발굴조사보고』.

29 과학원출판사, 1963, 『고고학자료집』 3.

적석목관묘의 예는 파주 와동리[30], 화성 발안리[31], 안성 만정리[32], 안성 반제리[33], 아산 남성리[34], 예산 동서리,[35] 부여 연화리[36], 구봉리[37], 합송리[38], 논산 원북리[39], 화순 대곡리[40], 함평 초포리[41] 등 공간적 범위가 경기도에서 전라남도에 이르기까지 매우 넓게 분포하고 있다. 전북지역에서는 장수 남양리[42]와 익산 다송리[43], 전주 여의동 1호 토광묘[44]가 이에 해당하며, 근래 군산 선제리[45]에서도 방패형

30 경기문화재연구원, 2009, 『파주 와동리 Ⅰ유적』.

31 기전문화재연구원, 2007, 『화성 발안리 마을유적』.

32 경기문화재연구원, 2009, 『안성 만전리 신기유적』.

33 중원문화재연구원, 2007, 『안성 반제리유적』.

34 국립중앙박물관, 1977, 『남성리 석관묘』.

35 지건길, 1978, 「예산 동서리 석관묘 출토 청동일괄유물」, 『백제연구』 9, 충남대학교 백제연구소.

36 김재원, 1964, 「부여·경주·연기출토 청동유물」, 『진단학보』 25·26·27합, 진단학회.

37 이강승, 1987, 「부여 구봉리출토 청동기일괄유물」, 『삼불 김원룡교수정년퇴임기념논총 -고고학편-』, 일지사.

38 이건무, 1990, 「부여 합송리유적 출토일괄유물」, 『고고학지』 2, 한국고고미술연구소.

39 중앙문화재연구원, 2001, 『논산 원북리유적』.

40 조유전, 1984, 「전남 화순 청동유물일괄 출토유적」, 『윤무병박사 회갑기념논총』, 통천문화사.

41 국립광주박물관, 1988, 『함평초포리유적』.

42 지건길, 1990, 「장수 남양리 출토 청동기·철기일괄유물」, 『고고학지』 2, 한국고고미술연구소.

43 전영래, 1975, 「익산 함열면 다송리 청동유물출토묘」, 『전북유적조사보고』 5.
    보고서에서는 파괴된 채 발견되었지만 화강암 석재가 발견됨에 따라 석곽묘로 파악한 것으로 보인다. 그러나 개석위에 野石이 있었다고 기술되어 있기 때문에 적석목관묘로 보아도 무방할 듯 하다.

44 전주대학교 박물관, 1990, 『전주, 여의동선사유적 발굴조사보고서』.
    묘광 내에 벽면은 축조하지 않고 「張着手法」으로 석재를 벽에 붙인 것으로 보고서에 기술하고 있으나 적석목관묘로 보아 좋을 듯하다.

45 전북문화재연구원, 2017, 「군산 선제리108-16번지유적」, 『각지소규모발굴조사』, 한국문화재보호재단.

동기가 다수 출토된 적석목관묘가 확인되었다. 이 중 장수 남양리에서만 유일하게 5기가 군집을 이루고 있으며, 대체로 1기나 2기 정도가 분포하고 있다.

적석목관묘의 구조는 내부에 시설된 석재의 축조수법에 따라 약간의 차이를 보이고 있다. 곧 석관의 형태를 갖춘 제법 견고한 벽체가 있는가 하면 목관의 주위를 두른 정도로 석재가 듬성듬성 노출되는 경우가 있다. 이러한 차이에 따라 예산 동서리, 대전 괴정동, 부여 연화리, 아산 남성리 유적은 적석목관묘로 파주 당하리, 안성 반제리, 금산 수당리 유적은 토광위석묘로 구분하고 있다.[46] 이와 유사한 분류로는 점토대토기문화 분묘로 통칭하고 적석목관묘를 a-1, 토광위석묘를 a-2, 그리고 순수토광묘와 통나무목관묘, 그리고 판재식목관묘를 b식으로 구분하고 있기도 하다.[47] 한편 앞서 대부분의 분묘를 일본 야요이 목관묘 연구 성과를 원용하여 적석석관묘로 파악하고 장수 남양리 유적을 석관묘에서 목관묘로 이행하는 과도기로 파악하고 있다.[48] 이와 같이 최근의 연구를 보면 적석목관묘로 통칭해 왔던 분묘를 석재의 축조상태에 따라 구분해 보려는 경향이 있는데, 그 기저에는 시간성이 반영된 것으로 인식하고 있다. 이에 따르면 B.C.4세기경에 아산만과 금강유역을 중심으로 점토대토기 분묘가 축조되기 시작하여 전국계 철기가 유입되는 B.C.2세기경에 만경강유역에 군집을 이루는 토광묘가 축조되고 있는 것으로 파악하고 있다.[49]

적석목관묘가 단독으로 발견된 아산 남성리, 예산 동서리, 대전 괴정동, 부여 연화리, 구봉리, 합송리, 함평 초포리, 화순 대곡리에서 보면 다수의 세형동검과 더불어 동경 · 방패형동기 · 검파형동기 · 단두령 · 쌍두령 · 동탁 등 제의와 관

46 정여선, 2010, 『중부지방 원형점토대토기문화의 전개과정 연구』, 충남대학교 대학원 석사학위논문, pp.57~64.
47 최우림, 2014, 『분묘를 통해 본 중서부지역 점토대문화』, 충북대학교 대학원 석사학위논문, pp.26~28.
48 박진일, 2013, 『한반도 점토대토기문화 연구』, 부산대학교 대학원 박사학위논문.
49 최우림, 2014, 앞의 논문, pp.60~61.

그림 9. 화순 대곡리 출토 유물

련된 유물이 중복적으로 부장하고 있는 점이 특징이다. 이러한 청동제의 유물의 부장양상의 변화에 따라 1기(방패형동기, 나팔형동기, 견갑형동기, 검파형동기 등 요녕식 동검계 의기부장), 2기(동령류, 원개형동기의 등장과 요령식동검계 의기 소멸), 3기(동령류 중 팔주령 소멸)로 구분하여[50] 변화상을 추출하였다. 또한 원형점토대토기 문화단계를 세형동검전기 I(B.C.3세기 전반-방패형동기 중심), 세형동검전기 II(B.C.3세기 후반-팔주령 중심), 세형동검 후기(B.C.2세기-간두령 중심)로 구분하여[51] 변화추이를 살피고도 있다.

결국 분묘의 내부 구조의 변화는 석관묘계통에서 위석묘계통으로 그리고 토광목관묘계통으로 이행되어 가는데, 분묘축조에서 사용된 석재가 점차 사라지면서 순수토광묘로 변화과정을 살필 수 있다. 부장유물에서 보면 방패형 동기나 나팔형 동기와 같은 요녕계 곧 동북지방의 청동제 제의유물계통에서 점차 팔주령같은 방울류에서 동경과 같은 제의유물로 변화가 이루어지는 것으로 이해할 수 있다.

이러한 제의성격이 강한 부장유물의 성격과 관련지어서 볼 때, 피장자는 세형동검 문화단계의 종교적 직능자로서 읍락 집단의 구심체 역할을 했던 수장층일 것으로 보고 있다. 따라서 B.C.3세기 말에서 2세기대에 이르면 대전 괴정동계통의 검파형동기나 방패형동기에서 화순 대곡리계통의 각종 방울로 구성된

---

50 이건무, 1992, 「한국 청동기의 연구」, 『한국고고학보』 28, 한국고고학회.
51 박순발, 1993, 「우리나라 초기철기문화의 전개과정에 대한 약간의 고찰」, 『고고미술사논총』 3, 충북대학교 고고미술사학과.

제의도구 세트로 변화되어 수장급 무덤에 부장된다는 것이다.[52]

표 1. 중서부지역 적석목관묘 출토 유적 및 유물

유적명		출토유물				비고
		청동기	철기	토기	기타	
아산 남성리		방패형동기, 검파형동기2, 조문경2, 동부 동착		점토대토기, 흑도장경호	곡옥, 관옥 103	수습 조사
예산 동서리		검파형동기2, 나팔형동기2, 원형동기1, 동경5, 세형동검, 석촉7		점토대토기, 흑도장경호	관옥, 소옥 126	수습 조사
대전 괴정동		방패형동기, 검파형동기3, 원형동기, 조문경2, 동탁2, 세형동검, 석촉		점토대토기, 흑도장경호	곡옥2, 소옥50	수습 조사
부여 합송리		원형동기편, 정문경편, 동탁2, 이형동기, 세형동검2, 동과	철부2, 철착	흑도장경호편	유리관옥8	수습 조사
부여 구봉리		방패형동기, 검파형동기3, 조문경, 정문경, 장방형동부, 합인동부, 동착, 동사, 세형동검11, 동과2, 동모		흑도2	석부, 지석	수습 조사
군산 선재리		세형동검10, 검파형동기3, 동부1, 동사1				
논산 원북리 1호		동사		발형토기		
전주 여의동 1호		동부, 동착, 동경2		흑도장경호		
익산 다송리		원형동기2, 조문경		흑도편, 무문토기편	벽옥제 관옥110	수습 조사
장수 남양리	1호	세형동검, 검파두식, 동모	철부, 철착	토기편	석촉2	
	2호		철사	점토대토기	관옥4	
	3호	세형동검, 검파두식	철부3, 철사			
	4호	세형동검, 검파두식, 동모2, 동착, 정문경	철부, 철착, 철사		관옥1, 숫돌	
	5호			흑도장경호		

52 이현혜, 2003, 「한국 초기철기시대의 정치체 수장에 대한 고찰」, 『역사학보』 180, 역사학회, pp.23~24.

유적명	출토유물				비고
	청동기	철기	토기	기타	
함평 초포리	간두령2, 조합식쌍두령, 쌍두령, 병주동령, 동부, 동착2, 동사, 세형동검4, 검파두식2, 동과3, 동모2, 중국식동검			곡옥2 지석2	수습 조사
화순 대곡리	팔주령2, 쌍두령2, 정문경2, 동부, 동사, 세형동검3				수습 조사

　한편 적석목관묘의 분포 양상을 보면 토착문화가 강하게 자리하고 있는 곳에는 1~2기가 자리하고, 그렇지 않은 곳에는 밀집도가 높게 나타나는 것을 알수 있다. 화순 대곡리나 함평 초포리의 경우는 지석묘의 밀집도가 높은 지역이며,[53] 부여지역은 송국리 문화 요소가 강하게 자리잡고 있는 지역이다. 그러나장수 남양리 지역의 경우는 아직까지 이전 단계의 뚜렷한 문화요소를 찾을 수없는데, 이러한 점은 앞선 시기의 문화와 갈등 없이 새로운 문화가 정착할 수 있었기 때문에 분묘가 군집을 이루면서 축조되었을 것으로 생각된다.

　따라서 이질적 묘제로 축조된 피장자의 분묘에 의기화된 청동유물이 다량으로 부장된 그 의미를 종교적 기능자로서 사회통합을 이끌어가는 수장[54]으로 보는 것에 대해서는 좀 더 세심한 접근이 필요하다. 왜냐하면 묘제는 고고학 자료가운데 가장 전통성이나 보수성이 강하기 때문에 종족이나 한 사회에 있어 시ㆍ공간적 범위를 파악할 수 있는 척도인 동시에 사회통합의 정도까지 추정할 수있기 때문이다. 또한 묘제나 장제문화의 특성상 강제적으로 수용되기보다는 이를 수용하는 집단의 자발적인 의지가 있을 경우에 수용이 가능한 것으로 생각된다. 따라서 강력한 기층사회의 묘ㆍ장제의 속성과 상호 계승적인 요소가 보이지 않고 전혀 다른 새로운 묘제가 출현하는 것은 이주집단의 등장을 의미하

53　함평군 내에서 확인된 지석묘는 500여 기이며 그 중 초포리 인근 나산면에는 162기로서 그 중심적 위치에 있다(국립광주박물관 1988). 또한 대곡리 인근에는 전남에서지석묘의 밀집도가 가장 높은 효산리지석묘군이 인근에 위치한다.

54　이현혜, 2003, 앞의 논문, pp.7~10.

는 것이라 할 수 있다.

또한 기층사회에서 이
주민의 새로운 묘제적 요
소가 전혀 수용되지 않고
각각의 묘제를 사용했다
면 통합되어 일원화된 사
회구조로 보기 힘들다. 이
는 기층사회가 그만큼 배
타성이 강해 이주집단이
파고들어 올 공간이 적었
음을 의미하는 것이며, 새
로운 문화를 가진 이주집
단이 기층사회를 강력하
게 변화시킬만한 추동력
이 약했던 것이 아닌가 한
다. 그렇지만 적석목관묘
와 같은 신묘제의 축조가
가능했던 것은 기층사회

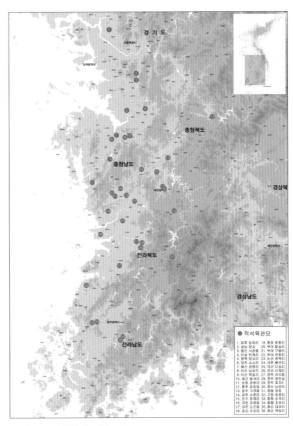

그림 10. 적석목관묘 분포도

의 적극적인 동의는 아닐지라도 어떤 형태의 동의가 있었을 것이며, 후술할 만
경강유역에서 토광묘가 군집을 이루며 축조되는 단계에 들어서서 비로소 기층
사회를 통합하여 마한 정치체의 성립을 보게 되는 것으로 판단된다.

기존의 연구에서는 한 분묘에서 세형동검을 비롯한 동일성격의 유물이 중복
적으로 부장되는 것에 대해서 피장자를 위해 헌납되었을 가능성을 제기하고 있
지만,[55] 다량의 청동유물이 발견되었다는 사실만으로 그 사회의 통합적인 리더

---

55 위신재적인 유물을 헌납했던 집단의 분묘가 존재해야 할 것이며, 헌납한 자는 또 다
른 위신재를 생산하고 소유해야 했을 것으로 이들 집단의 분묘와 유물의 출토범위
가 밀집되어 있어야만 가능한 가설이 될 수 있다.

로 자리매김하는 것에는 종합적인 검토가 필요하다. 오히려 이주해 온 집단의 분묘 속에 무기류와 제의적 성격이 강한 유물이 다량으로 부장되어있는 의미에 대해서는 기층사회의 구성원에게 이를 분배 혹은 전달하지 못했기 때문일 것으로 추측할 수 있다. 다시 말하면 새로운 물질문화를 전달·분배하는 과정에서 포섭 내지는 동화를 통해 이루어지는 세력화 또는 집단화 단계에는 이르지 못한 것으로 여겨지는데, 이는 송국리문화나 지석묘문화 등 강력한 기층문화가 뿌리 깊게 자리잡고 있었기 때문에 배타성이 작용했을 것으로 풀이된다.

따라서 적석목관묘를 축조하고 청동제 제의 유물을 풍부하게 부장한 피장자는 정치 사회적으로 수장과 같은 중심적 위치에 있었다고 보기 어렵다. 마치 오늘날 종교적으로나 정치적으로 새로운 세계를 개척하려는 선구자적 위치에 있었던 집단으로 상정된다. 그러나 분묘에 점토대토기와 흑도장경호를 기본세트로 부장하는 전통은 만경강 유역에서 대규모 토광묘를 축조한 집단과 동질성을 확인할 수 있고, 이곳에서 마한 정치체의 성립과 관련하여 직접적인 것은 아닐지라도 그 기초를 제공한 집단으로 상정할 수 있다.

제3절 마한의 성립

1. 만경강유역과 집단묘역 '토광묘(목관묘)'의 등장

2010년 이후 만경강을 중심으로 미륵산에서부터 모악산에 이르는 지역에서 군집을 이루는 토광묘가 집중적으로 발견되었다. 이 지역에서는 이미 1970년대부터 많은 청동유물들이 신고나 수습되면서[56] 청동기문화의 중심지로 주목되었고,[57] 이러한 고고학 자료를 마한과 관련[58]짓고자 하는 접근이 이루어져 왔

---

56 전영래, 1975, 앞의 논문.
57 김원룡, 1977, 앞의 논문, p.25.
58 전영래, 1990, 앞의 논문, pp.49~59.

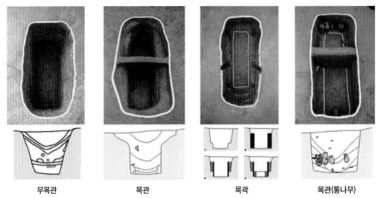

그림 11. 완주 갈동유적에서 확인된 토광묘 내부시설

다. 그러나 대부분 신고유물들이어서 그 유구의 성격을 정확히 파악하는데 어려움이 있었다. 이 지역에서 최초로 정식발굴조사가 이루어진 익산 신동리유적[59]은 과거 청동유물이 반출되었던 유적에 대한 정보를 알 수 있는 계기가 되었다.

토광묘 유적은 만경강을 중심으로 북쪽은 익산, 남쪽은 김제, 완주, 전주에서 집중되고 있는데, 최근에는 남쪽지역에서 유구 밀집도가 높은 유적들이 발견되고 있다. 따라서 과거 익산을 중심으로 보아왔던 연구의 공간적 범위를 넓힐 필요성이 있으며, 만경강을 중심으로 남쪽과 북쪽의 토광묘 문화양상에 대한 면밀한 검토가 요구된다고 하겠다.

만경강유역에서는 19개소 이상의 유적이 확인되고 있지만, 아직까지 적석목관묘의 구조를 갖춘 분묘는 발견되지 않고 있다. 조사된 유적의 분포양상을 보면 익산 신동리, 오룡리[60], 전주 여의동, 김제 서정동 등은 3~5기 내의 토광묘가 군집된 형태로 발견되었다. 또한 완주 반교리와 갈동, 전주 중화산동[61]과 중인

59 원광대학교 마한 · 백제문화연구소, 2005, 『익산 신동리유적 -5 · 6 · 7지구-』.
60 원광대학교 마한 · 백제문화연구소, 2013, 『익산 오룡리유적』.
61 전북문화재연구원, 2008, 『전주 중화산동유적』.

동[62]에서는 7~17기 정도가 군집을 이루고 있고, 완주 신풍 가지구에서 57기, 나지구에서 24기 등 총 81기의 유구가 확인되었다.[63] 이들 토광묘의 입지는 구릉 정상부와 말단부에도 위치하나 대부분 구릉의 서사면이나 남사면에 분포하고 있다. 장축방향이나 입지선정에는 특정 방향을 선호하지 않고 유적 내에서도 방위의 변이 폭은 큰 것으로 보인다.[64]

이들 토광묘에서 출토된 유물의 조합상은 세형동검을 비롯한 청동 무기류와 동경과 같은 의기류, 동사와 동착 등 청동 공구류, 그리고 철부, 철사, 철겸 등 철기 농공구류와 토기류로는 점토대토기와 흑도장경호로 구성되어 있다. 각 유적간의 규모를 비교해 보면 각기 집단 내에서는 커다란 위계차는 보이지 않지만 집단간의 위계차는 확인된다. 또한 규모에 따른 위계와 더불어 출토유물에서도 그 차이가 현격하게 나타나고 있다.[65]

그림 12. 완주 갈동 유적 출토 유물

앞서 살펴본 바와 같이 장수 남양리, 익산 다송리, 전주 여의동 등 적석목관묘 단계를 거쳐 익산, 완주지역에는 목관묘 혹은 토광직장묘를 축조한 집단이 송국리 단계 이후 중심묘제로 자리잡게 된다. 곧 토광묘라는 새로운 묘제를 집단적으로 축

62 전북문화재연구원, 2008, 『전주 중인동유적』.
63 호남문화재연구원, 2014, 『완주 신풍유적 Ⅰ·Ⅱ』.
64 한수영, 2011, 「만경강유역의 점토대토기문화기 목관묘 연구」, 『호남고고학보』 39, 호남고고학회.
65 갈동에서는 무기류, 의기류 등이 풍부하게 매납되어 있지만, 중화산동이나 중인동에서는 세형동검의 봉부편 만을 부장하고 있기도 하여 상징적인 의미가 강하다.

조하고 있는데, 그 의미는 사회적으로나 정치적으로 하나의 통합된 사회형태라는 것을 알 수 있는 자료라 할 수 있다. 이와 더불어 사회 통합과 관련된 고고학 자료로는 제사장이 사용했을 것으로 추정되는 청동제 의기류라 할 수 있다. 충남 서해안 일대의 적석목관묘 단계에서 보이던 방패형동기, 검파형동기, 나팔형동기와 전남의 초포리와 대곡리에서 발견된 쌍두령이나 팔주령같은 방울류가 사라진다. 그러나 적석목관묘 단계에서부터 부장되었던 동경만이 토광묘 단계에서도 지속적으로 발견되고 있다. 의기와 관련된 유적을 일람하면 다음 표와 같다.

표 2. 토광묘 출토 의기류

의기류		유적명
동경	조문경	익산 다송리, 오룡리 5-2호, 전주 덕동 G 2호, 여의동 1호(2점)
	정문경	완주 신풍 가지구 2호, 31호, 35호, 43호, 55호, 신풍 나지구 1호, 21호, 23호, 갈동 5호, 7호, 전주 덕동 D-1호, 원장동 1호(2점), 만성동 1호, 김제 서정동
	기타	익산 평장리(雲文地四葉四螭文鏡)
간두령		완주 신풍 가-54호

적석목관묘나 목관묘, 토광직장묘를 통해서 보면 중국 동북지방이나 서북한 지역과는 일찍부터 주민의 왕래 및 물질문화의 교류가 있었는데, 충청, 전라지역에서 발견되는 세형동검을 분석한 결과 산지가 중국으로 추정되는 자료에서 이를 뒷받침하고 있다.[66] 중국 동북지방이나 서북한지역에서 이주민들이 남한

---

66 최주 · 김수철 · 김정배, 1992, 「한국의 세형동검 및 동령의 금속학적 고찰과 납 동위원소비법에 의한 원료산지 추정」, 『선사와 고대』 3, 한국고대학회.
최주 · 도정호 · 김수철 · 김선태 · 엄태윤 · 김정배, 1992, 「한국 세형동검의 미세구조 및 원료산지 추정」, 『ANALYYICAL SCIENCE & TECHNOLOGY』 Vol.5. No.2.
최주, 1996, 「슴베에 홈이 있는 비파형동검 및 비파형동모의 국산에 대하여」, 『선사와 고대』 7, 한국고대학회.
정광용 · 강형태 · 유종윤, 2002, 「금강유역 세형동검의 과학분석 (1) -청원 문의면 수습 세형동검-」, 『호서고고학보』 6 · 7합, 호서고고학회.

지역에 들어오는 계기는 앞서 설명했듯이 전국 연의 진개와 고조선과 무력 충돌사건(B.C.311~279)[67], 진의 전국통일시 연의 유이민 남하(B.C.221년 전후), 고조선 준왕의 남천(B.C.194~180)[68] 등 일련의 정치적 사건을 들 수 있다. 1·2차 정치적 파동시에 중국 동북지방에서 유이민들이 직접 해로를 통해 서북한 혹은 남한지역으로 전국시대 연의 철기를 가지고 들어왔을 것으로 추정할 수 있는데, 이들에 의해서 축조된 묘제는 적석목관묘와 토광묘(목관묘)로 볼 수 있다.

완주 갈동 유적의 절대연대편년 자료가 참고가 될 것인데, 보정연대 값을 통해본 상한은 B.C.250년, 중심연대는 B.C.190년을 기점으로 하고 있다. 따라서 완주 갈동, 익산 신동리, 전주 중화산동과 중인리의 목관묘와 토광직장묘는 준왕의 남천과 관련되는 집단들로 상정할 수 있다. 결국 고조선 준왕의 남천지로서 익산과 전주, 완주지역을 지목할 수 밖에 없는데[69] 서북한지역의 토광묘들과 직접 연결되는 목관묘나 토광직장묘들이 이를 뒷받침하고 있고, 군집 내에서 계층성마저 확인되기 때문에 마한사회에서 정치·문화적 중심지로서 자리매김할 수 있었던 것으로 추정된다.

2. 제의 유적과 마한의 성립

모든 인간사회에서 제사는 권력과 불가분의 관계에 있으며 세속적 권력에 정당성을 부여한다. 따라서 지배자의 권력을 논하는 곳에는 늘 제사나 종교와 같은 인간 스스로 체득하기 어려운 신비적인 요소가 부가되기 마련이다. 또한 권력자는 신비화나 신성화를 통하여 자신이 신과 인간 사이의 매개자처럼 보이고

---

67 『三國志』魏書, 東夷傳, 韓條 「魏略曰 昔箕子之後朝鮮侯 見周衰 燕自尊爲王, 欲東略地 朝鮮侯亦自稱爲王, 欲興兵逆擊燕以尊周室(中略) 燕乃遣將秦開攻其西方 取地二千餘里 至滿番汗爲界」

68 『三國志』魏書, 東夷傳, 韓條 「侯準旣僭號稱王, 爲燕亡人衛滿所攻奪 將其左右宮人走入海 居韓地 自號韓王 其後絶滅 今韓人猶有奉其祭祀者」

69 고조선 준왕의 남천 지역으로 『고려사』 지리지, 『세종실록지리지』, 『신증동국여지승람』 등에는 익산지역을 지목하여 기록하고 있다.

자 하는 것이다. 따라서 제사나 의례에 대한 연구는 원시 고대사회의 작동원리를 이해하기 위한 유용한 하나의 수단이 될 수 있다.[70] 원시적 제사활동은 모든 사람들의 보편적인 복리를 누리기 위한 것이지만, 정치적 기능이 증가하면서 원시적 기복기능은 점차 사라진다. 중국 고대에 있어서 씨족부락연맹체 형성이후에는 연맹체 수장들은 자기의 독자적인 지위를 위하여 천지신명과 통하는 소수의 특권을 향유하게 되는데, 소위 "絶地天通"이라하여 일반인들로 하여금 신과 분리하고 평민백성과 신령과 직접적인 접촉을 배척했다.[71]

이후 원시적 무격신앙은 최고의 신인 자연숭배의 천신으로 대체되어 갔다. 부락연맹체 수장은 최고의 사제가 됨으로써 하늘에 제사 지내는 특권을 독점하게 되고, 점차 전문적인 사제계층으로 성장되어 갔다. 이에 따라 사제계층의 제사활동의 권력은 통치자가 신의 세계와 인간사회에 대한 지혜의 독점권을 보여주는 것을 의미하며 곧바로 국가제사의 중요한 절차를 세우게 되었다.[72] 따라서 제사에는 엄격한 등급으로 나누어지는데, 천지와 산천제사는 천자나 제후가 주관하고 조상의 제사에는 사족이나 서인도 가능했던 것이다.[73]

최근 토광묘가 군집을 이루고 있는 완주, 김제지역에서 제사의례와 관련되는 유적이 잇달아 발견되었다. 유구는 대체적으로 도랑을 파고 토기를 파쇄해서 폐기한 형태를 하고 있는데, 주로 점토대토기와 두형토기(고배)가 발견되고 있지만, 때로는 미완성 석기나 소형토기들이 폐기되어 있다.[74] 취락에서도 이와 같

---

70 이상길, 2006, 「제사와 권력의 발생」, 『계층사회와 지배자의 출현』 한국고고학회 30주년 기념학술대회 발표자료집, 한국고고학회.

71 艾紅玲, 2008, 「祭祀目的之歷史變遷分析」, 『黑龍江史志』 17, p.43.

72 廖小東, 2008, 『政治儀式與權力秩序 -古代中國"國家祭祀"的政治分析』, 夏旦大學 博士學位論文, pp.33~34.

73 『禮記·曲禮』曰 "天子祭天地 祭四方 祭山川 祭五祀 歲遍. 諸侯方祀 祭五祀 歲遍. 大夫祭五祀 歲遍. 士祭其先."

74 김규정, 2014, 「호남지역 청동기시대 취락의례」, 『호남지역 선사와 고대의 제사』 제22회 호남고고학회 학술대회 발표자료집, 호남고고학회.

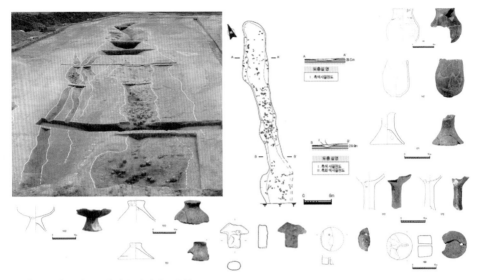

그림 13. 전주 정문동 제의 유적 및 출토유물

은 구상유구가 조사되는 경우가 많은데, 보고자들은 구, 또는 구상유구로 명명하여 그 내용을 기술하고 있다. 대체적으로 이러한 유구를 자연적으로 형성된 일종의 도랑으로 인식하는 경우도 많은데 공존하고 있는 다른 유적과의 관계에서 도랑이 인위적인지 자연적인지 등의 공간적 위치에도 주의가 요망된다. 이러한 구상유구는 광주의 세동, 동림동, 하남동 등에서도 발견되었다.[75]

구상유구에서 출토된 토기 가운데 주목되는 것은 두형토기인데 원형점토대토기와 더불어 많은 개체수가 발견되고 있지만, 인근 분묘유적에서는 거의 부장유물로 발견되지 않고 있다. 그것은 이 두형토기는 일단 부장용 토기가 아니라 생활용이거나 제의와 직접적으로 관련된 토기라고 판단된다. 따라서 두형토기에 대한 분석을 통해서 구상유구의 성격이나 인근 분묘유적과 관련성도 살필수 있다. 나아가 분묘와 제의유적을 통해서 마한 정치체 성립에 대한 접근도 가능한 것으로 여겨진다.

---

75 김규정, 2014, 앞의 논문.

한편 원형점토대토기 단계의 의례공간으로서 환호, 세형동검의 매납유구, 사천 방지리 유적의 토루 존재, 산 정상에 위치하는 환호와 수혈의 성격을 제천의식의 공간 등으로 정리하면서 구상유구의 경우는 의례 공간 혹은 폐기장의 가능성을 지적하고 있다.[76] 만경강 유역에서는 구상유구 외에는 특별히 의례 공간으로 상정할 만한 유구는 발견되지 않았다.

3. 전북지역 마한 성립기 제의유적

완주 갈동 유적의 정상부는 동서방향으로 길게 평탄면이 조성되어 있는데, 구상유구는 평탄면의 동쪽 하단부에서 확인되었다. 장타원형의 형태로 전체적인 규모는 길이 1,340cm, 폭 196cm이며 깊이는 가장 깊은 곳이 64cm 정도이다. 장축방향은 N-30°-W로 등고선과 나란하며, 바닥면의 레벨차가 크지 않아 유구를 조성할 당시 지형을 염두에 두었던 것으로 여겨진다. 풍화된 기반암을 파내어 도랑을 마련하였으며, 서쪽벽은 경사가 완만한 편인데 비해, 동쪽은 급한 경사도를 이루고 있다. 내부에서는 점토대토기·고배편·소형토기·방추차 등 다양한 유물들이 확인되고 있으며, 토층양상을 기준으로 선별이 가능한 유물은 Ⅰ층(토층도 1·2층), Ⅱ층(토층도 a-3층, b-3~5층), Ⅲ층(토층도 a-4·5층, b-6층)으로 구분하였다. 내부에 목탄흔이 일부 확인되었다.[77]

전주 마전 Ⅰ구역은 황방산에서 내려오는 동쪽 가지능선상의 남쪽 사면으로 비교적 가파른 경사면을 이루고 있는데, Ⅱ구역의 구상유구도 규모나 형태에서 비슷하다. 구상유구는 자연경사면을 그대로 이용한 것과 인위적으로 굴광을 하여 사용한 것으로 구분되는데, Ⅰ구역의 2기는 단면 U자형을 이룬다. 두 구상유구는 경사면을 따라 약 11m의 간격을 두고 나란히 위치하고 있고, 1호는 2호에 비해 내부에서 유물의 양이 많았고, 비교적 형태가 잘 남아 있었다. 1호 구의 길이

---

76 심수연, 2010, 『영남지역 두형토기 연구』, 영남대학교 대학원 석사학위논문, pp.118~119.
77 호남문화재연구원, 2009, 『완주 갈동(Ⅱ) 유적』.

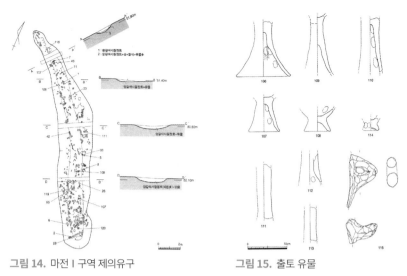

그림 14. 마전 Ⅰ구역 제의유구   그림 15. 출토 유물

는 19.0m, 폭 3.2m, 깊이 26cm로 내부에서 숯과 다량의 소토가 발견되었다.[78]

마전 Ⅱ구역의 구상유구는 Ⅰ구역에서 이어지는 구릉의 남사면부에 일정한 거리를 두고 경사면 아래쪽으로 길게 형성되어 있다. 규모는 20~30m에 이르고, 단면은 U자형에 가깝게 굴착되었다. 내부에서는 다량의 원형점토대토기가 숯, 소토 등이 뒤섞인 채 발견되었는데, 4호에서는 점토대토기와 석기류, 주조철부가 역시 숯과 소토 덩어리와 발견되었다.

김제 반월리 유적의 수혈유구는 구릉의 남쪽 기슭 하단부에 밀집 분포되어 있다. 모두 11기가 조사되었는데 평면형태에 따라 원형 3기, 타원형 3기, 방형 3기, 구상유구 2기 등 다양하게 나타나고 있다. 구상유구를 제외한 수혈유구의 규모는 장폭 145~194cm, 단폭 97~227cm, 깊이 12~47cm로 깊이가 얕다는 점에서 저장기능을 갖추기보다는 다른 특징으로 추정된다. 출토유물 역시 점토대토기편, 흑도장경호, 무문토기편, 대각편, 두형토기, 숫돌, 석촉 등 다양한 양상을 보이고 있으며, 2호·8호 수혈유구와 11호 구상유구에서는 소형토기가 다수

---

78 호남문화재연구원, 2008, 『전주 마전유적(Ⅰ·Ⅱ)』.

출토되고 있어 주목된다. 이러한 소형토기는 당시에 사용되던 일상용기를 축소한 것으로서, 특별히 의례용으로 제작한 것으로 생각된다.[79]

김제 석담리 A, B, C, D지구의 구상유구에서도 무문토기편, 두형토기편, 점토대토기편 등이 수습되었는데, 특히 D지구에서 두형토기편이 집중적으로 출토되었다.[80] 무문토기 중에는 송국리형 토기편도 포함되어 있는 것으로 보고되어 있어 구상유구의 지속기간이 상당히 길었다는 점을 보여주고 있기도 하다. 한편 석담리 B, C, D지구의 구상유구는 장축방향은 각기 다르지만 등고선과 평행하게 두었고, 단면이 U자형으로 안정된 층을 이루고 있어 자연적으로 형성된 A지구의 구상유구와 달리 인위적으로 굴착되었다는 적극적 증거를 가지고 있다.

표 3. 만경강유역 제의관련 구상유구 및 수혈유구 현황(유물명은 보고서에 의거함)

유적명		출토유물		특이사항	비고
		토기	기타		
갈동		점토대토기, 고배, 저부편, 뚜껑, 소형토기	방추차, 석촉, 미완성석기	내부에서 목탄발견	소형토기의 비율이 높음
마전	I-1	점토대토기, 고배, 조합우각형파수	방추차	다량의 소토와 숯발견	6기 모두 등고선과 직교
	I-2	점토대토기, 고배, 파수		할석과 토기편 혼합	
	II-1	점토대토기, 고배, 뚜껑, 저부, 파수	석기		유수에 의해 형성 추정
	II-2	점토대토기, 고배, 조합형우각형파수	미완성석기 (석도제작용)		
	II-3	점토대토기, 고배, 뚜껑	석부, 석도, 석재방추차, 미완성석기		
	II-4	다량의 고배, 점토대토기, 파수	석촉, 석도, 미완성석기, 주조철부	소토와 숯이 4층으로 발견	ASM연대 B.C.300~220

----

79 군산대학교 박물관, 2009,『김제 석담리 봉의산·장의산유적』.
80 군산대학교 박물관, 2002,『김제 석담리유적』.

유적명	출토유물		특이사항	비고
	토기	기타		
정문동 2호	무문토기, 고배, 파수	토우편, 토제품	토우편은 여성의 상반신의 형상화	
중동 A유적	점토대토기, 고배, 파수	토제품		
반월리 1·2·8호	무문토기, 점토대토기, 대각편, 파수, 소형토기 등	숫돌, 석촉		원형수혈
반월리 3·4·9호	무문토기, 점토대토기, 흑도장경호, 두형토기,			방형수혈
반월리 5·6·7호	무문토기, 점토대토기			타원형수혈
반월리 10·11호	무문토기, 점토대토기, 두형토기, 소형토기, 시루편	방추차, 숫돌	단면 V자형. 불에 탄 굵은 모래	구상유구
석담리	무문토기, 점토대토기, 두형토기, 소형토기			

　　두형토기는 청동기시대의 전기 유적에서 점토대토기문화유적까지 그 시간성이나 공간적인 면에서 매우 폭넓은 위치를 점하고 있는 유물로서, 북한이나 강원 영동, 경기중부지역에서는 공렬 및 각형토기와 공반하고 있고(1·2·3·4형식), 충청 서해안 지역에서는 점토대토기 문화가 도래하면서 등장하는 토기[81] (5·6형식)로 파악되고 있다. 두형토기의 전개양상에 대해서는 초기철기시대에 점토대토기와 함께 요녕지역에서 유입된 새로운 기종[82]으로 보는 견해와, 점토대토기와 함께 들어왔던 그렇지 않든 기존의 굽다리 토기가 사라지고 대체되는 것이 아니라 계속 유지되면서 양 형식간의 토기가 일정한 관련성을 가지면서 확대 전개된다는 것이다.[83] 전주, 완주, 김제지역의 구상유구에서 출토된 두형토

81　강병학, 2005, 「한반도 선사시대 굽다리토기 연구」, 『고문화』 66, 한국대학박물관협회, pp.18~21.
82　심수연, 2011, 「영남지역 출토 두형토기의 성격」, 『한국고고학보』 79, 한국고고학회, p.89.
83　강병학, 2005, 앞의 논문, pp.29~30.

기는 대부분 파편으로 출토되어 전체 기형을 파악하는데 어려움이 많다. 파편을 통해서 관찰하면 대각은 나팔형으로 급격하게 퍼진 것과 세장하고 높은 것으로 구분되며, 완형의 배신을 가진 것으로 강병학의 분류에 의하면 제 5, 6형식 가운데 6형식이 주를 이룬다.

이 토기의 출토맥락에서 보면 무문토기시대 전·중기에는 생활유구인 집자리에서만 출토되지만, 점토대토기 등장 이후에는 생활유구뿐만 아니라 분묘, 의례관련 유구에서도 출토되고 있어 생활용기의 기능뿐 아니라 의례용기, 또는 공헌용으로서 기능을 가지게 된다.[84] 영남지역에서는 원형점토대토기단계의 분묘유적은 김천 문당동, 칠곡 심천리, 합천 영창리 등으로 점토대토기와 흑도장경호 외에는 두형토기가 부장되지 않지만, 대구를 중심으로 발견된 분묘에서는 삼각형점토대토기, 흑도, 두형토기를 기본 세트로 하는 양상으로 변화된다.[85] 그리고 이 단계의 생활유적에서도 삼각형점토대토기와 두형토기가 점복의 행위의 결과인 복골과 같이 주로 발견됨에 따라[86] 일상생활에서 의례행위가 보편적으로 이루어진 것으로 볼 수 있다.

따라서 두형토기는 원형점토대토기 단계에서는 분묘에 부장되는 예가 거의 없다가 삼각형점토대토기 단계에 들어서 장송의례용으로 부장이 이루어지는 것으로 볼 수 있다. 이와 같이 원형점토대토기 단계의 분묘에 두형토기가 부장되지 않는 양상은 만경강유역의 양상과 동일하다. 그러나 두형토기는 원형점토대토기 단계부터 삼각형점토대토기 단계까지 구상유구라 불리는 제의 유적에서는 지속적으로 발견되고 있다. 따라서 만경강유역에서는 원형점토대토기가 부장된 토광묘 축조와 더불어 사회적 행위로서의 제의가 이루어진 것으로 추정

---

84 강병학, 2005, 앞의 논문, pp.29~31.
    점토대토기와 공반되는 두형토기는 5, 6형식으로서, 5형식의 토기는 B.C.3세기 전후에 두고 있어 원형점토대토기 단계라 할 수 있고, 6형식은 B.C.3~1세기로 설정하고 있어 삼각형점토대토기 단계를 포함하고 있다.
85 심수연, 2011, 앞의 논문, pp.117~119.
86 김건수, 1998, 「우리나라 골각기의 분석적인 연구」, 『호남고고학보』 8, 호남고고학회.

그림 16. 광주 신창동 소형토기

할 수 있다.

한편 구상유구에서 발견되는 소형토기는 남원 세전리, 광주 신창동·오룡동·치평동·평동, 함평 고양촌, 보성 조성리, 순천 덕암동, 해남 군곡리 패총, 보성 금평 패총 등 대부분 초기 철기시대와 삼한으로 편년되는 유적에 집중되어 본격적인 출토양상을 보이고 있다. 아직까지 소형토기의 분묘 출토 예가 없는 것으로 보아 신에 대한 제사용 즉 실물을 대신하여 바치는 공헌용으로 제작한 상징적인 기물로 볼 수 있다.[87]

특히 주목되는 것은 특정한 물상을 형상화하여 의례 혹은 주술적인 도구로 사용하는 토우가 있다. 토우는 전주 정문동 나지구 2호구에서 1점이 출토되었는데 여성의 신체를 형상화 한 것이다. 인물형 토우는 신석기시대 유적인 신암리, 여서도, 수가리 패총 등에서도 출토되었는데 수렵 및 어로 등 생업활동의 안전과 풍요를 기원하는 의미에서 제작된 주술적이고 의례적인 기물(器物)로 남성상 보다 여성상이 많이 제작되고 있다. 이는 여성의 생식력과 출산력이 농경의 풍요와 다산을 기원하는 원천과 동일한 종교적 의미로 농경생활의 경험세계는 출산과 생육과 풍요의 상징인 여성의 생명력·생식력·재생력을 농경신앙의 원리로 모방묘사하게 함으로써 농경, 풍요신을 여성으로 제작, 표현한 것이라 할 수 있다.[88]

---

87 복천박물관, 2006, 『선사·고대의 제사 풍요와 안녕의 기원』.
88 송화섭, 1996, 「한국 암각화의 신앙의례」, 『한국의 암각화』, 한국역사민속학회.

4. 마한의 성립과 문헌기록

앞에서 언급한 제의 유적은 만경강유역의 군집양상을 보이고 있는 토광묘들과 공간과 시간적으로 중첩되고 있다. 따라서 제의 유적과 토광묘의 상호 관련성 속에서 고찰이 이루어져야만 이 지역에서 마한의 성립과 관련된 고고학적 성과를 기대할 수 있을 것이다.

한편 이러한 고고학적 자료를 뒷받침하는 문헌기록이 『삼국지』 위지, 동이전, 한조에 보면 제사와 관련된 내용이 풍부하게 기록되어 있다.[89] 준왕이 세운 한국과 기원 이후의 『삼국지』에 등장하는 마한의 정치집단은 직접적인 연결 관계는 없었을 개연성이 높지만, 준왕 이전부터 존재한 한과 기원 이후의 마한이 최소한 종족적·문화적으로 공동체 의식을 갖고 있었음은 분명한 것 같다[90]라는 견해가 있는데 이는 지나치게 다음의 가)에 대한 기사를 확대 해석한 것이 아닌가 한다. 『삼국지』 한전에 "有三種 .... 辰韓者 古之辰國也 馬韓在西 其民土著 ...."에서 보듯이 마한인은 토착인임을 알 수 있다. 『後漢書』 한전에는 "準後絶滅 馬韓人復自立爲辰王...."라 하여 마한인들의 정치적 역량을 알 수 있는 기사라 하겠다. 따라서 마한 성립이후 상당한 시간이 지난 후 작성된 『삼국지』의 제의관련 내용은 앞서 살펴본 제의 관련유적과 마한 사회를 이해하는데 유의미한 것으로 판단된다.

가) 「將其左右宮人走入海 居韓地 自號韓王其後絶滅 今韓人猶有奉其祭祀者.」

나) 「常以五月下種訖祭鬼神 聚歌舞飲酒晝夜無休 其舞數十人俱起相隨踏地低

---

89 마한의 성립과 관련된 원형점토대토기 문화와 문헌 자료 간의 시간적 격차에 대한 문제 제기가 있을 수 있지만, 마한 분구묘의 전통이 백제 영역화 이후 5세기 중후반까지도 충남에서 전남에 이르는 지역에서 지속되고 있기 때문에 의례적인 전통 역시 오랜 기간 지속된 것으로 볼 수 있다.

90 성정용, 2013, 「한의 시작과 마한」, 『마한·백제의 분묘문화 I』, 중앙문화재연구원, p.738.

手足相應 節奏有似鐸舞 十月農功畢 亦復如之 信鬼神」

다) 「國邑各立一人主祭天神 名之天君」

라) 「又諸國各有別邑 名之爲蘇塗 立大木縣鈴鼓 事鬼神」

앞의 내용에서 우선 가)의 내용은 준왕과 관련된 후손이나 정치적으로 관련된 집단에 의해서 이루어졌던 제의행위라고 판단된다. 그러나 준왕에 대한 후세인들의 제사가 정치적인 함의 보다는 혈연적으로 준왕과 관련이 있는 후대의 조선 유민일 것으로 보는 견해로서 근본적으로 준왕의 남래 사실에 부정적 주장도 있다.[91]

나)의 내용은 당시는 농경이 주요한 생업경제였기 때문에 농경의례와 관련된 제의 행위가 이루어졌을 것으로 생각된다. 아울러 봄의 제사는 파종하는 곡식들이 풍성하게 자라주기를 바라는 마음에서 행위가 이루어지고, 가을 추수 후에도 동일한 형태의 제의 행위가 이루어지는 것은 아마 자연신에 대한 감사의 의미가 함축되었을 것으로 여겨진다. 그런데 이러한 제의 행위과정을 보면 많은 사람들이 모여 서로 어울려 밤새워 음주가무와 군무를 통해 제사를 지냈다는 것으로 오늘날로 보면 축제와 같은 개념으로도 이해할 수 있을 것이다. 이러한 의미는 파종과 수확기를 매개로 전체 주민의 결속을 다지는 의미도 있지만, 공동체를 통한 농경이 이루어지고 있었음도 배제할 수 없을 것이다. 고대 중국의 전형적인 농업사회에서 천명 신앙과 조상숭배 신앙은 공동가치관을 상징하는 것으로 이해되고 있다.[92]

다)에서 보면 각각의 국읍에는 천신에게 제사를 주제하는 천군이 1인씩 존재하고 있음을 적고 있는데, 앞의 나)의 귀신에 대한 귀제와 천제로 구분할 수 있

---

91 박대재, 2011, 「준왕남래설에 대한 비판적 검토」, 『선사와 고대』 35, 한국고대학회, pp.114~120.
92 廖小東, 2008, 『政治儀式與權力秩序 -古代中國"國家祭祀"的政治分析』, 夏旦大學博士學位論文, p.1.

는데, 지령(地靈)을 제(祭)로, 천신을 사(祀)로 대상을 구분하는 고대 중국의 제사 관과 상통하고 있다.[93] 또한 여기에서 천군이 천신에 대한 제사를 주관한다하여 의례주관자가 언급되어 있는 점은 마한 사회가 신권정치의 단계를 벗어났음을 의미한다는 것이다. 나아가 왕은 사제의 역할은 줄어들고 세속적 권력자로서의 역할은 증대된 것으로 볼 수 있는데, 왕이 국가의 의례에서 완전히 손을 뗀 것은 아니고 일정한 역할을 했을 것으로 보고 있다.[94]

라)의 소도라는 곳은 그 기능에서 한전(韓傳)의 내용대로 법을 어긴 사람이 들어가면 잡을 수 없을 정도의 신성불가침한 성비소(聖庇所)로 묘사되어 있다. 그러나 성비소(聖庇所)의 기능은 본래의 목적은 아니고 부가된 기능이며, 소도를 별읍이라 칭하고 있는 것은 집락에서 떨어진 제장(祭場)으로 파악하고 있다. 또한 소도라 표현하고 있는 원래의 뜻은 정확히 알 수 없지만 고조선의 언어 가운데 조간(鳥竿)을 음역한 것으로 북방에서 유래한 것으로 보고 있다.[95]

이상에서와 같이 마한의 제사와 관련해서 그 대상으로는 귀신과 천신을 상정할 수 있고, 그 장소의 예로서는 소도를 말할 수 있다. 그리고 제의 행위에 대해서는 많은 사람들이 모여 음주가무 등을 통해 공동체의 결속력을 높여갔음을 살필 수 있다. 소도와 천군의 기능이 마한의 사회, 정치발전에 변수로 작용했을 가능성이 있는데, 천군은 국(國) 최고의 종교적 지도자로서 그 카리스마는 사회적 카리스마로 이어져 별읍에 있는 소도를 중심으로 국읍이 형성되어 초기 수도와 같은 국의 중심지가 되었을 것으로 보고 있기도 하다.[96] 그리고 천군의 기능 약화에 따라 소도는 종교적인 면으로만 기능이 축소되면서 분산과 변이를 거듭해 그 잔형이 오늘날의 호남지역 당산과 같은 형태로 전승된다는 것이다.

---

93 조현종, 2014, 「제사고고학 -선사·고대의 제사-」, 『호남지역 선사와 고대의 제사』 제22회 호남고고학회 학술대회 발표자료집, 호남고고학회.

94 서영대, 2009, 「한국고대의 제천의례」, 『한국사 시민강좌』 45, 일조각.

95 金關 恕·佐原 眞, 1989, 『弥生文化の研究』 8, 祭と墓と裝い, pp.9~10.

96 김태곤, 1990, 「소도의 종교민속학적 조명」, 『마한·백제문화』 12, 원광대학교 마한·백제문화연구소, pp.162~166.

외형적으로 보면 국읍과 별읍의 소도신앙은 같은 것이라 할 수 있으나 신앙의 대상이라든가 제사의 형식에 있어서는 국읍의 제사가 훨씬 격이 높은 것이었다. 이와 같이 국읍에서의 종교의례의 격이 높아지게 된 배경에는 성읍국가 단계에서 소연맹국 단계의 사회적 발전이 있었다는 사실을 주목하지 않으면 안된다. 왜냐하면 종교신앙의 형태가 변화한다는 것은 사회발전 단계의 변화와 그 맥을 같이하고 있는 것이다. 즉 사회발전의 단계가 소단위의 사회로 통합되어 가는 것과 같이 종교 신앙의 형태도 다신적인 형태에서 점차 통합된 신앙의 형태로 변화한다는 것이다.[97] 천신을 섬기는 성읍국가는 보다 많은 성읍국가를 아울러 소연맹을 형성할 수 있으나 그렇지 못한 다신교적 제 귀신을 섬기는 소연맹은 별읍에서 이전 단계의 신앙형태를 그대로 유지하고 있었다는 것이다.

결국 이러한 제의 행위는 사회통합도가 점점 높아져 갔음을 의미하는 내용인 것으로 파악할 수 있다. 따라서 앞서 예시한 만경강유역의 제의와 관련된 유적들에 대한 이해를 위한 문헌기록으로 의미를 찾을 수 있다.

제4절 마한문화의 성립과 익산

중국 사서인 『삼국지』와 『후한서』의 "준왕의 남천" 기사에 더해서 『삼국유사』를 거쳐 『제왕운기』와 『고려사』에서는 구체적으로 익산 금마를 마한의 개국지로 지목하고 있다. 이러한 내용을 바탕으로 익산지역은 오래전부터 마한의 고도로 인식되어 왔다. 이에 따라 일찍이 마한과 관련된 연구는 원광대학교 마한·백제문화연구소를 중심으로 이루어졌다.

앞에서 이미 설명했듯이 익산지역에서는 이미 1970년대부터 많은 청동유물의 신고되고 수습되면서 청동기문화의 중심지로 주목받아 왔으며, 이러한 고고

---

97 홍윤식, 1988, 「마한 소도 신앙영역에서의 백제불교의 수용」, 『마한·백제문화』 11, 원광대학교 마한·백제문화연구소, pp.21~27.

학 자료를 마한과 관련짓고자 하는 접근이 있었다. 그런데 이들은 대부분 신고 유물로서 그 성격을 정확히 파악하는데 장애가 되었다. 그러나 익산 신동리 유적에서 처음으로 청동유물과 철기, 삼각형점토대토기를 부장한 토광묘가 출토되면서 이전까지의 신고유물들에 대한 유적 성격을 유추할 수 있게 되었다.

특히 최근 익산 황등제의 제방 축조과정에서 사용되었던 목제의 방사성탄소 연대 측정결과, 마한 성립기에 해당하는 B.C.4~3세기로 밝혀져 관심이 모아지고 있다. 또한, 익산지역에서 수습된 전한시대의 반량전과 동경 등 외래물품은 익산지역의 마한 성립기의 다양한 모습을 그려볼 수 있게 되었다.

여기에서는 문헌 자료와 지금까지 축적된 고고학적인 자료를 통하여 익산지역 마한의 사회와 문화에 대해 접근해 보고자 한다.

1. 한(韓)의 중심지 "익산"

김원용 선생은 익산지역을 중심으로 반경 60km 이내에 분포되어 있는 청동 유물 출토유적에 주목하고 익산문화권[98]으로 설정한 바 있다. 그 내용을 보면 익산지역의 팔봉동 이제, 오금산, 다송리를 비롯하여 완주의 상운리, 남봉리, 상림리, 전주 황방산과 대전 괴정동, 부여 초촌동까지 포함하고 있다. 이러한 유적들은 당시 금강유역에서 발견된 모든 유적을 망라하고 있는 셈인데, 익산지역을 그 중심에 두고 있다. 이들 유적의 성격에 대해서는 부여 연화리와 전주 상림동은 전기에 나머지 유적들은 후기에 해당하는 것으로 보고 뒤에 익산지역의 청동기인들을 마한으로 발전하는 선주민으로 파악하였다.

전영래는 금강유역에서 고조선지역보다 오히려 풍부한 청동기시대의 유적과 유물이 발견되며, 그 수준은 서북한 지역과 대등한 것으로 파악하였다.[99] 금

98 김원룡, 1977, 앞의 논문.
99 전영래, 1983, 「한국청동기문화의 연구 -금강유역권을 중심으로-」, 『마한 · 백제문화』 6, 원광대학교 마한 · 백제문화연구소.

강유역에서 발견되는 유적 가운데 고조선 지역에서 가져온 유물이 매장된 유적과 새로운 수법 형식의 유물이 매장된 유적으로 구분하고, 전자는 금강 중하류의 익산과 부여지역에 국

그림 17. 익산 평장리 출토 전한경 및 청동유물

한되는데, 이러한 배경에는 준왕의 남천과 관련짓고 있다.

한편 평장리에서 전한대의 사엽사리문경(四葉四螭文鏡)의 발견을 계기로 마한의 진왕집단과 중원과 교류를 상정하면서 준왕 남천으로 뿌리내린 금강유역의 청동기문화는 마한의 맹주로 등장하게 되었다는 것이다.[100] 김정배는 익산의 청동기문화를 읽을 수 있는 미륵산과 완주 상림리출토 도씨검, 용화산출토 비파형동검과 조문경 등을 근거로 익산의 청동기문화는 이른 단계에 평양과 더불어 한반도 2대 청동기문화권에 해당한다는 것이다. 나아가 익산은 진국의 여러 정치체 중국(衆國)인 가운데 하나이며, 진국 단계에 준왕이 익산으로 남천한 것이며, 즉 고지진국의 진국이 준왕의 남천 시기와 맞물려 있으며, 삼한 전단계의 역사로서 준왕과 진국을 논해야 한다는 것이다.[101] 준왕과 마한은 관계가 없는 것인데. 이를 뒷받침하는 문헌적 근거는 삼국지에 준왕은 한왕이 되었고, 후한서에도 마한을 공파하고 한왕이 되었다는 것이다. 따라서 조선시대에 유교적 사상에서 비롯된 삼한 정통론은 준왕이 마한의 왕이 아니기 때문에 설득력을

---

100 전영래, 1987, 「금강유역 청동기문화권 신자료」, 『마한 · 백제문화』 10, 원광대학교 마한 · 백제문화연구소.

101 김정배, 1976, 「준왕 및 진국과 「삼한정통론」의 제문제 -익산 청동기문화와 관련하여-」, 『한국사연구』 13, 한국사연구회.

잃게 된다는 것이다.

이와 같은 연구들은 주로 청동유물을 대상으로 이루어져 왔는데, 대부분 신고유물이어서 반출된 유적이나 유구에 대한 정확한 정보를 알 수 없었고, 다만 석곽묘나 토광묘일 것으로 추정되었을 뿐이다. 이러한 점은 익산지역의 청동기문화 연구에서 약점이 될 수밖에 없었다. 그러나 1997년 신동리에서 발견된 세형동검, 점토대토기,

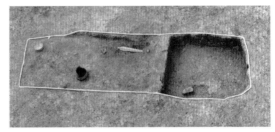

그림 18. 익산 신동리 토광묘 및 출토 유물

흑도장경호, 철기가 부장된 토광묘 2기[102]는 익산지역에서 최초로 정식 발굴조사를 통해 확인되었다는 점에서 의의가 있을 뿐만 아니라, 이를 통해 당시까지 익산지역 출토된 청동유물의 유적에 대한 정보를 파악할 수 있게 되었다.

2. 마한의 성립지 "익산"

1) 문헌자료

『三國志』魏書, 東夷傳, 韓條 "侯準旣僭號稱王, 爲燕亡人衛滿所攻奪 將其左右宮人走入海 居韓地 自號韓王 其後絶滅 今韓人猶有奉其祭祀者"

『後漢書』東夷列傳, 韓條 "初朝鮮王準爲衛滿所破 乃將其餘衆數千人走入海, 攻馬韓, 破之, 自立爲韓王, 準後絶滅, 馬韓人復自立爲辰王"

---

102 최완규, 1993, 「익산 신동리 초기철기·백제유적 발굴조사개보」, 제41회 역사학대회 고고학분과, 역사학회.

『三國遺事』1권, 紀異1, 馬韓 "魏志云 魏滿擊朝鮮, 朝鮮王準, 率宮人左右, 越海而南至韓地, 開國號馬韓"

『高麗史』57권, 志11, 「地理」 2 "金馬郡本馬韓國[後朝鮮王箕準, 避衛滿之亂, 浮海而南至韓地, 開國號馬韓"

위의 문헌자료 내용을 보면, 3세기 중엽의 중국 사서인 『삼국지』 위서 동이전 한조에는 "연나라에서 망명해 온 「위만」의 공격을 받은 고조선 「준왕」이 좌우 궁인을 거느리고 바다 건너 한지(韓地)에 와서 한왕이 되었는데, 그 후 절멸되었다"라 기록되었다. 이후 5세기 중엽의 『후한서』에서는 『삼국지』의 내용을 동일하게 이어받고 있지만, 한(韓)을 마한으로 바꾸어 기술하고 있다. 이후 우리나라 사서인 『삼국유사』를 거쳐 『제왕운기』와 『고려사』에서는 구체적으로 금마를 마한의 개국지로 지목하고 있다. 이러한 역사서의 내용을 바탕으로 익산지역은 오래전부터 마한의 고도로 인식되어 왔던 것이다.

2) 고고학적 자료

① 토광묘 축조와 마한

마한 성립의 주체인 토광묘 집단은 금강이나 만경강 유역에 갑자기 안착한 것이 아니라, 그 이전에 마중물 역할을 했을 것으로 추정되는 집단들의 흔적이 발견되고 있다. 이러한 선행적 집단에 의해 축조된 묘제는 토광묘를 기본 속성으로 하지만, 내부에 목관을 안치하고 이를 돌로서 둘러싼 소위 "적석목관묘"의 구조를 가지고 있어 차이를 보이고 있다. 그러나 부장된 유물에서 보면 점토대토기나 세형동검을 비롯해서 토광묘의 출토유물과 성격을 같이하고 있기 때문에 출자가 동일한 집단임을 알 수 있다.

적석목관묘의 분포 의미는 금강이나 만경강유역에 토광묘가 본격적으로 들어오기 이전에 선행적으로 들어온 집단으로서 청동기를 비롯한 문물을 분배해 주고, 제의를 주관함으로서 세력화와 집단화를 꾀했을 것으로 추정된다. 그러나 전통성이 강한 지석묘와 송국리 묘제 영역에서는 강한 배타성이 작용하여 세력화를 꾀하지는 못했을 것이다. 따라서 적석목관묘를 축조한 피장자는 풍부한 제의적인 청동기를 소유하고 있음에도 불구하고 수장으로서의 자리매김 되지는 않았던 것이다. 다만 기층문화인 송국리문화나 지석묘 사회와는 차별되는 제의 주관자로서 이후 토광묘 축조인들이 집단으로 이주해 올 수 있는 정보나 기회를 제공했을 것으로 추정된다.

전북의 서북부에 자리 잡고 있는 만경강유역은 "마한의 본향"이라 일컬을 만큼 마한의 성립이나 성장과 관련된 많은 유적이 밀집되어 있는 지역이

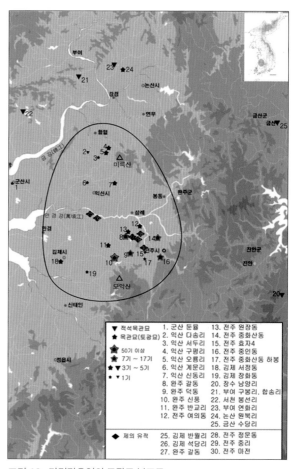

그림 19. 만경강유역의 토광묘 분포도

다. 이 지역은 북쪽에는 익산 미륵산과 남쪽으로는 김제 모악산을 경계로 하고 동쪽에는 노령산맥이 막아주는 분지와 같은 지형이지만, 서쪽으로는 지평선이 보일만큼 너른 평야가 펼쳐져 있다. 이러한 지형과 그 중앙에 흐르는 만경강의 풍부한 수량을 더해 농경을 영위하기에 천혜의 지역임은 주지의 사실이다.

만경강의 북쪽 익산지역은 일찍이 문헌이나 고고학적 자료를 근거로 마한의 고도라고 인식되어 왔지만, 금강유역 문화권역에 포함하여 논의가 이루어져

왔다. 그러나 익산지역의 대부분 유적들은 실제로 금강이 아니라 만경강 수계에 위치하고 있으며, 자료가 증가함에 따라 금강유역과는 다른 문화적 양상을 보이고 있기 때문에 만경강 남쪽의 전주 · 완주 · 김제 지역과 연계한 만경강문화권역을 설정할 수 있게 되었다. 전주 · 완주 · 김제 지역에서 마한관련 유적들이 집중적으로 발견된 것은 2000년대 이후의 일이다. 특히 전주 혁신도시 건설 과정에서 완주 갈동유적이 발견된 이후, 마한성립을 뒷받침하는 토광묘 유적들이 130여 기 이상 잇달아 확인되었다.[103]

완주 갈동유적은 2003년과 2007년 두 차례에 걸쳐 전주 혁신도시를 관통하는 서부우회도로 개설과정에서 17기의 토광묘가 확인되었다.[104] 이후 갈동과 인접한 덕동유적 5기의 토광묘에서 조문경과 세문경, 동과 등이 출토되었고, 원장동 유적에서는 5기의 토광묘 가운데 1호분에서 세형동검 5점과 세문경 2점이 확인되어 이 지역 단일 유구 가운데 가장 많은 청동유물이 출토되어 주목되고 있다.[105] 2011년에는 국내 최대 규모의 밀집도를 보이는 신풍유적에서 81기의 토광묘가 확인되었고 각각의 분묘에서 점토대토기, 흑도장경호, 세형동검, 동경, 철기류가 발견되었다. 이외에도 혁신도시의 유적들보다 위계가 낮은 것으로 추정되는 소규모의 토광묘들이 중인동에서 9기, 중화산동에서 15기가 확인되었다.[106]

한편 군집을 이루고 축조된 토광묘 유적과 동일한 공간 내에서 발견되고 있는 구상유구에서는 원형점토대토기와 제의와 관련되는 두형토기가 파쇄되어 공반되고 있다. 두형토기가 토광묘에서는 부장되지 않고 있기 때문에 장송의례와 다른 형태의 제의 의례가 구상유구를 중심으로 행해 졌음을 알 수 있다. 이는

---

103 한수영, 2011, 앞의 논문.
104 호남문화재연구원, 2005, 『완주 갈동유적』.
105 전북문화재연구원, 2013, 『전주 원장동유적』.
106 전북문화재연구원, 2008, 앞의 보고서.

후대의 문헌기록을 통해서도 마한사회의 제의의례를 유추할 수 있다. 구상유구에서 보이는 제의 행위는 변화 발전되어 왔을 것인데 하늘에 지내는 제사를 주관하는 천군과 같은 존재는 농경사회에서 파종기와 수확기에 귀신에 제사를 주관하는 자와는 격이 매우 달랐을 것으로 보인다. 곧 천군은 당시 사회통합의 리더로서 마한 사회의 정치적 종교적으로 중요한 위치에 있었을 것으로 짐작할 수 있다.[107]

표 4. 익산지역의 토광묘 유적 일람표

번호	유적	유적명	토기류			청동기류							철기류					옥류		기타
			점토대토기	흑도장경호	무문토기	새형동검	동과	동사	동경 조문경	동경 정문경	검파두식	기타	철부	철겸	철사	철촉	도자	관옥	환옥	석촉
1	다송리	적목관묘							2			단추2						93	17	
2	계문동	토광묘 1			1						1					1	1			
3	부송동 (석치)	토광묘 4	2																	
4	구평리 II	토광묘 4	1	1		1														
5	서두리	토광묘 1						1												
6	송학리	토광묘 1		1																2
7	신동리6	토광묘 1		1																
8	신동리7	토광묘 2	1			1					1		1		1					
9	오룡리3	토광묘 1	1	1		1														1
10	오룡리4	토광묘 1		1																
11	오룡리5	토광묘 2	1					1												
12	용제리 이제	신고			1	1	1	1				동착			1					
13	평장리	신고					2	1				전한경, 동모								
14	구평리IV	옹관묘 1																		

---

107 최완규, 2015, 「마한 성립의 고고학적 일고찰」, 『한국고대사연구』 79, 한국고대사학회.

익산지역에서는 8개 유적에서 대략 18기 정도의 토광묘가 조사되었다. 상대적으로 전주, 완주 지역에 비해 군집 양상이 확인되지 않고 있는 실정이다. 그러나 익산지역에서 수습된 평장리 전한경과 다송리 출토 원형동기와 조문경, 오룡리 유적 출토 엽맥문경 등은 어디서나 쉽게 발견되지 않는 유물이라 할 수 있으며, 엽맥문경(葉脈文鏡)은 남한에서는 처음 출토되었으며, 중국 집안의 '오도령구문', 단동 '조가보'에서 출토된 바 있다. 또한, 근래 익산 신흥공원 일대에서 전한시대로 추정되는 반량전 2점을 지표에서 수습된 바 있는데, 반량전 역시 사천 늑도 출토품 1점을 제외하고는 거의 확인되지 않는 유물이라 할 수 있다. 이러한 유물로만 판단하더라도 익산이 당시 중국과의 교류 중심이었음을 추측해 볼 수 있고, 왜 청동기문화의 중심권으로 불렸는지를 명확하게 보여주고 있다.

그리고 최근 익산 마동 테니스공원부지[108]에서는 익산지역 최초로 대규모 분묘군이 확인되면서 주목된다. 이전까지 익산지역은 다수의 청동수습유물과 1~2기 정도의 토광묘만 유적에서 조사되었는데, 마동유적에서 처음으로 토광묘(목관묘) 33기와 횡치식옹관묘 14기 총 47기의 분묘가 군집하는 양상이 확인된 것이다. 이는 만경강 북부에 해당하는 익산지역에도 대규모 분묘군이 더 존재할 가능성이 생겼다고 할 수 있다. 토광묘군은 크게 3개군으로 구분하고 있으며, 판재관과 통나무관이 토층 양상에서 드러나고 있다. 부장유물은 세형동검과 동모, 검파두식, 철겸, 철부, 철사, 석촉이 있으며, 토기류는 흑도장경호, 점토대토기, 두형토기, 파수부호 등이 출토되었다. 특히, 횡치식 옹관묘군은 광주 신창동 옹관묘군과 비슷하지만 전북지역에서는 최대 군집을 이루고 있

그림 20. 익산 마동유적 26호묘

---

108 전라문화유산연구원, 2022, 『익산 마동유적』.

다. 대체로 원형점토대토기로 구성
되며, 파수부호와 발형토기 및 점토
대토기 조합이 주로 확인된다.

이러한 고고학적 자료의 확보가
지속적으로 이루어진다면, 문헌기록
속 마한의 중심지 '익산'은 증명되어
갈 것으로 추정된다.

그림 21. 익산 마동유적 출토 유물

② 점토대토기문화와 마한

한반도 서남부지역에서 철기문화의 파급과 관련된 새로운 고고학 자료의 증
가에 따라 마한에 대한 인식도 달라졌다. 그것은 세형동검과 동경을 비롯한 청
동유물과 더불어 철기, 그리고 점토대토기와 흑도장경호가 부장되는 적석목관
묘와 토광묘 집단의 등장이다. 이에 따라 남한지방에서 점토대토기의 등장을
고고학적으로 하나의 분기점으로 보고, 토기의 형태 변화와 문헌으로 보아 삼
한 사회의 원류는 점토대토기문화의 성립으로 보는 견해들이 주목된다.

표 5. 익산지역 출토 청동유물(동경과 동전)

전 오금산 출토	다송리 출토	평장리 출토	오룡리 출토	신흥동 출토
다뉴조문경	다뉴조문경	전한경	엽맥문경	반량전

B.C.4~3세기경이 되면 점토대토기를 비롯하여 흑도장경호 · 파수부호 · 두형
토기 등 새로운 토기조합이 등장하여 기존의 송국리문화를 대체하게 된다. 만
경강유역은 점토대토기문화의 전 과정을 살펴볼 수 있는 중요한 지역이며, 특
히 B.C.2세기를 전후하여 한반도에서 가장 많은 유적이 밀집, 분포하고 있는 중

심지를 형성한다.[109] 만경강유역의 해로교통의 편리함이 점토대토기 문화가 정착할 수 있는 중요한 요인으로 작용한 것으로 보았다.[110] 한편 호남지역의 점토대토기문화를 3기로 구분하고 Ⅰ기(B.C.5세기 전반~B.C.4세기 후반)는 송국리 문화와 중첩되는 시기로서 형성기로, Ⅱ기(B.C.3세기 전반~B.C.2세기 후반)는 확산기로서 전주 완주 등 만경강유역에 가장 많은 유적이 분포하고 있다. Ⅲ기는(B.C.2세기 후반~A.D.2세기 전반) 쇠퇴기로서 원형점토대토기가 삼각형점토대토기로 변화된다.[111] 익산지역의 마한 정치체의 성장과정을 Ⅲ기로 구분하고, 그 가운데 제Ⅰ기(형성기)의 문화적 특징을 송국리문화가 쇠퇴하고 고조선의 유이민과 준왕의 남래와 같이 외부로부터 지속적으로 문물이 유입되는 단계로 그 시기를 B.C.4~2세기로 설정하였다. 그리고 청동기와 원형점토대토기가 공반하는 단계인 B.C.4~3세기를 Ⅰa로, 준왕 남천을 계기로 청동유물과 철기와 삼각형점토대토기가 공반되는 B.C.2세기를 Ⅰb단계로 세분하고 있다.[112]

한편 점토대토기문화와 마한 성립과 관련해서는 만경강유역을 B.C.4~3세기부터 기원 전후한 시기까지 초기철기문화의 성립과 발전, 소멸양상을 살펴볼 수 있는 지역으로서 B.C.2세기대에 가장 중심을 이루는 것으로 보았다. 그 이유는 B.C.2세기의 전반기에는 정문경으로 대표되는 기술력을 바탕으로 청동기 제작기술이 최정점에 이르며, 이를 통해 중심지로 성장하게 된다. 후반기에는 유적의 규모가 더욱 커지면서 계층의 분화가 가속화되며, 다량의 유물이 부장되는 청동기 수장묘가 사라지고 철기가 출현한다. 즉 세형동검으로 상징되는 최

---

109 한수영, 2011, 「만경강유역 점토대토기문화의 전개과정」, 『건지인문학』 31, 전북대학교 인문학연구원.

110 송종열, 2015, 「만경강유역 점토대토기문화의 정착과정」, 『호남고고학보』 50, 호남고고학회.

111 장지현, 2015, 「호남지역 점토대토기문화의 전개 양상과 특징 -생활유적을 중심으로」, 『호남고고학보』 51, 호남고고학회.

112 김규정, 2016, 「마한의 성장과 익산」, 『마한·백제문화』 28, 원광대학교 마한·백제문화연구소.

상위 지배층의 위세품이 철기로 바뀌게 되며, 이는 곧 사회구조의 변화와 연관된 것으로, 마한의 성립과 관련된다는 것이다.[113]

한편 한(韓)사회의 형성을 넓은 의미의 마한으로 상정하고 마한이 형성된 시점을 점토대토기문화가 남한지방으로 파급되는 시점인 B.C.300년경에 두고 있다. 이러한 견해를 유지하면서 B.C.3세기 말 이전에 한반도 중남부지역은 한지(韓地)로 불리고 있었고, 한국(韓國) 혹은 마한의 정치체가 성립되어 있었다. 준왕의 남천으로 한국을 습취하고 한왕이 되었던 정치체는 기준국(箕準國)이 되는데, 이를 계기로 한국의 마한 정치체는 정치적 주도권을 상실하고 진역을 피해온 집단과 진국을 세우게 된다는 것이다. 이 진국의 왕인 진왕은 구한국 마한 사람들이 세세로 상승했으며, 기준국 절멸 이후 한국과 마한 세력들이 진왕을 세우고 그 치소를 목지국에 두었다는 것이다.[114]

필자는 익산과 만경강을 중심으로 송국리형 문화단계의 묘제인 석관묘나 석개토광묘, 옹관묘 등이 사라지고 새롭게 토광묘가 등장하는 것에 주목하여 이를 마한의 성립과 관련된 묘제로 파악한 바 있으며,[115] 중서부 지방에서 산발적으로 보이는 적석목관묘를 만경강유역에서 군집을 이루는 토광묘의 선행 묘제로 보고 준왕집단과 같은 이주민의 선행 경로로 상정였다.[116] 그리고 적석목관묘나 토광묘와 이곳에서 출토되고 있는 점토대토기와 흑도장경호는 송국리문화 단계의 묘제나 토기에서 상호간 계승적 관계를 찾을 수 없기 때문에 중국 동북지방에서 내려온 집단으로 볼 수밖에 없다.

고조선 준왕의 남천을 전후한 시기에 마한이 성립한 것으로 보고, 그동안 준왕 남천지를 전통적으로 지지해오던 익산지역에서 한지의 현재적 위치를 황방

---

113 한수영, 2021, 「마한의 시작과 만경강, 그리고 익산」, 『마한문화로 본 익산』, 익산마한문화권 가치확산 학술회의, 원광대학교 마한 · 백제문화연구소.

114 박순발, 2016, 「마한사의 전개와 익산」, 『마한 · 백제문화』 28, 원광대학교 마한 · 백제문화연구소.

115 최완규, 2009, 앞의 논문.

116 최완규, 2015, 앞의 논문.

산을 중심으로 특정하고 있는 견해가 있다.[117] 그것은 황방산 일대에서 발견된 군집 토광묘와 구상유구의 존재를 들어 마한이 성립된 것으로 보고 있다. 그러나 고려사 이후의 기록에서 준왕의 남천지를 익산으로 기록하고 있고, 특히 1970년대 중반 익산지역은 식량증산의 일환으로 낮은 구릉지대를 개발하여 논으로 전환한 사실이 있기 때문에 현상학적인 현재의 관점에서 남천지를 특정하는 것은 신중할 필요가 있다고 생각된다.

이상의 내용을 종합해 보면 개별 연구자 사이에 약간의 시각차는 있지만, 대체적으로 동의하는 내용은 다음과 같이 정리된다. 첫째, 마한 성립과 관련해서는 만경강유역의 북쪽에 해당하는 익산지역에 한정된 논의를 만경강유역의 남쪽에 위치한 전주, 완주지역으로 확대하였다는데 의의를 찾을 수 있다. 둘째, 마한 성립의 주체로서는 만경강유역에 점토대토기문화를 가지고 정착해서 군집으로 토광묘를 축조한 집단으로 특정할 수 있으며, 이들이 가져온 철기는 마한 성립을 가속화할 수 있는 새로운 문화로서 정치체 출현의 사회 변화 촉매제로서 기능했을 것으로 생각된다. 셋째, 군집된 토광묘 근교에서 발견되는 제의유적으로 추정되는 수혈유구와 더불어 토광묘에서 출토되는 동경 등 의례와 관련되는 유물과 관련해서 보면, 제의를 통한 사회 통합의 장으로서 기능이 작동되었을 것이다. 마지막으로 중국 전국시대의 정치적 변혁기에 동북지방이나 한반도 서북한지역에서 내려오는 유이민들에 의해 새로운 물질문화가 지속적으로 만경강유역에 유입되었을 것인데, 그 대표적인 사건이 고조선 준왕의 남천이라 할 수 있다.

3. 마한성립의 경제적기반 황등제

익산시에서 논산으로 향하는 23번 국도변에 위치하는 원광대학교를 지나 황등면에 이르기 위해서는 작은 들판을 건너야 하는데, 이 들판을 가로지르는 도

---

117 김승옥, 2019, 「호남지역의 마한과 백제, 그리고 가야의 상관관계」, 『호남고고학보』 63, 호남고고학회.

그림 22. 익산 황등제 서쪽에서 바라 본 전경

로가 바로 황등제의 제방에 해당하며 그 길이는 1.3km에 달한다. 이 제방은 확장 포장하여 23번 국도로 사용되고 있는 것처럼 과거와 현재의 주요 도로로 사용되고 있다. 현재는 제방을 중심으로 내외에 넓은 평야가 펼쳐져 벼농사가 이루어지고 있다. 과거 제방의 중간 지점에 해당하는 곳에는 수문이 설치되어 있을 뿐, 과거 이 유적이 수리시설이었다는 흔적은 찾을 수 없다.

황등제의 초축 시기에 대해서는 정확한 기록이 없지만, 1656년 유형원에 의해 국가적인 차원에서 지역과 사회 현상을 올바로 파악하기 위하여 편찬된 우리나라 최초의 사찬 전국지리지인『동국여지지』에 황등제에 대한 기록[118]이 있는 것으로 미루어 조선시대 이전에 황등제는 축조되었다는 것을 알 수 있다. 이에 따르면 황등제는 군에서 서쪽으로 22리에 있는데, 함열과 경계를 이루고 있다. 다른 이름으로는 귀교제(龜橋堤)라 불렸으며, 둘레는 25리에 달하며, 김제 벽골제와 고부 눌제와 더불어 삼호로 칭해졌으며, 예전에는 관계가 매우 넓어 인물과 재물이 풍성했었으나 지금은 제방이 결실되고 호는 말라버려 그 사이 민전이 된 것으로 기록되어 있다. 한편,『동국여지지』이전 1454년 단종 2년에 편

118 『東國輿地誌』卷五上 全羅道 益山郡 "黃登堤湖。在郡西二十二里，咸悅縣界。一云龜橋堤。堤長九百步，周二十五里。與金堤郡碧骨堤、古阜郡訥堤稱三湖。舊時灌漑甚廣，人物富盛，今堤決湖涸，間爲民田"

그림 23. 익산 황등제 제방 서측 토층

찬된 『세종실록지리지』나 1530년에 편찬된 『신증동국여지승람』에 기록되어 있는 "상시(上屎)" 혹은 상시제(上屎堤)[119], 그리고 상시연(上矢淵) 등을 황등제와 동일한 수리시설로 보는 견해도 있으나 이에 대해서는 장을 달리하여 살펴보도록 하겠다.

특히 주목되는 것은 유형원이 호남 3대 제언으로 김제 벽골제와 고부 눌제와 더불어 황등제를 거론한 이후 많은 문헌자료에서 이들 제언과 더불어 황등제가 같이 거론되고 있다는 것이다. 그것은 유형원 이후 이익 등 중농주의자들에 의해서 이들 3대 제언에 대한 수복에 대한 강한 호소와 의지를 담도 있다는 점이다. 그럼에도 불구하고 조선시대에 있어서 황등제는 수리시설로서 기능을 상실한 채 복구되지 못하고 방치되었던 것으로 추정할 수 있다. 국가적으로 중요성이 강조되었음을 알 수 있다.

1866년 편찬된 김정호의 『대동지지』[120]에는 『동국여지지』의 황등제에 관한 내용을 그대로 답습하고 있는데, 관계가 매우 넓었다는 내용을 적고 있을 뿐, 폐제가 되었다는 내용이 생략된 것으로 보인다. 이후 황등제는 1909년부터 일본인들이 임익수리조합을 설립하여 제방을 다시 쌓고 일명 요교호로 불리었다. 1911년 지형도에서는 요교호가 보이지 않지만, 1924년에 제작된 지형도에서 확

119 『世宗實錄地理志』全羅道 全州府 " 大堤三, 上屎堤、下屎堤、孔德堤" 전라도 전주부 익산군 "大提一, 上屎

120 『大東地志』卷十一 全羅道 益山 "黃登堤。一云龜橋堤。西二十里。長九百步, 周二十五里。灌漑甚廣"

인되고 있는 것으로 보아 1911년 이후에 황등제가 다시 축조되었다는 것을 알 수 있다. 하지만 1935년 고산천 상류의 경천저수지가 축조되면서 황등제는 저수지로써의 기능을 상실하고 제내지는 경지로 개간되었고 제방은 도로로 이용되게 된다. 1954년 항공사진에 제내지와 제외지가 모두 반듯하게 경지정리가 이루어진 것을 알 수 있다.

수문의 위치는 정확하지 않지만, 일제강점기에 축조된 요교호 외부로 연결되는 수로의 위치로 보면 남북 수문과 중앙에 흐르는 탑천과 교차지점 등 모두 3개 지점에 수문이 있었을 것으로 추정해 볼 수 있는데 1954년 촬영된 항공사진에서도 잘 나타나고 있다.[121] 하지만 최근 안형기 · 이홍종에 의한 고지형분석에서는 수문을 2곳으로 표기하고 있어[122] 초축 당시의 수문이 정확하게 몇 개였는지 정확하지 않다.

김제 벽골제나 고부 눌제와 더불어 호남의 3대 제언으로 불렸던 그 중요성에 비해 황등제에 대한 문헌자료를 통해서 알 수 있는 자료는 매우 제한적이었다. 따라서 황등제에 대한 가장 중요한 초축연대나 수 · 개축에 대한 정보를 얻기 위하여 옛 도로 부지에 남아 있던 추정 황등제 제방 부지에 대한 시굴조사에서 확인된 유구를 중심으로 한 397㎡의 면적에 대해서 이루어졌다.[123]

조사결과 제방의 하단 기저부는 흑회색의 점토(뻘)층이며, 그 위에 니질점토와 회백색점토인 불투성 점토를 이용하여 교차쌓기와 토괴형태로 성토(Ⅰ층)하였고 부엽층이 노출되었다. 기저부의 폭은 약 22m이며, 잔존높이는 4.9m로 확인되었다. 제방은 동쪽에서 서쪽으로 3차에 걸친 공정으로 축조되었으며, 이는

121 최완규 · 권정혁, 2019, 「고지형 분석을 통한 벽골제 기능의 재검토」, 『수리사적 측면에서 본 벽골제』, 사적 제111호 김제 벽골제 학술대회, 원광대학교 마한 · 백제문화연구소.
122 안형기 · 이홍종, 2023, 「고지형분석을 활용한 황등제 수리시설 운용 연구」, 『호남고고학보』 73, 호남고고학회.
123 전북문화재연구원, 2023, 『익산 황등제 Ⅰ』.

그림 24. 익산 황등제 제방 부엽층 노출상태

동일한 축조기법과 동일한 재료 등으로 보아 동시기에 제방의 안정된 축조를 위해 이루어진 것으로 보인다.

조사과정에 수습된 시료를 AMS 분석한 결과 목재와 부엽의 경우 B.C.5~3세기로 측정되어 대부분 B.C.4세기경으로 추정하였다. 그리고 기저부 아래 기반층으로 추정되는 토양에 대한 분석결과는 B.C.40~11세기로 확인되었다.

AMS 분석결과를 바탕으로 황등제가 축조될 당시에 중국은 전국시대에서 진·한시대로 전환이 이루어지는 시기이며, 한국에서는 익산지역을 중심으로 마한이 성립되는 시기이다. 그런데 익산을 중심으로 진·한대의 화폐나 청동거울 등이 발견되고 있기 때문에 두 지역 간의 교류를 살필 수 있다. 또한 당시 1.3km에 달하는 제방을 축조하기위해서는 최첨단의 토목기술이 필수적으로 수반될 수 밖에 없다. 따라서 마한이 성립될 당시의 수준 높은 기술력을 엿볼 수 있을 뿐만 아니라, 농업 생산력을 높여 마한 성립의 경제적 기반을 뒷받침할 수 있었다고 추정된다.

제5절 분구묘의 전개와 지속성

1. 송국리 문화 토착세력과 분구묘 축조집단의 계승성

마한 전기의 중심묘제인 주구묘는 조기의 적석목관묘나 목관묘와는 신전장법 외에는 구조적 속성이나 출토유물에서 연속성을 찾을 수 없다. 오히려 몇 가지 점에서 조기의 묘제보다는 송국리문화와 그 관련성을 찾을 수 있다. 먼저 송국리문화 유적과 공간적으로 중복되고 있음이 확인되며, 그 예로서는 보령 관창리[124], 서천 당정리[125], 부여 증산리[126], 서천 도삼리[127], 봉선리[128], 익산 영등동[129], 율촌리[130] 등을 들 수 있는데, 특히 금강유역에 집중되는 현상이 두드러진다.

또한 율촌리에서는 송국리형 옹관이나 석관묘가 안치된 지점에 분구 성토가 이루어진 것이어서 주목된다. 뿐만 아니라 일부 유적에서는 석관묘나 석개토광묘가 분구묘와 중첩되어 발견되고, 송국리형 옹관묘의 주된 직치 방법이 선황리 단계 대형 옹관의 예에서 발견되기도 한다. 분묘의 군집 내에서 작은 집단으로 블록화되어 가족이나 세대공동체적 성격[131]이 강하고, 일본의 이른 시기의 방형주구묘인 '동무고(東武庫) 유적'에서 송국리형 토기가 발견된 바 있다.[132]

따라서 전기의 대표적 분묘인 주구묘는 적석목관묘나 목관묘를 계승했다기보다는 그 이전의 송국리문화를 영유하고 있던 토착 마한인에 의해 축조되었을 가능성이 있다.[133]

---

124 고려대학교 매장문화연구소, 1997, 『관창리 주구묘』.
125 국립부여문화재연구소, 1998, 『당정리』.
126 충청남도 역사문화원, 2004, 『부여 증산리 유적』.
127 고려대학교 고고환경연구소, 2005, 『도삼리 유적』.
128 충청남도 역사문화연구원, 2005, 『서천 봉선리 유적』.
129 원광대학교 마한·백제문화연구소, 2000, 『익산 영등동 유적』.
130 원광대학교 마한·백제문화연구소, 2002, 『율촌리 분구묘』.
131 김승옥, 2001, 앞의 논문.
    최완규, 1996, 「전북지방 고분의 분구」, 『호남지역 고분의 분구』, 호남고고학회.
132 최완규, 2002, 「전북지방의 주구묘」, 『동아시아의 주구묘』 호남고고학회 창립 10주년기념 국제학술회의, 호남고고학회.
133 영광 군동유적에서 출토된 흑도단경호가 송국리문화 유적에서 보이는 홍도와 색깔만 다를 뿐 기형이나 기법에서는 동일하다고 생각된다.

그림 25. 일본 東武庫 2호 주구묘 및 송국리형 토기

다시 말하면 중국 동북지방이나 한반도 서북한 지역에서 강력한 토광묘 집단이 철기문화와 더불어 송국리 문화권역에 들어오게 되면서 자연히 토착계 문화인 송국리문화는 쇠퇴하게 된다. 그러나 이러한 토착문화가 강한 지역기반 속에서 성립되고 성장해 왔기 때문에 토광묘 문화에 완전히 동화된 것이 아니고, 일정기간 동안 수면 아래에 잠복되어 있다가 토광묘 집단세력이 약화되었거나 혹은 다른 지역으로 이동해 가면서 다시 토착문화의 부흥이 이루어진 것으로 추측된다.[134] 그리고 송국리문화 전통이 강한 지역에서 토착문화의 전통이 강하게 복고적으로 나타나는 현상도 가정해 볼 수 있을 것이다.

한편 『三國志』나 『後漢書』 동이전에 기록되어 있는 고조선 준왕이 마한을 공파하고 한왕이 되었으나 그 후 절멸했다는 기사가 주목된다.[135] 이 두 사서에서 공통적으로 준왕 이후의 연속적 관계가 아니라 전자는 오히려 한(마한)인에 의해서 제사가 받들어지거나 그들 스스로 왕이 되었다고 적고 있다. 곧 성립기의 문화 내용을 준왕의 남천과 관련시켜 볼 때 성립기와 이후 단계 사이에 분묘문화의 단절성을 이해할 수 있는 기사로 볼 수 있다. 이상에서 보듯이 외래계의 묘제

---

134 이러한 문화적 현상에 대해서는 우리나라에서 1960, 70년대 스테인리스라는 새로운 용기가 들어오면서 우리 전통의 유기문화는 잠복되고 새로운 스테인리스 용기문화가 가정을 비롯하여 생활용기의 주류로 등장했던 사실에 주목하고자 한다. 그러나 이러한 스테인리스 문화도 우리나라의 경제 상황이 나아지면서 점차 하급문화로 변화되고 다시 우리 전통의 유기나 도자기문화가 등장하는 것과도 비교되는 현상으로 이해할 수 있다.

135 『後漢書』 東夷傳, 漢條 「初朝鮮王準爲衛滿所破乃將其餘衆數千人走入海攻馬韓破之自立韓王準後絶滅馬韓人復自立爲辰王..」

가 사라지고 주구묘가 새로운 묘제로 등장하는 것은 송국리 문화를 담당했던 충청, 전라지역 토착민들의 매우 강한 문화적 전통에서 비롯된 것이라 하겠다.

2. 분구묘(주구묘)의 전개와 지속

주구묘는 경기에서 전남까지 서남해안을 따라 매우 넓게 분포하고 있으며, 지역에 따라 그 평면형태나 개방부를 달리하고 있다.[136] 전북지역의 경우 익산, 군산, 완주지역의 경우는 방형에 가깝고 일변개방형이 우세하며, 김제, 부안지역은 제형으로 두 모서리와 한 변이 개방된 이우일변개방형이 주를 이룬다. 한편 정읍지역에서는 방형인데 비해 고창지역은 풍선 형태의 장타원형태가 다수를 보인다. 이와 같이 주구묘의 각기 다른 형태는 마한 54개국의 문화적 차이를 반영하고 있는 것으로 보인다.[137]

매장주체부 시설은 대부분 대상부 중앙에 토광으로 설치하는데 분구 중[138]에 위치하며, 대상부나 주구 내에 옹관을 배장하기도 하지만 주구를 벗어난 언저리에도 매장부가 시설된 경우가 있어 주구묘 개개로 보면 혈연에 바탕한 가족공동체의 분묘라 할 수 있다. 또한, 부안 하입석리[139], 고창 성남리[140], 만동[141], 영광 군동[142] 등의 예처럼 군집을 이루고 있는 유적에서 보면 개별 주구묘가 주구가 연접되거나 공유하면서 평면적으로 한 단위를 이루기도 하는데 씨

---

136 최완규, 2000, 앞의 논문.
137 마한 54국 가운데 「○○盧國」, 「○○卑離國」 등 공통적인 국명인 경우, 문화적으로도 공통성이 많을 가능성이 있다.
138 묘광의 바닥은 구지표 면에 해당되거나 약간 파는 경우가 있더라도, 결국 상부는 분구 중에 위치한다.
139 전북대학교 박물관, 2003, 『부안 대동리 · 하입석리 유적』.
140 원광대학교 마한 · 백제문화연구소, 2005, 『고창의 주구묘』.
141 호남문화재연구원, 2004, 『고창 만동유적』.
142 목포대학교 박물관, 2001, 『영광 군동유적』.

족공동체적 성격이 강하게 반영하고 있기도 하다.

주구묘에서 출토되는 유물은 매장부로 사용된 대형 옹을 비롯하여 이중구연호, 단경호가 주를 이루고 옥이나 철기류가 확인된다. 한편, 주구 내에서 의도적으로 파쇄한 토기편들이 무더기로 발견되는 경우가 있는데 이는 의례행위와 관련된 유구로 추정된다.

중기 단계에 들어서면 부정형 분구묘가 출현하게 된다.[143] 분구묘의 입지는 익산 율촌리, 군산 산월리[144], 축동[145] 등에서 보면 구릉의 정상에 열을 지어 배치된다. 이 단계에서 주목되는 것은 영산강유역권에서는 주매장시설이 토광에서 대형 옹관으로 변화하기도 하며, 다수의 분구묘에서는 하나의 분구 내에 다수 매장시설이 안치되면서 일부에서는 옹관과 토광이 공존하는 양상도 확인되고 있다.

이 단계 이후부터 분구묘는 금강하구를 중심으로 정형화된 분구묘로 발전해가지 못하는 양상이 나타나는데, 그 이유는 백제의 영역화가 직접적인 원인으로서 이후 백제의 석축묘로 대체되어 간다. 그러나 백제 중앙과 멀리 떨어진 영산강 유역의 함평, 나주, 영암 등지에서는 분구묘가 더욱 대형화되고 군집을 이루면서 지속적으로 축조되는 경향이 나타난다.

후기 묘제의 특징은 부정형 형태의 분구가 방대형이나 방형 또는 원형으로 정형화가 이루어지고 매장주체시설은 'U'자형 대형옹관이나 석실, 석곽으로 변화되며, 그 중심지역은 영암, 나주, 함평 등 영산강유역에 집중된다. 한편 전북지역에서도 백제에 의해 영역화가 이루어진 이후에도 마한문화 전통이 강하게 남아있는 지역에서는 분구묘가 계속적으로 축조된다. 예를 들면 익산 간촌

---

143 영산강유역에서는 영암 만수리, 함평 예덕리, 나주 용호고분의 경우 사다리꼴 분구를 축조하고 있다.
144 군산대학교 박물관, 2004, 『군산 산월리 유적』.
145 호남문화재연구원, 2006, 『군산 축동유적』.

리[146], 모현동 묵동[147], 완주 상운리[148], 전주 마전[149], 장동[150], 정읍 지사리[151], 운학리[152], 고창 봉덕리 고분군[153] 등이다.

3. 전북지역 분구묘 전개 양상

이들 자료를 토대로 분구묘의 문화적 영역을 구분해 보면, 노령 이서지역의 평야지대에 해당하는 것을 알 수 있다. 따라서 현재의 행정구역으로 구분하는 것보다는 군산, 익산, 완주지역(전주포함)을 북서지역으로,[154] 김제와 정읍지역을 중서지역으로, 그리고 고창지역을 중심으로 남서지역으로 나누어 그 특징을 살펴보고자 한다.

1) 북서부 지역(만경강 유역)

① 군산지역

군산지역에서 발견된 마한 분묘는 조촌동 유적[155]과 산월리 유적, 관원리 Ⅰ[156]의 분구묘를 들 수 있는데 그 계통을 달리하고 있는 것으로 필자는 파악하

---

146 호남문화재연구원, 2002, 『익산 간촌리유적』.
147 호남문화재연구원, 2011, 『익산모현동2가유적Ⅰ·Ⅱ』.
148 전북대학교 박물관, 2010, 『완주 상운리Ⅰ·Ⅱ·Ⅲ』.
149 호남문화재연구원, 2008, 『전주 마전유적(Ⅳ)』.
150 전북문화재연구원, 2009, 『전주 장동유적 Ⅰ·Ⅱ』.
151 전영래, 1980, 『고사부리』, 고부지방고대문화권조사보고서.
152 전영래, 1974, 「정읍운학리고분군」, 『전북유적조사보고』 3.
153 원광대학교 마한·백제문화연구소, 2016, 『고창 봉덕리 1호분 -종합보고서-』.
154 마한 조기묘제단계에도 동일한 문화영역을 형성하고 있었고, 고려사 이후의 기록에도 익산을 마한의 고도로 지목하고 있기 때문에 여기에서는 동일권역으로 상정하도록 한다.
155 군산대학교 박물관, 1996, 『군산 조촌동 유적』.
156 원광대학교 마한·백제문화연구소, 2005, 『군장 산업단지 진입도로(대전-군산간) 공사구간내 문화유적 발굴조사보고서Ⅰ』.

고 있다. 조촌동의 것은 주구토광묘로서 충청 내륙지역의 천안 청당동[157]이나 청주 송절동[158] 등과 같은 중국 진의 유이민계통의 전통이 남아 있는 것으로 이해되고 산월리나 관원리 I 의 분구묘는 마한의 토착세력 전통을 가지고 영산강 유역의 대형 분구묘와 직접 관련이 있는 분묘로 파악된다.[159] 이와 같이 마한의 토착지역에 외래계의 분묘가 축조된 예는 고창 만동에서도 간취되는데 동일한 유적군 내에서 지점을 달리하여 주구토광묘와 분구묘가 분포되고 있음이 확인되었다.

한편 군산 도암리[160]에서 구상유구와 인접하여 발견된 1호 옹관과 2호 옹관은 구상유구와 더불어 분구묘일 가능성이 매우 높은 유구로 판단된다. 분구묘의 주매장부는 분구 중에 시설되기 때문에 유실이 쉽기 때문에 발견되지 않았고, 대상부나 주구에 옹관을 안치하는 예가 많은데 2호 옹관과 3호 옹관은 그 대상부에 안치되었던 옹일 가능성이 있기 때문이다. 또한 3호 옹관 형식은 회갈색 대형 옹으로 급격히 외반된 구연과 어깨에 시문된 거치문등은 역시 일반적으로 분구묘의 대상부에 안치된 옹관과 통하고 있다.

산월리 유적에서는 백제시대의 석실분과 마한시대의 집자리와 더불어 분구묘 2기가 발견되었다. 그 규모는 한 변이 15m 정도이며 평면은 방형을 이루고 있다. 원래는 상당 정도의 분구가 있었을 것이나 현재는 삭평되어 거의 분구를 찾아 볼 수 없다. 다만 매장주체부로 사용되었던 대형의 전용옹관이 출토되어 그 계통이나 시기를 추정할 수 있을 것인데 대체로 3세기 후반에 축조된 것으로 판단된다.

축동 분구묘의 경우 분구 중앙에서는 매장주체부는 발견되지 않았는데, 다

---

157 국립중앙박물관, 1995, 『청당동 Ⅱ』.
158 백제문화개발연구원 · 충북대학교 박물관, 1995, 『청주 송절동 고분군 발굴조사보고서 -1993년도발굴조사』.
159 최완규, 2002, 앞의 논문.
160 전북대학교 박물관 · 군산대학교 박물관, 2001, 『군산 도암리 유적』.

만 1호분에서는 주구에서 2기의 토광과 대상부와 주구의 경계선에서 옹관이 발견되었고, 2호분에서는 토광과 옹관이 주구 내에서 조사되었다. 그 외에는 토광과 옹관이 주구나 대상부로 판단되는 곳에서 산발적으로 보이고 있지만 이 분묘군에서 중심이 되는 1·2호분이 같은 양상을 하고 있었을 것으로 추정된다. 한편 축동 2호분과 3호분의 주구 내에서 출토된 외반구연원통형토기는 분구 가장자리에 돌려 세웠던 것으로 추정되는 분구입식토기(墳丘立飾土器)로서 나주 신촌리 9호분[161]에서

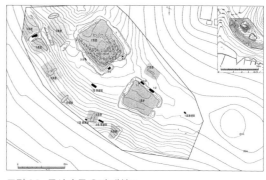

그림 26. 군산 축동 유적 배치도

그림 27. 군산 축산리 계남 출토 분구입식토기

발견된 이래, 영산강유역 중심의 전방후원분이나 분구묘에서 그 발견 예가 증가하고 있다.[162]

　필자는 앞서 일본 근기(近畿)지방의 방형주구묘의 기원이 한반도 마한지역의 주구묘에 있다는 견해와 더불어 3세기 중후반까지는 마한과 일본 근기(近畿)지방에서는 비슷한 전개과정을 밟지만, 이후에는 일본의 경우 단독장인 전방후원

161　국립문화재연구소, 2001, 『나주 신촌리 9호분』.
162　광주 월계동, 광주 명화동, 나주 복암리 2호분, 나주 덕산리 8, 9호분, 나주 장등 고분, 함평 중랑고분, 함평 장고산 고분, 해남 장고산 고분, 무안 고절리 고분, 화순 백암리 고분 등지에서 발견되었다.

분으로 마한지역에서는 혈연을 기반으로 하는 다장(多葬)의 대형분구묘로 이행해 가는 것으로 파악한 바 있다.[163] 따라서 4세기 전반대로 편년되는 군산 축동에서 발견된 분구입식토기는 분묘의 구조뿐만 아니라 장제에 있어서도 일본 분구묘나 전방후원분과 그 상호관계를 살필 수 있는 예라 하겠다.

이들 분구묘의 입지조건은 산 정상부에 대형 1~2기를 그 주위에 규모가 작은 분구묘를 배치하고 있어, 대부분 낮은 구릉에 군집을 이루고 있는 서해안 일대의 분구묘 입지와는 차이를 보이고 있다. 금강 건너편의 서천 도삼리나 봉선리의 분구묘도 같은 입지조건을 하고 있는데, 이와 같이 주변을 조망하기에 매우 좋은 높은 곳에 축조된 대형 분구묘는 가시적으로 위엄을 갖추기에 충분했을 것으로 보이며, 상위계층에서 선택적이었던 것으로 판단된다. 특히 축동의 경우는 해발 20여 m의 구릉 정상부에 대형 분구묘 2기가 안치되었고 남사면에는 규모가 작은 7기의 분구묘가 배치되어 있어 묘역을 이루고 있다. 묘역 내에서 분구묘 규모나 배치에서 상호 종속적인 관계를 읽을 수 있으며, 이 지역에 자리 잡고 있었던 마한세력의 지도자급에 속하는 피장자의 분묘로 추정할 수 있다.

그러나 마한전통의 분구묘는 금강하구유역에서는 4세기까지 축조되고 있을 뿐, 더 이상 대형 분구묘로 이행되지 않고 백제의 석축묘가 등장한다. 이는 이 지역이 백제가 서해로 나아가는 교통 요충지로서 일찍이 중앙에서 필연적으로 중요하게 취급될 수 밖에 없는 곳이기에 다른 지역보다 빨리 백제의 중앙묘제인 석축묘가 축조되었을 것이란 점은 쉽게 이해할 수 있다.

② 익산지역

익산 영등동 주구묘는 구릉 정상부에 총 4기가 분포하고 있다. 이 가운데 1호의 대상부 중앙에서 확인된 토광은 주구묘의 주매장주체부 성격을 알 수 있는 최초의 자료이다. 영등동유적에서는 주구의 확장이나 각 주구묘간의 연접도 보

---

163 최완규, 2004, 「日本弥生時代の墳丘墓と韓半島西南部地域の馬韓墳墓との比較研究」, 『訪日學術研究者論文集』 第8券, 財團法人 日韓文化交流基金.

이지 않는 독립적 상태이지만 전체적으로 보면 혈연을 기반으로 하는 하나의 그룹에 속하는 것으로 파악된다.

그림 28. 익산 율촌리 5호 분구묘

율촌리에서는 5기의 분구묘가 1m 내외의 낮은 분구가 남아 있는 상태로 확인되었는데, 남북 방향을 따라 일렬로 분포하고 있다. 1호분의 경우 분구만이 있고 매장주체부가 전혀 발견되지 않은 점은 분구묘의 축조순서가 선분구조성 후매장시설이라는 특징을 보여주고 있다. 또한 5호분의 대형옹관을 제외한 다른 분구묘에서는 뚜렷이 주매장주체부로 파악되는 토광 등이 발견되지 않는데 이는 개별 주구의 평면적 연접 단계 이후 입체적 분구가 축조

그림 29. 5호 분구묘 1호 옹관(선황리식)

되는 중기의 특징으로 보여진다. 곧 주매장주체부가 토광에서 옹관으로 변화가 이루어지는 단계에 해당하는 것이다.

2호분은 방형에 가깝지만, 북동쪽 주구가 비교적 넓게 굴착되어 있어 정형화된 형태는 유지하고 있지 않다. 서측 모서리만 개방되어 있는 형태로 보여지며, 1호분의 성토양상과 비슷하다. 대상부 중심에서는 주매장주체부는 확인되지 않았지만 북서쪽으로 치우쳐 3기의 옹관묘가 매장되어 있고, 서쪽 개방부측에 1기의 옹관묘가 위치하고 있다. 옹관은 모두 횡치합구식으로 남북 방향을 향하고 있으며, 특히, 2호와 3호 옹관은 주구퇴적토 상면에 위치하고 있어 주구가 매

몰된 후 시설한 것으로 보인다. 그 외에도 2기의 석관묘가 2호 분구묘 내에 매장되어 있지만 분구묘와는 직접 관련이 없는 청동기시대의 것으로 보인다.

5호분 분구 및 주구 내에서는 대형 합구옹관 1기와 소형옹관 2기, 청동기시대 석관 4기, 청동기시대 옹관묘 1기 등과 분구 동남측에서 소형 합구옹관 3기가 확인되었다. 1호 옹관은 분구의 서측에 위치하며, 생토면을 굴착하고 매장되어 있으며, 토층상에서 소분구가 확인되고 있어, 분구의 조성 이전에 매장되었을 것으로 추정된다. 옹관은 횡치합구식이며, 길이 198cm로 대형에 속한다. 옹관의 형태는 축약된 저부를 가지며, 동최대경 가까운 지점에 유두가 부착되어 있고, 구연은 길게 직립하다 끝에서 외반하고 있다. 견부와 경부 사이에는 거치문이 있다. 이러한 형태의 옹관은 고창 송룡리, 영암 선황리 등지에서 출토된 이른시기의 옹관들과 매우 유사하다. 5호분에서 확인된 1호 옹관은 소위 선황리식으로 분구묘의 조성도 3~4세기에 이루어졌을 가능성이 있다.

간촌리 유적에서는 분구묘 2기가 확인되었는데, 구릉정상부의 평탄한 대지에 위치하며, 1호 분구묘의 북측 주구 일부가 2호를 파괴하고 조성되었다. 1호의 평면형태는 남쪽 주구의 양쪽 모서리가 개방되어 있는 방형을 띠고 있으며, 대상부의 규모는 남-북 910cm, 동-서 770cm 정도이며, 주구의 너비는 210~300cm, 깊이는 가장 깊은 곳이 27cm 내외이다. 대상부 내에서 매장주체부는 확인되지 않았으나, 주구내에서 2기의 토광묘가 확인되었다. 출토유물은 두형토기편, 적갈색 연질 타날문토기편, 대형 옹관편, 회청색 경질의 고배, 직구호 등이 있는데, 대부분 서쪽 주구 내에서 집중 출토되었다. 동쪽주구와 남쪽주구 내에는 3호 토광묘와 4호 토광묘가 중복되어 있는데, 주구의 퇴적이 이루어진 후 시설된 것으로 보인다.

2호는 동측부가 유실로 인해 정확한 평면형태는 파악할 수 없으나 1호와 같은 방형으로 추정되며, 대상부의 규모는 남-북 1,300cm, 동-서 450cm(잔존)이다. 주구의 너비는 130~290cm로 일정하지 않으며, 깊이는 가장 깊은 곳이 35cm 정도이다. 대상부 내에서 매장주체부는 확인되지 않았으며, 출토유물로는 무문토기편, 점토대토기편, 대형 옹관편, 적갈색연질의 타날문토기편, 회청색경질 타날문토기편, 고배 등이 주구 내에서 출토되었다. 분구묘의 주구에서 발견된 직구호와 고배는 인근 금강유역의 수혈식 석축묘에서 주로 출토되고 있어 그 조성연대는 5세기 중엽으로 판단된다.

그림 30. 익산 간촌리 분구묘

모현동 묵동유적은 마을의 북쪽에 형성된 해발 8~14m 정도의 구릉에서 5기가 조사되었다. 1호분은 네 변이 둘러싸여 있는 폐쇄형으로 대상부 중앙에 안치된 매장주체부는 토광으로 목관을 사용한 흔적이 확인되었다. 토광의 규모는 길이 294cm, 너비 146cm, 깊이 13cm이며, 목관은 길이 250cm, 너비 78cm 정도로 추정된다. 출토유물은 주구 내에서 경질토기편이 확인되었고, 토광 내에서는 단경호, 직구호, 환두도, 철도, 철도자, 구슬 등이 확인되었다. 특히, 직구호 5점이 다량 부장되어 있었다. 특히, 1호분은 서측과 남측에서 주구 바깥쪽으로 확장이 이루어진 것으로 보인다.

5호분의 평면형태는 'ㄱ'형이며, 대상부내에 토광 2기가 확인되었는데, 토광은 같은 방향성을 띠고, 거의 붙어있는 상태로 조사되었다. 토광 내에서 목관이나 목곽의 흔적은 확인되지 않고 단경호, 철도자, 직구호 등이 출토되었다. 주구는 너비 58cm, 깊이 21cm 정도로 토광을 일부 감싸는 형태로 주구 내에서 연질토기편과 경질토기편이 출토되었다.

한편 분구묘 외에도 토광묘가 총 3기가 조사되었는데, 대체로 분구묘 주변에 인접하여 분포하고 있으며, 장축방향은 동-서 방향으로 일치한다. 1호 토광묘는 가장 북쪽에 위치하며, 규모는 길이 268cm, 너비 108cm, 깊이 15cm이다. 토광 내에서 호 3점과 철도자 1점이 출토되었다. 2호 토광묘는 1호분의 서쪽에 위치하며, 목관을 사용한 흔적이 확인되었다. 토광의 규모는 길이 314cm, 너비 124cm, 깊이 11cm 정도이며, 목관은 길이 246cm, 너비 76cm 정도로 추정된

그림 31. 익산 묵동 1호분 매장주체부 및 출토 유물

다. 단경호, 직구호, 뚜껑, 철도, 철도자, 구슬 등 다양한 유물들이 출토되었는데, 1호분 내의 매장주체부와 같이 유적 내에서 다수의 부장유물이 확인되었다. 3호 토광묘는 5호분의 남서쪽에 인접하여 위치하고 있으며, 목관이나 목곽의 흔적은 확인되지 않았다. 규모는 길이 245cm, 너비 80cm, 깊이 27cm 정도이며, 토광 내에서 북서쪽 모서리에서 호 1점이, 중앙부에서 철도, 철모, 구슬 등이 출토되었다.

묵동유적의 분묘는 인근 금강유역의 석축묘에서 보이는 출토유물과 비교해 보았을 때 5세기 중반에 조성된 것으로 보이며, 마한 전통의 분묘가 지속적으로 사용되고 있었음을 보여주고 있는 것이다.

한편 익산 북부의 금강하구유역에서는 5세기에 들어서 입점리, 웅포리 고분군 등 백제 석축묘가 축조되지만,[164] 미륵산을 중심으로 하는 구 이리시와 금마지역에는 5세기대에도 여전히 마한 분구묘가 지속적으로 유지되고 있음을 알 수 있다. 그러나 7세기에 들어서면 비로소 백제의 중앙묘제인 사비유형 석실분이 성남리[165] 등에서 집단적으로 축조되기에 이른다. 이와 같이 분묘의 양상이 변화되는 의미는 백제 무왕대 익산천도의 기반세력은 전통적으로 마한에 뿌리

---

164 금강하구유역은 백제가 공주로 천도이후 대외 관문이 되었을 것은 물론, 한성시기부터 백제 중앙에 일찍이 영역화되었음은 초기유형의 석실분이나 출토 토기를 통해서 확인된다.

165 원광대학교 박물관, 1997, 『익산 성남리 백제고분군』.

를 두고 있는 세력으로서 이해할 수 있는 것이고, 익산천도와 더불어 중앙묘제가 중심묘제로서 자리잡게 되는 고고학적인 증거인 것이다.

③ 완주 · 전주지역

완주 상운리 분구묘는 해발 35~40m에 이르는 구릉의 정상부와 사면에 집중 분포하고 있는데, 4개 지구로 나뉘어 총 30기의 분구묘가 조사되었다. 분구의 평면은 대체로 방형으로서 개방부의 위치에 따라 보면 기본적으로 일변개방형, 이변개방형, 폐쇄형 등으로 구분된다.

그림 32. 완주 상운리 나지구 1호분

이들 분묘의 축조방법은 "선분구후매장"이라는 전형적인 분구묘 축조수법을 사용하고 있다. 구체적으로 보면 일정부분을 성토한 후 성토부를 견고하게 하기 위해 회색 점토질을 번갈아 성토한 후 이를 되판후 매장부를 시설하고 있다. 또한 분구의 수평이나 입체적인 확장을 통하여 추가적으로 매장이 이루어져 축조 시간 폭이 어느 정도 있었음을 알 수 있다.

매장주체시설은 점토곽, 목관, 옹관, 석곽 등으로 다양한데, 그 가운데 점토곽과 목관이 70% 이상으로 주를 이룬다. 특히 점토곽을 사용한 예는 국내에서는 상운리 분구묘에서 처음 발견되는 예로서 주목된다. 옹관은 대상부에도 위치하지만, 일부는 주구내에서 발견되어 점토곽이나 목관의 배장적 성격으로 이해된다.

출토유물은 장경호, 단경호, 직구호 등이 주를 이루지만, 이중구연호, 양이부호, 유공광구소호 같은 마한전통의 토기류도 포함되어 있다. 다량으로 출토된 철기류는 무기류와 농기구류, 그리고 단야구로 구분된다. 무기류는 철검, 환두

그림 33. 완주 상운리 분구묘 출토 철기류

도, 철도, 철모, 철창, 철촉 등 대체적으로 공격적인 무기이며, 농기구류는 철부, 살포, 철겸, 철도자 등이며, 단야구로는 망치, 줄, 철착, 쐐기, 모루, 집게 등이 발견되었다. 이외에 철정과 다양한 형태의 옥류가 출토되었다. 그리고 철검과 환두도는 상운리 분구묘 피장자의 위계와 관련있는 유물로서 그들의 사회적 위치를 가늠케 한다. 특히 각종 단야구와 철정이 부장되어 있는 점은 이들이 철기 제작과 관련된 기능을 담당했던 특수 집단일 가능성도 배제할 수는 없을 것이다.

상운리 분구묘의 축조연대는 4단계로 나눌 수 있는데, 제1단계에 해당하는 라지구의 주구에서 점토대토기편과 두형토기편, 조합식우각형 파수가 출토되어 이들 분묘의 초축연대를 B.C.2세기까지 올려보고 있지만, 매장주체부에서 출토된 것이 아니고 주변에 초기철기시대의 유적이 혼재해 있기 때문에 신중한 검토가 요망된다. 제2단계는 3세기 전후로, 제3단계는 3세기 중엽에서 4세기 전후, 제4단계는 4세기 중·후반에서 5세기 전후로 비정하고 있다. 이 상운리 분구묘유적은 마한 고지에서 가장 규모가 큰 유적으로 앞서 편년을 참고하면 3세기 기간 동안 운영된 집단 묘지임을 알 수 있다. 결국 백제 영역화 이전부터 축조되기 시작한 분구묘가 영역화 이후까지 꾸준히 분묘 전통을 고수해 온 것을 알 수 있다.

전주 장동 분구묘는 구릉의 장축을 따라 남북으로 길게 축조되었는데, 최대 높이 130cm 내외가 잔존하고 있으며 주변으로는 주구가 돌아간다. 주구의 전체적인 형태는 남북으로 긴 장방형인데 길이 45m 내외, 너비 21m 내외이다. 매장주체부는 모두 토광묘인데, 분구내에서 9기가 확인되었고, 주구의 남동쪽 외곽에서 1기가 확인되었다. 특히 분구내에서 확인된 매장주체부는 분구 성토층을 파내 묘광을 만들었음이 확인되었다.

주구의 배치 및 중복관계를 통해 분구묘는 크게 2차례의 확장이 이루어졌음을 확인할 수 있었다. 가장 이른 시기의 유구는 분구의 중앙에 위치하고 있는 남북 장축의 6호묘로 추정된다. 6호묘와 관련된 주구는 6호묘를 중심으로 남북에서 확인되었다. 6호묘 조성이후 6호묘의 남쪽 주구를 메우고 그 위에 성토층을 축조한 후 1~5호묘가 조성되면서 분구및 주구가 남쪽으로 확장되었다. 이 당시 분구묘의 북쪽 주구는 6호묘의 북쪽 주구를 그대로 이용한 것으로 추정된다. 이후 6호묘의 북쪽 주구를 메우고 성토층 축조 후 7~8호분이 조성되었다. 따라서 유구의 선후관계는 중앙의 선행분묘인 6호묘→남쪽의 1~5호묘→7 · 8호묘 순으로 추정된다. 매장주체부는 모두 토광묘인데 8호분의 경우 토층에 목관 및 목곽의 흔적이 비교적 정연하게 잘 남아 있다. 이로 미루어 토광목곽묘도 존재하고 있음을 알 수 있다.

출토 유물은 매장주체부와 주구에서 주로 출토되었다. 매장주체부에서는 토기류와 철기류가 출토되었는데, 토기류로는 광구장경호와 단경구형호가 가장 많은 수를 차지하고 있다. 그 외 고배, 병, 파배, 유공소호 등이 있다. 철기류는 환두도, 철촉, 철부, 철모, 살포 등이 출토되었다. 주구에서는 모두 토기류가 출토되었다. 특히 남동쪽 주구에서 유물이 집중 출토되었다. 주구에서 출토된 유물은 대부분 파쇄되었기 때문에 정확한 기형은 알 수 없지만 경질의 호류로 추정된다.

전주 마전 분구묘는 남북 방향으로 뻗어내린 구릉의 정상부에서 하단까지 5기가 배치되어 있다. 1호분은 석곽을 주매장부로 하고 묘실 내부의 단벽 모서리에서 호형토기, 고배 등 다량의 토기가 출토되었고, 주구내에서 회청색경질토기편이 출토되었다. 2호분은 토광을 주 매장부로 하고 그 내부에서 호형토기 2점과 철겸이 출토되었다.

3호분은 주매장부인 1호 석곽을 중심으로 시간차를 두고 안치된 석실, 토광, 옹관 등이 발견되었다. 전체적으로 1호 석곽 이후에 2 · 3호 석곽이 축조되고, 이후 1호 석실이 안치되고, 그리고 옹관이 일정한 간격으로 추가되는 것으로 파악되었다. 이 3호분의 연대는 1호 목관의 탄소연대 측정결과 기원후 210년으로

그림 34. 전주 마전IV지구 3호분

보정연대가 나왔고, 석실의 연대를 고려하여 6세기 중엽으로 추정하고 있다. 그러나 3호분 1호 석실의 구조를 살펴보면 남벽중앙에 설치된 연도가 그 폭이 너무 좁기 때문에 과연 일반적인 횡혈식석실분의 연도와 같은 기능을 했을까 하는 점에서 의문이 든다.

이와 같이 석실의 단벽 중앙에 일정 높이에 개구부처럼 작은 시설을 하고 있는 예는 나주 복암리 3호분의 1·2호 석실[166], 고창 봉덕리 1호분 1호 석실[167], 공주 분강 저석리 12·13호분[168] 등에서 보이고 있다. 이는 초기유형 석실분에서 보이는 특징적인 시설로 보이는데, 일반적인 석실분에서 시신이나 관의 출납과 관련된 시설이라기보다 장제와 관련된 용도의 시설로 보는 것이 타당할 것이다. 따라서 마전 3호분 1호 석실도 초기유형의 석실로 판단되며 그 연대에 있어서도 5세기 중엽경으로 볼 수 있다. 또한 출토된 고배나 개배가 백제의 전형적인 기형이 아니라 영산강유역의 것과 유사하고, 또한 횡구호는 군산 산월리의 초기유형의 석실분에서 출토된 것과 동일하여 5세기 중엽으로 비정하는 것이 타당하다.

4호분은 토광이 매장주체부로 안치되어 있고, 주구에서 수평적 확장이 보이고 있다. 출토유물은 호형, 발형토기, 환두도, 철도, 철부와 다량의 옥이 발견되었다. 5호분은 구릉의 최하단에 위치하고, 분구와 주구가 유실이 심한 편이지만 석곽 1기와 6기의 옹관이 안치되어 있다. 출토유물은 광구호, 옹형토기, 환두도, 철도, 철부와 다량의 옥이 노출되었다.

전주 마전에서 조사된 분구묘 역시 백제 영역화 이전부터 축조되기 시작하여

---

166 국립문화재연구소, 2001, 『나주 복암리 3호분』.
167 원광대학교 마한·백제문화연구소, 2016, 앞의 보고서.
168 공주대학교 박물관, 1997, 『분강·저석리 유적』.

그 이후에도 지속적으로 사용된 마한 전통의 묘제임이 확인되고 있다.

이와 같이 완주·전주지역에서 영산강유역에서와 같이 지역을 기반으로 하는 위계가 있는 분구묘가 발견된다는 점은 이 지역도 영산강유역과 같이 마한 전통이 강한 지역의 특성으로 해석할 수 있는데, 서산 부장리[169]에서도 동일한 양상의 분구묘가 조사되었다. 이와 같이 백제고지에서 늦은 시기까지 마한전통의 분구묘가 축조되고 있다는 사실은 정치체계와 문화체계가 일치되지 않을 수도 있다는 점을 확인할 수 있는 자료이다. 따라서 백제의 지방경영 체제를 이해하고자 할 때 중앙정치의 중심에서 일방적으로 지방의 정치를 바라보는 시각에서 이제는 새로운 방법으로 접근해야 할 필요성이 제기되고 있다.

2) 중서부 지역(동진강 유역)

① 김제지역

김제지역에서는 이러한 분구묘가 대동농공단지 조성지역 내의 시굴조사에서 발견되었는데 주변지역의 보존조치로 인하여 구체적인 발굴조사로는 이행되지 않았다. 대동리[170] 분구묘는 해발 23m 정도의 구릉 정상부에 위치하고 있는데 시굴갱을 통해 분구의 성토상태와 매장시설의 위치를 확인하였다. 분구는 흑갈색점질토와 적갈색사질토를 번갈아 성토했음이 확인되었고, 분구 내에서는 1기의 토광이 매장주체부로서 발견되었다. 이 매장시설은 분구를 조성한 이후 중심부에 가까운 지점의 지하에 이르는 토광을 파서 목관(또는 목곽)을 안치한 것으로 파악된다. 한편 분구의 가장자리에서는 주구의 굴착이 확인되었다.

백산면 석교리 양청마을에서 조사된 분구묘[171]는 동-서로 이어지는 해발고도 23m의 낮은 구릉의 정상부에 위치한다. 분구의 성토층은 현재 1m 정도 남아 있고, 대상부가 동-서 37m, 남-북 18m로 장축방향이 구릉의 방향과 같다.

---

169 충청남도 역사문화연구원, 2008, 『부장리』.
170 호남문화재연구원, 2004, 『김제 대동리 유적』.
171 호남문화재연구원, 2009, 『김제 산치리·양청리·나제리 유적』.

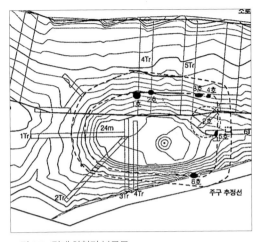

그림 35. 김제 양청리 분구묘

주구는 최대폭 약 310cm, 깊이 60cm 정도이고, 그 형태는 장방형으로 추정되며, 모서리 부분에서 좁아지는 경향을 보인다. 성토층은 흑갈색계열의 사질점토로 이루어졌고, 부분적으로 적갈색사질점토덩어리가 섞여있다. 이 중에서 분구의 북쪽과 남쪽에는 다량의 굵은 사립이 섞여있고, 북쪽과 동쪽은 고운 사질점토로 이루어졌다. 성토층에서는 무문토기편, 유구석부 등이 확인되었다. 그리고 최하층에는 20~30cm 정도의 분구정지층이 확인되었고, 이 정지층은 구지표를 제거하여 기반암층을 편평하게 정리한 후 조성된 것으로 보인다. 한편, 이 분구는 동쪽으로 계속해서 이어지고, 트렌치조사에서 완형의 회색연질토기편이 도치된 채 성토층에서 확인되었다. 이 유물은 성토과정에서 매납된 것으로 판단된다. 매장시설은 소형 옹관묘 6기가 확인되었는데, 이 중 1기는 대부분 파괴되고 옹편들이 산재되어 있었다. 주매장주체부는 토광묘로 추정되지만 확인되지 않았다. 소형 옹관묘는 장축길이 100cm 내외이고, 대상부 가장자리와 주구 내에 조성되어 약간의 시간차를 두고 조성된 것으로 판단된다. 부장유물로는 1호 옹관묘에서 심발, 3호 옹관묘에서는 철겸이 출토되었다.

분구묘 외에도 청하면 장산리[172]와 공덕면 황산리에서 옹관묘가 조사되었다. 장산리 옹관묘는 3옹 합구식으로 1옹과 2옹의 구연이 합구되어 있고 3옹이 2옹의 저부를 감싸고 있는 형태로서 전체 길이는 230cm에 달해 성인을 신전장

---

172 전북대학교 박물관, 2003, 『김제 대목리 · 장산리 · 장산리 유적』.

하기에도 충분한 규모이다. 이들 옹은 모두 연질계로서 목과 어깨의 경계 부위에 거치문이 시문되어 있으며 동체 전면에는 격자문이 타날되어 있는 공통점을 보이는데 기형이나 문양에서 마한문화 전통이 확인된다. 3개의 옹의 형태는 각각 다른데 잔존상태가 가장 양호한 1옹에서 보면 축약된 구연과 길어진 동체에서 영산강유역의 옹관과 비교할 때 4세기에 해당되는 것으로 추정된다.

공덕면 황산리 옹관묘는 밭을 개간하면서 노출되어 긴급 수습한 것이다. 적색의 황토층을 장방형으로 굴광하고 대형옹관 2기를 합구한 형태이다. 옹관은 파괴가 심한 상태이지만 이른바 선황리식의 특징을 가지고 있다. 따라서 그 시기는 3세기대로 추정할 수 있다.

② 정읍지역

전남의 장성과 경계가 되는 갈재 인근, 곧 정읍의 최남단에 위치한 신면유적[173]에서는 지점을 달리해서 집자리와 더불어 분구묘 8기가 조사되었다. 이와 같이 삶의 공간과 죽음의 공간을 구분해서 유적이 발견된 예는 인근 장성 환교유적[174]에서도 발견되었는데, 취락에서 얼마 떨어지지 않은 곳에 분묘군을 배치한 전통은 현재의 자연 부락에서도 확인되고 있다.[175]

이들 분구묘의 평면은 방형에 가깝고 일변이 개방된 형태로서 수평확장이 이루어진 4호를 제외하고는 중복현상은 보이지 않고 각각 개별적인 분포 양상을 하고 있다. 3, 4호에서 보면 주매장시설로는 토광이 중앙에 안치되어 있고, 대상부나 주구 또는 인접된 공간에서 옹관이 발견되고 있다.

후기에 해당하는 분구묘로서는 운학리와 지사리에서 군집을 이루고 발견되었다. 운학리 분구묘는 천태산에서 서쪽으로 내려온 지맥에서 탑립부락 북편의 서북방향으로 뻗은 대지 위에 남동에서 서북방향으로 3기의 분구묘가 일렬

---

173 호남문화재연구원, 2011, 『정읍 신면 유적』.
174 호남문화재연구원, 2010, 『장성 환교 유적』.
175 현존하는 자연부락의 민족지 조사를 통하여 과거의 취락 사회를 복원하는 자료를 획득할 수 있을 것이다.

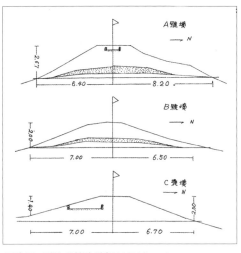

그림 36. 정읍 운학리 실측도(전영래 1974)

로 배치되어 있다. A호분은 저경이 약 16m, 높이는 2.67m의 원형 분구로서 토사유실이 심해 원래는 이보다 더 높았을 것으로 추정되고 있다. 석실은 분구상부 지표하 22cm에서 노출되었는데 벽석 일부만 남아있는데 동서 장축의 장방형으로 현실의 너비 170cm, 폭 95cm로 내부에서 유물은 수습되지 않았다. B호분은 직경 13.5m, 높이 2m에 불과하나 원래는 A호분과 비슷한 규모였을 것으로 추정된다. C호분은 북단의 가장 높은 곳에 위치하는데 직경 13.7m, 높이 2m 정도인데 분구 정상의 지표하 1m 지점에서 황회색으로 다진 현실 바닥이 노출되었다. 석실은 남북을 장축으로 길이 290cm, 폭 137cm로 4벽을 할석으로 쌓았으며 바닥에는 편평한 냇돌을 깔았다. 유물은 도굴이 이루어졌으나 동모편 1점, 금도은제교구, 철지은장금도의 용문투조과판이 수습되었다. 과판은 일본 칠관 고분의 출토 예와 수법과 성격 등이 동일한 것으로서 고대 한·일간 교류관계를 알 수 있는 중요한 자료이다.

그림 37. 운학리 출토 용문투조과판

지사리 분구묘는 은선리 지사부락 남방 금사동산성 서봉에서 서쪽으로 뻗은 구릉 위에 5기가 나란히 자리하고 있는데 A호분은 고부에서 영원간 도로 공사중에 파괴되어 분구 일부만 남아 있다. 최근에 정밀측량 결과 A·B·C호분은 방대형 분구이며, D·E호분은 원형 분구임이 확인되었다. 이들의 규모는 직경 15m에서 27m, 높이 1.7m에서 높이 3m 정도로 각각 차이를 보이고 있다. 매장주체에 대해서는 구체적으로 알려진 것이 없지만, A호분의 경우 공사과정에서 분구정상 지표하 150cm하에서 석실이 노출되었는데 당시에 파괴되었고, 나머지도 분구 정상에 안치된 석실은 도굴된 것으로 운학리와 같은 수혈식석곽으로 추정되고 있다.

운학리와 지사리 인근에는 최근 발굴조사를 통해 밝혀진 백제 오방성 가운데 중방 고사부리성과 횡혈식석실분이 밀집되어 있는 은선리 고분군이 위치하고 있어 백제 중앙세력과 토착세력과의 관계를 살필 수 있는 좋은 지역으로 생각된다. 다시 말하면 백제가 지방으로 그 세력을 확산하는 과정에서 기존 마한 전통의 세력집단을 그 거점으로 이용하고 있음을 알 수 있다. 아울러 은선리 고분군의 웅진 2식의 연대를 감안하면 6세기 중엽부터 중앙세력이 진출하고 있었다는 근거를 찾을 수 있고, 또한 이곳에 사비유형이 대부분을 차지하고 있는 점은 중방 고사성체제하에서는 영산강유역까지 아우르는 거점으로서 중심적인 기능을 했을 것으로 생각된다.

이외에도 장문리, 남복리, 신천리, 두지리, 창동리, 고부리 등에 분구를 가지고 있는 고분[176]에 대한 잔존 기록이 있어 정읍 일원에는 많은 마한 분구묘가 축조되었을 것으로 추측된다.

3) 남서부 지역(고창지역)

고창지역에는 백제 영역화 이후 늦은 시기까지 마한 분구묘가 지속적으로 축조되었던 곳으로 16기의 대형 분구묘가 분포[177]되어 있음이 확인되었다. 그 가운데 봉덕리와 석남리의 경우에만 군집을 이루고 나머지는 1~2기가 산발적으로 분포되어 있는데, 규모면에서 봉덕리의 분구묘가 대단히 크다는 점과 인근에

---

176 전영래, 1980, 『고사부리』, 고부지방고대문화권조사보고서.
177 원광대학교 마한 · 백제문화연구소, 2000, 『고창의 분구묘』.

그림 38. 고창 만동 유적

그림 39. 고창 봉덕 유적

만동유적과 봉덕유적[178]이 자리잡고 있기 때문에 이 일대가 마한세력의 중심지로 비정될 수 있다. 이외에도 고창지역에는 성남리, 남산리[179], 부곡리 증산[180], 석교리[181] 등 주구묘 단계에서 대형 분구묘까지 분포되고 있어 마한 분구묘의 계기적 변천과정을 추적할 수 있는 중요지역이기도 하다.

고창 분구묘의 분구형태는 원형, 절두방대형, 전방후원형 등 3가지 유형으로 구분되는데 절두방대형이나 전방후원형의 분구묘가 원형에 비해 규모가 크다. 한편 봉덕유적 분구묘의 발굴조사결과 평면은 방형으로 2중으로 주구가 굴착된 상태로 노출되고 있는데[182] 1차에 걸쳐 대대적인 분구 확장이 이루어졌을 것으로 판단된다. 외측

---

178 호남문화재연구원, 2003, 『고창 봉덕 유적』.
179 전북문화재연구원, 2003, 『고창 남산리 유적』.
180 호남문화재연구원, 2011, 『고창 부곡리 증산 유적』.
181 전북문화재연구원, 2009, 『고창 석교리 유적』.
182 보고서에서는 내부의 구1과 구2에 대한 성격에 대해 구체적인 언급이 없으나, 이 두 구는 초축 당시의 분구묘를 둘러싼 주구였을 것으로 보인다. 특히 이들 두 구의 내부에서 매장주체부로 사용된 옹관 외에는 유물이 발견되지 않았는데, 이는 분구 확장시에 파쇄 매장되었던 의식용 토기들이 제거되었을 가능성이 있다.

주구 내에서 수습된 다양한 기종의 많은 토기들은 제의의식에 사용된 후 의도적으로 폐기된 것으로 보인다.

이 가운데 작고 배신이 넓은 고배는 고창식이라 불릴 만큼 강한 지역성이 있는 토기이며, 개배, 유공광구소호, 기대, 직구호 등은 영산강유역의 토기와 비교되지만, 특히 유공장군은 일본 초기단계의 스에키(須惠器)와 통하고 있어 왜와 교류도 있었을 것으로 추정된다. 이외에도 인접 주구에서 백제의 개배나 삼족토기도 발견되고 있기 때문에 봉덕 분구묘는 존속기간이 길었다는 점을 보여주고 있다.

고창 봉덕리 고분군은 정비 보존 계획을 수립하기 위한 기초 자료 확보 차원에서 그 가운데 1호분에 대한 발굴 조사가 실시되었다. 분구의 평면 형태는 동서 방향으로 긴 장방형으로, 정상부는 평탄한 지형을 이루고 있다. 외형상으로 확인된 분구의 규모는 장축 72m, 단축 50m, 높이 7m 내외이다. 분구의 성토 과정을 살펴보면, 먼저 자연 구릉의 4면을 삭토하여 평면

그림 40. 고창 봉덕리 1호분 발굴전경

장방형의 형태로 묘대를 조성한 후, 약 10~60cm 내외의 회색계 점질토(목탄 및 토기편 혼입)를 분구의 상면에 성토하였다. 일부 단면 조사를 통해서는 분구 성토 이전의 자연구릉 상부에 주공과 노지 등이 노출됨으로써 집자리와 같은 선행 유구가 있었음을 알 수 있었다.

석실은 분구 중앙의 5호 석실을 포함하여 모두 5기가 조사되었다. 이 가운데 파괴가 심해 형식을 알 수 없는 2호분을 제외하고 횡혈식 석실이 3기(1호·3호·5호)이고 수혈식 석실이 1기(4호)이다. 중앙의 5호 석실은 묘실을 안치하기 위

한 평면을 회색계 점질토로 정지하고, 벽석의 축조와 동시에 분구를 성토한 것으로 확인되었다. 4호 석실의 경우는 1호·2호·3호와 달리 5호 석실의 초축 분구를 어느정도 정리한 다음 안치되어 있는 것으로 확인되었다. 분구의 성토와 관련해서 석실의 축조 순서를 살펴보면, 5호 석실이 분구의 조성과 더불어 가장 먼저 안치되었고, 그 다음은 4호 석실, 1호 석실, 3호 석실, 2호 석실 순으로 축조된 것으로 파악된다. 따라서 전체적인 축조 방법은 개별 석실의 축조와 동시에 개별 성토가 이루어진 것으로 판단된다.

주구의 단면 형태는 완만한 'U'자상으로, 규모는 상대적으로 2호분과 연접한 남쪽(최대 너비 5.1m, 깊이 2.4m)과 서쪽(최대 너비 6.7m, 깊이 1.1m)이 북쪽(최대 너비 3.5m, 깊이 1.7m)에 비해 상대적으로 넓다. 이는 북쪽에 개설된 후대의 임도로 인해 주구의 상면이 삭평된 데 기인한 것으로 추정된다.

내부 출토 유물은 전반적으로 상층인 적갈색 및 암갈색 사질 토층에서 집중 출토되는 양상을 보이고 있다. 유물로는 고배, 개배, 유공광구소호, 원통형 토기편, 대형 옹관편 등이 출토되었으며, 남쪽 주구 내부 상층에서는 중국제 청자 호편이 출토되어 주목된다. 또한 대형 옹관편이나, 완형의 토기 등이 내부에서 다량으로 출토되는 것으로 보아 일련의 제의 행위가 주구를 중심으로 행해졌을 가능성을 보여주고 있다.

고창 봉덕리 고분군의 중심 연대는 출토 유물 및 매장 시설 등으로 보아서 중심 연대로 하는 것으로 판단된다. 출토 유물 가운데 중국제 청자, 혹은

그림 41. 봉덕리 1호분 4호 석실 출토 위세품

청자편은 현재까지 분묘 유적에서 금강 유역을 중심으로 출토가 이루어졌으나, 고창 봉덕리 고분군에서 중국제 청자 출토는 그 의미하는 바가 크다. 그리고 4호 석실에서 출토된 금동식리, 금제이식, 중국제 청자반구호, 대도, 성시구 등과 5호 석실에서 출토된 금동식리편, 대금구 등의 출토 유물로 볼 때, 고창 봉덕리 고분군의 조영 주체는 마한 모로비리국의 중심 세력일 것으로 추정할 수 있으며, 백제 영역화 이후에도 상당한 정치 세력을 유지하고 있었음을 보여주고 있다. 따라서 고창 봉덕리 고분군은 백제 중앙과 지방과의 관계를 살필 수 있는 귀중한 자료로 판단된다.

한편 칠암리[183]에서 발견된 전방후원형 분구묘는 지금까지 한반도에서 발견된 것 가운데 가장 북쪽에 해당하는 것으로 분포 위치 그 자체가 의미가 있는 것으로 생각된다. 매장주체부는 석실로 후원부에 분구의 장축과 다른 방향으로 안치되어 있는데 광주 월계동의 예와 비교될 수 있다. 이러한 전방후원형의 분구묘는 고창지역의 절두방대형, 원형분구묘와 관련성뿐만 아니라 고대 한 · 일간의 문화교류에 대해서도 그 성격을 규명해야 새로운 과제를 갖게 되는 계기가 될 것이다.

마한 분구묘 이외에 흥덕농공단지내 오호리 유적[184]에서는 6기의 석실분이 확인되었는데, 그중 3호분은 웅진 2식의 석실 구조를 가지고 있는데 금제이식과 더불어 『○義將軍之印』銘의 청동 인장이 출토됨으로서 고분 피장자의 신분을 짐작케 해 주고 있다. 4호분에서 출토된 직구호, 병형토기, 개배 등과 더불어 고분의 구조와 비교해 보면 6세기 초에 축조된 것으로 생각된다. 이러한 백제의 중앙묘제인 횡혈식석실분의 축조는 백제의 중앙세력이 이 지역에 진출하는 시기를 가늠하는 하나의 척도로서 그 시기는 6세기 초로 비정된다고 생각된다.

---

183 대한문화재연구원, 2017, 『고창 칠암리 고분』.
184 전북문화재연구원, 2009, 『고창 오호리 유적』.

제6절 전북지역의 마한소국

『삼국사기』나 『삼국유사』에 기록된 마한 제국의 양상은 매우 소략하여 그 모습을 유추하기에는 많은 한계가 있다. 그러나 중국 서진시대에 진수(陳壽 : 233~297년)가 편찬한 『삼국지』와 남조(南朝) 송(宋) 범엽(范曄 : 398~445년)이 지은 『후한서』에는 마한은 54국으로 구성되어 있다고 구체적으로 기록되어 있다. 그중 『삼국지』에는 각각의 국명을 기록하면서 큰 나라는 만여가, 작은 나라는 수천가로서 총 십여 만호나 된다고 하였다.

오늘날 마한의 공간적 범위는 대체적으로 경기, 충청, 전라지역의 한반도 중서부 서해안 일대로서, 문헌에서 보이는 마한의 각 소국도 이 지역 내에 자리하고 있었을 것으로 추정할 수 있다. 그러나 마한 소국의 위치나 사회구조 성격에 대한 해석은 연구자에 따라 다양한 견해가 표출되고 있으므로 각 소국의 구체적인 실상에 대한 접근은 매우 어려운 편이다.

한반도 중서부 지역에는 마한 성립과 관련되는 조기 단계의 토광묘부터 마한 발전기에 급격하게 확산하는 분구묘계통의 분묘들이 광범위하게 연속적으로 축조되었음이 확인되고 있다. 이러한 고고학적인 자료를 통해서 보면 마한문화의 전통은 매우 강하게 자리잡고 있었음을 알 수 있다. 따라서 백제의 지배하에 편입된 이후에도 마한의 정치·문화 중심지였던 지역을 중심으로는 기층문화로서 마한 분구묘의 전통이 지속적으로 이어지고 있음이 확인된다.

마한 연구에 있어서 가장 기초가 되는 소국의 위치 비정에 관한 연구는 주로 후대의 지리지에서 발음이 유사하거나 표기 방식에서 상관성이 있는 지명을 찾는 방법으로 이루어져 왔다. 그러나 국명의 음운학적인 방법을 통한 위치 비정은 확증하기 어렵고, 연구자 간의 견해 차이도 심해 마한 소국의 정확한 위치와 국명을 특정하기에는 한계가 있다. 따라서 문헌자료의 한계를 극복하기 위하여 고고학적 자료의 활용은 마한 소국의 명칭에 대한 접근은 어렵지만, 소국의 공간적 범위는 어느 정도 특정할 수 있을 것으로 생각된다.

1. 전북지역의 마한제국

다음 표는 정인보[185], 이병도[186], 천관우[187], 박순발[188] 등 마한 소국의 위치 비정에 있어서 대표적인 연구자 4인의 의견을 정리한 것이다. 현재 전북지역의 지명을 마한 소국으로 비정한 연구자의 수를 분모로 전북지역을 표에 보이는 마한 소국명으로 지칭한 연구자의 수를 분자로 해서 작성한 표임을 밝혀둔다.

다음 표에서 보면 전북의 20개소 지역에 대해서 마한 소국이 비정되고 있음을 살필 수 있다. 이를 살펴보면 고창의 모로비리국(牟盧卑離國)만이 4명의 연구자 모두 동의하고 있으며, 익산 함열의 감해국(感奚國)과 김제의 벽비리국(闢卑離國)은 4명 가운데 3명이 동의하고 있어 커다란 의견 차이가 보이지 않는다. 부안의 지반국(支半國)과 정읍 고부의 구소국(狗素國)은 3명 가운데 2명이 같은 의견을 제시하고 있으며, 군산 회미의 만로국(萬盧國)과 익산의 건마국(乾馬國), 그리고 정읍의 초산도비리국(楚山塗卑離國)과 전주의 불사분사국(不斯濆邪國)은 4명 가운데 2명이 동일한 견해를 제시하고 있다. 나머지 11곳의 마한 소국 위치 비정은 학자마다 다른 견해를 제시하면서 문헌 자료 분석의 한계를 실감하게 하지만, 그 가운데에서도 소국의 위치에 대한 견해차가 어느 정도 의견 접근이 이루어지는 곳은 김제의 벽비리국(闢卑離國), 고창의 모로비리국(牟盧卑離國), 익산 함라 일대의 감해국(感奚國) 등이라 할 수 있다.

표 6. 전북지역 마한소국 위치 비정표

	지명	소국명	소국명	소국명
1	군산 회미	비리국(卑離國)(2/4)		
2	군산 임피	신흔국(臣釁國)(1/3)		

185 정인보, 1935, 『조선사연구』 상권.
186 이병도, 1976, 「삼한문제의 연구」, 『한국고대사연구』, 박영사.
187 천관우, 1989, 「마한제국의 위치시론」, 『고조선사·삼한사연구』, 일조각.
188 박순발, 2013, 「유물상으로 본 백제의 영역화 과정」, 『백제, 마한과 하나되다』, 한성백제박물관.

	지명	소국명	소국명	소국명
3	군산 옥구	만로국(萬盧國)(2/4)	임소반국(臨素半國)(1/4)	사로국(馳盧國)(1/4)
4	익산	건마국(乾馬國)(2/4)	감해국(感奚國)(1/4)	
5	익산 함열	감해국(感奚國)(3/4)	염로국(冉路國)(1/3)	
6	익산 여산	여래비리국(如來卑離國)(1/4)	아림국(兒林國)(1/4)	
7	김제	벽비리국(闢卑離國)(3/4)		
8	김제 금구	고탄자국(古誕者國)(1/3)	구사오단국(臼斯烏旦國)(1/4)	
9	부안	지반국(支半國)(2/3)		
10	정읍	초산도비리국(楚山塗卑離國)(2/4)	첩로국(捷盧國)(1/3)	
11	정읍 고부	구소국(狗素國)(2/3)	고리국(古離國)(1/4)	
12	고창	모로비리국(牟盧卑離國)(4/4)	일난국(一難國)(1/3)	
13	고창 흥덕	신소도국(新蘇塗國)(1/4)		
14	전주	불사분사국(不斯濆邪國)(2/4)		
15	완주 화산	지반국(支半國)(1/3)		
16	진안	염로국(冉路國)(1/3)		
17	순창	소석색국(小石索國)(1/3)		
18	임실	대석색국(大石索國)(1/3)		
19	남원	고랍국(古臘國)(1/4)		
20	남원 운봉	불운국(不雲國)(1/3)		

※ 괄호 안의 숫자는 예시한 전북지역을 지목한 연구자 수/예시한 마한 소국을 비정한 연구자 수를 의미함

　한편 『일본서기』 권9, 신공황후 49년조에 전북지역으로 추정되는 마한 정치체의 이름이 보인다.[189] 그 내용을 근거로 해석하면 백제 근초고왕 24년(369)에 침미다례(忱彌多禮)를 정벌하자 비리벽중포미지반고사읍(比利辟中布彌支半古四邑)이 백제에 자연스럽게 복속됐다는 것이다. 먼저 침미다례의 위치는 남해안의 해남지역이나 강진, 또는 고흥반도로 비정하며, 비리와 벽중은 내륙지역으로 인식하여, 백제가 해로와 육로를 장악하면서 마한을 복속시킨 것으로 이해되고 있다.[190]

---

189 "仍移兵 西廻至古奚津 屠南蠻忱彌多禮 以賜百濟. 於是 其王肖古及王子貴須 亦領軍來會. 時比利 辟中 布彌支 半古 四邑 自然降服."
190 양기석, 2013, 「전남지역 마한사회와 백제」, 『백제학보』 9, 백제학회.

다음 비리벽중포미지반고사읍에 대한 지명은 크게 비리(比利)·벽중(辟中)·포미지(布彌支)·반고(半古)의 4읍으로 보는 견해와 비리(比利)·벽중(辟中)·포미지(布彌支)·반고(半古)·사읍(四邑)의 5읍으로 보는 견해로 나누어져 있는데, 4읍으로 보는 견해가 대체로 우세하다. 이에 따라 비리(比利)는 전주 혹은 부안, 벽중(辟中)은 김제, 포미지(布彌支)는 정읍 일대, 반고(半古)는 부안과 태인 일대로 비정되고 있어 4세기 중엽경에는 전북지역이 백제에 복속되었다는 것을 파악할 수 있다.[191]

이처럼 문헌자료에 보이는 마한 소국의 명칭과 현대 행정구역명의 음운 비교를 통한 소국의 위치를 비정하는 연구는 모로비리국을 비롯한 일부 소국의 위치 정도만이 의견의 일치를 보고 있을 뿐, 대부분 연구자에 따라 상당한 견해 차이를 보인다. 따라서 이러한 한계를 극복하기 위하여 고고학적 자료인 분묘와 생활유적을 활용하여 밀집도에 따라 소국의 위치를 비정해 보면 다음 지도(지도 1)에서 보이는 것과 같은 결과를 도출할 수 있다. 또한, 소국으로 비정할 수 있는 각 군집된 유적군에서는 위치에 따라 마한 관련 유적이 백제 영역화 이후에도 지속적으로 축조되는 곳이 확인된다. 그만큼 마한문화의 전통이 강력하게 유지되고 있음을 알 수 있다. 이러한 의미는 백제 영역화 이전에도 강력한 세력을 가진 정치·사회적 집단으로 이해할 수 있는데, 그것은 『삼국지』에 보이는 만여가(萬餘家)로 구성되었다고 기록된 대국으로 비정도 가능할 수 있을 것이다. 또한, 이 대국은 주변 천여가(千餘家)로 구성된 소국 연맹체의 수장국으로서 역할을 담당했을 것으로 추정해 볼 수 있다.

전라북도 일대에서 조사된 마한의 분묘와 생활유적을 중심으로 군집한 범위를 지역별로 표기된 다음의 지도 1을 통해 마한 소국의 위치를 추정해 볼 수 있는데, 모두 12개의 소국이 위치했을 것으로 추정된다. 먼저 지도에서 보듯이 3개의 군으로 대별할 수 있는데, Ⅰ군은 금강유역으로 2개의 군집이 보이고, Ⅱ

---

191 최완규, 2013, 「김제 벽골제와 백제 중방성」, 『호남고고학보』 44, 호남고고학회.

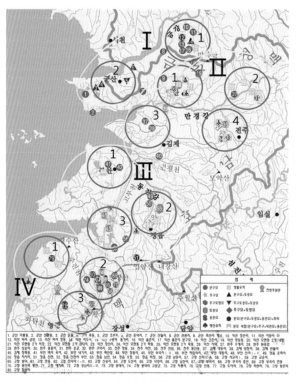

군은 만경강유역을 중심으로 4개의 작은 군집들이 분포하며, III군은 동진강과 고창 흥덕을 경계로 하는 공간적 범위에 3개의 소군이, IV군은 고창지역에 3개의 소군집이 배치되어 있다. 이들 각각 Ⅰ·Ⅱ·Ⅲ·Ⅳ군의 문화적 양상은 마한의 성립이나 성장 과정과 백제와의 상호관계 설정에 따라서 그 특징을 달리하고 있는 것으로 보인다. 또한, 마한 정치·문화적 전통의 강약에 따라 때로는 백제 영역화 이후까지도 마한문화

지도 1. 고고학 자료로 본 전북지역 마한소국

의 전통이 지속적으로 유지되고 있는 양상도 나타난다.

1) 금강하구유역

금강하구유역에 위치하는 소국 중심은 함라·함열·황등지역(Ⅰ-1소국: 감해국)과 군산지역(Ⅰ-2소국: 비리국)으로 나뉜다. Ⅰ-1·2 소국의 중심연대는 3~4세기에 해당하고 있는데, 이 지역은 백제가 한성기부터 대외관문으로서 주목하고 있던 지역이었다. 웅진과 사비기에 들어서 금강하구는 대외관문 역할을 하는 중요한 요충지로서 백제는 이 지역에 대한 장악력을 강화할 수밖에 없었을 것이다. 금강하구유역은 호남의 어느 곳보다 일찍부터 백제 석축묘가 축조되고 있었다는 사실이 이를 증명하며, 이 지역에서 마한 분구묘는 4세기 이후 크게 발전하지

못하고 소멸된 것으로 보인다. 그것은 백제의 영역화 과정에서 이 지역의 마한 소국은 일찍이 백제에 편입된 것으로 이해할 수 있다.

표 7. 고고학 자료로 본 전북지역 추정 마한소국

번호	권역		주요유적		문헌비정 소국	비고
			분구묘	주거유적		
1	금강 (I군)	1	익산 와리 금성 9기 익산 율촌리 5기 익산 서두리 4기	와리 금성 20기 서두리 13기 군산 관원리 31기	감해국	
2		2	군산 축동 10기 군산 미룡동 10기 군산 산월리 2기	산월리 4기		
3	만경강 (II군)	1	익산 율촌리 5기 익산 장신리 4기 익산 모현동 묵동 5기 익산 영등동 5기	장신리 109기		
4		2	완주 수계리 17기 완주 상운리 30기	익산 사덕 105기 완주 수계리 68기 완주 상운리 14기 왕주 용흥리 14기		
5		3	김제 장화동 7기 김제 양청리 1기		벽비리국	
6		4	전주 장동 1기 전주 마전 5기 전주 안심 5기	전주 장동 69기 전주 마전 20기 전주 안심 3기 전주 암멸 19기	불사분사국	
7	동진강 (III군)	1	정읍 운학리 3기 정읍 지사리 5기	정읍 남산 40기 정읍 오정 14기 부안 백산성 17기		백제 중방성 치소
8		2	부안 부곡리 2기 부안 신리 6기	부안 부곡리 15기		
9		3	정읍 신면 8기 고창 신덕 2기	부안 장동리 33기 정읍 신면 33기 고창 교운리 44기 고창 신덕리 31기 고창 신송리 13기		

번호	권역		주요유적		문헌비정 소국	비고
			분구묘	주거유적		
10	고창지역 (IV군)	1	고창 만동 13기 고창 봉덕리 5기 고창 증산 8기 고창 남산리 12기	고창 석교리 32기 고창 부곡리 26기 고창 봉덕 56기 고창 남산리 65기	모로비리국	
11		2	고창 성남리 14기 고창 광대리 13기	고창 성남리 9기		
12		3	고창 왕촌리 2기 고창 자룡리 7기	고창 왕촌리 21기 고창 두어리 31기		

2) 만경강유역

만경강유역에 위치하는 소국 중심은 익산, 완주, 전주, 김제지역 등 4개의 행정구역 단위로 구분된다. 익산(II-1소국)의 주요유적은 익산 모현동과 영등동 일원에 분포된 분구묘와 주거유적을 들 수 있다. 모현동 묵동유적의 분구묘는 수평 확장의 축조방법 및 출토유물을 볼 때, 5세기 중·후엽에 조성된 것으로 보이며, 이는 동시기 금강유역을 중심으로는 횡혈식석실묘 및 수혈식석곽묘 등의 백제 석축묘가 조성되는 것과는 비교되며, 이 일원은 마한의 전통적 묘제가 지속되고 있음을 보여주는 예이다. 모현동 묵동유적에 바로 인접한 익산 장신리 유적에서도 3~4세기에 해당하는 전·중기단계의 마한 분구묘가 확인되면서 분구묘가 마한시대부터 백제영역화 이후까지 익산 모현동 일원에 지속되었다는 것을 보여준다.

만경강 상류에 위치하는 소국(II-2)은 완주군과 익산 일부 지역이 해당되며, 주요 유적은 완주 상운리와 수계리 분구묘 그리고 익산 사덕 주거유적을 들 수 있다. 완주 상운리 유적[192]은 완만한 구릉 일원에 위치하며, 전기단계부터 후기단계의 분구묘가 분포하고 있어 변화과정을 확인할 수 있다. 가1지구에서는 8

---

192 전북대학교 박물관, 2010, 『완주 상운리 I · II · III』.

기의 분구묘에서 매장시설로 토광묘 43기, 옹관묘 17기가 확인되었는데, 토광묘는 방향성을 달리하여 안치되기도 하며, 일부는 중첩을 이루고 있다. 주구를 확장하여 매장시설을 추가로 조성하거나 매장시설 위로 성토하여 매장시설을 조성하는 양상이 확인된다. 특히, 가1지구의 1호분 중 1호와 2호의 토광묘는 점토곽을 시설한 후 목관을 시설한 것으로 규모나 축조방법에서 볼 때 최고 유력자의 것으로 추정된다. 이는 부장유물인 환두대도 및 대도, 금동이식, 철정, 철부, 철촉 등의 다양한 철기유물과 옥류, 토기 등에서 뒷받침된다. 완주 상운리에서 조사된 분구묘는 군집 양상과 규모 그리고 철기제작과 관련된 출토유물 등을 볼 때, 마한시대부터 백제 영역화 이후에도 마한의 전통을 유지하고 있던 고도의 철기제작 기술을 소유하고 있었던 유력 집단에 의해 축조된 것으로 추정된다.

김제지역의 벽비리국으로 비정되는 소국(Ⅱ-3)에는 마한 분구묘 외에도 경제적 기반이 되었던 농경수리유적인 벽골제가 축조되어 있으며, 특히 장화동 유적[193]에서 확인된 와즙건물지는 백제시대 이 지역의 위상을 짐작게 해준다.

전주지역의 소국(Ⅱ-4)은 불사분사국(不斯濆邪國)으로 비정되고 있는데, 주요유적으로는 축조 중심연대가 5세기 중엽에서 6세기 중엽에 걸쳐 축조된 것으로 추정되는 마전유적[194]과 6세기 초에 해당하는 장동 분구묘[195]를 들 수 있다. 그리고 6세기 중엽 이후에 마한 전통으로 볼 수 있는 주구 및 지상화된 축조과정이 반영된 석실분이 확인된 안심유적을 들 수 있다.

이와 같이 만경강유역에서 금강하구에 비해 지속적으로 마한 분구묘가 축조되었던 이유는 이 일원이 마한의 성립지로서 마한문화적 전통이 매우 강했기 때문에 비롯된 것으로 볼 수 있다.

---

193 전북문화재연구원, 2011,『김제 장화동유적』.
194 호남문화재연구원, 2008,『전주 마전유적(Ⅳ)』.
195 전북문화재연구원, 2009,『전주 장동유적 Ⅰ·Ⅱ』.

3) 동진강유역

동진강유역에는 정읍과 부안 전역, 김제시의 황산면, 죽산면, 부량면, 봉남면 일대가 해당한다. 특히 이 권역 내에는 백제의 중방성인 고사부리성이 있어 백제의 지방통치와 관련이 깊은 지역으로 새롭게 주목된다.[196]

우선 부안에서 마한과 관련된 유적은 서해안고속도로의 건설과정에서 발견된 분묘유적으로 부곡리, 신리, 대동리, 하입석리 유적 등에서 주구묘가 확인되었고, III-2 소국에 해당한다. 이 주구묘들은 평면형태가 제형과 방형을 기본으로 하며, 대체로 일변이 개방되고, 1~2개의 모서리가 개방된 유형을 띠고 있다. 주매장시설은 대부분 삭평되어 발견되지 않지만, 무덤의 대상부나 주구에서 옹관이 확인된다.

III-3 소국에 해당하는 정읍의 최남단에 위치한 신면유적에서는 지점을 달리해서 집자리와 더불어 분구묘 8기가 확인되었다. 이처럼 삶과 죽음의 공간을 구분한 유적으로는 인근 장성 환교 유적이 있는데, 취락 공간에서 불과 얼마되지 않은 곳에 분묘 군을 조성하는 전통은 현재의 자연 부락에서도 나타나고 있다.

III-1 소국의 대표적인 유적인 운학리 분구묘[197]는 천태산에서 서쪽으로 뻗어 내려온 지맥에서 탑립부락의 북편 서북방향으로 뻗은 대지 위에 남동에서 서북 방향으로 3기의 분구묘가 일렬로 배치되어 있다. 석실의 유물은 도굴되었으나 동모편(銅鉾片) 1점, 금도은제교구(金塗銀製鉸具), 철지은장금도(鐵地銀張金塗)의 용문투조과판(龍紋透彫銙板)이 수습되었다. 과판은 일본의 칠관(七觀) 고분에서 출토된 자료와 수법과 성격 면에서 동일하여, 고대 한일 간 교류 관계를 파악할 수 있는 중요한 자료이다.

지사리 분구묘[198]는 은선리 지사부락 남쪽 금사동 산성 서쪽 봉우리에서 서

---

196 최완규, 2016, 「백제 중방문화권 내 마한 기층문화와 백제」, 『정읍 속의 백제 중앙과 지방』, 정읍시 · 정읍문화원 · 전북문화재연구원.
197 전영래, 1974, 「정읍운학리고분군」, 『전북유적조사보고』 3.
198 최완규, 2006, 「정읍지역의 선사 · 고대문화」, 『전북의 역사문물전 -정읍-』, 국립전

102   · 전북지역 고대문화와 사회 ·

쪽으로 뻗은 구릉 위에 5기가 나란히 자리하고 있는데, 정밀측량 결과 A · B · C 호분은 분구가 방대형이며, D · E호분은 원형의 분구임이 확인되었다. 분구의 정상에 안치되었던 석실은 도굴된 것으로 운학리와 같은 수혈식 석곽으로 추정되고 있다.

4) 고창지역

고창지역은 백제의 영역화가 이루어진 이후 늦은 시기까지 마한 분구묘가 축조된 지역으로 16기의 대형 분구묘가 고창 일원에 분포하고 있음이 확인되었다. 그 가운데 아산면 봉덕리와 상하면 석남리의 경우에만 군집을 이루고 나머지는 1~2기가 산발적으로 분포한다. 규모 면에서 봉덕리 분구묘가 월등히 대규모인 점과 인근에 만동 · 봉덕 · 선동 분구묘를 비롯하여 반경 5km 이내에 예지리 · 남산리 · 도산리 · 증산 분구묘 유적 등이 집중적으로 분포하고 있다는 점은 이 일대가 마한의 중심 세력지로 비정될 수 있다.

IV-1의 소국에 위치하는 고창 봉덕리 1호분[199]은 5세기 이후 등장하는 후기 단계 대형 고분으로 백제 영역화 이후 나타나는 양상으로 보인다. 특히, 4호 석실에서 출토된 금동신발, 중국제 청자반구호, 은제장식대도, 청동탁잔, 성시구 등과 5호 석실에서 출토된 금동신발편, 대금구 등의 출토유물로 볼 때, 조영의 주체는 마한 모로비리국의 중심 세력인 것으로 추정할 수 있으며, 백제의 영역화 이후에도 상당한 정치 세력을 유지하고 있었음을 보여주고 있다. 따라서 고창 봉덕리 고분군은 백제의 중앙과 지방의 관계를 파악할 수 있는 귀중한 자료로 판단된다.

봉덕리 고분군과 비슷한 시기에 고창 해안지역에서는 왕촌리 분구묘[200]와 자룡리 분구묘[201]가 분포하고 있으며, 평면형태는 원형으로 매장시설은 석축묘

주박물관.

199 원광대학교 마한 · 백제문화연구소, 2016, 앞의 보고서.
200 전주문화유산연구원, 2015, 『고창 금평리 · 왕촌리 · 고성리유적』.
201 전주문화유산연구원, 2014, 『고창 자룡리 · 석남리유적』.

가 아닌 토광묘가 지속적으로 사용되는 양상을 띠고 있다. 자룡리에서는 주구 내에서 시유도기와 다량의 유공광구소호가 출토되는 특징을 보이며, 왕촌리 분구묘는 나주 신촌리 9호분 출토 원통형토기와 거의 유사한 형태의 출토품이 주구 내에서 다수 확인되어 두 지역 간에 교류 및 연관성을 검토할 수 있다. 또한, 서해안에 인접한 점을 보면 고창지역은 해상을 기반으로 한 세력으로 추측해 볼 수도 있다.

한편, 칠암리에서 발견된 전방후원형 고분[202]은 지금까지 한반도에서 발견된 고분 중에서 가장 북쪽에 위치하는 것으로서, 고분의 분포 위치 그 자체에 의미가 있는 것으로 보인다. 매장주체부는 훼손이 심해 석재 일부만 잔존하는데, 후원부에 분구의 장축과 다른 방향으로 조성된 것으로 판단하고 있다. 광주 월계동 전방후원분의 예와 비교될 수 있다. 이러한 전방후원형 고분은 고창지역의 절두방대형, 원형 분구묘와 관련성뿐만 아니라 고대 한·일간의 문화교류를 파악할 수 있는 중요한 자료이면서 영산강 유역권과 비슷한 문화양상이 나타나고 있다.

2. 건마국의 재검토

익산 중심의 건마국과 관련해서는 고조선 준(準)의 후손이 절멸하자 마한 사람이 다시 자립하여 왕이 되었는데, 이곳에서 "마한인"이란 익산지역의 선주 토착세력으로 이들이 연맹체의 주도권을 장악했다는 것이다. 익산지역의 선주 토착세력은 이 지역에서 출토된 중국식동검이 중국과의 원거리 교역을 통해 소유하거나 모방하여 청동기를 제작할 수 있는 선진세력으로 보았다. 그리고 새로이 연맹체의 주도권을 잡은 건마국은 자신의 위상을 높이기 위하여 연맹체의 명칭을 "큰 한"이라는 "말한" 곧 "마한"으로 고쳤다는 것이다.[203]

마한의 중심 정치체의 성장과 변화와 관련해서는 익산의 건마국에서 직산의

---

202 대한문화재연구원, 2017, 앞의 보고서.
203 노중국, 2009, 「마한의 성립과 변천」, 『마한 숨쉬는 기록』, 국립전주박물관.

목지국으로 직산의 목지국은 한강유역의 백제에 정복되는 단계로 이해하는 견해가 있다. 이에 따르면 금강이북에서 한강 이남의 사이에 존재하고 있었던 진국이 조선상(朝鮮相) 역계경(歷谿卿) 집단의 이주 충격파로 인하여 해체되는데, 이로 말미암아 건마국 중심의 마한이 한강 유역으로까지 영역을 확대했다는 것이다. 이후 건마국 중심의 마한의 맹주는 목지국 중심으로 넘어가게 되는데, 원래이곳에는 진국이 있었기 때문에 한왕에서 진국의 왕인 진왕으로 변화된다는 것이다. 목지국의 고고학적 근거로는 천안 청당동 유적을 예시하고 있는데, 이곳에서 출토된 청동마형대구, 환두대도, 철모, 철촉 등 무구류와 중국에서 제작되었을 것으로 추정되는 곡봉형대구(曲棒形帶鉤)와 금박유리옥에서 활발한 교역 능력과 다른 지역보다 우월한 군사적 힘을 가지고 있었다고 보면서 마한의 맹주로 자리잡고 있었다는 견해를 제시하였다.

그러나 이병도는 건마국은 마한 후기의 맹주국으로서 백제와 신라시대에 금마저(金馬渚) 또는 금마군으로 불린 데서 건마국으로 비정하고 있다.[204] 이와는 달리 천관우는 정확하게 비정될 수 있는 소국의 위치를 기준으로 문헌기록에서 앞뒤로 배치된 소국은 멀리 떨어질 수 없다고 이해하고 있다. 이를 근거로 임진강 방면에서 점차로 남하하여 전남 해안 방면에 이르는 곧 북에서 남으로 내려오는 법칙성에 따라 소국명이 기술되어 있다는 것이다. 이렇게 보면 건마국은 소국명 중 거의 끝에 배치되기 때문에 전라남도 장흥에 비정된다고 해석하고 있다. 이와 같이 건마국을 이른 단계의 마한 소국으로 이해하거나 마한 후기의 맹주국으로 보는 견해에서도 차이를 보이며, 오늘날 익산과 장흥지역은 매우 떨어진 지역으로서 실체적 진실에 접근하기에는 거리감이 없지 않다.

이에 대해 몇 가지 의문을 제기할 수 있는데, 우선 익산지역이 마한 성립 당시의 명칭이 과연 건마국일 것인가 하는 점이다. 건마국을 마한 후기의 맹주국이며 익산으로 비정한 이래,[205] 특별한 비판 없이 건마국은 익산일 것으로 인식

---

204 이병도, 1976, 앞의 논문.
205 이병도, 1976, 앞의 논문.

해 왔다. 이러한 근거는 현재의 지명인 금마(金馬)와 건마(乾馬)의 음운이 비슷한 데서 비롯된 것인데, "건마(乾馬)"의 음이 "금마(金馬)", "고마(古馬)"의 어느 편에 가깝다는 아무런 보장이 없다는 것이다. 삼국지의 국명 열거 순서가 북에서 남이라는 방향에 착안하여 감해(感奚)를 익산에 비정하고, 마한 54개국 열거의 마지막 순서에 가까운 건마를 장흥의 백제 때 명칭인 고마미지현(古馬彌知縣)이나 신라 때의 마읍현(馬邑縣)이라는 점에서 이 일대를 건마국으로 비정하고 있기도 하다.[206]

나당연합군에 의해 백제가 멸망한 후 옛 백제 영토였던 공주 지방에 웅진도독부를 설치하고 도독부 직할의 13현과 지방 7주 등을 설치했다. 그 가운데 노산주(魯山州)는 논산의 고지명인 노성과 유사하나 익산 일대로 비정된다. 특히 노산현은 마한 소국의 감해국(感奚國)에서 백제시대 감물아현(甘勿阿縣)을 지칭하는 것으로 익산 함열 일대를 일컫는 지명이다. 또한, 노산주의 속현인 지모현(支牟縣)은 본래 지마마지(只馬馬知)를 일컫고 있는데, 「관세음응험기(觀世音應驗記)」에 정관(貞觀) 13년(639) 백제 무강왕(武康王)이 현재의 금마지역인 지모밀지(枳慕蜜地)로 천도했다고 기록하고 있다. 다시 말하면 마한의 성립과 준왕의 남천지로 비정되는 금마 일대는 백제시대에는 지마마지 혹은 지모밀지에서 금마저(金馬渚)로 그리고 신라시대에 지모현으로 개칭되었다가 다시 금마군으로 불렸다는 것을 알 수 있다. 한편, 중국 상해의 방언에서 지모(支牟)와 금마(金馬)의 발음이 "jin mou"로 동일하게 발음하고 있음이 확인된다. 또한, 현대의 중국어로도 "乾"은 "qian"이나 "gan"으로 발음되고, "金"은 "jin"으로 발음되고 있어 전혀 다르다는 것을 알 수 있다. 따라서 오늘날 현대어인 금마와 건마의 유사한 음운에서 동일 지역을 지칭한다고 볼 수 없으므로 금마 일대가 마한 소국 가운데 건마국으로 비정하는 것에 대해서는 신중한 검토가 요망된다.

한편『후한서』의 "準後絶滅馬韓人復自立爲辰王"의 기사에서 마한인은 선

---

206 천관우, 1989, 앞의 논문.

주 토착세력을 의미하며, 다시 연맹체의 주도권을 장악한 것으로 그 핵심적인 역할을 한 세력은 익산을 기반으로 성장한 건마국으로 상정하고 있다. 하지만 건마국의 명칭은 3세기 중엽에 쓰여진 『삼국지』에 처음 등장하며, 기록된 소국명은 3세기 중엽경의 양상일 가능성이 크다. 문헌자료나 고고학 자료에서 마한의 성립 시기는 B.C.3세기경에 해당한다. 그렇다면 건마국이 등장하는 기원후 3세기 중엽까지 약 600여 년 동안 건마국이란 명칭으로 존재하고 있는 셈이 된다. 그런데 지금까지 고고학적 성과로 보면 익산지역에서는 마한의 성립과 관련된 토광묘 축조집단 이후, 특히 3~4세기에는 다른 지역과 뚜렷하게 구분될 정도의 우월적 지위를 갖는 자료가 발견되지 않고 있다. 따라서 『삼국지』에 마한의 국명으로 등장하는 건마국의 위치 비정에 대한 새로운 검토가 요망되며, 이를 건마국이 익산이라는 전제로 전개된 마한의 성장과 세력변천에 대한 견해도 재고되어야 할 여지가 있는 것으로 생각된다.

제7절 고창지역의 마한문화

『삼국지』 위지, 동이전에 등장하는 마한 50여 국명 중 '모로비리국(牟盧卑離國)'에 비정되는 고창은 선사시대를 대표하는 대규모의 지석묘군을 비롯하여 마한 시대의 수많은 유적 등이 고고학적 조사를 통해 밝혀졌고 계속하여 드러나고 있다. 특히, 고창 봉덕리 고분군의 존재와 1호분 조사를 통해 확인된 위세품의 면모는 마한 시대 고창지역 세력의 위상을 여실히 보여준다.

고창군은 행정구역상 전라북도의 가장 남쪽에 위치하면서 전라남도와 경계를 이룬다. 지리적으로 서쪽은 서해와 접하고 동쪽은 노령산맥이 길게 형성되면서, 저평한 지형을 따라 북쪽에서 영산강 유역(함평·나주)으로 연결되는 중간 교통로(길목)에 해당한다. 이러한 지리적 특성은 마한 시대에는 교두보적인 역할로, 백제의 남방진출 시에는 중요한 거점으로서 고창지역의 중요성을 확인할 수 있다.

마한의 '모로비리국(牟盧卑離國)'과 백제 때는 '모양부리현(毛良夫里縣(고창))·상칠현(上漆縣(흥덕일원)) · 송미지현(松彌知縣(무장일원)) · 상노현(上老縣(공음일원))으로 알려진 고창 일원에 대해 현재까지 고고학적 성과를 중심으로 마한의 시작부터 백제의 영역화가 이루어지는 단계까지의 전반적인 문화양상에 대해 살펴보도록 하겠다.

1. 마한성립기의 고창지역 문화양상

마한의 시작은 일반적으로 B.C.3세기 무렵으로 인식되고 있다.[207] 그렇지만 성립 당시의 마한 영역과 마한 혹은 한(韓)이 국(國)명 또는 종족을 의미하는지, 준왕 남분 이전과 이후의 마한은 어떤 관계인지 등의 성립 시기 마한의 실체에 대해서는 아직 명확하지 않은 점이 많다. 다만, 최근까지의 고고학적 성과를 살펴볼 때, 마한 성립 단계의 중심지 및 준왕의 남분지는 대체로 만경강 유역의 완주 · 전주 · 익산 일원으로 추정하고 있으며, 그 문화는 다양한 청동기(동검, 동경, 동부, 의기류 등)와 점토대토기, 흑도장경호 등을 표지적 유물로 부장되고 이전 분묘문화와 구별되는 적석목관묘 및 토광묘가 집단으로 새롭게 나타난다.

이 시기는 고고학적 시대구분으로 초기 철기시대에 해당하며, B.C.3세기부터 기원 전후한 시기로 볼 수 있다. 그렇다면 초기 철기문화가 등장하는 시기에 고창지역은 어떠한 문화양상을 보이는지 확인할 필요성이 있고 그 문화양상이 고창의 마한문화 성립과 어떠한 관련성이 있는지에 대한 검토가 필요하다.

주지하다시피 선사시대의 고창지역은 고창읍 죽림리 · 아산면 상갑리 · 대산면 상금리를 중심으로 고창 전역에 최대 규모(1,600여 기)의 지석묘가 분포하고 있다.[208] 많은 노동력을 필요로 하는 지석묘의 축조는 청동기시대 고창지역 지석묘 사회의 세력을 추정할 수 있다. 그러나 발굴조사 사례가 적고 출토유물이 거의 없어 지석묘의 축조 시기 등을 파악할 수 있는 근거가 부족하지만, 고창 죽림

---

207 노중국, 1987, 앞의 논문.
박순발, 1998, 앞의 논문.
208 군산대학교 박물관 · 고창군, 2009, 『고창군의 지석묘』.

리 재해 지석묘 발굴조사[209]에서 매장주체부로 판단되는 석곽 내에 완형에 가까운 원형점토대토기가 출토된 바가 있다. 이러한 점은 지석묘가 늦은 시기까지 묘제로 사용되었음을 방증한다. 고창 왕촌리유적[210]에서는 단독으로 위치하는 석관묘 1기에서 흑도장경호 2점이 내부에서 출토되었다. 석관의 형태와 개석의 양상으로 볼 때, 지석묘의 하부구조와 유사하나 지석묘군과는 일정 거리를 두고 있어 직접적인 연관성에는 무리가 있다. 그렇지만 지석묘의 하부구조 영향을 받았을 가능성도 충분히 생각해 볼 수 있다.

이 시기에 해당하는 생활유적으로 산정리[211], 율계리[212]가 있다. 두 유적 모두 수혈유구 및 주거지에서 원형점토대토기·삼각형점토대토기·두형토기 등이 출토되었다. 이 외에 부곡리 연동[213], 광대리[214]유적에서 각각 초기철기시대 토광묘 1기가 확인되었으며, 성남리 Ⅰ유적[215] 수혈과 구상유구에서도 원형점토대토기 및 두형토기가 출토되는 등 간헐적으로 확인되는 양상을 보인다. 그렇지만 표지 유물이라 할 수 있는 세형동검, 동경 등의 청동기류는 아직 출토된 예가 없고, 집단성도 확인되지 않는다. 광대리 유적 분구묘의 주구 내에서 동검 거푸집 편이 출토된 예가 있어 향후 청동기류의 발

그림 42. 고창 산정리 유적 수혈군

209 원광대학교 박물관, 2009, 『고창 죽림리 재해 고인돌 발굴조사 보고서』.
210 전주문화유산연구원, 2015, 앞의 보고서.
211 원광대학교 마한·백제문화연구소, 2006, 『고창의 주거지Ⅰ』.
212 호남문화재연구원, 2007, 『고창 율계리유적』.
213 전라문화유산연구원, 2016, 『고창 부곡리 연동·내동리유적』.
214 원광대학교 마한·백제문화연구소, 2005, 앞의 보고서.
215 원광대학교 마한·백제문화연구소, 2006, 『고창의 주거지Ⅱ』.

견 가능성도 배제할 수는 없지만 앞서 언급된 양상을 종합해 볼 때, 고창지역의 초기철기시대 문화는 이전과는 뚜렷한 변화되거나 새로운 양상을 찾아보기 어렵다.

유적이 많지 않지만, 대부분에서 삼각형점토대토기 및 원형점토대토기와 공반하여 출토되는 점은 원형점토대토기 단계에 비해 늦은 시기에 토광묘 문화가 유입되는 것으로 보이며, 새로운 집단의 진출 혹은 이주 양상보다는 문물의 유입으로 해석하는 것이 적합하다고 판단된다. 고창과 인접 지역인 영산강 유역에서는 나주 구기촌 토광묘[216]와 광주 신창동 옹관묘군[217] 등에서 삼각형점토대토기 및 청동기·철기류를 공반하는 집단분묘가 출현하는 점과 비교해 볼 때, 고창지역에는 새로운 문화의 유입이 크게 이루어지지 못했던 것으로 판단된다.

이로 인해 세형동검이나 세문경, 동부, 동사 등과 같은 표지 유물의 출토가 현재까지 확인되지 않고 있을 가능성도 있다. 그러한 배경에는 앞서 언급하였듯이 대규모의 지석묘를 축조하던 고창지역 토착사회의 강한 유대감이 큰 작용을 했을 것이다. 고창 일원의 견고한 집단사회는 새로운 문화를 가진 이주민 혹은 유이민 집단이 그 테두리 안으로 들어와 적응하거나 어우러지기가 매우 어려웠던 것으로 볼 수 있다.[218] 즉, 견고했던 지석묘 축조집단은 그들 스스로를 마한 혹은 한으로 인식하였는지는 알 수 없으나 기원후의 새로운 마한문화가 등장하기 전까지는 전통적인 토착세력으로서 늦은 시기까지 유지되고 있었던 것으로 추정할 수 있다.

2. 고창의 마한문화 전개와 발전

기원후 2~3세기경 호남지역에는 마한성립 시기와는 또 다른 마한문화가 등

---

216 전남문화재연구원, 2016, 『나주 구기촌·덕곡유적』.
217 서울대학교 고고인류학과, 1964, 『광주 신창리 옹관묘군』.
218 최완규, 2015, 앞의 논문, pp.53~54.

장하며, 불과 1~2세기 동안 새롭게 등장한 분구묘의 문화양상은 호남지역 전역에 확산하면서 유적의 수도 기하급수적으로 증가한다. 이러한 고고학적 현상을 통해 『삼국지』 위서, 동이전, 한(韓)조에 등장하는 54국은 이 시기에 해당하는 3~4세기 마한의 상황을 기술한 것으로 보는 것이 일반적 견해이며, 백제에 영역화가 이루어지기 전까지 마한의 가장 전성 시기로도 볼 수 있다. 먼저, 호남지역 2~4세기의 문화양상[219]을 살펴보면, 주거지는 평면 (장)방형으로 정형화가 이루어지며, 사주식(4주공식)과 비사주식(무주공식), 기타(소주공식)으로 구분하고 있다.[220] 내부에는 노지 혹은 점토부뚜막이 시설되고, 벽구 및 주거지 밖으로 배수로가 이어지기도 한다. 취사기로서 격자 타날문 장란형토기 및 발형토기, 시루 등이 출토된다.

분묘는 분구묘와 옹관묘가 성행한다. 분구묘는 주구를 굴착하여 일정한 대상부 및 분구를 조성한 후 되파기 등의 방법을 통해 매장시설이 분구 중 혹은 지표면에 가깝게 안치되는 양상을 띤다.[221] 이전에는 주구묘와 분구묘를 따로 구분하여 용어를 사용하였으나 축조원리 등이 같고 후대에 잔존상태에 따른 차이로도 볼 수 있어 분구묘로 통용하여 사용되고 있다.[222] 이에 따라 발굴조사를 통해 확인된 형태로는 주구만 남아있거나 중앙부에 매장시설이 얕게 굴착된 형태로 확인된다. 또는 분구가 낮게 잔존하고 있는 경우도 있다.

부장유물로는 이중구연호, 양이부호, 조형토기, 유공광구소호 등의 마한 토

---

219 방형의 사주식 주거지 및 분구묘의 등장과 확산은 A.D.3~4세기가 중심연대에 해당하지만 최근 2세기 중·후반까지 상향되는 유적이 다소 확인되면서 이러한 문화양상의 시작 시점이 2세기 대로 볼 수 있다.

220 김은정, 2007, 「전북지역 원삼국시대 주거지연구」, 『호남고고학보』 26, 호남고고학회, pp.67~68.

221 분구묘의 개념 및 매장 프로세스와 관련해서는 연구자들 간에 이견이 있으며, 지속적인 논의가 이루어지고 있지만 본 고에서 분구묘는 일반적으로 인식하는 개념 및 축조원리를 사용한다.

222 최완규, 2006, 「분구묘 연구의 현황과 과제」, 『분구묘·분구식 고분의 신자료와 백제』 제49회 전국역사학대회, pp.9~10.

기가 부장된다. 대형 옹관묘는 구연이 넓게 벌어진 형태의 거대한 옹을 합구하여 안치하며 단독으로 분포하기도 하지만 다수는 분구묘의 대상부 및 주구 내에 배장된 형태로 안치된다. 이후 발전과정을 거쳐 분구묘의 매장주체시설로도 자리하게 되면서 영산강 유역에서는 U자형의 전용 옹 형태로 변화가 이루어지고 규모도 거대해진다. 이러한 주거 및 분묘형태와 토기 양상은 이전 시기와는 분명하게 구분되는 문화양상으로서 새로운 문화의 출현 이유 및 기원에 대해서는 여러 논의가 진행되고 있지만, 호남지역 마한을 표지하는 문화로 자리 잡게 된다. 기원후 2~4세기 고창지역도 이러한 문화의 흐름과 동일한 양상을 보이면서도 다른 지역에 비해 마한문화의 양상이 잘 드러나고 있다.

　마한 주거지인 방형계 주거지 특히, 사주식 주거지의 비율이 높게 분포하고 있으며, 마한분묘 또한, 분구묘와 옹관묘 등이 다수 분포하고 있다. 출토유물로는 마한토기로 인식하고 있는 이중구연호, 양이부호 등의 상당량이 고창지역에서 출토되고 있다. 고창지역에서 본격적인 마한유적에 대한 조사는 1990년대 서해안 고속도로 개설공사로 인한 구제발굴을 통해 다수 확인되었으며, 이후 2000년대에는 각종의 구제발굴이 지속적으로 이루어지면서 더 많은 마한유적이 조사되었고, 점차 마한문화에 대한 실체가 드러나게 되는 계기가 되었다. 구제발굴를 통해 마한 관련 유적이 곳곳에서 확인되고 있다는 점은 마한시기 고창지역이 그만큼 역동적이었음을 보여주고 있다.

　현재까지 고창지역에서 조사된 마한 주거유적과 분묘유적의 분포양상을 살펴보면, 대체로 동일시기 주거지와 분묘가 같은 공간에 분포하고 있는 예는 없고, 독립적으로 분리되는 양상을 보인다. 고창 봉덕 · 자룡리 · 왕촌리 유적에서 분묘와 주거지가 혼재하는 경우가 확인되지만, 모두 주거지가 이른 시기에 조성되고 분묘가 주거지 사용 이후에 들어서면서 시기적인 차이를 보인다. 봉산리 황산유적[223]은 주거지는 4구역에 집중적으로 분포하고 분묘는 5구역에 축조되

223　대한문화재연구원, 2015, 『고창 봉산리 황산유적 Ⅱ · Ⅲ』.

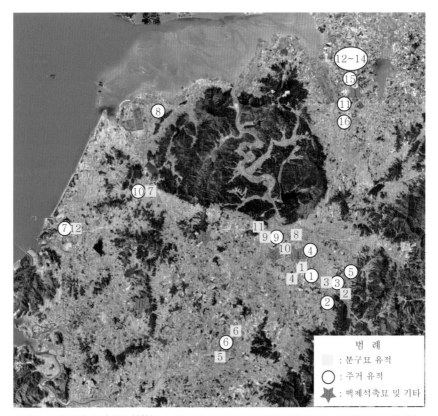

사진 1. 고창지역 유적 분포현황(표 8, 표 9. 번호와 동일, 백제석축묘 및 기타 : 1. 오호리유적, 2. 죽림리 ·
상갑리 석실, 3. 중월리유적, 4. 예지리고분, 5. 동교고분, 6. 칠암리 전방후원분)

면서 그 이격거리는 1km 정도로 구분되어 있고 남산리 유적은 주거지와 분구
묘가 각 구역 별로 달리 분포하는 양상을 띠고 있다. 이러한 점은 주거지와 분묘
의 조성이 의도적으로 공간을 달리하여 이루어진 것으로 보인다.

1) 고창의 마한 주거지

먼저 고창지역 마한 주거지는 대체로 3~4세기로 편년되면서 분묘와는 다르
게 세부적 시기에 따른 구조적 변화를 찾아보기 어렵다. 이에 주거지의 각 속성
을 구분하여 살펴보도록 하겠다.

주거유적의 분포를 살펴보면, 고창의 북쪽 흥덕면과 남쪽 일대의 대산면, 중

앙부에 해당하는 고창읍 · 아산면 · 고수면 일원 그리고 서해안과 접한 심원면 · 해리면 · 상하면 등지에 고루 유적이 위치하면서 고창 전역에 생활 터전을 이루고 있었음을 알 수 있다.

표 8. 고창지역 마한주거 유적 조사현황

연번	유적명	성격	수량	입지	비고
1	고수면 남산리	주거지	62(20)	구릉사면(47~57m)	3, 5, 6구역 주거지 토기가마 1기
2	고수면 봉산리 황산	주거지	104(34)	충적대지(36~37m)	4세기 중~5세기 중
3	고수면 부곡리	주거지	26(13)	구릉사면(50~60m)	3~4세기
4	고수면 우평리	주거지	8(3)	구릉사면(42~45m)	4세기 이후 단계
5	고창읍 내동리	주거지	13(4)	남서사면(49~55m)	3~4세기
6	대산면 성남리 Ⅴ · Ⅵ	주거지	10(4)	구릉사면(41~44m)	Ⅴ-A토기가마 3기
7	심원면 두어리	주거지	31(7)	서사면하단(8~12m)	3~5세기
8	상하면 자룡리	주거지	9(5)	구릉사면(15~19m)	3~4세기, 분구묘보다 선행
9	아산면 봉덕리	주거지	56(37)	구릉사면(33~43m)	정상부 방형분
10	해리면 왕촌리	주거지	21(4)	구릉정상 및 사면 (9~29m)	3~4세기 전반, 분구묘보다 선행
11	흥덕면 교운리	주거지	44(31)	구릉사면(15~20m)	3세기경
12	흥덕면 석교리	주거지	13(7)	구릉사면(36~38m)	5세기 중후반
13	흥덕면 신덕리 Ⅰ	주거지	12(2)	구릉사면(18~23m)	3~4세기
14	흥덕면 신덕리 Ⅱ	주거지	13(4)	구릉사면(25~27m)	4주식후행
15	흥덕면 신덕리Ⅲ-B	주거지	6(0)	구릉사면(18~23m)	무주식, 4~5세기
16	흥덕면 신송리	주거지	13(1)	구릉사면(18~22m)	3~4세기

① 입지

주거유적의 입지는 크게 구릉 사면부와 사면말단부 및 충적대지로 구분할 수 있으며, 이러한 입지의 차이는 시간성에 따라 구릉 사면 상단부에서 하단부 평탄대지로 변화하는 것으로 상정하고 있다.[224] 고창의 주거유적 대부분은 구

---

224 김승옥, 2000, 앞의 논문, p.40.

릉 사면부에 입지하고 있으며, 교운리[225]·봉덕 유적은 사면부에 입지하면서도 비교적 경사가 급한 지형에 조성된다. 교운리 유적은 남사면-북사면으로 시간성에 따른 입지의 차이를 보이고, 내동리 유적은 구릉 상단부에서 하단부로 주거 입지의 시간성을 보인다. 충적대지에 형성된 봉산리 황산유적은 편평한 지형에 주거지가 밀집 분포하며, 두어리 유적도 말단부의 평지에 가까운 지점에 입지 하면서 일반적 고창지역 주거 입지와는 차이를 보인다.

② 평면형태 및 규모

고창지역 마한 주거지의 평면형태는 장방형과 방형으로 구분되며, 원형계[226]는 확인되지 않는다. 사주식 구조의 경우 방형이 대다수를 이루고 장방형은 비사주식에서 주로 확인된다. 다수의 사주식 주거지가 분포하는 교운리, 남산리 6구역, 봉덕, 봉산리 황산유적의 경우 사주식 주거지의 평면형태가 대부분 방형을 이루고 있음을 확인할 수 있으며, 일부 장방형의 사주식 주거지도 주공의 배치양상이 대칭하여 균형을 이룬다. 성남리 V-B유적의 3호 주거지는 장방형이면서도 주공 배치가 한쪽으로 치우쳐 있어 특이한 구조를 보인다. 주거지 확장의 가능성도 생각할 수 있다. 주거지의 규모는 소형, 중형, 대형, 초대형으로 구분하며, 구분하는 기준에 차이를 보이지만 대체로 30㎡ 이상을 대형으로 구분하고 있다.[227] 주거지의 규모는 15~25㎡ 사이에 형성되고 있는데, 유적별 30㎡ 이상의 대형 주거지가 1~2기씩 축조되는 특징을 보인다. 봉덕, 남산리, 교운리, 석교리, 봉산리 황산, 성남리 V-B, 신덕리 Ⅰ·Ⅱ유적[228]에서는 1~2기 이상의 대형 주거지가 존재하고 석교리유적의 경우 면적이 50㎡ 이상이다. 봉산리 황산유적은 30㎡ 이상의 대형 주거지가 9기로 가장 많이 분포하며, 교운리 유적은 4기가

---

225 호남문화재연구원, 2002, 『고창 교운리유적』.
226 원형계는 호남동부지역에 주로 분포하는 주거지 평면형태이지만 호남 서부지역에서도 일부 부안 백산성의 12호주거지와 같이 이른 시기 주거지로 확인되기도 한다.
227 김은정, 2017, 앞의 논문, pp.66~67.
228 원광대학교 마한·백제문화연구소, 2006, 앞의 보고서.

분포한다. 사주식 주거지는 주거지 규모의 대형화와 관련 있는 것으로 상정하고 있는데, 거의 대다수의 대형 주거지가 사주식 구조를 보이는 점은 건축구조와 관련 깊은 것으로 보인다. 또한 50㎡ 이상의 대형 주거지의 경우 위계가 높은 주거지로 상정하기도 한다.[229] 서해안에 접해있는 왕촌리, 두어리[230], 자룡리 유적[231]에서는 중소형이 주를 이루고 대형 주거지는 확인되지 않는다.

③ 주거구조

주거지의 구조는 앞서 언급하였듯이 사주식과 비사주식, 기타(소주공식)로 구분할 수 있다. 사주식은 3세기 전반에 호남 서부지역에 출현하여 5세기대까지 이어지고 백제 주거지의 등장으로 점차 사라지는 마한 주거지의 특징으로 보고 있다.[232] 그러나 호남서부지역은 사주식보다 비사주식의 비율이 높게 나타나며, 고창지역도 표 9에서 확인할 수 있듯이 비사주식의 비율이 상대적으로 높게 분포하고 있으므로 비사주식 또한 마한주거지의 일반적 형식으로 볼 수 있다. 사주식 주거지의 출현에 대해서는 가장 이른 시기(A.D.2세기)의 사주식 주거지로 편년되는 천안 장산리유적[233]을 중심으로 천안 일원에 존재했던 목지국 세력이 백제의 성장으로 남하하면서 사주식 주거지가 확산된 것으로 보는 견해가 있다.[234] 그렇다면, 호남서부지역 중에서도 사주식 주거지가 비교적 일찍 출현하면서 사주식의 비율이 높게 나타나는 고창지역이 과연 목지국 세력의 남하와 관련 있는지에 대한 검토도 필요하다. 고창 만동유적에서는 분구묘 주변으로 장축 방향을 달리하여 조성된 4기의 주구토광묘가 축조되고 있다. 이러한 이질

229 정일, 2006, 「전남지역 사주식주거지의 구조적인 변천 및 전개과정」, 『한국상고사학보』 54, 한국상고사학회, p.128.
230 전주문화유산연구원, 2018, 『고창 두어리 유적』.
231 전주문화유산연구원, 2012, 앞의 보고서.
232 정일, 2006, 앞의 논문, pp.123~126.
233 충남대학교 박물관, 1996, 『천안 장산리유적』.
234 김승옥, 2004, 「전북지역 1~7세기취락의 분포와 성격」, 『한국상고사학보』 44, 한국상고사학회, pp.70~71.

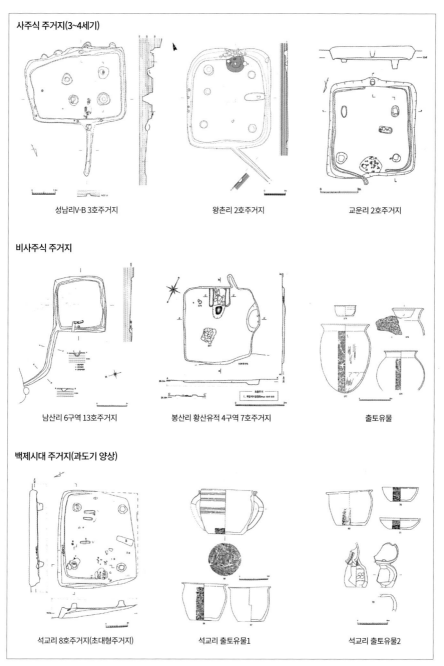

사주식 주거지(3~4세기)

성남리IV-B 3호주거지   왕촌리 2호주거지   교운리 2호주거지

비사주식 주거지

남산리 6구역 13호주거지 봉산리 황산유적 4구역 7호주거지 출토유물

백제시대 주거지(과도기 양상)

석교리 8호주거지(초대형주거지) 석교리 출토유물1 석교리 출토유물2

도면 1. 고창지역 주거지 현황

적인 주구토광묘의 분포는 천안 일원 세력의 남하 증거로 생각해 볼 수 있지만, 아직 이 외에 구체적으로 방증할 수 있는 자료가 없는 실정이다. 근래에는 방사선탄소연대측정 자료를 통해 사주식 주거지의 남하설에 비판적인 시각으로 반론이 제기되고 있다.[235]

④ 내부시설

마한주거의 특징적인 내부시설로는 점토부뚜막(노지)시설, 벽구시설, 배수로시설, 장타원형 수혈 등을 들 수 있다. 점토부뚜막시설은 거의 모든 주거지에서 확인된다. 출토상태에 따라 흔적만 확인되는 예도 있지만, 소토 및 점토가 벽을 일부 형성하고 있는 상태로도 확인되고 있다. 대체로 주거지 벽면 중앙에 위치한다. 내부에는 장란형토기, 발형토기가 엎어진 채로 나란하게 조합을 이루고 있으며, 받침 또는 지주 역할을 한다. 일부 석재를 사용하기도 한다. 봉산리 황산유적 6호 주거지에서 아궁이 테가 확인되어, 장식 및 의례적 성격으로 볼 수 있으며, 신덕Ⅱ유적 4호 주거지와 신송리유적 5호 주거지, 남산리 6구역 13호 주거지의 부뚜막 시설 내에서 이맛돌로 사용했을 것으로 보이는 토관이 출토되어 부뚜막 형태를 추정해볼 수 있다. 남산리유적 출토 토관은 아궁이 테와 같은 장식성이 있다. 벽구시설은 주거지의 벽면을 따라 ㄷ자형, ㅁ자형, ㄱ자형 등으로 돌고 있으며, 사주식에서 주로 나타난다. 구 시설 내에 소주공이 시설되는 예가 있으며, 주거지 바깥으로 길게 이어지는 배수로와 연결되고 있다. 벽구시설의 용도는 배수로와의 관계를 상정했을 때, 물과 관련된 시설로 추정하며, 성남리 Ⅴ-B 3호 주거지와 남산리 6구역 나지구 12호 주거지는 벽구와 배수로 연결부에서 장란형토기의 저부를 깨어 물이 흐르는 관으로 사용된 예가 확인된다. 장타원형 수혈은 사주식 주거지에서 주로 보이는 내부시설로 주공 사이에

---

235 김장석, 2009, 「호서와 서부호남지역 초기철기 -원삼국시대 편년에 대하여」, 『호남고고학보』 33, 호남고고학회.
김장석·김준규, 2016, 「방사선탄소연대로 본 원삼국시대 -삼국시대 토기편년」, 『한국고고학보』 100, 한국고고학회.

위치한다. 아직 그 용도는 명확하지 않으나 공간분할을 위한 칸막이시설[236]로 추정하거나 상부공간에 오르기 위한 시설의 하단부가 놓였던 부분으로 추정하기도 한다.[237]

2) 고창의 마한분묘

고창지역은 방형계 주거지의 출현 및 성행하는 시기에 분묘로는 분구묘, 단독토광묘, 옹관묘가 성행한다. 고식(古式) 대형 옹의 출현 시기와 분구묘 내 출토 격자타날문 토기를 근거로 3세기 전반경에 분구묘 및 옹관묘가 출현하는 것으로 상정하고 있다. 그러나 분구묘는 이전 단계 묘제인 지석묘와는 적어도 300년 이상의 시기 차를 보이고, 그 사이를 연결하는 묘제는 확인되지 않고 있다. 즉, 고창지역에는 분묘문화의 공백기가 존재한다. 이러한 현상은 호남서부 전 지역에도 공통적인 양상이며 이러한 원인으로 기후의 변화에 따른 생활 터전의 변화[238]로 인식하기도 하고, 호남 서부지역 편년체계의 문제를 지적하기도 한다.[239] 곡성 대평리 유적[240]조사에서 분구묘의 출현 시점을 기원전 후 혹은 A.D.1세기까지 올려볼 수 있는 근거[241]가 마련되었으며, 점차 문화적 공백을 채울 수 있는 자료가 증가하고 있다. 고창 예지리 유적 4호토광묘, 4호분구묘에서

---

236 전북대학교 박물관, 2004, 「고찰」, 『전주 송천동유적』.

237 김은정, 2019, 「전북지역 주거구조 비교분석을 통한 마한 · 백제 그리고 가야」, 『마한 · 백제 그리고 가야』 제27회 호남고고학회 정기학술대회, 호남고고학회, p.64.

238 서현주, 2000, 「호남지역 원삼국시대 패총의 현황과 형성배경」, 『호남고고학보』 11, 호남고고학회, pp.99~103.

239 김장석, 2009, 앞의 논문.

240 영해문화유산연구원, 2012, 『곡성 대평리 유적』.

241 보령 관창리, 서천 당정리, 완주 상운리 분구묘 등 주구 내에서 무문토기 및 두형토기 등이 다수 출토되면서 조성 시기를 기원전까지 상향할 수 있는 근거가 있었지만, 중심 매장시설이 확인되지 않아 안정적인 위치에 출토유물을 확보할 수 없는 문제가 있었다. 곡성 대평리 분구묘는 중앙부에 매장시설이 확인되고 부장유물을 통해 좀 더 명확한 시기를 제시할 수 있게 되었다.

출토된 환두소도 및 철모는 근래 충청 일원에서 출토되는 이른 형태의 철모(직기형, 관부 돌출) 및 환두도와 유사한 형태를 띠는데, 대체로 2세기대로 편년하고 있어 고창지역 마한 분묘의 출현 시점도 2세기대로 상향될 것으로 생각된다.

표 9. 고창지역 마한분구묘 분포현황

연번	유적명	성격	수량	입지	비고
1	고수면 남산리	분구묘	12	구릉사면(52~59m)	3~4세기대, 수평확장 다수 토광묘 분포
		토광묘	26		
2	고수면 부곡리 증산	분구묘	8	구릉사면(52~56m)	3~4세기, 수평확장
3	고수면 봉산리 황산	분구묘	4	구릉사면(51~55m)	5세기대, 원형
4	고수면 예지리	분구묘	6	구릉 정상부 및 사면 (54~61m)	2세기 중후반 독립분포, 마제형
		토광묘	10		
5	대산면 광대리	분구묘	13	구릉정상부 및 서사면 (40~48m)	2세기 후~3세기 전 독립분포, 마제형
6	대산면 성남리 Ⅲ·Ⅳ	분구묘	14	구릉사면(41~48m)	3~4세기, 군집
7	상하면 왕촌리	분구묘	2	구릉정상부(30m)	5세기 이후, 주구 내 다수 원통형토기
8	아산면 만동	분구묘	9	구릉사면부(32~42m)	3~4세기대, 군집, 옹관배장 다수 확인
		주구토	4		
9	아산면 봉덕추정분	분구묘	1	구릉정상부	5세기 이후, 봉덕고분군과 동시기
10	아산면 봉덕리 고분군	분구묘	4	구릉정상부	5세기 이후, 대형고분, 방대형, 석실묘, 옹관묘
11	아산면 선동	분구묘	5	구릉사면(35~42m)	3세기 후~4세기, 장제형, 옥 다량 출토
12	해리면 자룡리·석남리	분구묘	7	구릉정상부 및 사면부 (16~20m)	5세기 이후, 매장시설 토광묘 28기, 유공광구소호 다량 출토

고창지역에서 가장 일반적으로 축조가 이루어지는 마한분묘는 분구묘라 할 수 있다. 분구묘는 방형계 주거지의 출현과 비슷하게 2세기 중후반부터 출현하기 시작하여 6세기까지 축조가 이루어지고 있다. 시기적으로 백제에 의해 영역화되었다고 보는 4세기 중후반 이후에도 분구묘의 전통 및 축조는 지속된다. 도

리어 5세기 이후 영산강 유역에서는 대형의 고분들이 축조되는 양상과 같이 고 창지역도 고창 봉덕리 고분군을 중심으로 대형 분구묘가 축조되고 있어 오히려 마한시기 보다도 더욱 발전된 모습을 보여주고 있다. 분구묘의 전개발전 양상 은 여러 연구자에 의해 정리되었으며, 대체로 시기에 따라 4단계 정도로 구분하 고 있다.[242]

고창지역 역시 이러한 전개·발전과 유사하며, 고창지역의 분구묘를 중심으 로 단계별 발전과정에 대해 논의해보면, 초창기의 분구묘는 독립적으로 조성되 며, 연접 및 중복양상이 나타나지 않는다. 주구 형태는 마제형 또는 방형을 띠 고, 네 변이 모두 폐쇄된 형태도 확인된다. 매장주체시설이 잔존하는 경우도 다 수 확인되는데, 영광 군동 18호묘 및 곡성 대평리 분구묘의 경우 토광의 깊이가 비교적 깊게 잔존하고 있다. 이 단계에서는 배장시설(옹관묘, 토광묘)이 거의 확인 되지 않지만, 주구 내에서 대형 옹 편이 확인된다. 고창지역에서는 예지리, 광대 리 유적이 이러한 특징적인 양상을 띠고 있다.

광대리 유적은 방향성을 달리하며, 주구 일부가 연접하지만, 주구를 공용하 거나 확장하는 형태가 아니고 독립적으로 각자의 영역을 형성하고 있는 양상 을 띤다. 평면형태는 마제형을 띠며, 매장시설은 확인되지 않지만, 주구 내에서 대형 옹 편, 연질토기 편 등이 출토된다. 예지리 분구묘는 연접, 중복 없이 독립 적으로 분포하고 있다. 평면형태는 마제형을 띠고 매장주체시설인 토광은 얕게 확인되고 있다. 토광에는 목관과 충전토 범위가 명확하게 확인되며, 분구는 잔

---

242 최완규, 2000, 「호남지방의 분묘유형과 그 전개」, 『호남지역의 철기문화』, 호남고고 학회.
김승옥, 2011, 「중서부지역 마한계 묘제의 성격과 발전과정」, 『분구묘의 신지평』, 전북대학교 박물관.
임영진, 2002, 「전남지역의 주구묘」, 『동아시아의 주구묘』 창립10주년기념국제학 술대회, 호남고고학회.
이택구, 2008, 「한반도 중서부지역의 마한분구묘」, 『한국고고학보』 66, 한국고고 학회.

그림 43. 고창 광대리 주구묘 전경

존하지 않는다. 앞서 설명했듯이 비교적 이른 형태의 철모, 환두도가 출토되며, 이중구연호, 조형토기 등이 확인된다.

예지리 유적의 경우 특징적으로 분구묘 주변에 다수의 단독 토광묘(10기)가 분포하고 있다. 토광묘의 배치 또한, 군집 양상보다는 독립적인 분포를 보이며, 4호 토광묘는 일부 적석시설이 확인된다. 분구묘의 조성과 비슷한 시기로 보인다.

그림 44. 고창 예지리 2호 주구묘

이후 단계의 분구묘는 주구가 연접하는 양상이 나타나면서 선행하는 주구의 절반 이상이 중복을 이루고 있다. 또한, 2~4기씩 군집을 이루는 양상이 보인다. 주구 및 대상부 내에는 대형 옹관이 매장되며 일부 토광묘가 배장되기도 한다. 특히, 고창지역은 주구 내에 다수의 옹관묘가 배장되는 특징을 보이는데, 성남리III 유적

그림 45. 고창 성남리III 유적 전경

과 고창 만동유적에서는 주구가 폐기된 이후 굴착하여 매장하는 방식으로 주구 내 2~3기의 옹관묘가 안치되기도 하며, 만동 8호묘는 5기의 옹관묘가 배장

되는 특징을 보인다. 옹관의 형식으로는 합구식과 3옹식이 있고, 합구식의 경우 한쪽 옹관의 저부를 깨어 막음 옹으로 기대어 막는 형식이 확인된다. 매장 주체시설과 배장묘(옹관, 토광묘)의 피장자 간에 어떤 관련성이 있는지에 대한 구체적인 연구는

그림 46. 고창 성남리Ⅲ 출토 이중구연호

아직 미진한 편이다. 매장시설 내 피장자를 유추할 수 있는 근거도 적고, 매장시설 간에 선후 관계를 확인할 수 있는 자료도 미비하다. 대체로 분구묘 군집양상 및 주체부와 배장묘의 관계를 혈연을 기반으로 한 친연적 관계로 보는 시각이 일반적이며, 배장된 옹관묘는 유아와 소아일 것으로 추정하고 있다.[243] 유·소아 외에도 옹관묘의 경우 분구묘가 조성되고 일정 시간 뒤에 주구가 자연적이든 인위적이든 메워진 후에 매장된다는 점과 대형 옹의 의미를 의례적이고 신성한 저장용기로 보고,[244] 거치문 역시 권위, 엘리트의 상징을 의미하는 등으로 유추할 때, 이차장적 요소로서 옹관묘도 생각해볼 수 있다. 일반적으로 땅을 굴착해서 매장하고 봉분을 조성하는 경우 시간이 흘러 봉분이 유실되어도 지하의 매장시설은 큰 피해를 보진 않지만, 분구묘의 경우 매장시설이 높지 않은 분구 중에 위치하는 점은 분구가 유실되면 매장시설도 그대로 피해를 보거나 노출될 수밖에 없다. 이러한 경우 분구를 새롭게 정지하거나 정리하는 과정을 통해 인골을 담아내어 매장하는 형태도 존재했을 것으로 보인다.[245]

243 최완규, 2000, 앞의 논문, pp.138~139.
244 이정호, 2013, 「영산강유역 대형옹관에 대한 실험고고학적 연구」, 『대형옹관 생산과 유통연구의 현황과 과제』, 국립나주문화재연구소.
245 김중엽, 2018, 「호남지역 마한 분묘유적의 연구현황」, 『마한의 중심 익산 그 회고와 전망』, 원광대학교 마한·백제문화연구소, pp.105~106.

그림 47. 고창 선동 1호묘

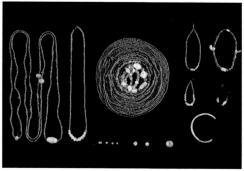
그림 48. 고창 선동유적 출토 구슬

　3단계 분구묘의 양상은 추가적인 매장시설이 조성되기 위해 기존 주구를 외부로 확장하여 더 넓은 범위를 형성하는 수평적인 확장이 이루어진다. 대체로 3세기 후반 이후로 보이는데, 영산강 유역은 함평 예덕리 만가촌[246], 함평 월야 순촌[247], 나주 용호고분군[248] 등에서 옹관이 매장주체시설로 등장하고 평면형태가 장제형으로 변화하면서 수평적인 확장도 이루어지고 있다. 고창지역은 선동 분구묘[249]에서 장제형이 처음 확인된다. 1호분은 한쪽 주구가 더 길게 이어지고 있어 확장했을 가능성도 보인다. 남산리 5구역 17~19호묘와 만동 12호묘에서는 'ㄱ'형 주구에 매장주체부인 토광이 조성된 후 반대편에 'ㄱ'형 주구를 조성하면서 또 다른 토광묘가 나란하게 축조하고 있는데, 수평 확장의 다른 형태로 볼 수 있다. 부곡리 증산유적Ⅱ 4호분은 기존 방형 분구묘의 남쪽 주구를 더 길게 연결하여 일부를 확장한 후 매장시설이 조성되는 양상으로 주로 전북지역에서 확인되는 수평 확장의 예와 유사하다. 고창지역은 이 단계에서부터 영산강 유역과는 차이를 보이는데, 긴 제형의 분구묘가 거의 확인되지 않으며, 옹관

246　전남대학교 박물관, 2004, 『함평 예덕리 만가촌고분군』.
247　목포대학교 박물관, 2001, 『함평 월야 순촌유적』.
248　호남문화재연구원, 2003, 『나주 용호고분군』.
249　호남문화재연구원, 2013, 『고창 선동유적』.

이 매장주체부로 변화하는 양상도 보이지 않는다. 분구가 남아있는 예는 확인되지 않았으나 아직은 낮은 높이의 저분구 단계를 벗어나지 못한 것으로 보인다. 이 단계까지의 중심출토유물은 이중구연호이다. 고창지역 대다수의 분구묘 내 매장주체시설에서

그림 49. 고창 부곡리 증산 4호묘

이중구연호가 출토되고 있으며, 양이부호 및 단경호 등이 부가적으로 부장되는 양상을 띤다. 철기류는 환두도, 철모, 철겸, 철부 등이 출토되지만 출토되지 않은 분구묘도 다수 확인된다. 옥의 부장도 다수 확인되는데, 선동유적의 경우 5,900여 점의 옥이 출토되어 주목된다. 위세품인 환두도의 경우는 아산면, 고수면 일원에 분포하는 분구묘 내에 집중되어있는 양상을 보이며, 그 외 지역에 분포하는 분구묘에서는 토기류, 철기류(철겸, 철부), 옥 등은 출토되고 있지만 환두도의 출토 예는 확인되지 않는다. 또한, 분구묘 및 주거지의 분포양상을 보더라도 아산면, 고수면 일원에 집중되고 있음을 확인할 수 있다. 다시 말해, 기원후 2~4세기 고창지역 마한의 중심세력권은 아산면, 고수면 일원일 가능성이 높을 것으로 추정된다.

3. 백제의 고창지역으로 진출

이 시기(4세기 후반)는 백제 근초고왕의 남정 기사를 토대로 이미 노령산맥 이북지역 일원은 백제 영역권에 포함되는 것으로 인식하고 있지만, 아직 물질문화에 있어 백제적인 요소는 확연하게 드러나고 있지 않다. 이러한 양상과 관련하여 백제의 혼란한 정치적 상황 속에 강한 마한의 전통이 지속되는 것으로 보고 있으며,[250] 금강이남지역에 대해서는 어느 정도의 문화를 용인해주는 간접지배

---

250 최완규, 2009, 앞의 논문, pp.254~255.

방식의 양상으로 파악한다.[251]

고창지역은 『일본서기』 신공기 49년조 기사 중 백제에 스스로 항복하는 '비리벽중포미지반고사읍(比利辟中布彌支半古四邑)' 지명의 위치 비정에 고창 일부를 포함하면서 백제의 영역이 고창 북부지역(흥덕면 일원)까지는 해당하였던 것으로 보고 있다.[252] 대체로 5세기 이후 시기에 주거지 및 분구묘에서 변화가 발생하는데, 흥덕면 석교리 유적에서는 주거형태는 이전 시기와 동일하지만 출토유물이 구형의 장란형토기 및 높이가 낮고 동체가 배부른 형태의 발형토기, 회청색 경질의 개배류, 고배, 배부병 등의 변화가 발생한다. 그리고 분구묘의 마지막 단계로 연결되면서 변화가 이루어진다.

변화양상으로는 수직 확장이 진행되고 분구의 규모도 커지면서 평면형태는 방형, 장방형, 원형 등 정형화가 이루어진다. 전반적으로 주구 내에서 다수의 제의와 관련된 유물이 출토되며, 이전과는 다른 기종의 유물들이 확인된다. 유물로는 다투창 고배, 개배류, 병형토기, 직구호, 장경호, 유공광구소호, 원통형토기 등이 출토되면서 기존의 이중구연호, 양이부호 등의 전통적인 마한토기의 비중은 줄게 되는 특징을 보인다. 그런데도 백제의 삼족기나 흑색마연토기 등 표지적 유물로 볼 수 있는 것은 분구묘 내에서 아직 확인되지 않고 있다. 오히려 주로 고창에서만 출토되는 다투창 고배가 삼족기의 역할을 대체하는 것으로 보인다.

이 시기 성행하는 분구묘의 분포에 따라 세력권을 구분할 수 있다. 고창 석남리·자룡리, 고창 왕촌리유적은 해리면·상하면으로 서해안에 접하여 분포하고 있다. 자룡리 분구묘에서는 수직 확장양상이 확인되고 있으며, 매장주체시설은 토광묘(목관묘)로 아직 석실 및 석곽 매장시설은 나타나지 않아 봉덕리 1호분과는 차이를 보인다. 출토유물 특징으로는 시유도기 1점과 유공광구소호의

---

251 김승옥, 2011, 앞의 논문, p.146.
252 김낙중, 2013, 「고고학자료로 본 比利辟中布彌支半古四邑의 위치」, 『백제학보』 9, 백제학회.

그림 50. 고창 자룡리 분구묘

그림 51. 고창 자룡리 분구묘 출토 시유도기

그림 52. 고창 왕촌리 분구묘

그림 53. 고창 왕촌리 분구묘 출토 원통형토기

출토 비중이 높게 확인된다. 반면에 옥과 철기류의 비중은 작다. 왕촌리 분구묘
는 원형에 가까운 평면형태를 띠며, 매장주체시설은 확인되지 않으나 3기의 토
광묘가 대상부에서 확인되었다. 특징적인 점은 주구 내에서 40여 점의 원통형
토기가 확인되었는데, 원통형토기의 형태는 나주 신촌리 9호분 출토품과 거의
동일하다. 왕촌리 유적을 제외하고는 이러한 형태의 원통형토기는 아직 출토된
예가 없어 영산강 유역과의 직접적인 교류로 생각해 볼 수 있고 위치로 볼 때,
해상을 통한 교류도 상정해 볼 수 있다. 두 분구묘 모두 아직 매장주체시설로 석
축묘가 아닌 토광묘(목관묘)가 사용된 것으로 보이며, 5세기 이후 전북지역 분구
묘 양상과 유사하다.
　고창의 중앙 권역에는 봉덕리 고분군, 봉덕유적Ⅰ, 봉산리 황산유적 등이 분

포하고 있다. 그중 가장 주목할 만한 유적은 봉덕리 고분군이다. 4기의 고분이 능선으로 따라 분포하고 있는데, 1·2호분, 3·4호분이 인접하고 있다. 고분의 규모는 길이 40m 이상, 높이 3m 이상의 대형분에 해당하며, 영산강 유역의 대형 고분들과 견줄 수 있다. 영산강 유역의 경우 이러한 고분의 존재를 통해 독자적인 마한을 내세우기도 한다.[253] 1호분의 발굴조사 결과, 1호분 내에 5기의 석실묘가 확인되었고 이 중 처녀분인 4호 석실묘에서 금동식리, 영락장식, 동제탁잔, 은제장식도, 화살통장식, 청자, 소호장식유공호 등의 화려하면서도 최상위급 위세품이 출토되면서 봉덕리 고분군의 위상을 파악할 수 있었다. 또한, 축조방법에서도 기존의 능선을 굴착하고 깎아 내어 1호분과 2호분을 분리하여 조성하는 등 분구 축조에 상당한 노동력이 들어갔음을 확인할 수 있었다. 최근 3호분에 대한 조사[254]를 통해서도 길이 40m 이상, 높이 3m 이상의 대규모 성토가 이루어진 고분임을 확인하였고, 점질토를 사용하여 정연하게 축조되었음이 밝혀졌다. 봉덕리 고분군의 축조세력은 많은 노동력을 요구하는 대형고분의 축조와 기존 마한 분구묘와의 연결성, 최상위급 위세품의 출토 등은 분명 봉덕리 고분군의 축조세력이 얼마나 강력하였는지를 보여주는 명백한 근거로 그 중심에 묻힌 피장자는 이전 시기 주변에 분포하던 분구묘 축조세력을 하나로 통합한 토착세력의 수장으로 파악했다.[255]

수장을 중심으로 이루어지는 재지세력에 대한 통합력과 강력함은 백제중앙세력으로부터 견제대상으로서 남하하기 위해서는 긴밀한 관계를 유지할 수밖

253 임영진, 2000, 「영산강유역 석실봉토분의 성격」, 『영산강유역 고대사회의 새로운 조명』 국제학술심포지엄, 목포대학교 박물관·역사문화학회.
최성락, 2002, 「삼국의 성립과 발전기의 영산강유역」, 『한국상고사학보』 37, 한국상고사학회.
254 원광대학교 마한·백제문화연구소, 2019, 『고창 봉덕리 3·4호분 문화재시굴조사 약보고서』.
255 김중엽, 2015, 「고창 봉덕리 1호분 축조방법과 공간활용에 대한 검토」, 『마한·백제연구』 25, 원광대학교 마한·백제문화연구소.

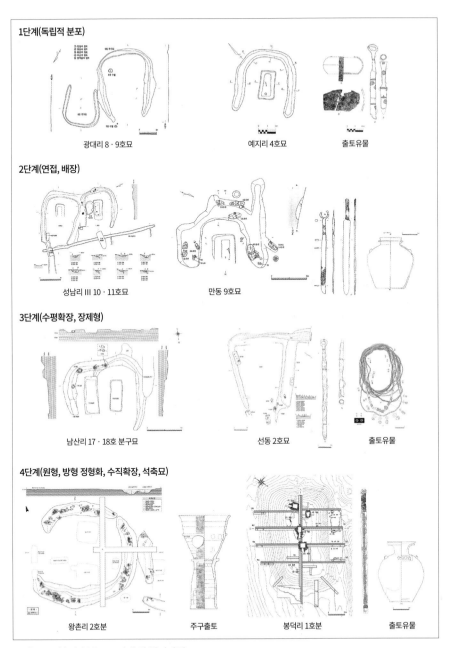

1단계(독립적 분포)

광대리 8 · 9호묘   예지리 4호묘   출토유물

2단계(연접, 배장)

성남리 Ⅲ 10 · 11호묘   만동 9호묘

3단계(수평확장, 장제형)

남산리 17 · 18호 분구묘   선동 2호묘   출토유물

4단계(원형, 방형 정형화, 수직확장, 석축묘)

왕촌리 2호분   주구출토   봉덕리 1호분   출토유물

도면 2. 고창지역 분구묘 전개 및 발전과정

에 없었을 것이다. 이러한 백제중앙세력과의 관계는 단순한 일방적 관계보다는 고창지역의 재지세력에 대한 인정과 견제가 복합된 관계로 해석하는 것이 이러한 문화적 양상을 이해하는데 적합하지 않을까 생각된다.

이 시기 고창지역의 문화는 영산강 유역과 유사하면서도 고창식 고배(다투창고배)와 같은 고창지역만의 특수적인 유물이 존재하고, 장제형의 분구형태 및 'U'자형의 전용옹관 등은 이 지역에서 나타나지 않아 고창의 독자성도 보인다.

이 외에 무장면에서는 전방후원형인 칠암리 고분이 존재하고 있다. 칠암리 고분은 전방후원분으로 주로 전남 해안, 영산강유역 등지에 분포하며, 가장 북단에 해당한다. 아직 한반도에 분포하는 전방후원분의 피장자와 관련해서는 논의가 다양하게 이루어지고 있고 분구묘와의 유사성도 다수 존재한다. 그렇지만 마한의 정통성을 가진 토착집단의 묘제로 보기는 어려울 것으로 판단되며 피장자의 국적이 어디든 간에 이 무장 일원에 또 다른 세력권이 존재하고 있었음을 추정할 수 있다.[256]

6세기 전반 이후부터는 고창지역에서 본격적으로 백제문화가 나타나면서 더는 분구묘가 축조되지 않는다. 흥덕면 오호리 신지매 유적에서 횡혈식석실묘 출토 중국남조관인이 출토되어 백제의 직접적인 진출 증거로 제시되고 있으며,[257] 고창읍 죽림리, 아산면 상갑리의 판석형 석실묘 존재[258]와 고수면 예지리 고분[259], 무장면 동교고분[260] 등 백제 양식의 석실묘가 고창 전역에서 확인되면서 6세기 중반 이후는 백제문화의 적극적인 진출로 마한문화의 전통성도 점차 사라지는 것으로 판단된다.

----

256 발굴조사 당시 주변으로 2기의 전방후원분의 존재를 새롭게 확인하여, 무장면 칠암리 일원에 적어도 3기의 고분이 분포하고 있었음을 추정할 수 있다.
257 조윤재, 2009, 「고창 출토 동인고」, 『한국고고학보』 71, 한국고고학회, pp.124~126.
258 원광대학교 마한·백제문화연구소, 1992, 「고창 상갑리·죽림리 석실고분」, 『고창 죽림리일대 지석묘군 지표조사보고서』.
259 호남문화재연구원, 2005, 『고창 예지리 고분』.
260 호남문화재연구원, 2013, 「고창 동교고분」, 『고창 선동유적』.

앞서 살펴본 바와 같이 고창지역은 지리적 이점을 가지고 전남의 영산강유역권 문화와 전북지역의 문화양상이 모두 나타나면서도 고창지역만이 가지는 독자성도 보이는 등 마한사회에 있어 고창문화라고 할 수 있을 정도의 특별함이 있다. 특히, 3~4세기 마한 사회에서 고창은 강력한 위상을 갖고 있었으며, 이 시기의 정치, 사회 중심지로도 상정할 수 있을 만큼의 고고학적 자료가 증명하고 있다. 백제 영역화 이후에는 고창 봉덕리 고분군을 중심으로 외곽에는 왕촌리와 자룡리, 그리고 칠암리 전방후원분까지 고창세력의 위상이 지속되고 있음을 확실하게 보여주고 있다.

제2장 | 백제왕도 익산

　　한국 고대사에서 익산지역이 차지하고 있는 비중은 그 어느 지역보다
도 매우 크다고 생각된다. 그 이유는 이 지역이 오래전부터 마한과 백제의 고도
로서 기록뿐만 아니라, 고고학이나 미술사에서 주요한 연구대상이 되는 걸출한
유적들이 집중적으로 남아 있기 때문일 것이다. 그런데 익산을 제대로 이해하기
위해서는 마한과 백제의 관계에 대한 올바른 이해가 필수적이다. 곧 마한과 백
제의 관계를 설명할 때 동전의 양면, 혹은 대나무와 죽순 등의 관계에 비교되는
것은 두 정치체간의 단절적 해석을 명쾌하게 설명하기 어려운 데서 비롯된 것이
라 여겨진다. 따라서 영역과 주민구성이 중복되는 마한과 백제의 관계는 점진적
이고 상호타협적일 수밖에 없는데, 연구시각 역시 이러한 관점이 필요하다. 결
국 익산지역에 대한 올바른 이해를 위해서는 마한의 고도, 백제의 왕도라는 상
호 관련성 속에서 접근해야 할 것이다.

　　익산지역은 다른 어느 지역에서도 볼 수 없는 마한과 백제 고도로서의 역사
문화적 전통을 가지고 있는 지역이다. 그것은 문헌기록뿐만 아니라, 현존하는
문화유적을 통해서 충분히 증명되고 있다. 마한과 관련해서는 그 개국지로서
『高麗史』 이후 사서에서 끊임없이 기록되어 있는데, 이는 발굴조사에서 확인되

는 철기문화를 가지고 들어온 토광묘 군집유적을 통해서도 확인된다. 또한 백제 영역화 이후에도 마한 전통의 분구묘가 지속적으로 축조되고 있어서 마한문화 전통이 강하게 자리잡고 있음도 고고학적 자료를 통해 알 수 있다.

백제시대 익산은 무왕대 정치 문화의 중심지로서 자리잡게 되는데, 역시 문헌기록이나 도성관계 유적을 통해서 이러한 사실을 뒷받침하고 있다. 그러나 『三國史記』에 익산과 관련된 직접적인 기록이 누락된 이유로 인해서 백제 말기 익산의 성격에 대해 "천도설", "천도계획설", "별도설", "별부설", "이궁설", "별궁설", "양성제", "신도설" 등등 많은 학설이 제기되고 있는 형편이다. 또한 그 배경에 대해서도 다양한 의견들이 제시되고 있지만, 익산지역이 백제 무왕대 매우 중요한 위치를 점한다는 것에 연구자 모두 의견의 일치를 보이고 있다.

필자는 익산 천도기록이 직접적으로 언급된 『관세음응험기』 외에 『삼국유사』나 『삼국사기』의 내용을 분석하고, 최근 고고학 자료의 분석을 통하여 천도 사실과 그 배경을 살펴본 바 있다. 백제는 사비천도 이후 성왕에 의한 남부여로의 국호 개칭과 그의 관산성에서의 전사는 내부적으로 많은 갈등요인이 되었을 것이다. 따라서 이러한 내부 갈등을 해소하고 백제 중흥을 꾀하기 위한 마한의 중심지였던 익산으로 천도가 이루어졌을 것으로, 이는 법왕대부터 계획적으로 이루어져 왔다는 견해를 피력하였다. 더불어 법왕과 무왕대에 보이는 왕흥사는 미륵사를 지칭하는 것으로 미륵사가 창건된 익산지역은 당연히 백제 수도였다는 점을 밝히고자 한다. 이를 위해 본 장의 1절에서는 분묘유적을 통해 익산지역의 기층세력인 마한의 전통성과 더불어 백제 중앙세력의 문화가 마한 전통세력의 분묘에 나타나는 변화상을 무왕의 왕위 등극과 함께 살펴보았다. 2절에서는 익산 관련 문헌기록과 더불어 궁성-(국가)사찰-종묘-왕릉-관방 등을 고대도성이 갖추어야 할 요건에 견주어 해당유적을 검토하여 도성으로서 익산도성의 완전성을 파악하였다. 마지막 3절에서는 익산천도의 역사적 배경과 왕흥사가 곧 미륵사임을 밝혀 7세기 고대국가 백제 왕도로서 익산지역이 차지하는 중요성을 다시금 증명하였다.

제1절 분묘유적으로 본 익산세력의 전통성

분묘유적은 많은 고고학적 자료 가운데 가장 전통성과 보수성이 강하게 내포되어 있을 뿐만 아니라, 인간의 사상이나 신앙까지도 투영되어 있기 때문에 다른 고고학 자료에 비해 그 지속기간이 매우 길다는 특징을 가지고 있다. 또한 분묘의 구조를 통하여 피장자 집단의 출자를 파악할 수 있으며, 부장품의 질이나 성격에서 피장자의 신분까지도 추정할 수 있는 것이다. 따라서 한 정치체의 문화적 정체성을 확인할 수 있는 고고학적 자료로는 두말할 것도 없이 분묘유적을 꼽을 수 있을 것이다.

필자는 분묘의 이러한 특성을 기초로 천안 청당동 일대의 주구토광묘와 서해안 일대의 분구묘계열의 분묘를 분석하여 전자는 『三國志』「魏書 東夷傳」辰韓條에 보이는 진의 유이민 집단과 관련된 분묘이며, 후자는 마한세력에 의해 축조된 분묘라는 견해를 제시한 바 있다.[1] 그리고 분구묘는 마한의 중심묘제로서 시간이나 지역에 따라 조금씩 다른 변천과정을 거치는데, 작은(소형) 분구의 주구묘 단계에서 점차 대형 분구묘로 이행해 가는 것으로 보았다.[2]

한편 백제의 석축묘 가운데 수혈식석곽묘는 재지세력에 의해 축조된 분묘이며, 횡혈식석실분은 중앙묘제로서 지방에서 횡혈식석실분이 축조되는 현상을 백제 중앙세력의 확산이라는 측면에서 이해하여 왔다. 또한 횡구식석곽묘의 등장은 재지세력이 중앙문화를 수용하는 증거로서 생각하고 있다.[3]

이와 같이 마한과 백제의 분묘를 보면 그 정치적 중심체에 따라 각각 서로 다른 분묘를 축조하고 있었음을 확인할 수 있다. 그런데 마한과 백제는 상호간 일시적인 전쟁을 거쳐서 통합된 것이 아니라 점진적인 통합과정을 거쳤기 때문에

---

1 최완규, 2002, 「백제성립과 발전기의 금강유역 묘제양상」, 『한국상고사학보』 37, 한국상고사학회.
2 최완규, 2000, 「호남지역의 마한분묘유형과 전개」, 『호남고고학보』 11, 호남고고학회.
3 최완규, 1997, 「백제지역 횡구식석곽묘 연구」, 『백제연구』 27, 충남대학교 백제연구소.

그 영역이나 주민구성에서 중복되는 양상을 보이면서도, 마한 전통이 강한 지역은 오랫동안 그들의 분묘 전통을 유지하고 있었음이 확인되는 반면, 백제의 정치세력이 강하게 영향을 미친 지역에는 두 정치체의 문화적 특성이 분묘 축조에 반영되어 많은 부분에서 복합적 관계를 보이고 있다.

익산지역은 마한과 백제문화의 중심지로 주목되고 있는 지역이다. 이 가운데 마한과 관련해서는 고고학적인 접근보다는 주로 문헌에 의거한 것이며, 그것도 당시의 기록이 아니라 후대의 기록에 근거하여 막연히 마한의 중심지로 일컬어 왔던 경향이 있다. 한편 익산지역이 마한의 고도라는 점을 확인시켜 주는 고고학적 자료로는 청동유물의 출토지가 집중된 사실과 결부시켜왔던 것이다. 이러한 청동유물이 반출되었던 유구는 정확히 파악되지 않았고 다만 분묘 가운데 석곽묘나 토광묘로 추정되어 왔으나 신동리 토광묘에서 세형동검과 철기, 그리고 점토대토기가 공반출토됨으로써 익산지역 청동유물 반출유적의 성격을 어느 정도 가늠할 수 있게 되었다.[4]

한편 익산지역은 백제 말기의 미륵사, 왕궁지 등 문화유적이 집중적으로 잘 남아 있을 뿐 아니라 『관세음응험기』의 기록을 토대로 하여 이전부터 천도·별도라는 관점에서 접근되어져 왔다.

근년에 들어와서 필자는 익산지역의 고고학적인 조사와 연구성과를 바탕으로 금강하구 지역 일원과 만경강을 중심으로 하는 금마 일원의 세력이 그 성격을 달리하는 것으로 파악할 수 있게 되었다. 따라서 여기에서는 익산지역을 중심으로 금강하구유역과 만경강유역을 중심으로 조사된 분묘유적의 분석을 통하여 이 지역 정치세력의 전통성을 추출하여 보고자 한다.

1. 마한 분구묘

마한 분묘에 대한 논의는 주지하다시피 영산강유역의 대형 옹관고분, 즉 분

---

4 최완규, 1999, 「익산지역의 최근 고고학적 성과」, 『마한·백제문화』 14, 원광대학교 마한·백제문화연구소.

구묘에 대한 연구에서 비롯되었다. 영산강유역은 백제고토에 해당되면서도 이곳에 축조되었던 고분은 그 구조나 내용에서 백제 중앙의 것과 전혀 다른 양상을 하고 있기 때문에 대형 분묘를 축조한 주인공은 백제의 중앙세력에 편입되지 않은 그 지역을 기반으로 잔존하던 마한세력집단으로 이해되어 왔다.

1990년대 중반들어 보령 관창리[5], 익산 영등동[6], 서천 당정리[7]에서 주구묘가 잇달아 발견됨으로써 이 묘제에 대한 새로운 주목이 있어왔다. 이후 주구묘를 마한분묘의 보편적 묘제로서 영산강유역에 축조된 대형 분구묘의 조형으로 파악할 수 있게 되었고, 이후 마한고지에서 꾸준히 그 발견 예가 증가하고 있기 때문에 그러한 사실은 더욱 입증되고 있다. 이 과정에서 필자는 주구묘를 포괄하는 분구묘의 변천과정을 주구의 연접현상과 평면형태의 변화, 매장주체부의 변화, 부장유물의 양상 등을 추적하여 마한 분묘의 변화를 4기로 나누어 고찰한 바 있다.[8]

또한 필자는 여기서 한걸음 더 나아가 일본 미생(弥生)시대의 보편적 묘제인 방형주구묘의 원류가 한반도 서해안 일대의 마한 분구묘에서 비롯된 것이라는 견해를 밝힌 바 있다. 이에 따르면 3세기 후반까지 마한지역과 일본 근기지방의 미생후기 분구묘와는 유사한 변천과정을 거치지만 이후 각각 특징을 달리하는 묘제로 정착되어 간다는 사실을 알게 되었다. 곧 일본 야요이문화는 한반도 마한문화와의 필연적 관계 속에서 연구될 수밖에 없다는 확신을 가지게 된 것이다.[9]

한편 익산지역에서의 마한 관련 고고학적 증거는 청동유물의 발견 예에서 찾

---

5 고려대학교 매장문화연구소, 1997, 『관창리 주구묘』.
6 원광대학교 마한·백제문화재연구소, 2000, 『익산 영등동유적』.
7 국립부여문화재연구소, 1998, 『당정리』.
8 최완규, 2000, 앞의 논문.
9 崔完奎, 2004, 「日本弥生時代の墳丘墓と韓半島西南部地域の馬韓墳墓との比較研究」, 『訪日學術研究者論文集』 第8券, 財團法人 日韓文化交流基金.

았는데, 신동리 토광묘에서 청동유물과 철기, 점토대토기가 공반됨으로써 마한 조기의 분묘양상을 알 수 있게 되었다. 특히 영등동에서 청동기시대의 전기와 중기에 해당하는 집자리와 더불어 주구묘가 조사되었고, 율촌리 분구묘에서는 대형 합구옹관이 발견됨에 따라 필자가 주장했던 영산강유역의 대형 옹관고분으로 변천되어 간다는 견해[10]에 대한 적극적 증거가 되었다. 이후 금강하구유역과 만경강유역을 중심으로 하는 전주·완주지역의 상운리 등에서 많은 자료가 증가되었는데, 지역에 따라 특징을 달리하는 것으로 파악되기 때문에 이 자료들을 두 지역으로 나누어 개관하고자 한다.

1) 금강하구지역

군산 산월리 유적에서는 백제시대의 석실분·마한 주거지, 분구묘 2기가 조사되었다.[11] 분구묘는 산 정상 부근에 위치하고 있는데 그 규모는 한변이 15m 정도이며 평면은 방형을 이루고 있다. 원래는 상당 정도의 분구가 있었을 것으로 추정되지만 현재는 삭평되어 거의 분구를 찾아 볼 수 없다. 다만 매장주체부로 사용되었던 대형의 전용옹관이 출토되어 그 계통이나 시기를 추정할 수 있는데, 대체로 3세기 후반에 축조된 것으로 판단된다.

군산 도암리에서 주구 일부와 매장시설로 1·2호 옹관이 확인되었다.[12] 분구묘의 주매장부는 분구가 유실되어 발견되지 않았다. 대상부나 주구에 옹관을 안치하는 예가 많은데 2호 옹관과 3호 옹관은 그 대상부에 안치되었던 옹관으로 추정된다. 3호 옹관의 형식은 회갈색 대형 옹으로, 급격히 외반된 구연과 어깨에 시문된 거치문등은 역시 일반적으로 분구묘의 대상부에 안치된 옹관과 통하고 있다.

---

10 최완규, 2000, 앞의 논문.
11 군산대학교 박물관, 2004, 『군산 산월리 유적』.
12 전북대학교 박물관·군산대학교 박물관, 2001, 『군산 도암리 유적』.

군산 수송동 축동유적에서는 산 정상에서부터 남쪽 능선을 따라 2기의 평면 장방형 분구묘가 조사되었는데,[13] 주변에 주구 일부만이 잔존하고 있어서 정확한 형태는 알 수 없으나, 이 일대에 더 많은 분구묘가 있었을 가능성이 높다. 이 유적의 주구는 풍화암반층을 단면 U자형으로 굴착했고, 동쪽 변에 개방부를 두고 있다.

평면형태가 확인된 2기 중 2호 분구묘는 주구와 분구의 흔적이 남아 있었으나, 1호의 경우 분구는 삭평되었고 주구만이 남아 있다. 1호 분구묘의 주구와 연접된 대상부에서는 소형의 합구식 옹관 1기가 확인되었고, 주구 내에서는 호형토기가 부장된 토광목관묘와 함께 대옹편과 적갈색연질 토기가 수습되었다.

한편 2호 분구묘로부터 서쪽으로 좀 낮은 곳에서는 동서 방향으로 '一' 자형 주구만이 확인되었는데, 이 역시 파괴된 분구묘의 주구일 것으로 판단된다. 주구의 바닥에서는 분구에 돌려 입식(立飾)했던 것으로 추정되는 구연부가 외반된 원통형계열의 토기가 10여 개체분이 발견되었다. 이 가운데 완형도 있으며 기고가 25cm 내외 소형으로 외면에 특별한 문양이나 장식은 없고 바닥면 중앙에 구멍이 뚫려 있는 것이 있다. 이러한 예는 함평 중랑유적과 나주 복암리 2호분, 나주 신촌리 9호분 출토품과 비교되는 것으로 영산강유역과의 교류관계를 파악할 수 있을 뿐만 아니라, 나아가 일본 전방후원분의 분구 위에 세워진 식륜(埴輪)과의 관계를 연구하는데 매우 중요한 유물이 될 것이다.

이외에도 군산 관원리유적에서는 작은 범위지만 송국리계열의 주거지, 수혈식석곽묘, 횡혈식석실분과 더불어 방형의 분구묘가 확인되었는데[14] 분구와 매장부는 완전히 삭평되었고 주구만이 남아 있었다.

---

13 호남문화재연구원, 2006, 『군산 축동 유적』.
14 원광대학교 마한·백제문화연구소, 2022, 『군산 관원리 Ⅰ·Ⅱ-가·Ⅲ-나, 익산 금성리·함열리 유적』.

또한 금강하구의 충남 서천지역의 도삼리[15]와 봉선리[16]에서도 분구묘가 발견되었는데 산월리의 것과 입지나 평면형태에서 동일한 양상을 하고 있다.

2) 만경강유역

익산 영등동에서는 4기의 주구묘가 조사되었는데[17] 평면형태는 방형과 원형이며, 각각 변에 개방부를 두고 있다. 특히 1호 주구묘의 대상부 중앙에는 길이 4m, 폭 1m의 토광을 매장주체부로 두고 있었고 그 내부에서는 부식이 심한 도자편과 철부가 발견되었다. 한편 개방부 가까운 주구 내에서는 파손이 심한 대형 옹관편이 발견되었는데 이는 분묘 축조시에 행해졌던 의례행위와 관련되는 유물로 판단된다.

율촌리 유적은 5기의 분구묘가 낮은 구릉의 정상에 열을 지어 배치되어 있었는데 사정상 4기에 대한 조사를 실시하였다.[18] 1호분은 분구는 조성되었으나 분구나 주구 내에 매장주체부가 축조되지는 않았다. 이는 先-분구조성, 後-매장시설이라는 분구묘의 특성을 말해 주는 것인데 영암 옥야리[19]에서도 동일한 양상이 확인되고 있다.

율촌리 2호, 3호, 5호분의 경우도 1호분과 같은 분구성토와 주구굴착을 하고 있는데, 매장주체시설로는 옹관과 토광 등 다장이 이루어지고 있다. 5호분의 대형옹관은 그 자체에 작은 분구가 있었던 토층이 확인되었다. 특히 2호분 주구 내에서 확인된 장란형토기와 단경호를 합구한 옹관은 주구내벽을 굴착한 후 안치한 것으로 그 크기나 매장위치로 보아 유아일 가능성이 크기 때문에 역시 혈연을 기초로 축조된 분묘로서 사용기간이 길었음을 말해주는 것이라 하겠다.

---

15 고려대학교 고고환경연구소, 2005, 『도삼리 유적』.
16 충청남도역사문화원, 2005, 『서천 봉선리유적』.
17 원광대학교 마한 · 백제문화연구소, 2000, 앞의 보고서.
18 원광대학교 마한 · 백제문화연구소, 2002, 앞의 보고서.
19 목포대학교 박물관, 1991, 『영암 옥야리 고분군』.

간촌리에서는 주구묘 2기와 토광묘 4기, 옹관묘 2기가 조사되었다.[20] 주구묘의 경우, 매장주체부는 확인되지 않았지만 주구 내에서 5세기대의 고배와 단경호가 발견되었다. 토광묘 4기는 모두 목관을 사용한 것으로 추정되는데 그 가운데 3호와 4호는 주구묘의 주구를 파괴하고 축조되었다. 그런데 토광묘 출토 토기가 주구 내에서 출토된 것보다 선행하는 것인데 그 이유는 주구묘의 초축(初築)연대가 주구 내 출토토기와 동일한 것이 아니라 토광묘 축조 이전에 주구묘가 축조되었음을 알 수 있다. 곧 주구 내에서 출토된 5세기대의 토기는 주구묘의 사용기간을 설명해 주는 자료인 것이다.

완주 상운리유적[21]의 발굴조사 결과, '가'지구에서 9기의 분구묘와 더불어 분구묘의 매장시설로는 토광묘 12기, 옹관묘 7기가 조사되었다. 특히, '가'지구 내 5호 분구묘에서는 매장시설로 목관묘 6기, 옹관 6기가 안치되어 있어 마한 분묘의 다장적 성격을 잘 보여주고 있다. 한편 '나'지구에서는 총 8기의 분구묘가 확인되었고, 분구 자락에는 주구가 굴착되었는데 확인된 매장시설로는 토광 49기, 옹관 17기에 이른다.

상운리 '나'지구의 1호 분구묘는 분구 내에서 7기의 토광이 조사되었는데, 이 중 1 · 2 · 4 · 6호 토광은 점토곽을 시설한 후 목관을 시설한 것이 확인되었으며, 6호의 경우는 합장묘에 해당한다. 특히 1호 점토곽은 규모나 축조 방법에서 볼 때 최고 유력자의 것으로 추정되는데, 이는 부장유물인 환두대도 및 대도, 금동이식 등의 위세품과 철정, 망치, 집게, 줄, 철부, 철촉 등의 다양한 단야구 및 무기류 등의 철기유물에서 추정할 수 있다.

한편 '나'지구 1호분의 축조순서는 1호 점토곽을 중심 매장주체부로 하여 먼

---

20 호남문화재연구원, 2002, 『익산 간촌리 유적』.
  이 유적은 분구묘이지만 이곳에서 주구묘라는 용어를 사용하는 이유는 보고서의 내용에 따르는 면도 있지만, 그 규모로 보아 일반적으로 생각하는 커다란 분구조성은 없었던 것으로 추측된다.
21 전북대학교박물관, 2010, 『상운리 Ⅰ · Ⅱ · Ⅲ』.
  전북대학교박물관, 2010, 앞의 보고서.

저 분구와 주구를 조성하고 있다. 그리고 각자 독립된 주구를 갖는 2호와 7호 토광은 1호 점토곽 주구에 연접하여 조성되었는데, 이는 분구묘 간의 친연적 관계를 보여주는 현상으로 이해된다. 또한, 3·4·5호와 6호 토광은 1호 점토곽의 주구 내에 시설된다. 1호 점토곽을 중심으로 다수의 매장시설이 잇대어 있는데 이는 혈연적 관계를 보여주는 예라 하겠다.

이와 같이 1호 점토곽을 중심으로 조성된 6기의 토광들은 1호 점토곽을 조성하던 당시에 축조되었던 주구의 윗부분 혹은 주구를 일부 파괴하고 시설되었기 때문에 시간적 선후 파악이 가능하다.

'나'지구에서는 1호 분구묘 외에 7기의 분구묘 역시 다수의 매장시설을 대상부에 안치하고 있거나 연접이나 확장 등을 통해 마한전통의 묘제인 분구묘 속성을 잘 드러내 주고 있다.

한편, '가'지구의 경우, 원형에 가까운 평면형태로 각 각의 독립된 분구를 갖춘 예도 있지만 '라'지구와 같이 1호 분구묘는 주구가 일렬로 이어지면서 연접을 이루고 있음이 확인되고 있다. 앞서 '나'지구 1호분의 예와는 연접되는 현상은 다르지만, 기본적으로 상호 친연적 관계를 보여주는 예라 하겠다.

마전 유적[22]은 황방산의 산줄기가 동쪽으로 뻗어내리다 마전마을을 감싸며 북쪽으로 휘어져 형성된 나지막한 구릉일원(해발 45m)에 자리하며, 주변과의 표고차도 20m 이상 차이난다. 조사결과, 분구묘 5기가 확인되었다. 분구묘는 능선부를 따라 열을 이뤄 축조되고 있으며, 해발 25~45m 사이에 위치하고 있다.

매장시설로는 목관, 석곽, 석실, 옹관이 사용되고 있다. 3호 분구묘의 경우 성토층이 2m 내외로 잔존하고 있는데, 구릉의 가장 높은 부분의 자연지형을 이용하여 그 위에 성토하였다. 흑회색사질점토를 이용해 정지면을 형성하고 있으며, 가장 먼저 조성된 목관과 옹관을 중심으로 조성되어 있다. 3호 분구묘의 매장시설 축조순서는 목관-수혈식석곽-횡혈식석실 순이며, 토광과 옹관 등이 추가장되었다. 여러 기의 매장시설이 있어도 중복되지 않는 점은 확장을 통해 기존의

---

22 호남문화재연구원, 2008, 『전주 마전유적(IV)』.

무덤을 인식한 상태에서 축조가 이루어진 것으로 판단된다. 4호분은 중앙부에 주구를 중심으로 분구묘가 형성된 후 양쪽으로 확장이 이루어진 형태로 보인다. 분구묘의 축조시기는 중심연대는 5세기 중엽, 하한은 6세기 중엽까지 추정하고 있다.

표 1. 마전 분구묘 제원

호수	평면형태	규모	매장시설	출토유물	비고
1호	장방형 남-북	대상부 11×8.5m 주구 2×0.2m	석곽	호형, 완형, 병형토기, 고배, 개철정, 옥	동, 북 주구
			토광	-	
2호	? ?	주구(일자형) 6×2.2×0.2m	석곽	단각고배, 호형토기, 철도자, 철모	목관 중심
			목관	호형토기, 철겸, 철도, 철부	
3호	원형? ?	대상부 직경 23m 주구 2.5×0.4m	목관2	호형토기, 직구호, 개, 고배, 철정, 옥	하층 목관, 토광 상층 석곽, 석실 성토층 잔존
			석곽3	호형토기, 직구호, 철겸, 철도자, 철도, 철부, 철정, 철제물미	
			석실1	호형, 병형토기, 고배, 개, 횡병, 철도자, 철도, 철정, 꺽쇠, 재갈	
			토광1, 옹광6	-	
4호	장방형 남-북	확장 전 10×7.5m 확장 후 19×10m 주구 14m×0.8m	목관3	광구호, 개, 완형토기, 고배, 환두도, 철부, 철도, 철도자, 옥	분구 확장
			주구	옹형, 호형토기, 파수부호, 고배	
5호	? 남-북	주구(일자형) 6.5×3×0.2m	석곽1	호형토기, 옹편, 환두도, 옥	석곽묘 단독, 토광묘 인접
			토광6	호형, 완형, 병형토기, 광구호, 파수부완, 배환두도, 철도	

장동 분구묘는 전주시 덕진구 장동일원의 북쪽과 북동쪽으로 뻗은 해발 33m 내외의 구릉일원에 위치하고 있다.[23] 조사결과, 북쪽의 구릉 능선부와 북서사면 일원에서는 삼국시대 주거지군이 확인되었으며, 남쪽의 능선정상부에

---

23 전북문화재연구원, 2009,『전주 장동유적Ⅱ』.

는 분구묘 1기가 분포하고 있다.

분구묘는 중앙에 6호묘를 중심으로 1차 분구묘가 축조된 이후 남쪽으로 수평 확장이 이루어지고 북쪽으로 확장이 이루어져 최종 3차에 걸친 확장이 이루어진 것으로 확인되었다. 축조방법은 6호묘가 축조되기 전 구릉을 정지, 그 위에 흑갈색사질점토를 대상부 전면에 일정한 두께로 정지한 다음, 그 위에 암갈색사질층, 황색사질층을 성토하여 분구를 완성하고 6호묘는 성토층을 되파기하여 축조되었다. 2차 분구묘는 대상부를 편평하게 정지한 후 흑갈색사질점토를 지형에 맞게 깔아 높낮이를 맞추고 그 위로 성토가 이루어졌다.

총 9기의 토광이 매장시설로 확인되었으며, 장축방향은 1차 분구묘의 경우 남-북방향을 2차, 3차 분구묘는 동-서방향을 장축으로 두고 있다. 부장양상을 보면 양쪽 끝에 토기 1~2점씩 놓여있는 특징을 보이며, 각 분구묘가 확장될 때의 매장주체부가 확인되고, 환두도 및 철기, 살포 등의 부장이 나타난다.

서쪽주구의 경우 동쪽주구에 맞춰 조성되었다가 주구가 길게 확장된 것으로 보인다. 주구 내에서 유물출토는 확인되지 않으며, 완주 상운리유적의 '라'지구 1호분과 형태 및 축조방법이 많이 유사하다. 8호묘의 경우 목관과 목곽 흔적이 함께 확인되는 특징이 있다. 축조시기는 A.D.5세기에서 6세기까지 지속된 것으로 추정하고 있다.

표 2. 장동 분구묘 제원

호수	평면형태	규모	매장시설(m)	출토유물
1호	장방형 남-북	1차 13m×9m(중앙) 2차 26m×20m(남쪽) 3차 15m×18m(북쪽) 최종 44m×20m(전체) 주구 4m×0.7m	1: 2.4×1.6×0.5m (?×0.7m)	-
			2: 2.6×1.1×0.4m (2.4×0.7m)	광구장경호
			3: 4×1.5×0.6 (3×0.6)	광구장경호, 파배, 유공소호, 환두도, 철모, 철도자, 철겸, 철부, 철촉
			4: 3.6×1.6×0.6m (2.9×0.7m)	광구장경호
			5: 1.95×1×0.35	광구단경호, 발, 완

호수	평면형태	규모	매장시설(m)	출토유물
			6: 4.8×2.1×0.7m (3.4×0.8×0.4m)	단경호, 유개대합, 환두도, 철겸, 철촉
			7: 3.5×1.2×0.3m (2.9×0.57m)	광구장경호, 광구단경호, 환두도, 철겸, 철부
			8: 3.9×1.6×0.4m (3×0.8m), (3×0.5m)	광구장경호, 광구단경호, 고배, 단경소호, 병, 발, 살포, 철부

2. 백제 석축묘

백제시대 석축묘는 구조적 속성에 따라 적석총, 수혈식석곽묘, 횡구식석곽묘, 횡혈식석실분으로 구분된다. 수혈식석곽묘는 주로 금강유역 중심의 논산과 익산지역에서 집중적으로 발견되었으나 경기 화성과 충남 천안일대까지 그 범위가 넓어지고 있다. 수혈식석곽묘의 축조 주인공은 옹관묘, 토광묘와 더불어 재지 토착인의 묘제로 알려져 있다. 또한 수혈식석곽묘에서는 다른 유형의 석축묘보다 오히려 부장품이 풍부하게 발견되고 있기 때문에 당시 사회상을 파악하는데 많은 도움이 되고 있다. 반면에 횡혈식석실분은 백제 중앙 지배층이 사용하던 묘제로 이 묘제의 지방 확산은 백제 중앙세력의 지방 진출을 가늠하는 근거로 제시되고 있다. 이 횡혈식 묘제는 지방의 토착묘제인 수혈식석곽묘에 영향을 주어 양 묘제의 속성을 공통적으로 가지는 횡구식석곽묘가 축조되기도 한다. 또한 공주와 부여시기에 주로 축조되었던 횡혈식석실분은 구조에 있어 근본적인 차이를 보이고 있다.

이와 같이 각 시대마다 중심묘제가 확연히 달라지는 의미는 당시 내부 질서의 재편과 깊은 관계를 맺고 있다 하겠는데, 그것은 새로운 정치세력의 등장이 기존 세력과의 계승과 단절양상이 묘제에도 반영되고 있다고 하겠다. 왜냐하면 묘제의 중요한 속성에는 혈연, 지연, 정치적 관계 등 강한 유대감이 반영되고 있기 때문이다.

누차 지적했듯이 분묘는 그 특성상 일반적인 고고학 자료보다 인간의 의지나 사상 등이 강하게 반영되어 있기 때문에 외형적으로 나타나는 속성에 의한 분류만으로 그 성격을 파악하는 데에는 한계가 있다. 필자는 이러한 생각을 기초로 하여 백제 횡혈식석실분의 분류를 웅진유형, 사비유형으로 대분류하고 시간이나 지역에 따라 기본적인 유형을 유지한 채 세부적인 면에서 변화하는 것으로 파악하여 세분류한 바 있다. 이러한 분류를 토대로 각 지역에 산재하고 있는 횡혈식석실분을 분석하여 보면, 분묘 축조인들의 정치적 문화적 출자까지도 추론이 가능할 것으로 판단된다.

1) 금강하구유역

금강하구지역에 있어서 백제시대의 유적으로는 고분이 주를 이루고 있는데, 군산에서 익산 용안에 이르는 남안(南岸)과 충남 서천에서 부여에 이르는 북안(北岸)을 따라 집중적인 분포를 보이고 있다. 따라서 그 성격을 파악하기 위해서는 양안 야산에 분포하고 있는 고분들과 연결지어 설명할 수밖에 없다.

금강하구역에서 조사된 익산 입점리[24]와 웅포리[25], 여방리[26], 조촌동[27], 산월리[28] 미룡동[29], 신관동[30], 옥구 장상리[31], 옥정리[32], 도암리[33], 당북리와 아동리[34] 등이며, 최근에 들어와서 그 예가 더욱 급증하고 있다.

24 문화재연구소, 1989, 『익산 입점리 고분』.
25 원광대학교 박물관, 1995, 『익산 웅포리 백제고분군』.
26 원광대학교 박물관, 2003, 『군산 여방리고분군』.
27 군산대학교 박물관, 1996, 『군산 조촌동 고분군』.
28 군산대학교 박물관, 2004, 『군산 산월리 유적』.
29 곽장근, 1996, 「군산 미룡동 고려고분 수습조사 결과보고」, 『호남고고학보』 3, 호남고고학회.
30 군산대학교 박물관, 2002, 『군산 당북리 · 신관동』.
31 원광대학교 박물관, 1992, 『옥구 장상리 백제고분군 발굴조사 보고서』.
32 군산대학교 박물관, 1995, 『군산 옥정리 고분군』.
33 전북대학교 박물관 · 군산대학교 박물관, 2001, 『군산 도암리 유적』.
34 군산대학교 박물관, 2002, 『군산 아동리 · 당북리 토석채취장예정부지내 문화유적

이들 고분의 유형은 수혈식석곽묘, 횡구식석곽묘, 횡혈식석실분으로 구분되며 대체로 같은 고분군 내에서 혼재되어 있거나 혹은 동일 유형만이 분포하는 양상을 보이고 있다.

① 수혈식석곽묘

익산 웅포리와 입점리고분군[35]에서 모두 22기가, 군산 당북리[36]에서 4기가 조사되었다. 이 고분들은 산경사면을 따라 분포되어 있는데 장축방향이 모두 산경사에 직교하는 정형성을 가지고 있다. 다시 말하면 자북방향에 의한 장축설정이 아니라 지형성을 바탕으로 고분을 안치하고 있음을 알 수 있다.

표 3. 웅포리 · 입점리 수혈식석곽묘 제원

| 호수 | 고분 | 규모(cm) | | | 축조 재료 | | 장축방향 | | 바닥 시설 | 부곽 시설 | 장단비 | 면적 | 비고 |
		길이	폭	높이	장벽	단벽	자북	경사					
1	92-03호	142	45	-	할석	할석	E30S	직교	전면 할석	-	3.16:1	0.64	-
2	92-04호	185	-	-	괴석+ 할석	괴석+ 할석	E20S	직교	전면 할석	-	-	-	-
3	92-07호	330	106	-	할석	할석	E15S	직교	일부 할석	-	3.11:1	3.50	-
4	92-08호	280	70	-	괴석+ 할석	판상석 +할석	E20S	직교	생토	-	4.0:1	1.96	-
5	92-11호	202	65	-	할석	괴석+ 할석	E25S	직교	전면 할석	-	3.11:1	1.31	-
6	92-12호	268	110	-	괴석+ 할석	괴석+ 할석	E20S	직교	전면 할석	양단	2.44:1	2.95	-
7	93-03호	244	67	-	할석	할석	N10E	직교	전면 할석	-	3.64:1	1.64	-

시굴조사 보고서』.

35 원광대학교 마한 · 백제문화연구소, 2001, 『익산 입점리 백제고분군』.

36 군산대학교 박물관, 2002, 앞의 보고서.

호수	고분	규모(cm)			축조 재료		장축방향		바닥 시설	부곽 시설	장단비	면적	비고
		길이	폭	높이	장벽	단벽	자북	경사					
8	93-04호	180	75	-	할석	할석	N35W	직교	전면 할석	-	2.4:1	1.35	-
9	92-02호	120	36	-	할석	할석	N35E	평행	전면 할석	-	3.33:1	0.43	소형 석곽
10	92-05호	86	30	-	할석	할석	N28E	평행	전면 할석	-	2.87:1	0.26	소형 석곽
11	93-02호	100	55	-	할석	할석	E30S	직교	전면 할석	-	1.82:1	0.53	석곽 옹관
12	93-07호	130	53	-	할석	할석	W30N	직교	전면 할석	-	2.45:1	0.59	소형 석곽
13	93-08호	94	45	-	할석	할석	N20E	평행	전면 할석	-	2.09:1	0.29	소형 석곽
14	93-13호	117	60	-	할석	할석	N30W	직교	전면 할석	-	1.95:1	0.70	소형 석곽
15	93-15호	-	43	-	할석	할석	N10W	직교	암반	-	-	-	소형 석곽
16	98-1호	318	144	-	할석	할석	N50W	평행	생토	-	2.2:1	0.45	

한편 입점리 98-1호분의 경우는 고분군 내에서 가장 정상부 중앙에 자리하고 있다. 또한 규모도 길이 318cm, 폭 144cm로 대형에 속하는 것으로 미루어 볼 때, 이 고분의 피장자는 중심적인 위치에 있었던 것으로 추정된다. 물론 다른 지역의 객관적 자료의 확보가

그림 1. 입점리 98-1호분 전경

필요하기는 하지만 입지적 분포양상에서 나름의 질서를 가지고 의도된 고분 축조가 있었을 것으로 생각된다.

또한 석곽의 규모와 출토유물의 상관관계는 웅포리 92-7호분과 다른 고분들

을 비교해 보면 잘 알 수 있는데, 규모가 큰 고분에서는 작은 규모의 것보다 한 단계 질 높은 부장품이 발견되고 있음이 확인된다. 따라서 고분의 입지, 규모, 부장유물 등의 차이에는 수혈식석곽묘 축조인들의 사회적 관계가 반영되어 있음을 알 수 있는 것이다.

수혈식석곽묘의 내부구조는 단순하지만 바닥시설의 유무에 따라 구분이 가능하며 이는 시기차, 지역성, 위계차 등이 반영된 결과로 알려져 있다.

부장유물은 토기류와 철기류가 발견되는데, 토기류는 단경호, 광구호, 직구호, 고배, 개배, 삼족토기, 발형토기 등이며, 철기류는 철부, 철겸, 도자, 철촉 등이다.

표 4. 웅포리·입점리 수혈식석곽묘 출토유물

유물 / 고분	土器類														鐵器類											
	壺類				高杯	器臺	蓋	蓋杯	三足土器	瓶形土器	大접	深鉢形	紡錘車	其他	農具類				武器類			裝身具			馬具類	
	廣口	短頸	直口	臺付											鐵斧	鐵鎌	살포	刀子	鐵劍	鐵刀	鐵鏃	耳飾	玉類	交具	재갈	鞍轎
92-03호		1			1																					
92-07호			1	5			5	1								1		1								
92-08호	1														1	1		1								
92-11호					1																					
92-12호			1		1							1														
93-03호	1				2		1								1											
93-04호								1																		
98-01호	1	1	1																			1	625			

수혈식석곽묘의 성격은 금강하구를 기반으로 나름의 위계를 가지고 성장한 재지세력이며 한강유역에서 금강유역의 공주로 천도하는데 그 배후세력이 되었을 것이다. 이러한 증거는 다음 단계의 횡구식석곽묘나 초기유형이나 웅진유형의 횡혈식석실분의 분포에서 잘 알 수 있다.

② 횡구식석곽묘

횡구식석곽묘는 횡혈식석실분의 영향으로 등장하는 유형으로 수혈식과 횡혈식의 두 속성을 공유하고 있다. 먼저 수혈식석곽묘의 영향이 강하게 반영되어 있는 Ⅰ유형과, 횡혈식석실분의 영향이 강한 Ⅱ유형으로 구분되는데 상호 직접적으로 계승적 관계는 없다. Ⅰ유형은 평면형태, 장축방향, 바닥시설, 축조석재 등과 출토유물에서도 수혈식석곽묘와 유사한 양상을 보인다. 반면에 Ⅱ유형은 평면형태, 장축방향, 축조석재 등에서 횡혈식석실분과 같은 속성을 가지면서도 횡혈식석실분의 연도가 축소 퇴화된 횡구부가 나타난다. 특히 Ⅱ유형은 6세기 중반 이후 박장풍습이 반영된 횡혈식석실분의 영향을 받기 때문에 유물이 거의 발견되지 않고 있으며, 그 구조적 전통은 통일신라, 고려시대까지 지속된다.[37]

표 5. 웅포리 횡구식석곽묘 제원

호수	고분	규모(cm)		축조 재료		횡구부		장축방향		바닥 시설
		길이	폭	장벽	단벽	위치	폐쇄석	자북	경사	
1	92-09호	212	80	괴석+할석	할석	서벽	괴석	E 30 S	직교	편평석
2	92-13호	222	83	괴석+할석	유실	서벽	할석	E 45 S	직교	편평석
3	93-05호	230	73~77	괴석+?	유실	북벽	할석	N 40 W	직교	편평석
4	93-06호	305	82~99	괴석+할석	괴석+할석	서벽	할석	E 15 S	직교	편평석
5	93-09호	250	90~120	괴석+할석	괴석+할석	북벽	할석	N 15 E	직교	암반
6	93-11호	220	85	괴석+할석	괴석+할석	북벽	할석	N 20 E	직교	편평석
7	93-12호	219	95	괴석+할석	괴석+할석	서벽	할석	W 10 N	직교	편평석
8	93-14호	117	74	괴석+?	괴석+?	북벽	할석	N 10 E	직교	편평석

　　금강하구에서 발견된 횡구식석곽묘는 웅포리 8기[38], 당북리 3기[39], 조촌동에서 10기[40]가 조사되었다. 웅포리의 횡구식석곽묘는 수혈식석곽묘와 혼재하면서 횡구부를 제외한 구조적인 면에서 동일한 Ⅰ유형에 속한다.

37　최완규, 1997, 앞의 논문.
38　원광대학교 박물관, 1995, 앞의 보고서.
39　군산대학교 박물관, 2002, 앞의 보고서.
40　군산대학교 박물관, 1996, 앞의 보고서.

출토유물도 직구호, 고배, 개배, 삼족기, 철겸, 철부, 철도자 등이 출토되어 수혈식석곽묘와 같은 양상을 띠고 있다. 횡구식석곽묘의 이러한 속성은 백제 중앙세력의 횡혈식석실분의 영향이 유입되는 것으로 그 배경에는 중앙세력의 지방진출과 밀접한 관계 속에서 이루어진 것으로 추정된다.

표 6. 웅포리 횡구식석곽묘 출토유물

유물 / 고분	土器類															鐵器類											
	壺類				高杯	器臺	蓋	蓋杯	三足土器	甁形土器	대접	深鉢形	紡錘車	其他	農具類				武器類			裝身具			馬具類	
	廣口	短頸	直口	臺付											鐵斧	鐵鎌	살포	刀子	鐵劍	鐵刀	鐵鏃	耳飾	玉類	交具	재갈	鞍轎
92-9호								1																		
92-13호								1																		
93-5호																										
93-6호																1		1								
93-9호			1					1	1						1	1										
93-11호			1					1																		
93-12호	1	1						1					1													
93-14호		1					1						1													

당북리의 횡구식석곽묘는 파괴가 심하여 그 유형을 판단하기가 매우 어렵기는 하지만, 수혈식석곽묘와 혼재하고 있으며 출토유물 역시 단경호, 개배, 광구호편 등이 보이므로 Ⅰ유형에 속하는 것으로 여겨진다. 한편 조촌동의 횡구식석곽묘는 웅진 3식의 횡혈식석실분의 구조가 퇴화 축약되어진 것으로 7세기말이나 그 이후로 내려갈 가능성이 있다.

③ 횡혈식석실분

횡혈식석실분[41]은 백제 웅진기와 사비기에 지배층에서 사용된 묘제로서, 웅

---

41 백제 횡혈식석실분의 분류는 대체로 천장형태에 따라 이루어져 왔는데 이는 평면형태나 축조재료 등에 의해서 결정되는 2차적 속성이다. 따라서 당시 축조의도가 반영

진기 이후에 축조되기 시작한 것으로 인식되어 왔었다. 그러나 새로운 자료의 증가에 의하여 웅진 천도이전에 이미 각 지역에서 축조되고 있었던 사실이 속속 확인되고 있다.

금강하구에서 밝혀진 초기유형의 횡혈식석실분으로는 입점리 5호, 나포리 6, 7호분 등이 있다. 이들 고분은 횡혈식석실분의 구조를 갖추고 있기는 하지만, 그 평면형태나 연도의 위치 등이 정형화되지 못한 것들로 수혈식석곽묘나 횡구식석곽묘의 요소가 남아 있다. 이러한 초기유형 고분의 축조배경은 앞서 지적한 바와 같이 백제 중앙세력의 영향 속에서 그 원인을 찾을 수 있다.[42]

된 1차적 속성을 기준으로 하는 분류가 타당할 것으로 생각된다. 특히 고분은 다른 고고학적인 자료에 비해 전통성과 보수성이 강하기 때문에 외적 속성만에 의한 분류는 축조인들의 사상이나 사회상을 완벽하게 파악하는데 한계가 있다. 백제 고분의 경우 왕도에 따라 지역적으로 각각의 특징이 강하게 반영되고 있는 점과 1차적 속성을 고려하여 다음과 같은 분류가 가능하다.

유형 \ 속성		平面形態	羨道位置	築造材料		천장형태
				長壁	뒷벽	
初期 類型		일정치않음	일정치않음	割石	割石	일정치않음
熊津 類型	1式	方形	右.左偏在 (右偏在 多數)	割石	割石	궁륭식(一穹窿狀)
	2式	長方形	右.左偏在 (右偏在 多數)	塊石	塊石	네벽조임(맞조임) 단벽조임(아치식) 터널형
	3式	長方形	右.左偏在 (右偏在 多數)	板狀石+ 割石長大石	板石.板狀石 +割石	장벽조임 괴임식
泗沘 類型	1式	長方形	中央	板石+長大石2-3단	板石	터널형
	2式	長方形	中央	板石+長大石1단	板石	괴임식(斷面六角形)
	3式	長方形	中央	板狀石.塊石	割石.板狀石	괴임식(斷面六角形) 장벽조임(斷面梯形)
	4式	長方形	中央	板石	板石	맞배식(斷面五角形)
	5式	長方形	中央	板石	板石	平天障(斷面四角形)

42 최완규, 1997, 『금강유역 백제고분의 연구』, 숭실대학교 대학원 박사학위논문, pp.186~197.

표 7. 입점리 · 나포리 횡혈식석실묘 제원

호수	유형	현실				연도				바닥시설	장축방향	천장형태	출토유물	
		규모(cm)			축조재료	위치	규모(cm)						토기류	철기류
		길이	폭	높이			길이	폭	높이					
입점 1호	熊津 1式	268	242	240	할석	우	158	85	116	판석	남북	궁륭식	단경호, 장경호, 직구소호, 대부소호, 중국제청자	금제이식, 금동관모, 금동신발, 금동이식, 호록, 행엽, 제갈, 편자
나포 6호	初期 類型	278	226		괴석	중	170	54		생토	동서		개, 직구소호, 딘경소호	도자, 철부, 철겸
나포 7호	初期 類型	332	184		괴석	중	157	70		생토	동서		배, 장경호, 단경소호	-
나포 8호	熊津 1式	240	157		괴석	좌	70	90			남북		개, 고배, 직구호2, 단경소호2	-

웅진 1식인 익산 입점리 1호분에서는 금동제 관모와 신발, 금동제 이식(耳飾), 마구류, 청자사이호, 장경호, 단경소호, 대부직구호 등 이 고분의 피장자 신분을 짐작할 수 있는 유물이 발견되었다. 이러한 유물은 고분의 구조와 더불어 백제

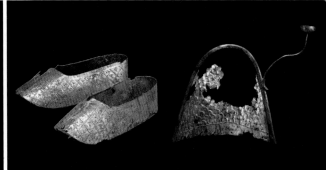

그림 2. 입점리 86-1호분 출토유물

중앙의 지방통치의 한 단면을 살필 수 있는 자료이다.

군산 산월리에서 조사된 4기의 횡혈식석실분은 평면이 장방형 혹은 역장방형으로 연도의 위치, 지형에 맞춘 장축방향 등이 전형적인 웅진유형과 차이를 보이는 초기유형에 해당한다. 출토유물은 환두대도 3점, 각종 토기류 65점, 철기류 38점, 방추차, 옥, 마골 등 250여 점으로 매우 다양하다. 이 고분은 공주천도 이전에 축조된 횡혈식석실분으로서 그 계보와 축조시기 등을 밝힐 수 있는 귀중한 연구 자료로 판단된다.

군산 여방리 고분군에서는 웅진 2식과 3식, 그리고 사비 2식이 군집을 이루고 있는데 그 수에 있어서는 웅진 2식이 가장 많고, 다음이 웅진 3식, 다음이 사비2식을 차지하고 있다. 이와 같은 군집의 의미는 웅진 2식

그림 3. 군산 산월리 2호분 전경

그림 4. 군산 산월리 횡혈식석실분 출토유물

의 연대인 6세기 초에 이미 이 지역에서는 정치와 문화가 중앙과 동일한 권역을

이루고 있음을 보여주는 자료인 것이다. 이후 웅진 3식이 다수를 차지하고 있는 점은 이 시점은 사비 2, 3식과 동일한 시기이지만 웅진 2식의 전통이 강하게 작용하고 있음을 알 수 있다. 그리고 사비 유형의 출현은 지방에서 웅진계통의 세력과 사비계통의 세력이 출자에 대한 상호 배타적인 의식없이 자연스럽게 하나의 정치체 속에서 자신들의 문화적 전통을 유지하고 있었음을 말해 주는 단서인 것이다.

표 8. 군산 여방리 횡혈식석실분 제원

호수	유형	현실			연도					바닥시설	장축방향	출토유물		
		규모			위치	규모			장단비율					
		길이	폭	높이		길이	폭	높이				토기류	철기류	기타
1호분	熊津2式	-	-	-	좌	-	-	-		암반	-	광구호, 개2, 배2	도자	-
3호분	熊津2式	240	145	-	우	-	-	-	1.66	-	-	직구호, 배2	도자2	방추차
7호분	熊津2式	-	134	-	우	-	-	-		할석	-	배	-	-
8호분	熊津2式	280	170	-	좌	-	-	-	1.65	암반	N15E	개2	도자 철부	-
10호분	熊津1式	246	140	-	우	70	40	-	1.76	암반	E-W	고배, 단경호, 직구호, 병형토기	-	-
16호분	熊津2式	-	-	-	좌	97	116	-		일부할석	-	배5, 병형토기	-	방추차
26호분	熊津3式	265	99	124	우	-	-	-	2.68	관대	E30N	-	-	이식
39호분	泗沘2式	250	120	127	중	-	90	-	2.08	일부할석	-	-	-	-
40호분	-	-	-	-	좌	-	-	-		-	E30N	단경호	도자	-
59호분	熊津2式	254	135	-	우	175	70	-	1.88	암반	N20E	삼족토기, 병형토기	도자	-
60호분	熊津3式	274	132	-	중	142	85	-	2.08	편평석	N30W	-	-	이식

호수	유형	현실			연도					바닥시설	장축방향	출토유물		
		규모			위치	규모			장단비율			토기류	철기류	기타
		길이	폭	높이		길이	폭	높이						
64호분	-	-	-	-	우			-	-	암반	N30W	개배4	-	-
82호분	-	-	-	-	우			-	-	암반	N13E	단경호2, 병형토기, 화덕형토기		

군산 도암리, 장상리, 조촌동, 나포리 등에서는 웅진 3식이 밀집도가 현저히 떨어진 상태로 발견되는데 이는 웅진에 뿌리를 두고 있던 세력의 퇴조를 의미하는 것으로 볼 수 있다. 웅진 3식과 더불어 새로이 등장하는 사비세력에 의해 축조되는 사비 2, 3식의 석실분이 축조되기 시작하면서 군집된 고분의 중심이 금강하구에서 금마지역으로 옮겨 가는데 그 배경에는 정치세력의 이동과 밀접한 관계를 가지고 있는 것으로 판단된다.

2) 만경강유역

미륵산 주변지역에서는 금강하구지역과 같이 다양한 형태의 백제시대 고분이 발견되지 않고 다만 사비유형의 횡혈식석실분이 주를 이루고 있다.

대표적으로는 무왕과 그의 왕비릉으로 전해오는 쌍릉을 들 수 있는데 사비시기의 왕릉군으로 알려져 있는 능산리고분군의 것들과 구조나 규모에서 비견되는 고분이다.[43]

한편 쌍릉보다는 규모면에서 작지만 동일 유형의 고분군이 미륵산 북편 성남리에서 발견되었다.[44] 대부분의 고분이 이미 도굴되어 부장유물은 발견되지 않았지만 양호한 구조의 고분도 상당수 확인되었다. 성남리 고분군 피장자들은

43 최완규, 2001, 「익산지역 백제고분과 무왕릉」, 『마한 · 백제문화』 15, 원광대학교 마한 · 백제문화연구소.
44 원광대학교 박물관, 1997, 『익산 성남리 백제고분군』.

인근 미륵사지를 비롯한 백제 말기의 유적을 경영했던 주인공의 무덤으로 추정된다.

표 9. 익산 성남리 횡혈식석실분 제원

	유형	현실					위치	연도부			장단비	바닥시설	장축방향	천정형태	비고
		규모			축조재료			규모							
		길이	폭	높이	장벽	뒷벽		길이	폭	높이					
1호분	泗沘1式	220	68	-	판석	-	중	-	67	64	3.24	편평석	N35E	괴임식	-
2호분	泗沘1式	238	112	123	판석+장대석	판석1매	중	-	72	80	2.13	판상석	N40E	괴임식	묘도
3호분	泗沘1式	210	107	88	판석+장대석	판석+장대석	중	-	80	59	1.96	활석	N20E	괴임식	묘도
8호분	泗沘1式	246	117	123	판석+장대석	판석1매	중	-	71	-	2.40	활석	N30W	괴임식	-
9호분	泗沘1式	-	120	-	-	판석1매	-	-	-	-	-	생토	N40E	괴임식	-
10호분	泗沘1式	230	113	128	판석+장대석	판석1매		-	-	-	2.04	편평석	N40E	괴임식	-
11호분	泗沘1式	212	75	-	판석+장대석	판석1매	중	-	60	71	2.83	생토	N50E	괴임식	-
14호분	泗沘1式	223	122	144	판석+장대석	판석1매	중	-	68	73	1.83	생토	N40E	괴임식	-
16호분	泗沘1式	238	123	113	판석+장대석	판석2매	중	-	93	73	1.93	판석	N30E	괴임식	묘도
18호분	泗沘1式	230	125	130	판석+장대석	판석1매	중	-	78	-	1.84	판상석	N35E	괴임식	-
19호분	泗沘1式	266	124	125	판석+장대석	판석1매	중	-	69	-	2.15	판석	N20E	괴임식	-
20호분	泗沘1式	220	86	94	판석+장대석	판석1매	중	-	70	-	2.56	판석	N40E	괴임식	-

또한 성남리에서는 사비유형의 고분이 구조적으로 퇴화되고 축약되어 출현하는 제II유형 횡구식석곽묘가 확인되었다. 이는 미륵사지에서 출토된 유물 가운데 통일신라시대의 것이 상당량을 차지하고 있는 점과 상통되는 것으로서, 그 연대는 백제 이후로 추정할 수 있다.

표 10. 익산 성남리 횡구식석곽묘 제원

호	규모(cm)		축조석재		횡구부		장축 방향	바닥 처리	출토 유물
	길이	폭	뒷벽	장벽	위치	폐쇄석			
5호분	180	100	판상석+?	괴석+?	동벽	괴석	N 60 E	생토	-
6호분	195	74	1매 판상석	괴석+할석	동벽	유실	N 60 E	생토	-
7호분	214	64	1매 판상석	판상석+할석	동벽	판상석	N 70 W	생토	관정
21호분	205	63	1매 판석	소판석+장대석	남벽	판상석	N 15 W	할석	-

이와 같이 만경강유역의 미륵산 주변지역에서는 7세기대의 사비유형의 횡혈식석실분만이 발견될 뿐, 5~6세기대의 백제 석축묘는 발견되지 않는 반면에 간촌리나 완주 상운리의 예와 같은 마한 분구묘가 축조되고 있었던 것으로 보인다.

만경강유역의 전주 안심유적은 동서로 길게 뻗은 낮고 완만한 해발 41m의 구릉에 입지하고 있다.[45] 발굴조사 결과 확인된 유적은 초기철기시대 주거지 2기, 원삼국시대 주거지 3기, 토광묘 10기, 옹관묘 6기, 삼국시대 석실분 11기, 석곽묘 11기, 조선시대 토광묘 37기 등이 확인되었다.

분묘는 서사면 쪽에는 원삼국시대의 토광묘군, 중앙의 정상부에 해당하는 남사면에는 석실분군, 동쪽 끝부분의 남사면에는 석곽묘군이 각각 구역을 달리해서 자리잡고 있다. 자세히 살펴보면, 횡혈식 1호분에서 6호분은 동일한 공간에 위치하고 있고, 나머지는 각각 개별 장소에 위치하고 있음을 살필 수 있다. 특히, 3호분을 제외한 횡혈식석실분 5기에는 각각 주구가 부가되었고, 또한 각각의 주구가 연접되어 배치되고 있어 분구묘의 전통이 강하게 반영되고 있음을 알 수 있다. 따라서 축조인들의 의도적인 배치가 있었을 것으로 생각된다.

토광묘는 동쪽에서 서쪽으로 이어지는 해발 38m의 구릉 끝자락에 위치하고 있다. 먼저 토광묘군에서 주목되는 것은 남으로 떨어져 축조된 10호를 제외하면, 장축방향을 따라 4그룹으로 나눌 수 있다. 동서로 장축방향을 두고 있는 2, 3, 4호분과 남북에 가깝게 장축을 두고 있는 5, 7호 역시 장축방향은 같지만 반

---

45 전주문화유산연구원, 2014, 『전주 안심 · 암멀유적』.

대쪽에 떨어져 있는 1, 6, 8호를 그리고 동서에 가깝게 장축을 둔 9호분을 각각의 그룹으로 나눌 수 있다. 또한 각각 그룹의 사이에는 옹관이 배치되어 토광묘와 친연적 관계 속에서 이루어진 것으로 추측할 수 있다.

출토유물을 보면 각각 단경호와 철제 농기구와 무기류가 부장되어 있는데, 2호와 9호에서는 철도와 철모 등 무기류가 발견되고, 다른 토광묘에 비해 규모가 대형일 뿐 아니라 목곽이나 조합식 목관을 사용하고 있어 상대적으로 우위에 있는 피장자로 생각된다. 결국 토광묘와 옹관의 배치에서 보면 혈연을 기반으로 하는 가족공동체의 분묘로 추정할 수 있다.

표 11. 안심유적 횡혈식석실분 제원

호수	유형	석실위치	규모			출토유물	특이사항
			길이	너비	장단비		
1	웅진 1식	지상	284	236	1.2	개배7, 옥69, 금제이식6	주구 및 관대시설
2	-	지하	-	236		완2	주구 및 배수시설
4	-	반지하	-	-		철제 관테	주구
6	-	반지하	-	99	-	개배3, 단경호, 삼족토기3, 방추차, 금제이식2	주구 및 배수시설
9	-	반지하	-	114	-	개배4, 단경호	
10	-	반지하	-	110	-	고배, 방추차, 금제이식2	배수로
11	-	반지하	-	94	-	삼족토기3, 방추차	

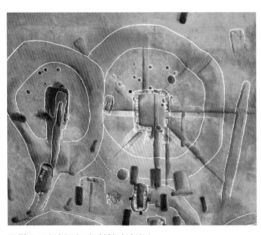

그림 5. 안심유적 1호 횡혈식석실분

한편, 석곽으로 분류하고 있는 석축묘 가운데 횡혈식석실분에 배장적으로 안치된 예가 있어 독립적인 분묘로 구분하는 것보다 주구가 부가된 횡혈식석실분과 연관해서 하나의 분묘로 볼 수 있는 가능성이 있다. 구체적으로 살펴보면, 1호분과 2호 석곽, 2호분과 3호 석곽, 3호분과 4호 석곽, 4호분과 옹관, 5호분과

5호 석곽을 각각의 배장적 성격의 한 개체의 분묘로 볼 수 있는 것이다.

이외에 6호에서 11호에 해당하는 석곽묘의 경우 묘광의 굴광 윤곽선 정도만 남아있을 뿐, 대부분 석재가 결실되어 구체적인 구조를 알 수 없다. 다만, 6호에서 출토된 철제과대는 조선시대로 분류되어 있는 20호 토광묘에서 출토된 것과 유사한 것으로 좀 더 면밀한 검토가 요망된다.[46]

표 12. 암멀유적 횡혈식석실분

호수	유형	석실위치	규모			출토유물	특이사항
			길이	너비	장단비		
가-1	옹진2식	지하	268	153	1.8	개배	추가장 배수로
가-2	-	반지하	252	109	2.3	철도자	-
가-3	-	반지하	-	117	-	삼족토기	바닥석(목탄)
가-5	-	지하	-	120	-	개배	바닥석(목탄)
가-6	-	-	227	110	2.0	개배	-
나-1	-	지하	200	85	2.4	개배2	-
나-2	-	지하	258	110	2.3	개3, 직구호, 광구호, 금제이식2	-

암멀유적[47]은 해발 40m의 낮고 완만한 구릉과 그 주위의 평탄지와 곡간부에 해당한다. 조사지역은 4개 구역으로 나누어지는데, 가지구와 나지구에서 백제시대 석축묘가 발견되었다.

그림 6. 암멀유적 석축묘 출토유물

----

46 이러한 철제과대는 인근 갈동 5호 토광묘와 익산 신용리 갓점유적 1호 토광묘에서 출토 예가 있는데, 전자는 삼국에서 통일신라시대로 후자는 고려시대의 유적으로 보고 있다.

47 전주문화유산연구원, 2014, 앞의 보고서.

표 13. 암멀유적 수혈식석곽묘

호수	규모			바닥시설	출토유물	특이사항
	길이	너비	장단비			
2	-	54	-	할석	단경호, 삼족토기2	삼족토기 각부결실
3	146	46	3.2	할석	개2, 단경호	-
5	147	36	4.0	-	개, 고배	-
6	115	43	2.7	-	개, 삼족토기, 구슬	삼족토기 각부결실
7	191	45	4.2	-	개, 직구호.	-
9	-	-	-	-	개, 금제이식	
10	110	35	3.1	-	단경호, 삼족토기	삼족토기 각부결실
11	153	45	3.4	-	삼족토기	배수로
12	141	50	2.9	-	개	
13	-	80	-	-	연질토기편	
14	-	75	-	-	개, 삼족토기3, 철도자	삼족토기 각부결실
15	-	-	-	-	배, 관정	
16	-	-	-	-	개2, 고배	
17	-	-	-	-	삼족토기2, 철부, 철겸, 철도자	
19	-	-	-	-	개2, 파수부호	-

　　안심유적이나 암멀유적의 석축묘 가운데 수혈식석곽묘나 횡구식석곽묘의 일부 고분에서 배수시설이 확인되는데, 이는 안심 횡혈식석실분에서 보이는 배수시설의 영향을 받은 것으로 볼 수 있다.

표 14. 암멀유적 횡구식석곽묘

호수	묘실규모			바닥시설	출토유물	특이사항
	길이	너비	장단비			
1호	215	75	2.9	할석	개배3, 철도자	-
2호	212	84	2.5	할석	호, 개2, 발형토기편, 금제이식, 철촉, 철도자, 철겸, 철촉	배수로

만성동 유적은 황방산에서 북서쪽으로 세장하게 뻗어 내려오는 구릉을 중심으로 자리 잡고 있는데,[48] 청동기시대에서 조선시대에 걸치는 다양한 유적이 조사되었다. 그 가운데 5지점과 7지점에서 백제시대의 석축묘가 군집을 이루며 분포하고 있다.

그림 7. 원만성동 유적 14호 횡혈식석실분

5지점에서는 조사지역의 구릉 정상부와 사면부 일대에서 32기의 석축묘와 1기의 와관묘가 확인되었는데, 횡혈식과 횡구식 등 다양한 묘제가 조사되었다.

횡혈식은 조사된 7기 가운데 14호를 제외하고는 대부분 훼손이 심한 상태여서 고분의 구조를 파악하기 힘들다. 잔존하는 유구의 상태를 통해서 몇 가지의 속성을 추출할 수 있는데, 묘광은 석실의 평면형태를 따라 적당한 규모로 굴착하고 있는데, 특히 주목되는 것은 묘광 굴착시에 배수로를 동시에 시설하고 있는 점이다. 이는 묘실 축조 과정에서 미리 배수를 염두에 둔 기획의도를 읽을 수 있다.

석실의 구조는 판석재를 사용하고 중앙에 연도를 시설한 사비유형으로 잔존상태가 비교적 양호한 13호와 14호를 관찰하면, 연도가 짧게 축약된 점과 단면이 4각형인 점 등에서 사비기의 최말기에 해당하는 7세기 중엽 정도가 될 것으로 판단된다.

추정 봉토의 하단에 주구가 굴착된 14, 19, 20, 23, 32호분의 경우, 현재는 높은 쪽에 일부만 남아 있어 고분 축조시에 일부에만 주구를 굴착했을 가능성이 있다. 그러나 19호분에서는 배수구의 하단까지 연장되고 있고, 이곳의 지형이 가파른 편이어서 축조 당시에는 석실을 에워싼 원형으로 주구를 굴착했을 가능

48 전북문화재연구원, 2018, 『전주 만성동·여의동 유적』.

성도 배제할 수 없다. 출토유물은 13호분과 14호분에서 관정과 관고리가 발견되었을 뿐이다.

만성동 유적의 석곽분은 조사지역 전역에서 25기가 조사되었는데, 대부분 파괴가 심하여 정확한 석곽의 구조는 파악하는데 어려움이 있다. 장축방향은 경사방향과 나란하게 두고 있고, 주로 할석을 이용하여 축조하고 있다. 바닥시설은 소형할석, 잔자갈, 잡석부스러기를 깔았거나 생토면을 그대로 이용한 것으로 구분된다.

출토유물은 8호분에서 은제이식과 횡구식석곽묘인 10호에서는 삼족토기 2점이 출토되었다.

석곽의 구조를 보면 대부분 횡구식으로서 횡혈식석실분이 퇴화되어 나타나는 형식으로서 그 시기는 7세기 중엽에 해당한다. 또한 주구가 굴착되었다거나 배수로를 시설한 점은 동일 지역에 축조된 횡혈식과 같은 분묘축조의 공통적 인식이 작용한 결과로 생각된다.

만성 7지점에는 구릉의 정상에서 뻗어 내린 남사면 능선부에서 23기의 석축묘가 조사되었는데, 나무 식재와 지형적 영향에 의해 삭평되어 대부분 유구가 훼손된 상태로 노출되었다. 그 가운데 유형을 파악할 수 있는 것은 횡혈식 2기 (1, 12호) 횡구식 7기(3, 6, 7, 8, 13, 14, 17호)이다. 석축묘의 기본적인 속성은 일부 주구 굴착이나 배수구 시설 등에서 5지점의 것들과 대동소이하다. 따라서 횡혈식석실분이 퇴화되어 등장하는 백제 최말기의 석축묘로 판단된다.

만성 9지점은 구릉의 정상부와 인접한 남사면에 군집을 이루고 조성되어 있다. 모두 25기의 석축묘가 조사되었는데, 7지점과 같이 수목의 식재 경작으로 인한 삭평 등으로 유구의 잔존상태가 매우 불량하다. 더욱이 장축방향을 경사방향과 나란히 두고 있기 때문에 석실 입구부분의 유실이 심하여 석실 유형을 파악하기 어렵다. 잔존상태가 조금 양호한 2, 5, 6, 10호분에서 보면 횡구식의 입구부를 두고 있어 대부분의 석축묘도 횡구식일 가능성이 높다. 벽석은 석재를 세우거나 눕혀쌓기를 했고, 바닥시설은 할석 또는 풍화암반을 이용한 것으로 구분된다. 6호분을 비롯한 3기만이 주구가 상부에 굴착되었고 대부분 석축은 주구가 부가되지 않았다.

출토유물은 거의 발견되지 않았지만, 만성 9지점의 석축묘 역시 횡혈식이 퇴화되어 7세기 중엽 이후에 축조된 것으로 추측된다.

3. 분묘의 지속성 및 복합양상

1) 마한분구묘의 지속성

90년대 말 서해안고속도로 건설구간 내에서 조사된 마한과 백제시대 유적은 전북지역 고고학사에 있어서 하나의 분기점이 되었다. 그 이전에는 영산강유역을 중심으로 발견된 대형 옹관묘의 성격을 마한 정치체의 분묘로 인식하여 백제와 구별되는 지역적 문화양상으로 인식하는 정도였다. 영산강유역 이외의 지역에서는 마한과 백제문화의 정체성에 대한 명확한 정리가 이루어지지 않아 두 정치체를 문화적으로 구분하는 것은 쉽지 않은 일이었다. 그러나 서해안고속도로 건설구간에 대한 조사는 하나의 문화벨트에 대한 표본조사라 할 만큼 중요한 것이었다. 이후 조사결과를 바탕으로 이루어진 연구는 마한과 백제문화에 대한 정체성 확립이 가능하게 되었다. 그 가운데 분구묘(주구묘를 포함하는 개념)가 마한 분묘로 자리잡게 되었고, 그 범위도 경기도 김포에서 영산강유역까지 매우 넓게 분포되고 있음이 확인되고 있다.

특히 마한의 고지가 백제에 의해 영역화가 이루어진 이후에도 지속적으로 마한 분구묘가 축조되고 있는 지역도 점차 늘어나고 있는 추세이다. 이러한 의미는 백제시대에도 왕도 이외의 지방에서는 마한문화 전통이 강하게 남아 있었음을 살필 수 있는 자료가 된다. 따라서 백제의 역사와 문화를 연구하는데 있어 기층문화라 할 수 있는 마한문화에 대한 깊은 이해가 절대적으로 필요하게 되었다.

한편 마한 분구묘가 지속적으로 축조가 이루어진 지역에 백제 중앙묘제로 인식되는 횡혈식석실분이 축조되는 현상을 중앙세력의 지방 확산이라는 측면으로 보는 시각이 대두되었다. 그 결과 보령 연지리, 영광 대천리, 무안 인평, 나주 복암리 고분에서 마한과 백제 묘제가 복합적으로 결합되는 양상을 백제 중앙세력의 지방 확산과정으로 이해한 바 있다.[49] 마한묘제 전통이 백제묘제에도 강하게 나타나고 있는 지역은 마한 분묘인 주구묘의 중심지대로 여러 속성 가운데 주구를 굴착하는 전통이 오랫동안 강하게 지속되는 것을 확인할 수 있었다. 최근 들어 이러한 마한과 백제묘제의 복합양상은 혁신도시를 포함하여 많은 지역에서 증가하고 있다.

① 금강하구유역

금강하구유역에서 발견된 분구묘들은, 대부분 낮은 구릉에 군집을 이루고 있는 서해안 일대의 것들과는 달리, 산 정상부에 대형의 1, 2기만이 위치하고 있어 차이를 보인다. 이러한 입지는 금강하구의 충남 서천 도삼리나 봉선리에서 발견된 분구묘와 같은 양상을 하고 있다.[50] 이와 같이 주변을 조망하기에 매우 좋은 입지에 축조된 대형 분구묘는 가시적으로 위엄을 갖추기에 충분했을 것으로 판단된다. 따라서 그 입지나 분포양상에서 볼 때 가족 공동체적 성격이 강한 혈연을 배경으로 하고 있는 인근 주구묘 단계의 서천 당정리나 익산 영등동의 경우보다는 좀더 발전된 사회단계의 지도자급 분묘임을 알 수 있다. 결국 금강하구에서 발견되는 대형 분구묘는 이 지역이 마한단계에 상당한 정도의 정치체가 존재하고 있었음을 알려주는 지표가 되고 있다.

군산 수송동 축동의 분구묘의 주구로 추정되는 유구에서 출토된 외반구연원

---

49 崔完奎, 2000, 「馬韓·百濟墓制의 複合樣相」, 『日韓古代おける埋葬法의比較研究』, 奈良國立文化財研究所.

50 고려대학교 고고환경연구소, 2005, 앞의 보고서.
충청남도 역사문화원, 2005, 앞의 보고서.
도삼리에서는 KM-10, 11호 2기가 조사되었는데, 모두 유적 중앙의 정상부 평탄면에 입지하며 중복관계로 보아 10호가 선행한다. 그런데 11호(주구내부 범위: 1,665× 1,305cm)가 10호(주구내부범위: 960×660cm)에 비해 월등히 규모가 커 위계상 차이가 있는 것으로 판단된다.
봉선리의 경우는 3지역에서 보면 3구역으로 나뉘어 분구묘가 발견되었는데, 정상에 대형 1~2기가 배치되어 있고 낮은 능선을 따라 작은 분구묘들이 배열되어 있는 정형성으로 보아 나름의 계층성이 확인된다.

통형토기는 영산강유역 이외의 지역에서는 최초로 발견된 것으로 출토맥락으로 미루어 분구 가장자리에 돌려 세웠던 것으로 추정된다. 분구에 입식(立飾)형태로 토기를 배치하는 예는 일본 전방후원분의 식륜(埴輪)을 들 수 있고, 영산강유역에서는 장고형 고분인 광주 월계동고분이나 명화동고분에서 분구입식토기(墳丘立飾土器)가 발견된 바 있다. 특히 이러한 전반후원형고분이 아닌 분구묘에서는 신촌리 9호분이 그 예에 해당한다. 필자는 앞서 일본 근기지방의 방형주구묘의 기원이 한반도 마한지역의 주구묘에 있다는 견해에서 3세기 중후반까지는 마한과 일본 근기(近畿)지방에서는 비슷한 전개과정을 밟지만, 이후에는 일본의 경우 단독장인 전방후원분으로 마한지역에서는 혈연을 기반으로 하는 다장(多葬)의 대형분구묘로 이행해 간다고 파악하였다.[51] 따라서 축동에서 발견된 분구입식토기(墳丘立飾土器)는 분묘의 구조뿐만 아니라 장제에 있어서도 일본과의 관계를 살필 수 있는 예라 하겠다.

금강하구지역에서 조사된 마한 분구묘의 규모나 입지에서 보면 그 피장자는 지역의 수장층에 해당하는 것으로 추정되는데, 그렇다면 왜 이 지역에서는 분구묘의 전통을 계승해서 지속적으로 이어가지 않고 백제 전통의 석축묘라는 새로운 묘제를 채용하게 되었을까? 먼저 금강하구지역은 지리적으로 내륙에서 바다로 통하는 관문에 해당하는 교통로서 중요한 요충지에 해당되는 지역인 바, 백제 중앙에서 중요시하지 않으면 안 되었던 지역이었을 것이다. 따라서 백제 중앙의 관심이 집중된 지역이었을 것이고 그에 따라 자연스럽게 빠르고 다양한 묘제의 수용이 이루어졌을 것으로 추정된다.

이러한 사실을 뒷받침하는 고고학적 증거로는 초기유형의 횡혈식석실분 축조와 그 영향으로 등장한 횡구식석곽묘를 들 수 있다. 곧 지방묘제와 중앙묘제의 두 속성을 가지고 있는 복합양상으로 설명할 수 있다. 또한 수혈식이나 횡구식석곽묘에 부장된 토기에서도 그 일면을 살필 수 있는데 직구호, 고배, 개배 등 이미 한강유역의 백제 중앙의 토기와 동일한 양상을 띠고 있다. 곧 금강하구지

---

51 崔完奎, 2004, 앞의 논문.

역은 백제가 공주로 천도하기 이전부터 이미 백제 중앙으로부터 중요한 지역으로 인식되고 있었다는 것을 알 수 있는 것이다. 다시 말하면 석축묘를 사용한 금강하구의 세력집단은 일찍부터 백제 중앙세력과의 연계 속에서 세력을 확장해 나갔을 것이며, 백제가 공주로 천도한 이후 이 지역 세력은 더욱 강한 힘을 가질 수 있었을 것으로 보이는데 초기유형의 횡혈식석실분 등장이 그 증거가 된다. 그리고 금강하구지역의 정치적 역량을 가늠하는 유적은 입점리 1호분에서 그 해답을 얻을 수 있는 것이다.

② 만경강유역

이 지역에서는 마한의 조기에서 후기까지 전 분기에 걸치는 분구묘가 확인되는데 익산 율촌리와 완주 상운리에서는 군집양상까지 보이고 있다.

영등동 주구묘 가운데 1호의 대상부 중앙에서 확인된 토광은 주구묘의 주매장주체부 성격을 알 수 있는 최초의 자료였다. 영등동유적에서는 주구의 확장이나 각 주구묘간의 연접도 보이지 않는 독립적 상태이지만 전체적으로 보면 혈연을 기반으로 하는 하나의 그룹에 속하는 것으로 파악된다.

율촌리 분구묘의 경우, 5호분의 대형옹관을 제외한 다른 분구묘에서는 뚜렷이 주매장주체부로 파악되는 토광 등이 발견되지 않는데 이는 개별 주구의 평면적 연접 단계 이후 입체적 분구가 축조되는 중기의 특징을 보인다. 곧 주매장주체부가 토광에서 옹관으로 변화가 이루어지는 단계에 해당하는 것이다.[52] 분구의 형성과 주매장부의 변화추이에서 보면 그 시기는 3세기 말에서 4세기 초에 해당하는 것으로 파악된다. 특히 1호분의 경우 분구만이 있고 매장주체부가 전혀 발견되지 않은 점은 분구묘의 축조순서가 선분구후매장시설이라는 특징을 보여주고 있다.

익산 간촌리 분구묘는 대상부 중앙에 있었을 것으로 추정되는 매장주체부는 삭평되어 없어졌지만, 주구 내에서 연질적갈색토기편과 더불어 금강유역의 수

---

52 崔完奎, 2000, 앞의 논문.

혈식석곽묘에서 보이는 고배가 다수 발견되었다. 앞서 지적했듯이 간촌리 분구묘는 주구 내에서 발견되는 5세기대의 고배와 같은 시기에 축조된 것이 아니라 그 이전에 축조된 것으로, 분묘의 지속기간이 길다는 점을 보여주고 있다.[53]

완주 상운리 분구묘는 군집양상이나 그 규모, 그리고 출토유물에서 마한 전통을 유지하고 있었던 이 지역 유력세력집단에 의해 축조된 것으로 추정된다. 특히 가지구 1호 분구묘의 매장주체부를 점토곽으로 보호하고 있는 것은 마한지역에서 최초로 발견된 예로서 주목된다. 이와 같이 전북 북부지역에서 영산강유역에서와 같이 나름의 위계를 가지는 분구묘가 발견되는 것은 마한 전통이 강한 지역의 특성으로 해석할 수 있는데, 서산 부장리에서도 동일한 양상의 분구묘가 조사되었다.[54] 백제고지에서 늦은 시기까지 마한전통의 분구묘가 축조되고 있다는 사실은 정치와 문화가 일치되지 않는다는 점을 확인시켜주는 자료로서 백제의 지방경영 체제에 대한 연구에 있어 새롭게 접근해야할 필요성이 제기되고 있다.

한편 왕궁 사덕유적에서는 군집형태의 마한 주거지와 더불어 주구가 부가된 석실분이 확인되었다. 이러한 분묘는 전형적인 백제 석실분의 전통에 마한 분구묘 전통의 주구가 결합된 예이다. 이와 같이 두 정치체 분묘의 속성을 복합적으로 보여주는 분묘 유형은 영산강유역에서 영광 학정리[55], 무안 인평 등 많은 예가 간취되고 있다. 기타지역에서는 보령 연지리[56], 청양 장승리[57], 서산 여미리[58] 등에서도 마한 백제분묘간의 복합양상을 찾을 수 있는데[59] 모두 마한 전통이 강

53 최완규, 2006, 「분구묘 연구의 현황과 과제」, 『분구묘 · 분구식고분의 신자료와 백제』, 제49회 전국역사학대회 고고학부 발표자료집, 역사학회.

54 이훈, 2006, 「서산 부장리고분과 분구묘」, 『분구묘 · 분구식고분의 신자료와 백제』, 제49회전국역사학대회고고학부발표자료집, 역사학회.

55 목포대학교 박물관, 2000, 『영광 학정리 · 함평 용산리 유적』.

56 고려대학교 매장문화재연구소, 2002, 『연지리 유적』.

57 충청문화재연구원, 2004, 『청양 장승리 고분군』.

58 충청매장문화재연구원, 2001, 『서산 여미리유적』.

59 崔完奎, 2000, 앞의 논문.

하게 남아 있는 지역이라는 공통점이 발견된다. 따라서 왕궁 사덕에서 확인되는 복합양상 역시 이 지역이 늦은 시기까지 마한 분구묘가 축조될 만큼 강력한 마한 전통이 남아 있는 데에서 비롯된 현상인 것이다.

2) 백제 석축묘 축조의 의미

앞서 개관한 바와 같이 마한과 백제라는 서로 다른 정치체의 전통을 배경으로 축조된 분묘의 전개양상을 보면 금강하구와 미륵산 주변지역은 각각 서로 다른 모습으로 나타난다. 즉, 금강하구지역에서는 마한 분구묘에서 백제의 석축묘로 전환이 이루어지며, 이후 재지세력에 의해 축조된 수혈식석곽묘는 백제 중앙묘제인 횡혈식석실분의 영향으로 횡구식석곽묘가 축조된다. 반면에 미륵산 주변지역에서는 5세기 중반까지도 마한전통의 분구묘가 계속적으로 채택되고 있었음이 확인된다.[60] 즉, 금강하구지역에서는 5세기대에 들어와 분구묘에서 석축묘로 전환되지만, 미륵산 주변지역에서는 5세기까지 마한전통의 분구묘만이 축조되고 있다. 곧, 익산 묵동[61]이나 간촌리[62]분구묘에서 출토되는 토기류가 금강하구의 석축묘에서 출토된 것들과 기종이나 형식에서 동일 시간대에 해당하고 있기 때문에 이를 뒷받침하고 있다. 다만 금마를 비롯한 익산지역에는 7세기 들어서 백제의 중앙묘제인 사비유형의 횡혈식석실분이 수용되고 있다. 이러한 배경에는 금강하구는 백제 한성기부터 해로를 통한 관문에 해당하기 때문에 일찍부터 백제 중앙에서 중요시할 수 밖에 없는 점에서 비롯된 것으로 보인다. 또한 익산지역에는 묵동이나 간촌리유적 외에도 영등동, 율촌리, 장신리, 모현동, 서두리 등 많은 마한 분구묘 유적이 분포하고 있어서, 만경강유역에는 마한 분구묘의 전통이 백제 영역화 이후까지도 지속되고 있음을 알 수 있다.

한편 전주 혁신도시 내에 조성된 백제시대 석축묘들은 일정한 공간적 범위

---

60 최완규, 2007, 「분묘유적에서 본 익산세력의 전통성」, 『마한·백제문화』 17, 원광대학교 마한·백제문화연구소.
61 호남문화재연구원, 2011, 『익산 모현동 2가유적Ⅱ』.
62 호남문화재연구원, 2002, 『익산 간촌리 유적』.

내에 그룹을 이루면서 분포하고 있는 특징을 보인다.

안심유적의 경우 각각의 분묘군이 시간차를 두고 토광묘군, 주구부가석실분(가칭)군, 석곽묘군 등 3그룹으로 나뉘어 축조되어 있음을 알 수 있다. 토광묘군은 장축방향 및 소군집을 통해 혈연적 친족관계를 기반으로 조성된 분묘로서 가장 이른 시기에 해당한다.

안심유적에서 1~6호분으로 명명된 주구가 부가된 6기의 횡혈식석실분은 배치상태나 출토유물에서 주목되고 있다. 우선 3호분을 제외한 5기의 분묘에 주구가 부가된 점과 1호분의 경우 지상에 석실이 안치된 것은 마한 분구묘의 전통을 계승하고 있는 점이라 하겠다. 특히 1호분의 주구를 파괴하고 2호분 주구가 굴착된 것은 두 분묘의 선후관계를 살필 수 있다. 또한 석실의 구조로 보면 1호분은 평면이 정방형에 가까워 웅진 1식으로 분류될 수 있고, 나머지 석실은 장방형으로 웅진 2식 이후 형식으로 구분할 수 있다. 따라서 1호분이 가장 먼저 축조된 이후 2호분이, 다음으로 1호분과 연접된 순서를 보면 5호분이, 그리고 4호분, 6호분이 축조된 것으로 추정할 수 있다. 따라서 1호분 → 2호분 → 5호분 → 4호분, 6호분 순으로 석실의 축조된 것임을 알 수 있다.

안심유적의 5기의 횡혈식석실분은 하나의 석실에 하나의 주구를 갖추고 있고, 앞서 지적한 것처럼 2호, 3호, 4호 석곽과 4호분에 부가된 옹관 등은 횡혈식석실분에 부가된 배장적 성격의 분묘로 볼 수 있다. 이러한 속성 역시 혈연관계를 바탕으로 주묘에 배장되는 양상은 마한 분구묘에서 흔히 보이는 일반적 현상인 것이다.

이 분묘군의 위상은 우선 파괴가 심하게 이루어졌지만 1호분과 6호분에서 출토된 금제이식 및 옥 등을 통해서 어느 정도 파악이 가능하다. 특히 4호분에서 출토된 철제관테는 백제 중앙관리로서의 신분으로 추정할 수 있는데, 매장주체부를 중앙묘제인 횡혈식석실분을 채용하고 있는 점도 이를 뒷받침하는 것이다. 한편 안심 석실분과 인근에 위치한 마전 IV구역 3호분의 석실을 비교할 때 좀 더 피장자의 성격에 접근이 가능한데, 마전 분구묘 석실은 고창 봉덕리 1

호분 1호석실[63], 나주 복암리 3호분[64], 공주 분강 저석리[65] 등에서 보이는 연도 시설과 유사하여 백제의 전형적인 석실분 구조와는 거리가 멀다. 또한 마전 분구묘에서는 하나의 분구 내에 구조를 달리하는 다수의 매장부가 중첩을 이루며 안치되어 있어 연접하고 있는 안심유적의 경우와는 차이를 보인다. 출토유물에서도 마전 3호분의 출토 토기들은 마한계 토기인 반면, 안심 석실분에서는 삼족토기와 개, 배 등 전형적인 백제토기가 출토되고 있는 점에서 시간적인 차이와 피장자의 성격을 살필 수 있는 것이다.

암멀유적의 석축묘는 일정한 공간 내에 횡혈식, 횡구식, 수혈식 석축묘가 혼재되고 있는 유적이다. 앞 서 살펴본 해당유적의 제원(규모)에서 보면 횡혈식석실분은 길이 200~268cm, 너비 85~153cm, 횡구식석곽묘는 길이 212~215cm, 폭 75~84cm, 수혈식석곽묘의 경우는 길이 110~191cm, 너비 36~80cm로 계측되고 있다. 이와 같이 규모에서는 각 유형별로 차이를 보이고 있지만, 출토유물에서는 위계를 추출할 수 있을 만큼 유의미한 차이를 발견할 수 없다. 따라서 성년과 미성년자의 차이에 따라서 분묘를 채택해 사용했을 가능성이 있다. 특히 2호, 6호, 10호, 11호, 14호분의 수혈식석곽묘에서 출토된 유물 가운데 삼족토기의 각부를 일부러 파손시켜 부장한 것으로 추정되는데, 웅포리 93-13호[66]의 소형석곽에서도 이러한 양상이 간취된다. 혹시 이와 같은 삼족토기의 각부를 절단해 부장하는 의식이 피장자의 성격과 관련된 의미를 담고 있을 개연성도 있다.

만성 5-1지구나 7지구에서 확인된 석축묘들은 백제 말기의 횡혈식석실분이 퇴화되어 출현하는 제II식의 횡구식으로서 그 시기는 7세기 중엽이후가 될 것으로 판단된다. 각 석축묘에 부가된 주구 굴착 역시 마한 분구묘의 전통이 가미된 것으로 이해할 수 있다.

63 원광대학교 마한 · 백제문화연구소, 2016, 『고창 봉덕리 1호분 -종합보고서-』.
64 국립문화재연구소, 2001, 『나주 복암리 3호분』.
65 공주대학교 박물관, 1997, 『분강 · 저석리』.
66 원광대학교 박물관, 1995, 앞의 보고서.

결과적으로 전주 혁신도시 건설지역에는 마한문화의 전통이 강하게 작동하고 있던 지역임을 확인할 수 있었다. 6세기 초에 들어서 안심 1호분을 필두로 백제 중앙세력과 관계를 맺으면서 마한분묘의 요소가 탈색된 백제적인 요소가 강한 암멀유적의 석축묘가 축조되었을 것으로 추측된다. 그러나 만성지구에서 보이는 마한 백제묘제의 복합양상은 7세기 중엽이후까지 지속되는데, 이는 각각의 분묘 축조집단의 출자 관계에서 비롯된 것으로 판단된다.

4. 결어

익산지역은 고대 수도경영의 요건이 되는 궁궐, 성곽, 사찰, 왕릉 등의 유적이 잔존하고 있고, 『관세음응험기』의 기록을 바탕으로 백제 말기 천도지로서 확실시되고 있는 지역이기도 하다. 특히 최근에는 익산 왕궁리유적 발굴의 과정에서 백제지역에서는 유일하게 궁궐지가 확인됨에 따라 이에 대한 관심이 더욱 더 높아지게 되었다.[67]

백제 무왕과 관련된 설화를 보면, 무왕은 그의 탄생과 성장 그리고 왕위에 오른 후 미륵사 창건 등 익산지역과 필연적인 인연을 맺고 있다. 선화공주와의 사랑이야기 역시 널리 알려진 사실이다. 무왕의 설화에 대해서는 선학들의 다양한 해석이 있는데, 필자는 무왕이 정치적으로 성장하고 왕위에 오를 수 있었던 후원 세력으로서의 익산세력이 그 중심에 있었기 때문에 그와 관련된 탄생·성장 설화의 무대 역시 익산지역을 본거지로 전개되었을 것이라고 추정하고 있다. 또한 선화공주를 신라궁중에서 꾀어낸 이후에 나누는 대화 속에서 자신이 살고 있는 익산에 많은 금이 있다고 자랑하고 있는데 이는 이 지역의 풍부한 경제적 기반을 의미하는 것으로 생각된다.

한편 『삼국유사』에서는 무왕의 탄생과 관련하여 정상적인 관계 속에서 태어나는 것이 아니라 부친을 용으로 묘사하고 있어 출생에 대한 신비스러움을 더

---

67 국립부여문화재연구소, 1997, 『익산 왕궁리』.

하고 있다. 또한 『삼국사기』에도 무왕은 법왕의 아들로만 기록되어 있을 뿐 원자인지 차자인지 구체적으로 설명되어 있지 않다.

그렇다면 백제 무왕과 익산지역과의 관계를 구체적으로 설명할 수 있는 자료는 무엇일까? 앞서 설명한 바와 같이 익산 지역 분묘의 정체성과 지속·복합양상을 통해서 볼 때, 익산세력의 배경에는 마한 전통의 세력이 강하게 자리 잡고 있음을 확인하였다. 금강하구지역에서는 5세기대에 들어와 분구묘에서 석축묘로 전환되지만, 미륵산 주변지역에서는 5세기까지 마한전통의 분구묘만이 축조되고 있다. 그러나 7세기에 들어오면 금강하구유역에서는 웅진 3식과 사비유형이 군집을 이루지 않고 산발적으로 축조되는 것에 비하여, 금마일원은 사비유형의 횡혈식석실분이 군집을 이루는 점을 볼 때, 정치적인 무게중심이 금강유역에서 금마지역으로 옮겨간 것을 의미한다고 생각된다.

한편 『高麗史』에서 금마군을 본래 마한국이라고 기록한 이후 후대의 많은 사서에서는 백제와 관련된 기사보다는 마한과 관련지어 익산을 설명하고 있다. 즉, 문헌기록 역시 익산지역에 살았던 주민들 역사인식에 스스로 마한인이라는 자부심을 가지고 있었기에 그렇게 기록되어 내려 왔다고 확신한다. 다시 말하면 백제의 오기(誤記)가 아니라 실제 역사인식에 근거한 기록이라고 볼 수 있는 것이다.

따라서 익산지역에 자리 잡고 있던 마한 전통세력이 무왕의 정치적 후원세력이 되어 그가 왕위에 오르는데 강력한 배후가 되었을 것으로 추측된다. 그 후 무왕은 그의 정치적 고향이라고 할 수 있는 익산으로 천도하여 안정적으로 왕권을 강화하고 백제 부흥의 꿈을 실현시키고자 했던 것으로 판단된다.

그가 마한 전통세력에 의해 정치적 야망을 이뤘다는 고고학적인 증거는 백제고지에서 발견되는데, 마한 전통의 분구묘가 집중되었던 곳에서 나타나는 마한과 백제분묘의 복합양상이 바로 그것이다. 이러한 예는 보령 관창리 인근의 연지리 고분군과 청양 장승리고분군, 서산 여미리유적, 완주 상운리 인근의 왕궁 사덕유적을 들 수 있다. 또한 마한 전통이 가장 오랫동안 유지되었던 영산강유역의 복암리 3호분이나 신덕고분에서 사비유형의 백제 석실분이 분구묘 내에 전용옹관과 더불어 안치되고 있는 점도 주목되는 점이다. 7세기에 들어와서 백제고지 각지의 분묘양상이 마한 분묘와 복합양상으로 나타나는 것으로 무왕의 등극을 계기로 마한 전통세력은 정치적으로 힘을 가지게 되었고, 따라서 그들이 가지고 있었던 전통의 마한문화가 부활한 것으로 추정된다.

제2절 익산도성의 완전성

왕궁성 곧 궁성이 익산에 건축되어 있다는 의미는 왕이 이곳에 거처하면서 정사를 돌보던 곳을 의미하는 것으로, 곧 고대 도성과 관련지어 생각하지 않을 수 없다. 익산지역에는 고대수도의 4대 경영요건에 해당하는 궁성, 산성, 사찰, 왕릉 등이 잘 남아 있어 일찍이 백제 말기 별도[68] 혹은 천도지로서 주목되어 왔다. 아울러『관세음응험기』에 천도사실이 기록되어 있어 고대 수도 경영요건을 보여주고 있는 고고학적인 자료를 뒷받침해 주고 있다.

그러나『삼국사기』에 백제 말기 익산천도의 사실이 누락되어 있기 때문에 익산 천도에 대해서는 학계에서 의견의 일치를 보지 못하고, 별도설[69], 행궁 혹은 이궁설[70], 천도설[71], 삼경설[72], 별부설[73], 천도계획설[74], 동서 양성설[75], 신도

---

68 김정호,『大東地志』,「本百濟今麻只武康王時築城置別都稱金馬渚...」

69 이병도, 1976,「서동설화에 대한 신고찰」,『한국고대사연구』, 박영사.

70 유원재, 1996,「백제 무왕의 익산경영」,『백제문화』25, 공주대학교 백제문화연구소.
   박순발, 2007,「사비도성과 익산 왕궁성」,『마한 · 백제문화』17, 원광대학교 마한 · 백제문화연구소.
   박현숙, 2009,「백제 무왕의 익산 경영과 미륵사」,『한국사학보』36, 고려사학회.

71 황수영, 1973,「백제제석사지의 연구」,『백제연구』4, 충남대학교 백제연구소.
   김삼룡, 1977,「백제의 익산천도와 그 문화의 성격」,『마한 · 백제문화』2, 원광대학교 마한 · 백제문화연구소.
   홍윤식, 1998,「관세음응험기에 나타난 익산 천도설」,『익산지역 문화유적의 성격과 연구』, 원광대학교 마한 · 백제문화연구소.
   이도학, 2004,「백제 무왕대 익산 천도설의 재해석」,『마한 · 백제문화』16, 원광대학교 마한 · 백제문화연구소.

설[76] 등 다양한 의견이 개진되어 왔다. 이들 연구를 종합해 보면 익산지역은 백제말기 왕실과 관련되어 매우 중요한 위치에 있었다는 점에서는 모두 견해를 같이하고 있다.

이러한 견해를 정리하면 첫째, 도성관련설(천도, 별도, 이궁, 삼경, 별부, 양성), 둘째, 신도설, 그리고 천도계획설로 구분할 수 있다.

먼저 천도계획설부터 살펴보자. 천도계획설에 대한 논리를 보면, 무왕 31년 「重修泗沘之宮幸熊津城」의 기사는 사비가 수도였다는 확실한 증거이며,[77] 천도했다면 31년 이후 40년 이전이어야 하는데 31년에 사비궁을 수리하다가 그만 둔 상태에서 천도를 단행한다고 하는 것으로 불가능하다. 그리고 『삼국사기』에 천도와 같은 중요한 사실이 누락되어 있다. 다만 별도설에서 천도의 의미를 왕의 행어로도 볼 수 있다는 견해는 따를 수 있으리라 본다. 그러나 결국 천도계획은 수립했으나 그 자체는 단행되지 못한 사업을 "익산경영"으로 표현하고 있다.[78] 한편 『관세음응험기』에서 강조하고 있는 것은 백제 불교 이야기가 중점적으로 다루어지고 있는데 천도기록은 그다지 논리적으로 쓰여지지 않았다는 것이다. 따라서 익산천도 부분은 신뢰성이 떨어진다고 보았다. 『관세음응험기』에

나종우, 2003, 「백제사상에 있어 익산의 위치」, 『전북의 역사와 인물』.
최완규, 2009, 「고대 익산과 왕궁성」, 『익산 왕궁리유적의 조사성과와 의의』, 국립부여문화재연구소.
72 신형식, 1992, 『백제사』, 이화여자대학교 출판부.
73 김주성, 2001, 「백제 법왕과 무왕의 불교정책」, 『마한 · 백제문화』 15, 원광대학교 마한 · 백제문화연구소.
74 노중국, 1988, 「무왕 및 의자왕대의 정치개혁」, 『백제정치사연구』, 일조각.
김수태, 2004, 「백제의 천도」, 『한국고대사연구』 36, 한국고대사연구회.
75 田中俊明, 2010, 「백제의 복도 · 부도와 동아시아」, 『2010세계대백제전 국제학술회의』.
76 조경철, 2008, 「백제 무왕대 신도건설과 미륵사 · 제석사 창건」, 『백제문화』 39, 공주대학교 백제문화연구소.
77 김주성, 2001, 앞의 논문.
78 노중국, 1988, 앞의 논문.

쓰여진 천도의 내용은 이곳에 보이는 발정이 무령왕대 양나라에 가서 수학한 위덕왕대의 크게 활약한 승려이다. 따라서 공주에서 부여로의 천도를 잘못 인식하고 있었을 가능성이 있다. 또 다른 하나는 제석사의 기록에서 보듯이 불사활동을 추진한 익산의 정치세력이나 불교세력에 의하여 익산 천도가 추진되거나 그들의 희망이었을 것으로 계획에 불과한 것이었다.[79] 이 사비궁의 수리 기사를 명백히 사비에 수도가 있다는 전제하에 익산천도 이후에 630년이나 그 직후에 사비로 환도한 것으로 보기도 한다.[80]

그러나 미륵사지 서탑에서 발견된 사리봉안기에 639년 서탑이 건립된 것으로 되어 있어 무왕 31년의 사비궁궐 중수기사를 근거로 사비 재천도나 천도포기설 등은 근거를 잃은 셈이다. 오히려 639년 이후에도 왕실에서는 익산을 중요시하고 있었다는 점을 알 수 있다는 것이다. 따라서 무왕은 사비를 수도 왕궁성으로 하면서 웅진과 익산을 오고 가면서 통치했을 것으로 보고 있다.[81]

신도설은 도읍의 여러 요소 가운데 사찰의 기능, 정확히 사찰이 표방하는 이념을 중시하고 궁궐이나 성곽, 고분 등은 상대적으로 약화된 도시를 말 할 수 있다. 신도는 정식 도읍은 아니지만 종교의 기능 만큼은 도읍의 기능을 뛰어 넘는 역할을 하는 도시로 볼 수 있다. 신도의 예는 측천무후가 낙양을 신도로 삼은 것이 있다. 익산은 고조선의 신시와 마한의 소도의 전통이 남아 있는 도시로 이곳에 무왕은 미륵사와 제석사를 창건하여 불교 도시인 신도로 전환시킨 것으로 보았다.[82] 그러나 무측전이 낙양에 천도한 것은 당시의 정치, 경제 형세 및 낙양의 지리적 형세에서 나타난 뛰어난 선택으로서 왕씨나 숙씨의 갈등에서 피하고자 했거나, 더욱 단순히 음란한 사욕을 채우기 위해서는 아니었다. 그는 낙양 천도에 적극적인 의사를 가지고 있었고 이미 정치적으로 조정을 개조해야할 필요

79 김수태, 2004, 앞의 논문.
80 이도학, 2004, 앞의 논문.
81 김주성, 2007, 「백제 무왕의 즉위과정과 익산」, 『마한 · 백제문화』 17, 원광대학교 마한 · 백제문화연구소.
82 조경철, 2008, 앞의 논문.

성에서 경제중심의 동도에 천도하는 것에 순응했다는 것이다.[83] 또한 무측천이 낙양에 수십년간 도읍했을 때가 당대의 가장 휘황한 발전시기였으며, 무측천과 낙양은 많은 역사사건과 밀접한 관계가 있었다. 낙양무주시기의 역사는 측천과 뗄 수없는 관계이다. 함가창(含嘉倉, 곡물창고)과 비단길을 통하여 측천무의 낙양에 역사적 공헌을 깊게 이해할 수 있는데, 경제적인 의미를 강조하고 있다.[84] 따라서 무측천이 여자황제라는 핸디캡을 극복하기 위하여 불교의 교리를 끌어들여 동도인 낙양을 신도라 하고 신도를 다스리는 이상의 도시로 삼았다는 견해와는 전혀 다른 연구결과이다. 따라서 익산을 신도로서 접근하기 보다는 정치, 사회 경제 등 다양한 각도에서 접근하는 노력이 필요하다고 생각된다.

한편 도성관련설은 『관세음응험기』의 익산천도 기사와 익산지역에 존재하는 왕궁, 미륵사, 왕릉 등을 통해 볼 때 음미할 만하며, 무왕 31년 2월의 궁궐수리 기사를 통해 사비시기의 웅진성은 부도로서 계속 중요시했음을 알 수 있고, 익산도 웅진과 같이 익산을 별도, 부도, 또는 삼경제의 하나로 볼 수 있다는 것이다.[85]

『삼국사기』 무왕 31년조에 "重修泗沘之宮 王幸熊津城 夏旱 停泗沘之役 秋七月 王至自熊津城"은 사비의 궁궐을 수리한 기록이 그것이다. 그런데 왜 굳이 당시의 수도명을 덧붙여 "重修泗沘之宮" "停泗沘之役"이라 표현한 것일까? 『삼국사기』에는 다음 표에서 보는 바와 같이 여러 차례의 궁궐 수리 기록이 보이지만 어디에도 단지 "重修宮室"이라고만 되어 있을 뿐, 당시 왕도명을 부가하지 않고 있다. 다시 말하면 궁궐은 당연히 왕도에 있을 것인데 무슨 이유에서 부자연스럽게 왕도명을 덧붙이고 있는 것일까. 이는 곧 무왕 31년 당시의 수도는 사비가 아닌 다른 곳, 바로 익산이었기 때문에 그렇게 표현된 것으로 보아야 할 것이다.

다음은 『삼국사기』에서 발췌한 궁궐수리 관련 기사이다.

---

83 張美華, 2002, 「淺析武則天定都洛陽的原因」, 『歷史敎學』第12期.
84 余黎星·余扶危, 2010, 「武則天與神都二三事)」, 『四川文物』 2010年 第1期.
85 신형식, 1992, 앞의 논문.

國名	王曆	記事	年代
新羅	赫居世 21년	築宮城號金城	
	逸聖尼師今 10年 春二月	修葺宮室	143
	伐休尼師今 13年 春二月	重修宮室	196
	味鄒尼師今 15年 春二月	臣僚請改作宮室	276
	訖解尼師今 5年 春正月	重修宮闕	
	炤知麻立干 18年 三月	重修宮室	496
	眞興王 14年 春二月	王命所司築新宮於月城東	553
	文武王 19年 春正月	重修宮闕	679
	聖德王 16년 三月	創新宮	717
	26년 冬十二月	修永昌宮上大等褭賦清老不許賜几杖	727
	孝成王 4년 秋七月	葺東宮	740
	景德王 16년 秋七月	重修永昌宮	757
高句麗	東明王 4년 秋七月	營作城郭宮室	B.C.34
	烽上王 7年 冬十月	王增營宮室	
	烽上王 9年 八月	王發國內男女年十五已上 修理宮室	300
	廣開土王 16年 春二月	增修宮闕	406
	平原王 13년 八月	重修宮室	571
百濟	溫祚王 15年 春二月	作新宮室 儉而不陋 華而不侈	B.C4
	肖古王 23年 春二月	重修宮室	188
	比流王 30年 秋十月	修宮室	333
	辰斯王 7年 春正月	重修宮室	391
	文周王 3年 春二月	重修宮室	477
	東城王 8年 秋七月	重修宮室	486
	武王 31年 春二月	重修泗沘之宮	630

무왕 31년에 사비 궁궐의 중수기사는 사비에도 궁궐이 존재하고 있고, 관리가 제대로 이루어지고 있다는 점을 살필 수 있다. 복도와 부도는 한국사에서 광범위하게 존재하는데 고구려의 삼경, 신라의 오소경, 발해의 오경, 고려의 사경 등이 그것이다. 특히 백제의 복도·부도로서 구당서와 신당서의 백제전에 왕이 거주하고 있는 곳에 동서양성이 있다. 이전에는 부여와 공주로 파악하는 견해가 많았으나 웅진은 오방 가운데 하나이기 때문에 익산으로 보는 견해가 유력

하다. 이를 증명하는 것은 『관세음응험기』의 천도기사, 제석사의 실존, 왕궁의
존재, 『삼국사기』 신라 무열왕 8년(661) 대관사의 우물물이 피로 변하고, 금마군
에서는 땅에서 피가 흘러나와 너비가 5보나 되었다는 기록을 바탕으로 백제의
복도로서 부여와 익산을 지목하고 있다.[86] 익산의 위치에 대하여 중국이나 한반
도 고대 삼국의 예로 볼때 복도 배도의 가능성에 무게를 두고 있기도 하다.[87]

또한 『관세음응험기』의 내용은 제석사와 제석사 폐기장의 발굴결과를 통하
여 매우 신빙성있는 사료임이 증명되어 백제 무왕대의 익산 천도 역시 신뢰할
수 있는 기사임은 두말할 나위도 없다, 더욱이 익산지역에 남아있는 왕도관련
유적의 내용과 성격을 통하여 문헌기록을 뒷받침하고 있음도 살필 수 있었다.
따라서 백제무왕대의 주도(主都)는 익산이 되는 것이고, 부도(副都)로서 사비를
상정할 수 있게 된다. 그리고 의자왕대의 사비환도 이후에는 다시 익산이 부도
로서 역할을 담당한 했을 것으로 추정할 수 있다.[88]

아울러 『삼국사기』 무왕 35년조가 주목된다.[89] 2월에는 왕흥사를 완성하고 3
월에는 궁의 남쪽에 연못을 파고 20여 리에서 물을 끌어 오고, 사방에는 버드나
무를 심고, 연못 내에는 섬을 만들어 중국의 방장선산을 모방하였다. 궁의 남쪽
에 판 연못은 일반적으로 부여 궁남지로 인식하고 있었다. 그런데 궁남지의 발
굴조사결과 문헌에 보이는 궁남지의 근거를 확인하지 못했고, 그 일대가 자연
적인 호안이나 늪지가 형성될 수 있는 충분한 조건을 가지고 있는 성과를 거두
었을 따름이었다.[90] 2월에 왕흥사 곧 미륵사를 익산에 완성하고 다음 달인 3월

---

86 田中俊明, 2010, 앞의 논문.
87 박순발, 2013, 「사비도성과 익산 왕궁성」, 『마한 · 백제문화』 21, 원광대학교 마한 ·
    백제문화연구소.
88 이신효, 2013, 「왕궁리유적을 통해 본 백제말기의 익산경영」, 『마한 · 백제문화』 22,
    원광대학교 마한 · 백제문화연구소.
89 『三國史記』 百濟本記, 武王條 「三十五年 春二月 王興寺成 其寺臨水 彩飾壯麗 王
    每乘丹 入寺行香 三月 穿也於宮南 引水二十餘里 四岸植以楊柳 水中築島 擬方丈
    仙山」
90 국립부여문화재연구소, 2007, 『궁남지 III』.

에 궁의 남쪽에 연못을 팠다는 것은 아무래도 부여에서 이루어진 굴지(堀池)라기보다 익산 왕궁의 남쪽에서 그러한 공사가 있었을 가능성이 크다. 익산지역의 복도 건설의 흔적을 찾기 위한 고지형 분석결과 왕궁성 주변에서 다수의 인공시설의 흔적이 발견되었다. 그 가운데 현재의 논 경작지에서 유수역(留水域)으로 보이는 매몰 지형이 관찰되고 있어 주목되어 진다.[91] 필자가 육안으로 관찰한 바로는 왕궁성을 동서로 휘감아 흐르는 옥룡천과 부상천이 합수하는 지점이 왕궁에서 남쪽으로 2km 정도 떨어져 있는데, 그 곳이 연못지일 가능성이 있는 것으로 추정된다. 앞으로 표본조사나 토층조사를 통하여 그 실체를 확인하는 작업이 필요하다고 여겨진다.

이렇게 익산에 백제 무왕대의 국찰인 왕흥사 곧 미륵사를 완성하고 왕궁의 남쪽에 연못을 조성하고 있다면, 익산에서 왕도의 모습이 완성된 단계에 이르렀다고 보여진다. 결국 삼국사기 무왕조의 내용은 왕도를 익산에 두고 접근하는 자세도 필요할 것으로도 생각된다. 백제 무왕대의 익산과 관련된 왕도문제는 좀더 넓은 시야에서 바라볼 때 그 진실에 다가갈 수 있지 않을까 기대해 본다.

1. 익산도성의 입지조건

중국 고대에 있어서 도성이 형성되기 위해서는 일정한 원칙이 작용하고 있으며, 도성을 선택하는 데는 반드시 고려해야 할 조건[92]이 충족되어야 한다. 첫째, 지리적인 요인으로 산이 둘러져 있고 물이 휘돌아 감싸는 형세라야 임금이 도읍하는 기운이 있다는 것이다. 둘째, 군사적 방어시설에 유리한 지형을 갖추고 있어야 한다. 셋째, 경제적으로 부유한 지역이면서 교통이 편리한 점을 들고 있다.

그렇다면 과연 익산지역은 도성으로서 입지조건을 충족시키고 있는 것일까? 익산지역의 지형을 보면 서쪽에는 금강이 굽어 휘감아 돌고, 동쪽에는 미륵산을 시작으로 금남정맥이 남북으로 병풍처럼 둘려져 있어 임금의 기운을 느끼기

---

91 박순발, 2013, 앞의 논문.
92 劉淑芬, 2007, 『육조시대의 남경』, 임대희 옮김, 경인문화사.

에 손색이 없는 지세이다. 이러한 지형은 금강이 방어시설이 되면서 금강의 동편에 작은 야산맥이 성곽처럼 자리잡고 있어 천연 방어시설이 되는 것이다. 사비도성에서는 동쪽에 나성을 축조하여 방어시설을 보강하고 있지만, 익산의 경우에는 동쪽 금남정맥의 주요 거점에 산성을 축조하여 사비도성과 같은 견고한 방어시설을 갖추고 있다. 뿐만 아니라, 익산지역은 미륵산에서 강경 쪽으로 흘러 들어가는 자연 하천이 발달되어 있고, 대둔산, 운장산, 모악산에서 발원하여 만경강을 통해 서해로 흘러 들어가는 자연 하천 역시 풍부한 수원을 제공하고 있어 농경을 하기에 아주 적합한 지역이다. 또한 철의 생산과 가공 집단으로 추정되는 완주 상운리 분구묘 피장자들은 농기구 생산을 통해 풍부한 농업 생산력을 더욱 높일 수 있게 했을 것이며, 무기생산을 통해 군사력 증진에 큰 역할을 했을 것으로 보인다. 따라서 미륵산에서 모악산에 이르는 광활한 평야는 수도로서 매우 적합한 지역이었을 것으로 백제 중흥의 꿈을 이루기에 사비도성과 견주어도 손색이 없는 유리한 입지를 갖추고 있다고 할 것이다.[93]

한편 도성 내에 왕궁을 배치하는데 있어서도 역시 여러 조건이 고려되었을 것이고, 이러한 조건들이 충족되는 곳에 궁궐을 조영했을 것이다. 그 가운데 도성이 계획적으로 이루어졌다면 풍수지리적인 면이 가장 먼저 고려되었을 것으로 추정된다. 풍수개념은 일찍이 서주시대에 그 단초가 보이고 있는데, 중국 고대의 성시를 선택하는데 매우 밀접한 상관관계를 가지고 있으며, 한대에 이르러 풍수술이 정식으로 흥행하여 사회 전반에 걸쳐 넓게 유행하였다. 그 후 육조시대의 통치자와 역대 봉건제왕들은 도성의 입지선정이 풍수가 국가의 장래에도 직접적인 영향을 미치는 것으로 깊게 믿고 있었다. 한편으로는 그들이 도읍을 정하는 과정에서 일어나는 사회 여론을 제어하는데도 풍수를 이용하였다.[94] 그 외에도 풍수는 고대 중국에서 양택(선시, 촌진, 촌택)과 음택(분묘)의 지리선정과 이를

---

93 최완규, 2009, 「고대 익산과 왕궁성」, 『익산 왕궁리 유적 -발굴20년 성과와 의의』, 국립부여문화재연구소.

94 盧海鳴, 2004, 『六朝都城』, 南京出版社.

조성하는데 있어 계획과 설계의 이론과 방법에 이용되었다.

육조도성(六朝都城)인 건강(建康)의 지리적인 배경은 기본적으로 풍수형국과 잘 부합되고 있다. 건강도성의 서북부와 북부의 호산(護山)으로서는 마안산(馬鞍山), 사망산(四望山), 노용산(盧龍山), 막부산(幕府山), 대장관산(大壯觀山), 직독산(直瀆山) 등이, 정북면의 주산(主山)으로서는 복주산(覆舟山)과 계롱산(鷄籠山)이, 동으로 청룡(靑龍)으로서 종산(鍾山)이, 서쪽의 백호(白虎)로서는 석두산(石頭山)이, 남으로 진회하(秦淮河)가 감싸 흐르고 물과 떨어져 가까운 안산(案山)으로서는 취보산(聚寶山)이, 멀리 떨어진 조산(朝山)으로서는 우수산(牛首山)이, 그리고 용혈(龍穴)에 해당하는 곳에는 건강도성(建康都城)이 자리잡고 있는데, 列을 짓고 있는 산과 굽이쳐 흐르는 물의 중앙에 해당한다.[95]

이와 같이 중국에서 유행한 풍수는 우리나라에서는 그 수용시기에 대하여 신라의 삼국통일이후 경주지역에 국한하여 왕실을 중심으로 귀족들 사이에서 풍수지리설이 상당히 유포되어 있어서 사원건축이나 분묘의 축조에 이용된 것으로 보고 있다.[96] 또한 전래의 자생 풍수지리가 이미 우리나라에도 있어 오다가, 백제와 고구려에 중국으로부터 이론이 확립된 풍수가 도입되면서 서서히 알려지게 되어 결국 신라 통일 이후에는 신라에도 전해져 전 한반도에 유포되었을 것으로 보는 견해[97]도 있다. 이와 비슷한 견해로는 삼국시대에 국도나 능묘를 선정했다는 기록과 풍수가 아니더라도 인간은 오래 전부터 살기에 적합한 주거지를 선택해 왔다는 사실에 주목하여 반드시 풍수와 상관관계로 볼 필요가 없으며, 최치원이 지은 숭복사(崇福寺) 비문을 통하여 신라 하대에 풍수가 전해진 것으로 파악하였다.[98] 나아가 신라 말기에 지방의 호족 세력이 대두하면서 풍수지리설은 그들 호족의 요구에 응할 수 있는 적절한 사상으로 이때부터 유행한

---

95 盧海鳴, 2004, 앞의 논문.
96 최병헌, 1975, 「도선의 생애와 나말·여초의 풍수지리설」, 『한국사연구』 11, 한국사연구회.
97 최창조, 2008, 「한국 풍수사상의 자생적 특징」, 『풍수지리문화의 이해』, 형지사.
98 이기백, 1994, 「한국 풍수설의 기원」, 『한국사 시민강좌』 14, 일조각.

것으로 보고 있다. 그러나 백제는 주지하다시피 중국 남조의 동진시대부터 물적 교류의 흔적이 고고학 자료를 통해 많이 확인되고 있어 일찍이 남조의 풍수사상도 수입했을 가능성은 충분히 있다. 특히 무령왕릉과 같이 양나라의 묘제를 그대로 조성하고 있다는 점에서 보면 남조의 불교사상이나 풍수사상적 측면을 수용했을 가능성은 더욱 높다. 따라서 백제는 도성을 축조하는데 있어서는 국가의 미래가 달린 중대한 대역사이기 때문에 남조의 풍수사상을 채택하여 적용했을 것으로 추정할 수 있다. 곧 중국 남경의 건강도성은 중국 도성발달사에서 동시대와 수 당대의 도시건설에 많은 영향을 끼쳤으며, 백제의 경우 육조와 활발한 교류가 있었기 때문에 사비기의 도성과 건강성 사이에는 지형, 공간구성 등에서 많은 유사점이 있다 하겠다.

이와 같이 남조와 백제와의 활발한 교류관계를 고려하면 익산 왕궁성을 축조하는데 있어서 건강성과 같이 풍수지리적인 면이 작용되었을 것으로 판단된다. 특히 앞서 지적한 바와 같이 익산천도를 단행하는데 있어서 왕실 내부의 갈등과 귀족간의 대립 등 정치적으로 매우 복잡한 상황이 전개되었을 것이고, 이러한 상황을 제어하고 천도설을 뒷받침하는데 있어서 풍수지리설은 매우 유익한 이론적 근거로 활용되었을 것이다.

금마지역의 지리적인 조건과 왕궁이 들어선 지역을 보면 풍수지리적인 관점에서 가장 이상적인 곳에 조영되었음을 알 수 있다. 먼저 북서쪽의 조산에 해당하는 곳은 미륵산이며, 북동쪽의 소조산으로는 용화산이, 그리고 주산으로서는 익산 고등학교 뒤편의 건지산이 자리하고 있다.

건지산에서 남으로 낮게 뻗어내린 구릉은 왕궁에 이르기까지 이어지며, 동쪽에는

그림 8. 익산지역 풍수사상

용화산 동편에서 발원하는 부상천이 휘감아 흐르고, 서쪽에는 용화산 서편에서 발원하는 옥룡천이 역시 휘돌아 흘러 왕궁 남쪽의 발산리에서 합류하여 득수 형국을 이루고 있다. 또한 동쪽의 호산(護山) 혹은 청룡으로서 시대산에서 시작하여 남으로 도순리, 동촌리, 흥암리, 발산리, 평장리여 서고도리, 덕기동, 창평리까지 이어지는 구릉이 이에 해당한다. 한편 왕궁에서 남으로 바라보면 가까이에는 춘포산이 안산으로 자리잡고 있고, 멀리 남쪽으로는 모악산이 우뚝 솟아 있는데 이는 조산에 해당하는 것으로 볼 수 있다. 이와 같이 금마지역은 풍수지리적인 형국을 잘 구비하고 있고, 이를 기초한 혈의 자리는 현재 금마 시가지에 해당하는데, 19세기 고지도에는 금마 동헌이 위치하고 있었음이 확인된다. 풍수개념도에 의하며 왕궁이 위치한 곳은 명당자리에 해당된다. 따라서 혈의 자리에는 아마도 관청과 관리들의 거주 공간이 마련되었을 것이며, 명당자리에는 왕의 정사와 거주공간이 배치되어진 것으로 볼 수 있다. 한편 관청과 관리거주 공간의 북편 가까이 배치되어 있는 저토성과 익산토성(오금산성)은 실제 전쟁 수행목적의 성곽이라기보다는 관청과 왕궁을 수비하고 행정을 뒷받침하는 군사들의 거주 공간이었을 가능성이 크다고 여겨진다.[99]

이상에서 보았듯이 익산 도성은 풍수지리개념에 의해서 계획된 도성이라는 점을 파악할 수 있다. 뒤에 언급하겠지만 종묘[寺廟]적 성격을 갖는 제석사를 왕궁의 우측 곧 동편에 왕궁보다 뒤로 치우치게 배치하고 그 반대편에 해당하는 서편에 무왕과 그 왕비릉이 배치되고 있는 것도 우연에서 비롯된 것이 아니고 계획적으로 공간구성이 조성되었음을 파악할 수 있게 한다.

그렇다면 왜 익산도성을 풍수지리적인 개념을 도입해 계획적으로 조영한 것일까? 이에 대해서는 앞서 지적했듯이 반대여론의 무마용이란 점은 중국의 예에서 찾을 수 있지만, 신라 말기 지방의 각지에서 호족세력이 대두하면서 그들은 중앙의 진골귀족 중심의 신라사회를 부정하고 자신들의 세력기반인 지방의

---

99 실제 전쟁의 수행이나 방어 목적의 성곽은 미륵산성, 낭산산성, 천호산성, 학현산성 등 높고 험준한 곳에 위치하고 있다.

우월성을 내세울 필요성 때문에 풍수지리설은 그들 호족에 의해 크게 환영받았다.[100] 특히 고려 태조는 고구려 유민과 후백제 유민을 보다 효율적으로 지배하기 위해서는 각기 다른 정책이 필요했는데, 그러한 태조의 정치적 의도에 부응하여 풍수지리가들이 제공한 서경지맥근거론과 후백제지역지세배역론이다.[101] 전자는 서경 천도계획으로서 서경으로 대표되는 고구려 지역의 주민들에게 태조의 일체감 연대감을 드러내는 일이다. 그것을 통하여 태조는 그 지역의 민심을 회유하고 포섭할 수 있게 되기를 기대하였을 것이다. 후자는 후백제 지역민들이 통합에 불만을 품고 변란을 꾀하기 않을까 하는 기우가 작용했는데, 그 바탕에는 마한 백제 지역민들의 정치 문화적 전통이 지속적으로 유지되고 있었고 그에 따른 강한 응집력에서 비롯된 것으로 해석할 수 있다.

백제 무왕대의 익산천도는 무왕 자신의 혼자 힘으로 해결할 수 있는 과업이라 할 수 없다. 그 과정에서 왕족과 왕족, 왕족과 귀족, 귀족과 귀족 등 각각 정치세력간의 갈등과 대립은 상상을 뛰어 넘을 정도였을 것으로 추측된다.[102] 따라서 불교를 국교로 숭상했던 당시에 "금살생령"과 같은 불교 교리를 이용하여 정치적인 정지작업과 반대세력의 제어 수단으로 이용했을 것이다. 또한 익산 도성을 계획적으로 건설하면서 풍수지리를 최대한 이용하여 반대세력을 설득하는 이론적 근거로 활용했을 가능성은 충분히 있다. 결국 미륵사 창건을 통한 미륵신앙의 구현을 통해 미래 세계의 메시아적 가치와, 전통적 사상에 기반하고 있는 풍수지리를 바탕으로 백제의 익산천도의 당위성과 필요성을 뒷받침했을 것이다.

2. 왕궁성

백제는 물론 삼국 가운데 유일한 왕궁인 익산 왕궁리유적[103]은 북동-남서 방

---

100 이기백, 1994, 앞의 논문.
101 홍승기, 1994, 「고려초기 정치와 풍수사상」, 『한국사 시민강좌』 14, 일조각.
102 이러한 예는 현재도 행정수도의 이전문제로 지역간의 갈등, 정치세력간의 대립 등이 진행되고 있다.
103 1989년부터 현재까지 발굴조사가 진행 중에 있으며, 총 13책의 발굴조사보고서가

향으로 완만하게 경사진 지형에 남·북
방향의 구릉은 삭토하여 평탄하게 조
성하고 이때 굴토된 흙은 동서 저지대
를 대규모 성토하여 궁성의 중심공간
을 확보한 것으로 확인되었다. 내부에
서는 자연지형을 절토·복토하여 궁성
관련 건물을 축조하기 위한 평탄대지
를 조성한 동서석축 4곳이 확인되었다.
특히 동서석축이 일정한 비율로(2:1:2:1)
확인되는 것으로 보아 궁성의 내부 공
간은 일정한 비례 원칙에 따라 계획적
으로 조성되었음을 알 수 있다.

성벽은 궁궐을 보호하기 위한 궁장
으로, 동벽 492.8m, 서벽 490.3m, 남
벽 234.06m, 북벽 241.39m로 동서벽
의 길이는 거의 비슷하지만, 북벽이 남
벽에 비해 약간 넓게 계측된다. 체성부

그림 9. 왕궁리유적 전경

의 폭은 3~3.6m이며, 내·외부에 보도 혹은 낙수물 처리를 위한 폭 1m 정도의
부석시설과 석렬시설을 포함하였을 경우에는 성벽의 너비는 약 10m에 이른다.
축조수법은 하부를 정지한 후, 장대석과 사구석을 이용하여 외면과 내면을 쌓
고 내부에 토석혼축을 한 것으로 드러났다.

왕궁의 공간 활용은 크게 왕실의 중심공간인 남측의 생활공간과 북동측의
후원과 북서측의 공방공간으로 구분된다. 왕실의 중심공간은 남측 중문과 일직
선상의 정전으로 추정되는 대형건물지(건물지22)와 현 석탑 하부에서 확인된 건
물지, 그리고 동쪽으로 약간 치우친 와적기단건물지(건물지10)와 정원시설 등을

간행되었다.

그림 10. 왕궁리유적 정전건물지(22호건물지)

들 수 있다. 이러한 배치상태를 도입부(출입공간)-중심부1(행정관서)-중심부2(궁궐관련시설)-후미부로 구분하고, 특히 대형건물지(건물지22)에서 출토된 "首府"名 인장와와 건물지의 규모로 볼 때 내전이나 조회 등을 치른 정전으로 추정하고 있다.[104]

궁궐 내부의 일상생활과 관련된 화장실 유구가 궁성 내부의 서북편에서 조사되었는데, 동서석축 배수로와 연결되어 일정량의 오물이 차면 석축배수로를 통해 서측 담장 밖으로 배출되는 구조를 하고 있다. 모두 3기의 대형화장실이 확인되었는데 서측의 가장 큰 화장실의 규모는 동서 10.8m, 남북 1.7m로, 내부에서 확인된 기둥으로 볼 때 동-서 5칸, 남-북 1칸으로 깊이는 3.4m 내외이다. 특히 내부 벽면과 바닥면에는 방수 처리를 위한 점토가 발라져 있다. 화장실 내부에서는 목제품과 더불어 뒤처리용 막대, 짚신, 토기편, 기와편이 출토되었으며 토양을 분석한 결과 회충, 편충, 간흡충의 기생충 알이 발견되었다.[105]

성곽의 남북방향의 중간부분 곧 동서석축3과 4 사이에서 동쪽에 치우친 곳에서 정원(庭園)이 조사되었다. 화려한 정원석과 강자갈돌로 중심부를 장식하고 물의 공급 및 조절을 위한 다양한 수로 및 암거시설 등을 조성하였던 것으로 확인되었다. 유적의 북편 구릉지대에는 후원 영역이 위치하고 있는데 주요시설은 환수구 곡수로 배수시설 등 물과 관련된 도수시설이다. 환수구는 북성벽에서 말각을 이루고 서측으로 직선적으로 이어지는 '∩'의 형태로 추정되었으나 최근

---

104 전용호, 2009, 「왕궁리유적의 최근 발굴성과 -공간구획 및 활용방식을 중심으로-」, 『익산왕궁리유적 발굴조사 20주년 국제학술대회』, 국립부여문화재연구소.
105 국립부여문화재연구소, 2006, 『익산 왕궁리유적 발굴조사 중간보고Ⅴ』.

조사를 통해 각각 동·서 성벽과 이
어지는 출수시설과 환수구와 곡수
로, 곡수로와 배수시설 등이 접하거
나 중복되는 관계 등을 확인하였다.
또한 환수구의 기능과 역할이 물을
가두어 후원 영역을 돌아가도록 하
는 것에 그치는 것이 아니라, 치수
와 조경, 경관 조성이라는 복합적인

그림 11. 왕궁리유적 정원시설 전경

기능을 함께 수행했다는 것을 알 수 있었다. 이는 구릉 경사면에서 수경관과 괴
석을 이용하여 추구한 관상만의 목적 뿐 아니라 실용적인 목적인 유속의 조절
과 치수의 목적 또한 강하게 작용하였던 것으로 추정할 수 있다.[106]

　왕궁에 대한 발굴결과를 바탕으로 진행된 연구는 주로 성곽을 대상으로 이
루어져 왔다. 이 성곽의 성격에 대하여 일반 성곽의 성격으로 보는 입장에서 이
는 방형의 평지성으로 방어성으로서는 부적합한 것으로 보았다.[107] 또한 성벽
내측의 성토층에서 출토된 토기편과 기와편의 존재는 초창기의 유구 이후에 성
곽이 축조된 것으로 판단하고 동측 성벽의 내측에 사각형으로 가공된 성벽축조
석재는 다른 용도로 사용되었던 것으로 재사용했을 가능성으로 제기하였다. 특
히 고구려의 안학궁이나 국내성의 방형계 궁성과 연결지어 안승의 보덕국과 개
연성을 추론하였다.[108] 이후 조사가 진행됨에 따라 동측 담장의 내측에 잘 가공
된 장대석과 사구석이 2단으로 남아 있는데 이들 석재의 상부 가공수법이 일본
고대 신롱석 산성의 원류를 왕궁리 유적의 담장에서 찾기도 했다.[109] 한편 왕궁

106 　최문정, 2012, 「익산 왕궁리 후원유적에 관한 검토」, 『한국전통조경학회』 10, 한국
　　　전통주경학회.
107 　지병목, 1999, 「익산 왕궁리유적의 성격에 대한 시론-성곽유구를 중심으로」, 『사학
　　　연구』 58·59합, 한국사학회.
108 　최맹식, 1999, 「왕궁리유적 발굴의 최근성과」, 『마한·백제문화』 14, 원광대학교
　　　마한·백제문화문화연구소.
109 　박순발, 2010, 「익산 왕궁리유적 궁장과 신농석 산성의 기원」, 『백제연구』 52, 충남

리 유적의 성곽에서 상연 가공석재가 동벽 성곽에서 극히 일부에 지나지 않고 가공석재 위에 판축흔적이 보이지 않는 점을 들어 일본의 신롱석 산성과 왕궁리 유적과는 직접적으로 연결되지 않는 것으로 파악하고 있다.[110]

이러한 논쟁에도 불구하고 익산 왕궁성은 백제 사비기의 도성을 이해하고 복원하는데 매우 중요한 위치를 점하고 있으며, 동아시아 도성사에서 고대 궁성의 면모가 완전하게 간직된 유적이라는데 커다란 의의를 찾을 수 있다.

3. 국찰 미륵사

익산 미륵사지는 미륵산의 남측 기슭인 익산시 금마면 기양리 32-3번지에 위치하고 있으며, 사적 150호로 지정되어 있다. 백제사 연구에서 미륵사지의 그 규모나 가람배치는 매우 중요한 위치를 차지하고 있는 것은 주지의 사실이다. 특히 2009년 서탑 해체 수리 과정에서 사리장엄 및 사리 봉영기가 발견되어 미륵사는 무왕대(600~641년)에 건립된 것으로 확인되었다.

그림 12. 일제강점기 미륵사지 전경(1917년)

유적의 지표상에는 서쪽 부분이 거의 반파되어 일제강점기에 시멘트로 보강한 서탑과 탑의 중심축선에 맞추어 북쪽에는 정면 5칸, 측면 4칸의 건물지 초석 상부가 노출되어 있었다. 석탑에서 남쪽으로 65m 떨어진 지점에는 당간지주가 서 있고, 동으로 이와 대응되는 당간지주가 자리하고 있는데 이들은 모두 통일신라시대의 것으로 알려져 왔다. 석탑

대학교 백제연구소.

110 이신효, 2012, 「백제 왕도속의 익산」, 『백제 왕도속의 익산』, 익산역사유적지구 세계유산등재추진 국제학술회의, 원광대학교 마한·백제문화문화연구소.

과 당간지주 사이 서측에는 후대에 세웠을 것으로 추정되는 초석배열유구가 있었는데, 원형초석과 방형초석 그리고 주좌가 가공된 것들은 대부분 백제시대의 초석으로 추정되었다.

미륵사지에 대한 최초의 조사는 1913년 일본인 세끼노 다다시(關野貞)와 야쯔이 세이쯔(谷井濟一)에 의해 석탑과 주변 석재에 대한 것이었다. 그 후 1965년 미륵사지 북측 저수지 제방공사 작업 과정에서 유구가 노출되어 1966년 4월 강당지 근처 일부 구간에 대한 긴급 발굴 조사가 있었고, 1974년 원광대학교 마한·백제문화연구소에 의한 동탑지 조사 이후, 1980년부터 1994년까지 국립문화재연구소의 정밀발굴조사를 종합하여 보면 미륵사지의 모습은 다음과 같다.

최초 동탑지 발굴조사를 통하여 서탑과 같은 규모와 양식의 석탑이 동쪽에도 있음이 확인되었는데, 동탑지에서 북쪽으로 31.2m에 금당지가 위치해 있고, 석탑과 금당지 사이에 석등이 배치되어 있었다. 또한 동탑에서 남으로 31.2m의 지점에는 중문지가, 중문지에 양쪽으로 남회랑지가 동·서로 배치되고, 탑과 금당지 좌·우에는 남북방향의 회랑지가 확인되었다. 한편 금당지 북으로는 남북으로 길게 승방지가 마련되어 동쪽의 탑과 금당이 그 내곽 안에 자리할 수 있도록 하였다. 서탑 주변의 발굴조사에서도 동원과 동일한 규모로 성격이 같은 건물지들이 서로 대칭되게 배치되었음을 확인하였다.

동·서원의 금당지는 그 규모나 구조형태가 동일한 것임을 알 수 있었고, 2중의 기단 위에 높이가 1m나 되는 높은 초석을 정면 5칸 측면 4칸으로 배치하고 있다. 초석 상면에는 인방을 걸쳤던 홈이 패여 있어 마치 고상건물의 구조와 같다. 건물의 기단 내부에는 지하공간이 마련되어 경주 감은사지 금당과 같이 용이 드나들게 했다는 구조를 생각하게 하지만, 이

그림 13. 익산 미륵사지 동탑지 발굴조사 전경(1975년)

지역이 미륵산에서 내려오는 물길에 건조물을 보호하기 위한 실용적인 시설로 추측된다.

중원은 동·서 양탑과 금당의 동서로 횡축선 상에 목탑지와 금당지가 배치되어 있음이 확인되었다. 중원의 목탑과 금당의 규모는 동·서원의 것보다 컸으며, 회랑의 경우 동원과 서원, 곧 동·서 회랑을 동서로 연결하여 폐쇄된 공간이 마련되었다. 발굴조사 결과 중원의 목탑지에서는 북쪽 기단 일부와 계단이 확인되었다. 확인된 기단의 형태는 동·서 석탑과 동일한 지대석과 면석, 갑석을 갖추고 있었으며, 바깥 면으로도 동일하게 방형의 판석으로 맞추어 시설한 2중 기단으로 확인되었다. 이 기단의 규모는 한 변이 18.5m로 추정되며, 석탑의 기단 10.4m에 비해 더욱 장대하였을 것으로, 목탑의 높이 역시 석탑보다 거의 2배에 가까웠을 것으로 추정된다.

중원의 금당지에서는 동·서원의 금당지와 같은 형식이었을 것으로 추정되는데, 높은 초석이 유실되었고 이를 받치는 반석만이 남아 있다. 그 규모는 정면 길이가 약 19.8m, 측면 18m로 동·서원 금당의 규모 정면 12.7m와 측면 9.1m에 비해 역시 그 규모가 컸음을 확인할 수 있다.

한편 중원의 금당지에서 북으로 74m되는 지점에 장대한 강당지가 자리하고 있다. 강당지는 지대석과 면석, 갑석으로 구성된 높은 기단 상부에 12칸, 측면 4칸의 규모로 밝혀졌다. 기단의 전면에 3개소, 좌우 측면에 각각 2개소의 계단이 마련되었다.

동탑지의 남편에서 발견된 중문지는 정면 3칸, 측면 2칸이며, 기단의 규모는 정면 12.7m, 측면 7.9m이다. 중문지 양쪽으로는 남회랑지로 연결되었고, 이러한 양상은 서원에서도 동일하게 발견되어 동·서·중원 앞에 모두 중문이 배치되었음을 알 수 있다.

승방지는 동·서 금당지에서 북쪽으로 떨어져 북으로 길게 뻗어 있는데 기단의 폭이 19m, 길이는 무려 65m나 된다. 확인된 승방지는 내부 공간(방)을 구성하기 위해 고맥이 돌로 한 변 6m 내외의 정방형 공간 2개를 1조로 구획하여 모두 4조의 공간을 구성하였던 것을 확인되었다. 공간(방)과 공간 사이에는 통로를

만들고 동서 양측에 초석을 툇
칸처럼 배열시켜 한쪽으로는
회랑을 연결하여 강당으로 통
하는 통로를 만들었던 것으로
추정된다.

이외에도 금당지와 탑지 사
이에서 석등지와 관련되는 방
형의 지대석과 복화반이 노출
되었는데 8각형이며 8엽 연화
를 양각하였다. 한편 전술한
동·서원의 중문지의 남측에서

그림 14. 미륵사지 서탑 사리장엄 발견당시 모습

는 통일신라시대의 동·서 당
간지주가 자리를 지키고 있다.
또한 동·서원의 남문지에서
남쪽으로 연못의 호안부가 노
출되었는데, 내부에서 백제시
대와 통일신라시대의 유물이
출토되었다.

2009년 1월 국립문화재연구
소에서 미륵사지 서탑 1층 십
자형 공간 내 심초석 상부의 심
주석을 해체하는 과정에서 사

그림 15. 미륵사지 서탑 사리장엄 최초 노출 상태

리장엄구가 발견되어 학계는 물론 국민의 주목을 받았다. 금제 사리호와 함께
봉안된 금제사리봉영기를 통해 기해년(己亥年, 639년) 정월 29일에 백제 왕후인 사
택적덕의 따님이 대왕의 건강과 왕실을 위한 발원 내용이 담겨져 있다. 그러나
이 미륵사는 선화공주의 발원에 의해 창건되었다는 『삼국유사』의 기록과 다른
내용이 담겨져 있어 많은 논란이 일어나기도 하였다.

4. 종묘 제석사

제석사지는 원래 이곳은 제석면(帝石面)이라는 행정구역명이기도 하지만, '帝釋寺'銘의 기와와 함께 백제시대의 와당이 발견되어 백제시대의 제석사지임을 알 수 있게 되었다.[111] 이 사찰이 주목되는 이유는『관세음응험기』에 백제 무왕대 익산 천도사실이 직접적으로 언급됨과 동시에, 이 사찰의 화재 기사를 담고 있기 때문이다. 최근 제석사지의 발굴결과를 보면 가람배치는 기본적으로 사비기의 백제 사찰인 1탑 1금당 양식으로 현존하는 1탑 1금당 사찰 중 가장 큰 규모이다.[112]

제석사는 대체로 경사진 지형조건에 따라 높은 곳은 삭토하고 낮은 곳은 성토하는 방식으로 평탄대지를 조성한 후 사찰을 건립하였다. 조사결과 대체로 남북 중심축선상에 중문, 목탑, 금당, 강당, 승방이 배치된 구조로 이를 동·서 회랑과 회랑 북단에 연결된 동·서 건물이 에워싸는 전형적인 백제 말기의 가람배치를 하고 있다.

목탑은 한변의 길이가 21.2m인 가구식 석조기단과 사반에 계단시설을 갖추고 있다. 특히 이중기단과 별도로 중심부에서 방형 단 시설(한변 11.2m)이 확인되어 주목된다. 이 시설은 중국 낙양의 영령사(永寧寺)와 하북(河北) 업남성(鄴南城)의 조팽성(趙彭城) 불사의 목탑지와 비슷한 구조를 하

그림 16. 제석사지 전경

---

111 황수영, 1973, 「백제 제석사지의 연구」, 『백제연구』 4, 충남대학교 백제연구소.
112 국립부여문화재연구소, 2011, 『제석사지 발굴조사보고서 I』.
    국립부여문화재연구소, 2013, 『제석사지 발굴조사보고서 II』.

고 있는데 폐기장에서 발견된 소
조상들이 내측 단시설의 측벽이나
벽감에 설치되었을 것으로 추측된
다. 규모는 기단이나 계단의 폭을
감안하면 폭 3.4m인 5×7칸 건물
지로 추정되고 있다.

금당지는 하층 기단이 동서
31.8m, 남북 23.6m이고 상층 기
단이 동서 29.6m, 남북 20.8m로

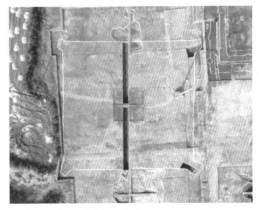

그림 17. 제석사지 방형축기부 전경

백제시대의 금당 중에서 가장 규모가 크다.

이곳에서 주목되는 것은 금당지 남서편 외측으로 약 5m 정도 떨어진 지점에
서 평면 구조상 목탑지와 거의 동일한 형태의 방형 축기부이다. 이 축기부는 유
구의 삭평을 감안하더라도 기단관련 흔적이나 축기부 내에서 유물이 전혀 확인
되지 않았다. 그 규모는 동서 21.5m, 남북 20.8m로서 목탑과 비슷하다. 이 축기
부의 용처에 대해 보고서에 의하면 원래는 탑을 안치하기 위한 시설이었을 것이
나 어떠한 이유에서 계획이 변경되어 사용되지 않은 것으로 추정하고 있다.

탑지, 금당, 축기부의 조성은 모두 굴광 판축을 기본으로 하고 있는데, 굴
광의 깊이는 목탑 76cm, 금당 57cm, 축기부 130cm로서 각각 차이를 보이고
있다. 탑지나 금당에서는 성토 판축이 확인되지 않았으나 탑지에서는 지상에
252cm의 판축이 추가적으로 확인되어 굴광 바닥에서 최상부까지 무려 328cm
의 판축기단을 조성하고 있다.

제석사지 중심사역에서는 모두 126점의 유물이 출토되었는데 백제시대 와전
류가 주를 이루고 있으며, 일부 통일신라와 고려시대의 유물도 수습되어 제석
사의 지속연대를 추정할 수 있다.

한편 이곳 제석사지에서 북으로 300여 m 떨어진 곳에 백제시대 기와편들
이 집중적으로 퇴적되어 있어서 이곳이 백제시대의 기와 가마터로 추정되어 왔
었다. 그러나 이곳을 발굴 조사한 결과 제석사 화재시에 발생된 건물 잔해와 기

그림 18. 제석사지 소조상 및 막새

물을 폐기한 곳으로 확인되었다.[113] 이 폐기장의 성격이 밝혀지기 이전에는 『관세음응험기』가 불교적으로 영험한 기사를 담고 있어 실제적인 상황과 동떨어져 있다는 이유로 그 신빙성에 의문을 제기하였으나, 고고학적 발굴조사결과 이 문헌의 신뢰성이 증명되었다 할 수 있다. 따라서 『관세음응험기』에 기록된 익산 천도에 대한 사실도 인정하지 않을 수 없게 되었다.

5. 왕릉(능원 쌍릉)

익산 쌍릉은 왕의 무덤인 대왕릉과 그의 왕비의 것으로 추정되는 소왕릉 2기의 고분을 일컫는다.

일제강점기에 발간된 보고서에 따르면, 대왕릉의 봉토는 호석열과 석실의 위치를 통해서 그 규모를 알 수 있는데 직경 30m에 높이가 5m 정도이다. 고분은 남으로 경사진 곳에 축조되어 있는데 봉토의 정상에서 7.2m 아래에 묘광의 바닥이 위치하고 있다. 매장주체부는 사비 2식의 횡혈식석실분으로 판석을 사용하여 부여 능산리의 왕릉들과 같은 규모와 형태를 하고 있다. 소왕릉의 봉토 저부에는 대왕릉과는 달리 호석열은 없었던 것으로 여겨지며 봉토의 규모는 직경 24m, 높이 3.5m였던 것으로 짐작되고 있다. 분구의 정상에서 약 5.5m 아래에 석실의 상면이 있으며 석실의 축조재료나 형태에 있어서는 대왕릉과 유사하다.

대왕릉에서 출토된 유물은 목관, 도제완, 옥제장신구, 치아 등이며, 왕비릉에서는 도금관식금교구편, 관정, 금동투조금구 등이다. 이 가운데 가장 인상적인 것은 복원이 가능할 정도로 비교적 보존상태가 양호한 목관을 들 수 있다. 목관의 형태는 할죽형의 뚜껑을 가진 형식으로 뚜껑의 길이는 240cm, 폭은

---

113 원광대학교 박물관, 2006, 『익산 왕궁리 전와요지(제석사폐기장)발굴조사보고서』.

그림 19. 일제강점기 쌍릉 조사 전경　　　　　　**그림 20.** 일제강점기 대왕릉 목관 및 현실 전경

76.4cm, 전체 높이는 70cm인데 연판이 선각으로 새겨진 좌금구와 금동병두로 장식되어 있다. 특히 이 목관을 제작하는데 사용한 목재는 고야전(高野槇, こうやまき)으로서 무령왕릉과 능산리 중앙고분군에서 출토된 목관과 같은 것으로 백제 왕실이 왕의 관을 제작하는데 일본에서 가져온 목재를 사용하고 있다는 점이다. 관재로 사용된 금송은 일본열도 남부지방에만 분포하는 수령 300년 이상의 금송을 사용한 것으로 밝혀졌다. 따라서 현재까지 확인된 왕릉에 사용된 목관이 공통적으로 일본에서 생산된 목재를 사용하고 있다는 점은 백제와 일본과의 긴밀한 관계에서 전통적으로 행해진 의식이 있었던 것을 추정할 수 있다. 쌍릉의 목관도 백제 전대의 왕실에서 행해지던 장례전통이 그대로 답습된 것으로 판단된다.

　　쌍릉 피장자에 대한 기록은 이미 『고려사』에서부터 나타나고 있다.[114] 또한 조선시대에 편찬된 『新增東國輿地勝覽』에는 『고려사』의 내용을 인용하면서 좀 더 구체적으로 쌍릉에 대한 기록을 남기고 있다.[115] 그 내용을 보면 쌍릉의 주인공은 백제 무왕과 그의 비릉이라고 구체적으로 지칭하고 있다. 또한 쌍릉의 구

114　『高麗史』卷第十一地理二金馬郡「又有後朝鮮武康王及妃陵俗號末通大王一云百濟武王小名薯童」.
115　『新增東國輿地勝覽』古蹟條「雙陵在五金寺峯西數百步高麗史云後朝鮮武康王及妃陵也俗號末通大王陵一云百濟武王小名薯童末通卽薯童之轉」.

그림 21. 대왕릉 조사 후 전경

조, 규모, 출토유물에서 능산리의 왕릉들과 비교할 때 오히려 큰 규모와 화려한 유물이 발견되고 있어 고고학적으로도 피장자는 무왕과 그의 왕비릉임에 틀림없다. 이러한 사실들은 발굴조사에서도 확인되었다.

2017년부터 2019년에 걸쳐 익산 쌍릉(대왕릉·소왕릉)에 대한 재 발굴조사가 이루어졌다. 조사결과를 살펴보면, 봉분의 규모는 동-서 직경 약 23m 정도이며, 현 지표에서 봉분의 정상부까지의 높이는 약 4m에 이르고 있는데, 동쪽 및 서쪽을 기준으로 봉분의 기저부인 생토면에서 봉토를 쌓아올린 층의 높이는 320~360cm 정도이다.

석실의 평면형태는 장방형, 단면형태는 육각형의 고임식 구조로 짧은 중앙연도를 가지고 있다. 묘실의 규모는 길이 401cm, 너비 175cm, 높이 225cm이다. 연도 앞으로는 폭 370cm 정도의 묘도가 길게 이어지며, 묘도의 축조는 장례가 진행될 당시 굴착하여 조성한 것으로 추정된다.

석실의 입구를 처음 열었을 당시 현실 내부는 깨끗하게 정리된 상태였고, 관대(규모: 270×84×25) 위로 잣나무를 이용해 제작한 목제상자가 놓여 있었다. 그리고 상자 안에는 다량의 인골이 담겨있는 상태였다. 이 인골을 분석한 결과, 성별은 남성으로 확인되었다. 또한 사망 당시 연령은 60대 이상일 가능성이 높고 병리학적 소견으로 거동이 불편할 정도의 건강상태가 좋지 않았던 것으로 추정하였다. 정강이뼈에서 추출한 콜라겐을 분석한 결과, 곡류의 섭취가 많고 해양성에 기반을 둔 생물의 섭취가 많았으며, 무엇보다 사망추정시점이 620~658년에 해당된다는 분석 결과가 도출되었다. 인골의 분석, 석실의 규모 및 구조와 상태, 판축기법을 이용한 봉분의 축조 등 여러 정황으로 볼 때 피장자는 백제 무왕으로 비정할 수 있게 된 것이다.

그림 22. 대왕릉 현실 전경　　　　　　　　그림 23. 대왕릉 목함 내부 인골 모습

소왕릉은 대왕릉이 조성된 구릉의 능선이 남동쪽 방향으로 이어져 끝나는 지점의 능선 상에 위치하고 있다. 대왕릉이 해발 43m, 소왕릉은 해발 38m 지점에 조성되어 대왕릉이 상대적으로 약간 높은 지형에 해당된다. 현재 소왕릉 봉분 주변으로 편평한 대지가 조성되어 있는데, 봉분의 각 방향에서 볼 때, 서쪽으로 약 7m, 북쪽으로 약 3m, 동쪽으로 약 13m, 남쪽으로 약 12m의 평탄대지를 조성하고 있다. 대왕릉의 경우 봉분 주변에 형성된 평탄대지는 근래 정비작업을 통해 조성되었기 때문에 원지형은 봉분을 중심으로 경사를 이루는 지형이었음이 확인되었지만 소왕릉 봉분 주변의 편평한 대지는 의도적으로 일정하게 성토하여 조성되었음이 밝혀져 현재의 지형이 과거와 거의 동일했던 것으로 보인다. 다만, 남쪽일원은 원지형이 봉분에 이르기까지 완만한 경사를 이루고 있었으나 후대 복토를 통한 정비로 평탄하게 되었다.

그림 24. 소왕릉 조사 후 전경

소왕릉의 봉분의 직경은 13m 정도이며, 높이는 현 지표를 기준으로 2.5m이다. 토층 조사결과, 봉분의 정상부를 중심으로 약 70cm 두께의 복토가 근래에 이루어진 것으로 판단되며, 봉분의 동쪽과 서쪽 일원에

서는 도굴에 의해 봉토가 훼손된 양상이 확인되었다. 봉분의 축조는 층층이 다진 판축기법이 이용되었는데, 석실을 중심으로 판축 층이 얇고 단단하게 조성되는 양상을 띠며, 바깥쪽으로 갈수록 점차 판축의 정도가 약하게 확인된다.

석실의 평면형태는 장방형이며, 단면형태는 육각형이다. 연도는 중앙에 짧게 달린 형태로 석실의 규모는 현실이 길이 343cm, 너비 128cm, 높이 175cm이다. 대왕릉 석실 규모에 비해 작지만, 부여 능산리 고분군과 비교하면 큰 편에 해당한다. 현실의 구조는 북벽(후벽) 1매, 동장벽 및 서장벽은 각각 잘 다듬어진 2매의 판석을 이용해 벽석을 세우고 그 위로 고임석 1매를 사선으로 내경하게 올려놓았다. 동쪽 고임석은 도굴로 인해 훼손이 심하게 이루어진 상태이고 그 주변으로 불에 의한 그을음의 흔적이 확인된다. 북벽에는 '卄' 형태의 먹선이 희미하게 확인되며, 남벽 윗부분에도 먹선의 흔적이 확인된다. 남단벽은 양쪽의 문주석과 그 위로 단면 육각형의 잘 다듬어진 판석을 가구하였다. 천장은 2매, 바닥은 3매의 판석으로 구성되고, 천장과 장벽에 사용된 판석은 현실의 총 길이를 이등분 하였고, 바닥은 삼등분하여 축조하였다. 석실 중앙에는 대왕릉과 동일한 형태의 관대가 놓여 있으며, 관대는 1매의 화강암제로 석실의 중앙에 위치하며, 길이 245cm, 너비 63cm, 높이 20cm이다. 현실의 입구는 너비 87cm, 높이 128cm이다. 연도는 짧게 이어지는 형태로 현실의 입구에 비해 약간 크게 축조되었다. 연도의 길이는 45cm, 연도 입구는 너비 107cm, 높이 139cm 정도이다.

문미석과 문주석의 두께는 20cm이다. 석실의 폐쇄는 이중으로 현실과 연도 입구를 폐쇄하였다.

소왕릉에서는 대왕릉에서 확인되지 않았던 묘표석 2기가 확인되었다. 1기(석비형)는 석실입구에서 약 1.5m 떨어진 지점에서 확인되었으며, 약간 비스듬하게 세워진 상태로 하부에는 할석을 이용해 묘표석을 받치고 있다. 형

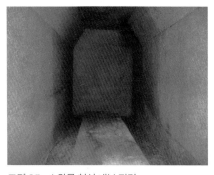

그림 25. 소왕릉 현실 내부 전경

태는 비석과 비슷하여 윗부분은 둥글고
직선으로 내려온다. 앞면은 볼록하고 뒷
면은 편평하며, 글자 및 의도적인 새김
흔적은 확인되지 않았다. 크기는 길이
130cm, 너비 77cm, 두께 13cm이다.

그림 26. 소왕릉 봉분 내 묘표석

다른 1기(석주형)의 묘표석은 봉분 정상
부에 가까운 지점에서 쓰러져 있는 상태
로 확인되었다. 형태는 윗부분이 둥글게 가공된 기둥 형태를 띠며, 아래로 갈수
록 넓어지면서 말각방형을 띠고 있다. 크기는 높이 112cm, 바닥 한 변의 길이는
56cm이다.

2기의 묘표석은 일제강점기 교란 범위 내에서 출토되어 원래 위치는 파악할
수 없다. 또한 묘표석의 출토 예가 없어 그 명확한 용도와 묘표석의 의미에 대해
서는 좀 더 검토가 필요하다.

쌍릉의 발굴결과를 토대로 몇 가지의 새로운 사실을 추론할 수 있었는데, 우
선 앞서 지적한 바와 같이 선지(選地)나 석실 안치방법에 있어서 사비유형의 석
실분과 다르고 오히려 마한 분구묘의 축조방법이 채용된 것으로 보인다. 석실
노출과정에서 축조 당시의 묘도선과 시신 납입관련 묘도선이 각각 노출되고 있
기 때문에 아마도 무왕 생존 당시에 수릉(壽陵)으로서 축조된 것으로 생각된다.
그것은 무왕을 지지하고 있던 세력들에 의해서 주도적으로 이 고분이 축조되었
을 것이고, 고분의 축조 방식은 주도세력의 정치적 배경을 살필 수 있는 근거가
될 수 있다.[116] 또한 수릉(壽陵)을 축조하게 된 배경에는 피장자 무왕이 이미 고
령이었고, 또한 건강상태가 그다지 양호하지 않았기 때문에 그의 건강을 기원
하고 있음은 앞서 인골분석의 결과와 미륵사지 서탑 사리봉안기의 내용[117]에서

---

116 최완규, 2007,「분묘유적에서 본 익산세력의 전통성」,『마한 · 백제문화』17, 원광대
　　　학교 마한 · 백제문화연구소.
117 사리봉안기 내용 가운데 "大王陛下 年壽與山岳齊固 寶歷共天地同久"

도 확인할 수 있다.

또한 봉분축조에서는 인근 미륵사지의 중앙 목탑지와 제석사의 탑지와 금당지의 판축수법과 동일한 수법을 채용하고 있음을 확인할 수 있다. 특히 석실의 석재 가공수법에서는 미륵사지 석탑의 석재 가공수법과 동일한 것이어서 이러한 점들은 백제왕도 익산의 독특한 문화양상으로 파악해도 좋을 듯하다.

6. 관방유적

익산지역에는 11개소에 12개의 성곽이 분포하고 있다.[118] 이들 성곽의 분포는 금강하구 동안(東岸)과 금마를 중심으로 하는 북동지역의 산지로 나누어 분

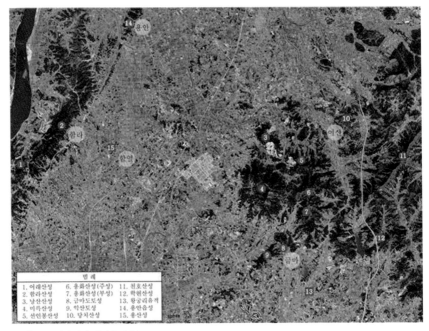

그림 27. 익산지역 관방유적 분포도

---

118 원광대학교 마한 · 백제문화연구소, 2016, 『익산의 성곽』.

포하고 있는데, 곧 익산지역의 산악지형에 해당하는 곳에는 산성을 축조하고 있음을 알 수 있다. 금강하구의 함라산성과 어래산성은 가장 외곽에 분포하면서 금강일원과 동쪽의 저평한 구릉 일원의 조망이 매우 용이하다. 또한 함라산성의 경우 웅포에서 내륙으로 진입하기 위해 주 교통로였던 곰개재 주변에 위치하고 어래산성 역시 임피·익산의 내륙으로 들어오는 길목인 칠목재에 위치하고 있는 점은 익산의 서쪽부 외곽을 방어하기 위한 성곽으로 볼 수 있다.

표 15. 익산지역 성곽유적 현황

	명칭	소재지	해발(m)	둘레(m)	축조시기	비고
1	어래산성	함라면 신목리	180.4	485	·	백제토기 확인 입점리고분군 인접
2	함라산성	웅포면 웅포리	240.5	1,011	·	백제토기 확인 웅포리고분군 인접
3	낭산산성	낭산면 낭산리	162	870	백제시대	석축성, 남문지 발굴조사 성남리고분군 인접
4	미륵산성	금마면 신용리	428	1,776	통일신라	백제토기 확인
5	선인봉산성	여산면 제남리	239	213		백제토기 확인
6	용화산성(주성)	금마면 신용리	340	435		석축성 논산-익산 1번국도 인접
	용화산성(부성)		342	189		
7	금마도토성	금마면 서고도리	87	484	백제시대	석축성, 토축성, 발굴조사
8	익산토성	금마면 서고도리	125	690	백제시대	석축성, 판축토루 남문지, 남성벽, 서문지 서성벽, 북성벽 발굴조사
9	당치산성	여산면 여산리	185	683	·	논산-익산 1번국도 인근
10	천호산성	여산면 호산리	500	669	·	석축성, 백제토기 확인 완주군과 경계
11	학현산성	왕궁면 동룡리	214	700	·	석축성, 백제토기 확인 동룡리고분군 인접

미륵산·용화산·천호산 일원의 산악지형에 대다수의 성곽유적이 분포하고 있는데, 천호산에 축조된 천호산성은 가장 높은 지점에 위치하면서 논산-여산-왕궁-삼례로 이어지는 1번국도의 조망이 매우 용이하며, 동쪽의 금산군-운주면-화산면으로 이어져 여산면으로 넘어오는 고갯길의 길목에 위치하고 있다. 학현

산성 역시 동쪽으로는 고산면, 서쪽으로는 삼례읍-여산면으로 이어지는 도로의 길목에 위치하면서 익산의 동쪽 외곽을 방어하고 있다.

익산의 북쪽 외곽을 방어하는 성곽으로는 낭산산성·선인봉산성·당치산성에 해당되는데, 낭산산성의 경우 금강연안 또는 강경에서 금마면으로 진입하기 위한 길목에 위치하며, 북쪽일원의 조망이 매우 용이한 지점에 해당된다. 그리고 낭산산성을 거쳐 금마면 또는 왕궁리유적이 위치하는 왕궁면으로 들어오기 직전에는 미륵사지 방향으로는 익산토성과 금마도토성 그리고 미륵산과 용화산 사이의 고갯길에는 미륵산성과 용화산성이 자리하면서 2차 방어선의 역할을 하는 것으로 보인다. 또한 논산에서 여산면을 거쳐 금마 및 왕궁면을 진입하기 위해서는 1번국도에 인접한 당치산성과 용화산성을 지나쳐야 하며, 선인봉산성을 통해 여산면을 비롯한 북쪽일원이 넓게 조망되고 있다. 익산지역의 모든 성곽들은 익산의 과거 중심지였던 금마·왕궁리일원을 외곽으로 겹겹이 쌓는 형태로 축조되면서 남쪽으로 진입하는 모든 길목에 성곽을 배치하여 방어를 담당했던 것으로 보인다. 미륵산에 축조된 미륵산성의 경우는 주변지역에 대한 관망이 가장 용이한 지점으로 모든 성곽들이 한 눈에 들어오는 위치이기도 하다. 다만, 발굴조사결과 백제시대에 축조된 성벽이 확인되지 않았지만 백제 토기편들이 주변에서 다수 수습되고 있어 백제시대 축조 가능성도 전혀 배제할 수 없다.

익산지역 성곽의 규모를 살펴보면 미륵산성과 함라산성을 제외하고는 둘레가 700m 이하에 해당되며, 선인봉산성 및 용화산성 부성과 같이 200m 내외의 성곽의 경우 주변 정찰의 목적으로 축조된 것으로 볼 수 있다. 대부분의 성곽 내부에 평탄지가 존재하고 있어 건물지 및 거주가 충분히 가능하고, 익산토성을 비롯한 학현산성·어래산성·당치산성은 성곽 내 평탄지가 비교적 넓어 곳곳에 다수의 건물이 축조되었을 가능성이 높다. 아직 몇몇의 성곽을 제외하고 발굴조사가 이루어지지 않아 축성방법을 명확하게 알 수 없으나 지표조사를 통해 대체로 석축성으로 판단되며, 천호산성·학현산성·낭산산성·미륵산성·용화산성·선인봉산성에서는 석축성벽이 그대로 노출되어 있는 상태이다. 천호산성에서는 보축성벽과 치가 그대로 잘 노출되어 있다.

11개의 성곽 중 발굴조사를 통해 축조시기가 확인된 예는 낭산산성·익산 토성·금마도토성·미륵산성 4곳에 해당되는데, 미륵산성을 제외하고는 백제 시대에 축성된 것으로 밝혀졌으며, 출토유물을 통해 6~7세기와 그 이후에도 운 영되었던 것이 확인되었다. 미륵산성은 내부 건물지 및 성벽축조에서 백제시대 에 축성한 흔적은 확인되지 않았으나 상당수의 백제토기편이 산재하고 있고 미 륵산이 익산의 전체적인 조망이 가장 용이하다는 점은 백제시대부터 이용되어 왔을 가능성이 높다. 이 외의 성곽에 대해서는 발굴조사가 이루어지지 않아 명 확한 축조 및 운영시기는 알 수 없지만 지표조사 상에서 승문토기 및 회청색 격 자문 경질토기편 등 백제시대와 관련있는 유물들이 대부분 출토되고 있는 점과 성곽의 각자 위치 및 역할로 볼 때 그 시기가 백제시대 동일시기에 이용되었을 가능성이 충분하다고 생각된다. 또한 성곽에 인접하여 백제시대 조성된 석축묘 의 분포양상으로 볼 때 역시 백제시대에 운용되었을 가능성을 보여주고 있다.

왕궁리유적을 중심으로 주변일원을 살펴보면 저평한 들이 형성되어 있으면 서 방어에 취약할 것으로 보이지만 일정거리를 두고 북쪽과 동쪽일원에 다수의 익산지역의 성곽이 위치하고 있으며, 특히 익산지역과 이웃한 완주 봉실산성, 배매산성도 비교적 지근거리에 위치하여 왕궁리유적의 동쪽 방어선에 해당되 었을 가능성이 높다.

익산지역 성곽 가운데 익산토 성은 연차적인 발굴조사가 진행 되고 있다. 1980년과 1984년 2 차례에 걸쳐 남쪽의 곡간부일원 에 대한 조사를 진행하여 남성벽 과 남문지를 확인하였으며, 남문 지 주변에서 판축토루의 성벽이 조사되었다. 또한 다수의 인장와, 연화문수막새, 전달린토기, 삼족 기 등의 중요유물 및 성벽의 축조

그림 28. 익산토성 전경

방법을 통해 백제시대에 축조된 성곽으로 인식되어 왔다.[119] 이후 2016년 익산 토성 내 동·서·북쪽 일원에 대해 시굴조사를 통해 토성 내 전면에서 유구를 확인하였고 토성 내 서쪽과 북쪽지점에 대해 정밀발굴조사를 진행하면서 새롭고 많은 조사 성과를 얻을 수 있었다.[120]

그림 29. 익산토성 서문지 및 서성벽 전경

서쪽성벽에서는 백제시대에 축조된 초축 성벽과 백제시대 이후로 판단되는 개축양상이 확인되었다. 초축 성벽은 치석된 장방형의 석재를 이용해 적게는 3~4단 많게는 12~14단의 높이로 성벽을 축조하였는데, 자연암반을 'L'자로 정지한 후 그 위로 축조하였다.

일부는 밀림방지 턱을 시설한 부분도 확인되고 있다. 성벽은 일정 높이까지만 쌓았던 것으로 판단되며, 그 위로는 경사면의 자연지형이 그대로 이용하였다. 그리고 서쪽성벽에서는 판축 및 토축성벽의 명확한 양상은 확인되지 않았다.

북서모서리를 기준으로 남쪽으로 약 50m 지점에서 백제시대의 서문지가 새롭게 확인되었다. 서문지는 폭 4~4.6m의 개거식 형태로 남서방향과 북서방향의 외서성벽 라인에 맞춰 계단상으로 폐쇄된 채로 확인되었다. 계단상의 폐쇄는 1단의 경우 할석을 이용해 무질서하게 덧대고 2단은 밖과 안쪽을 정연하게 쌓

119　원광대학교 마한·백제문화연구소, 1981, 『보덕성 발굴조사(일명 익산토성)』.
　　　원광대학교 마한·백제문화연구소·전라북도, 1985, 『익산 오금산성 발굴조사보고서』.
120　원광대학교 마한·백제문화연구소, 2020, 『익산토성 -서문지·서성벽-』.

은 후 내부를 흙과 성벽 및 내부 건물지 석부재를 이용해 채워 넣었다. 폐쇄양상과 내부 조사 과정에서 녹유가 시유된 백제시대 뚜껑편이 출토되었다.

토성 내부는 비교적 평탄한 대지가 조성되어 있으며, 적심 및 초석으로 보이는 석재들이 노출되었다. 그러나 지표에서 깊지 않은 곳에 위치하면서 대부분 파괴된 상태로 건물지의 명확한 구조는 파악하기 어렵다. 다만 서쪽부 평탄지에서는 암반을 굴착하여 다수의 수혈이 조성되어 있으며, 내부에는 백제시대 토기편과 함께 다량의 목탄 및 철정·철부 등의 공구류가 확인되고 있어 야철과 관련있는 공방을 추정케 한다. 또한 수혈 주변에 축조된 소형집수정은 이와 연관지어 생각해볼 수 있다.

출토유물로는 상당량의 백제시대 기와편이 확인되었으며, '首府'명 인각와 1점이 출토되었다. 서문지의 안쪽에 해당되는 지점에서 폐기된 것으로 보이는 기와무더기를 정리하는 과정에서 확인되었다. 현재까지 '首府'명 기와가 발견된 예는 주변 왕궁리유적(13점), 부여 관북리(6점)·부소산성(1점) 등에서만 출토되는 한정적인 유물로 왕궁리유적과 익산토성의 관계를 규명할 수 있는 중요유물이기도 하다. 이 외에 다수의 인장와 및 연화문 수막새도 확인되었다. 인장와는 '牛叻', '申斯', '申目', '煎', '中○' 등 다양하며, 대체로 석렬 내부에서 폐기된 채로 수습되었으며, 연화문수막새도 출토양상은 동일하다.

그림 30. 익산토성 출토 수부명 인각와

북쪽 평탄지 내에서는 '北舍'명 토기편 1점과 연가의 연봉편이 출토되었으며, 정선된 형태의 개배류도 출토되는 등 전체적인 유물의 양상이 인접하는 왕궁리유적과 상호 비교할 수 있을 정

그림 31. 익산토성 출토 북사명 토기편

도로 일반적인 성곽과는 다른 것으로 판단된다. 부여의 관북리 궁성 추정지와 배후성인 부소산성의 관계를 궁성인 왕궁리유적과 배후성으로서의 익산토성을 연관하여 볼 수 있을 것이다.

앞에서 설명한 바와 같이 익산지역의 산성의 배치는 금강하구의 동안(東岸) 야산맥과 왕궁과 미륵사가 위치하고 있는 금마를 중심으로 북쪽 산상에 외부와 연결되는 길목에 집중적으로 배치되어 있다. 이러한 배치는 사비도성에서 도성의 외곽에 나성을 축조하고 있음과 비견되는 것이라 하겠다. 다만 사비도성의 경우 익산지역과 달리 낮은 구릉이 발달되어 있어 산성이 축조되기에는 그다지 효과적이지 못하기 때문에 각각의 구릉을 연결하는 도성 외곽성을 축조한 것으로 볼 수 있다. 결국 익산의 궁성 외곽에 배치된 산성들은 수도 방위를 위한 가장 효과적인 방법을 택하고 있는 것이다.

한편 익산도성의 궁성은 금마 쪽에서 남으로 뻗어내린 구릉의 대지상에 궁성을 조성하고 있고, 서남부에서는 성토를 통하여 대지를 효율적으로 이용하고 있다.[121] 또한 궁성을 중심으로 동쪽과 서쪽에는 옥룡천과 부상천이 흐르는데 남쪽에서 두 하천이 합수를 이룬다. 최근 덕기동 유적을 조사하는 과정에서 확인한 바에 의하면, 넓은 폭을 이루고 모래층으로 형성되어 있어 물의 흐름과 연관되고 수량은 상당량이었음을 알 수 있었다. 따라서 옥룡천과 부상천은 궁성을 방위하기에 유리한 자연 지리적 조건을 갖추고 있는데, 금강하구와 금마 북쪽 산상에 배치된 산성들이 외곽성이라면 옥룡천과 부상천은 내곽성적인 성격으로 이해할 수 있다. 특히 이러한 자연 하천을 기능상 해자처럼 이용하게 됨으로서 궁성 건설에 있어서 시간이나 비용을 절감하는 효과도 있었을 것으로 판단된다.

사비도성에서 확인되듯이 나성 밖에 능산리 왕릉원이 위치하고 있는 것에서 익산에서도 쌍릉이나 제석사의 위치를 근거로 서쪽과 동쪽으로 각각 2km의 지

---

121 전용호, 2015, 「익산 왕궁성 구조에 대한 연구 성과와 논쟁점」, 『마한 · 백제문화』 25, 원광대학교 마한 · 백제문화연구소.

점을 설정하여 동서 폭 4km의 범위를 익산 고대도시의 경역으로 설정하고 있다.[122] 그런데 쌍릉은 옥룡천의 서쪽에 제석사는 부상천의 동쪽에 위치하고 있다. 따라서 인위적으로 공간적 범위를 설정하는 것보다 우선적으로 익산도성의 근본적인 이해를 바탕으로 도성의 공간을 획정하는 것이 합리적인 방법이라 하겠다. 특히 옥룡천이나 부상천의 북쪽에 해당하는 지점에는 익산토성과 금마저토성이 자리하고 있는데, 이는 사비도성의 부소산성과 같이 왕궁 수비를 위한 금군이 주둔하고 있었거나 유사시에 피난성으로 기능했을 것으로 보인다. 따라서 옥룡천과 부상천 그리고 익산토성과 저토성을 연결하는 공간적 범위는 내곽성의 성격을 띠고 있다고 하겠다.

한편 익산도성의 일 단면을 파악할 수 있는 자료가 발견되었는데, 왕궁유적 동남쪽 약 315m 떨어진 지점의 탑리 마을에서 확인된 도로유구가 그것이다.[123] 탑리유적에서 확인된 도로유구는 비록 한정된 범위에서 조사가 이루어졌지만, 남북 도로를 기본으로 하면서 동서 도로가 교차되고 있어 격자형 도로로 볼 수 있다. 남북 도로는 왕궁성의 동쪽 외곽을 따라 남북 방향으로 진행되는 것으로 볼 수 있으며, 하부에 자갈을 깔고 그 위에 풍화암반토와 사질점토를 깔아 조성하였다. 이처럼 하부에 자갈을 깔고 그 위에 성토된 도로는 한성기 풍납토성에서 확인된 도로와 비교된다. 남북 도로는 궁장의 동쪽 부분과 일정한 거리를 두고 구획된 것으로 볼 수 있는데 동궁장과의 거리는 동쪽으로 약 60m 내외일 것으로 보인다.

남북 도로와 교차되어 확인된 동서 도로도 비록 도로의 축조방법과 구조에 있어서는 남북 도로와 차이가 있지만, 거의 동서 방향으로 진행되고 있으며 남궁장지와의 거리는 약 300m 내외일 것으로 보인다. 남북 도로와 동서 도로는 기본적으로 가로(街路)의 구조를 가지고 있다고 볼 수 있다.

---

122 박순발, 2012, 「사비도성과 익산 왕궁성」, 『백제 왕도속의 익산』, 익산역사지구 세계문화유산등재추진 국제학술회의, 원광대학교 마한 · 백제문화연구소.
123 전북문화재연구원, 2018, 『익산 탑리 · 덕기동유적』.

이들 도로 유구는 부상천 내에 위치하고 있기 때문에 궁성과 내곽성의 공간적 범위 내에서 조성된 익산도성의 모습을 유추할 수 있는 단초가 될 것으로 기대된다.

그림 32. 탑리유적 도로 전경

제3절 익산천도 사실

1. 익산천도의 역사적 배경

백제는 한강유역에서 성장한 이후 475년 9월 고구려와의 전쟁에서 개로왕이 전사하고 한성이 함락된 직후 급박하게 웅진으로 천도가 이루어 졌다. 이후 백제는 538년, 성왕 26년 새롭게 건설된 사비로의 천도를 단행하게 된다. 사비천도는 웅진천도와 달리 상당한 준비기간을 거쳐 계획된 것이었기 때문에, 내부구획이나 외부로부터 침입에 대비하려는 나성축조 등 잘 짜여진 수도의 면모를 갖추고 있다. 그러나 사비천도를 통해 백제 중흥의 꿈을 이루고자 했던 성왕 역시 신라와의 관산성 전투에서 목숨을 잃게 된다. 그 결과 백제의 정치세력 사이에는 사비천도와 관련된 신·구세력 간의 갈등과 특히 전쟁에 대한 책임론 등이 불거지면서 내부갈등은 불을 보듯 쉽게 짐작할 수 있는 사실이다. 그 가운데 사비천도이후 왕실의 정통성을 세우고자 국호를 남부여로 개칭한 것은 백제고지의 마한계 토착세력과의 갈등은 언제나 내재되어 있었을 것이고 성왕의 전사 이후 표면화되었을 것으로 추정된다. 그 결과 위덕왕의 정신적 갈등[124]이나 혜왕,

---

124 『日本書紀』19, 欽明紀 16年 8月 百濟餘昌謂諸臣等曰 小者今願 奉爲考王 出家修道 諸臣百姓報言 今君王欲得出家修道者....後略

법왕의 재위연간이 1, 2년밖에 되지 못하는데서 알 수 있듯이 백제 내부의 정국 혼란상황을 읽어 낼 수 있다. 이러한 정치적인 갈등과 혼란을 치유하기 위해서는 근본적이 대책이 절실히 요구되는 시대적 상황에 놓이게 되었던 것이다. 그리하여 법왕대에 미륵신앙을 방편으로 백제인의 민심을 한곳으로 모아 국가 대업의 융성을 기원하는 왕흥사 곧 미륵사를 익산에 창건하게 되는 것이다.[125] 법왕의 뒤를 이은 무왕은 선대의 위업을 이어 미륵사를 완성하고 익산천도를 단행하여 또 다시 백제 중흥을 실천하고자 했던 것이다.

미륵사에 대한 직접적인 기록은 『삼국유사』 법왕 「禁殺條」와 「武王條」에서만이 보인다. 그 내용을 들여다보면 「금살조」에서는 왕흥사(王興寺) 창건에 대한 구체적인 내용과 함께 왕흥사가 곧 미륵사임을 밝히고 있고, 「무왕조」에서는 미륵사 창건연기를 밝히고 있는데 이밖에도 미륵사가 국사(國史)의 내용을 인용하여 왕흥사를 지칭하는 것으로 기록하고 있다. 여기서 주목해야 할 것은 왕흥사의 존재인데, 이 왕흥사에 대한 기록은 『삼국사기』에서 「법왕 2년」, 「무왕 35년」, 「의자왕 20년」, 「태종 무열왕 7년」 등 4곳, 『삼국유사』에서는 「법왕 금살」, 「무왕」, 「태종 춘추공」, 「남부여전(백제)」 등 역시 4곳에서 찾을 수 있다. 이와 같이 어떠한 사찰보다도 왕흥사의 빈번한 기록은 백제에 있어서 왕흥사의 위상이 매우 중요한 위치에 있었다는 것을 알 수 있게 한다. 그리고 두 사서에서 기록하고 있는 왕흥사에 대한 주요 내용은 법왕 2년(600)에 왕흥사를 창건하여 36년에 걸쳐 무왕 35년(634)에 완성했다는 기록과, 백제의 멸망을 암시하는 기이한 상황이 펼쳐졌다는 점에서는 두 사서의 기록이 일치하고 있다.

한편 『삼국유사』 법왕 「금살조」의 왕흥사 창건과 관련된 내용 가운데 「明年庚申 度僧三十人 創王興寺於時都泗沘城 始立裁而升遐 武王繼統 父基子構 歷數紀而畢成 其寺亦名彌勒寺.....」에서 「創王興寺於時都泗沘城」의 해석 문제인데, 일반적으로 「왕흥사를 그때 수도인 사비성에 창건했다.」라 해석하여 왕

---

125 최완규, 2009, 「고대익산과 왕궁성」, 『익산 왕궁리발굴 20주년 성과와 의의』, 주류성.

흥사의 위치를 부여에 두고 있다.[126] 그러나 「왕흥사를 창건할 그 당시의 수도는 사비였다.」라 해석하는 것이 문법적으로 올바른 해석인 것이다. 여기서 간과해서는 안 될 점은 왕흥사의 창건 당시의 수도와 완성 시점의 수도가 달랐기 때문에 이렇게 표현하고 있는 것이다. 따라서 완성 시점의 수도는 익산에 비정될 수밖에 없게 되는 것이며, 법왕 금살조의 내용에서 익산 천도의 사실을 확인할 수 있는 것이다. 결국 미륵사는 백제 무왕대 수도였던 익산에 건설되었던 왕업지흥사(王業之興寺)로서 왕업 곧 국가의 대업을 융성하게 하고자 염원했던 국찰로서의 왕흥사였던 것이다.[127] 특히 서탑에서 발견된 사리봉영기에 의하면 왕실을 중심으로 국력을 기울여 건립한 국찰임이 또 다시 확인되었는데, 이는 당시 국가의 수도가 아닌 지역에는 불가능한 대역사였을 것으로 판단된다.

그런데 왜 갑자기 법왕은 금살생령을 반포하고 불과 한 달 사이에 왕흥사를 창건하게 되는 것일까? 곧 두 사건 간에는 분명히 깊은 상호관계가 내재되어 있을 것이란 추측이 가능하다. 이에 대해서는 왕흥사라는 명칭에서 알 수 있듯이 불사건립을 통해 관산성 패전 이후 귀족중심체제의 정국운영체제에서 왕권을 신장하고자 한 것으로 보고 있기도 하다.[128] 그러나 앞서 살펴본 바와 같이 법왕대에 창건된 왕흥사는 미륵사를 지칭하는 것이고, 미륵사와 같은 대찰을 창

---

126 왕흥사는 지금까지 일반적으로 부여 부소산에서 바라볼 때 금강 건너편 규암리에 소재하는 폐사지를 지칭해 왔다. 그 이유는 이곳에서 왕흥사 명의 고려시대의 기왓장이 발견되었기 때문에 비롯된 것이다. 그러나 2007년도 이 폐사지를 발굴한 결과 목탑의 심초석에서 발견된 청동 사리기의 명문을 통해서 위덕왕 24년(577)에 죽은 왕자를 위해 건립된 사찰이라는 사실이 밝혀졌다. 또한 36년에 걸쳐 완성될 정도의 대규모 사찰도 아니며, 중창이나 개창의 흔적도 발견되지 않았다. 따라서 이제까지 보편적으로 알려졌던 왕흥사에 대한 인식을 처음부터 다시 재검토하지 않으면 안 되는 상황이 되었다.

127 최완규, 2011, 「백제 무왕대 익산천도의 재검토」, 『백제말기 익산천도의 제문제』, 익산역사유적지구 세계문화유산등재추진 국제학술회의, 원광대학교 마한·백제문화연구소.

128 노중국, 1988, 「무왕 및 의자왕대의 정치개혁」, 『백제정치사연구』, 일조각.

건하는데 있어서는 국가의 경제력과 기술력을 총동원하는 대규모 토목공사이기 때문에 왕도가 아니면 할 수 없는 일인 것이다. 따라서 미륵사 창건이 법왕대부터 이루어졌다는 사실은 무왕 이전에 익산천도 계획이 있었을 것으로 추측되는데, 이를 뒷받침할 수 있는 것이 바로 법왕 즉위년에 내려진 '금살생' 명령이라 할 것이다.[129] 이와 같이 법왕이 즉위하면서 곧 바로 금살령을 내린 것은 분명한 이유가 있었을 것인데, 아마 천도와 같은 국가적인 대사를 앞두고 온 백성이 모든 정성을 함께 모아 신성스럽게 천도를 단행하고자 했던 배경이 작용했었을 것으로 생각된다.[130] 당시 백제사회는 천도와 관련하여 왕실과 귀족들 사이에 많은 대립과 갈등[131]이 있었을 것은 쉽게 짐작할 수 있는 일로서 혜왕이나 법왕이 재위 1년 만에 사망하게 했던 요인이 되기에 충분한 것으로 여겨진다.

웅진기 이후 왕실과 재지세력과의 대립과 긴장은 사비기에도 반복된 것으로 보인다. 사비천도는 팔성대족의 협조 하에 이루어진 것이지만 성왕 전사 이후 이러한 협조적인 관계 또한 지속적이고 안정적이지 못했던 것으로 보인다. 특히 성왕은 사비천도이후 국호를 남부여로 개칭하고 왕실의 성을 부여씨로 하는 등 백제가 북방의 부여 정체성을 이어받고 있음을 강조하고 있는데, 이러한 성왕의 의도적인 정치적인 행동은 토착세력의 반감을 사기에 충분한 것이었을 것이다. 그러나 왕실은 중앙과 지방제도의 정비를 통해 왕권강화와 지방통치를 실

---

129 『三國史記』, 百濟本紀 法王條, 「冬十二月 下令禁殺生 收民家所養鷹鷂放之 漁獵之具焚之. 二年春正月 創王興寺 度僧三十人」

130 삼국유사 법왕 금살조에 왕흥사 혹은 미륵사 창건과 관련된 내용이 나타나는 이유에 대하여는 이 사찰의 건립에 앞서 국왕의 금살령으로 귀족은 물론 하부 백성까지도 이 일에 동참하도록 하는 소위 포고령에 해당하는 것으로 해석할 수 있을 것이다. 나아가 천도를 단행하는 과정에서 불필요한 충돌이나 갈등을 제어하기 위한 법적인 안정 장치로도 볼 수 있다. 이러한 현상은 오늘날 이슬람국가에서 코란율법에 의한 정치가 이루어지듯이 고대 불교국가에서 불교경전에 의한 이러한 조치는 자연스러운 것이라 하겠다.

131 천도를 둘러싼 왕실간의 갈등은 천도이전부터 익산천도이후는 물론, 무왕의 사후에도 계속되었을 것으로 추정된다. 곧 무왕이 사후에 역대 왕들의 묘역인 부여 능산리에 안장되지 못하고 익산에 자리잡고 있는 점에서 그러한 추정이 가능하다.

천해 나가고자 했던 것으로 22부사의 설치를 예로 들 수 있다. 그럼에도 불구하고 위덕왕대를 거쳐 혜왕과 법왕대에는 국왕이 재위 1년 만에 사망하는 등 극도의 정치적으로 혼란이 있었음을 알 수 있다. 따라서 백제 왕실에서는 되풀이되는 이러한 정치적 혼란에 대한 근본적인 대책이 절실히 요구되었을 것이다. 결국 그 해답은 익산천도를 통해 찾으려 했던 것으로 보인다.

왜 익산으로 천도를 계획하게 되었을까? 앞서 설명했듯이 익산지역은 준왕의 남천지로서 마한조기 청동유물과 철기를 공반하는 토광묘가 집중 분포하고 있는 지역이며, 이후 마한의 고도로서 그 위상을 가지고 5세기 후반까지 분구묘가 지속적으로 축조되고 있었다. 따라서 마한의 상징적인 지역인 익산을 선택하여 천도를 단행함으로서 금강 이남의 마한계 세력을 아울러 왕권강화와 백제중흥의 꿈을 펼치고자 했을 것으로 추정된다.

이러한 결과는 전술하였듯이 전통적이고 보수적인 분묘문화의 변화에서 그러한 사실을 찾아 볼 수 있다. 7세기 들어서 마한문화전통이 지속적으로 강하게 유지되고 있었던 영산강유역의 분구묘 내에서 백제 말기의 석실분이 등장하게 되며 고임식유형 석실분이 군집으로 축조되는 예도 증가하게 된다. 물론 당시 수도인 익산의 금마일원에서도 비로소 고임식유형의 백제 중앙묘제가 군집을 이루고 축조되기 시작한다. 또한 마한문화 전통이 강하게 자리잡고 있었던 금강 이북 지역에서도 마한문화의 부흥기가 일어나게 된다. 이러한 예는 보령 연지리, 서산 여미리, 청양 장승리 등인데, 고임식유형의 횡혈식석실분의 속성에 마한 분구묘의 속성이 결합되어 복합양상을 보인다. 결국 분묘문화는 강제적으로 수용되는 것이 아니라 내면적인 면에서 수용태도가 되었을 때 자발적으로 받아들이는 것으로서 고임식유형의 횡혈식석실분이 백제 전역에서 축조되는 것은 비로소 백제인이 마음 속으로 하나가 되었음을 의미한다

2. 왕흥사는 미륵사였다.

1) 미륵사 창건연기 설화
『삼국유사』 기이편 무왕조에는 미륵사 창건 내력이 무왕의 성장과정을 전하

는 서동설화에 실려 있다. 그 내용을 요약하면 다음과 같다.

백제 30대 무왕(武王)의 이름이 장(璋)이다. 과부였던 어머니가 서울 남쪽변에 집을 짓고 살던 중, 그 집 연못의 용과 정을 통해 장(璋)을 낳았는데, 어린 시절의 이름이 서동이다. 평소 마를 캐어 생계를 이어가, 사람들이 서동이라 불렀다.

서동은 신라의 진평왕(眞平王) 셋째 딸, 선화공주가 아름답다는 소문을 듣고, 신라의 서울로 가서 동네 아이들에게 마를 나눠주며 친하게 지냈다. 그리고 "선화공주님은 남몰래 시집가서 서동 방을 밤이면 몰래 안고 간다" 노래를 지어 아이들에게 부르게 하였다. 이 동요가 신라의 서울 안에 퍼져 마침내 대궐까지 들어갔다. 신하들의 주장으로 신라 진평왕은 선화공주를 먼 지방으로 귀양을 보냈다. 떠날 때 신라 왕비는 노잣돈으로 황금 한 말을 주었다. 귀양가는 도중에 서동이 나타나 선화공주에게 예를 표하면서 같이 가기를 청했다. 선화공주는 그가 어떤 사람인지 몰랐으나 서동이 마음에 들어 허락하였다. 이후 남몰래 관계를 가진 뒤, 그가 서동임을 알았다.

두 사람은 함께 백제에 와서 신라 왕비가 준 황금을 내놓고 장차 살림꾸릴 일을 의논하였다. 서동이 예전에 마를 캘 때 주워 버린 황금이 많다고 이야기하였다. 선화공주는 이 말을 듣고 크게 놀라며 그 황금을 신라의 부모님에게 보내기를 간청하였다. 이에 서동은 황금을 산더미처럼 쌓고 사자사(師子寺)의 지명법사에게 의논하니, 법사가 귀신의 힘으로 하룻밤에 신라 궁전으로 날랐다. 진평왕이 이를 신기하게 여겨 서로 편지를 주고 받았다. 서동은 그 까닭으로 인심을 얻어 백제 왕에 올랐다.

하루는 왕과 왕비가 함께 사자사로 가다 용화산 아래 있는 큰 연못에서 미륵삼존이 나타나므로 그곳에 큰 절을 짓고자 하였다. 이에 큰 연못을 메우고 미륵 삼존을 모실 전각, 탑, 회랑 등을 각각 세 곳에 따로 짓고 미륵사라 하였다. 이때 신라 진평왕이 기술자를 보내 도왔다.[132]

위 내용의 구성을 요약하면 첫째, 서동의 탄생과 성장과정, 둘째, 신라 선화

---

132 『三國遺事』卷第2, 奇異 第2, 武王條.

공주와 결혼, 셋째, 서동의 왕위 등극과정, 넷째, 미륵사 창건 등의 내용이 구체적으로 서술되어 있다. 이를 현대적으로 해석하면 어느 개인의 환경 극복과정과 부모(모친)에 대한 효성을 담아내고 있고, 신라공주와의 결혼은 동서간의 통합을 의미하는 것으로 해석할 수 있다. 어렵게 살았던 서동이 왕위에 오르게 되는 것은 커다란 꿈을 이뤄내는 과정을 설명하고 있는 것이며, 결국 서동과 선화의 개인적인 사랑을 뛰어넘어 국가와 백성을 사랑하는 것으로서 설화의 결말은 미륵사 창건으로 귀결되었던 것이다. 즉, 서동설화에 담겨진 내용은 당시 백제의 어려운 국내외 정황을 극복하고 백제 중흥의 꿈을 이루려고 했던 서동, 즉 무왕의 원대한 포부를 그려낸 역사적인 대서사시라 할 것이다.

또한 미륵사 창건설화가 실려 있는『삼국유사』가 편찬된 고려 후기의 시대적 상황은 몽고의 간섭으로 인하여 고난에 처해 있었던 백성들에게 그 새로운 희망이 절실히 요청되었던 시기이기도 하다. 즉『삼국유사』무왕조의 서동설화와 미륵사 창건설화는 백제 무왕과 신라 공주의 결혼은 민족적 통합, 그리고 익산 천도와 미륵사 창건을 통해 백제 중흥의 꿈을 실현시키려 했던 무왕의 역사적 교훈을 본받아 고려 말 민족적 국난을 극복하고자 했던 시대의 절실함을 담고 있는 것이라 할 수 있다.

그렇다면 서동설화는 단지 가공된 설화일까? 원광대학교 마한·백제문화연구소의 초창기 조사를 제외하더라도 국립문화재연구소에서 17년 동안 진행한 미륵사지의 정밀발굴조사 결과는 미륵사의 창건이 역사적 사실에 근거하고 있음을 입증해 준다. 미륵사지 발굴결과 미륵사는 3원 가람으로 미륵 삼존을 모신 불전, 탑, 회랑을 각각 세 곳에 조성하였음이 확인되었다. 또한 남쪽 회랑 외곽에서 연못지가 확인됨으로써 미륵사 창건과 관련하여 "큰 연못을 메우고 전각과 탑과 회랑을 각각 세 곳에 만들고 미륵사라 하였다"는『삼국유사』기록의 신빙성과 무왕의 탄생, 성장과 관련한 서동설화의 역사성도 증명하고 있다.

2) 기록으로 본 무왕

백제 제30대 무왕(?~641)은 익산지역에 새로운 왕도를 건설하여 백제 중흥의 꿈을 이루고자 했던 40여 년을 재위한 왕으로 알려져 있다. 무왕에 대한 역사적 기록은 『삼국사기』와 『삼국유사』는 물론 『高麗史節要』를 비롯한 후대의 사서에서도 끊임없이 등장하고 있다. 그것은 무왕 생전의 기록과 사후 잠들어 있는 그의 무덤에 대한 기록으로 나누어 볼 수 있는데, 그 만큼 사후에도 민중의 마음속에 깊이 자리 잡고 있었던 관심의 대상이 되어 왔다는 것을 방증하고 있다.

우선 『삼국사기』에 그려진 그의 모습은 "諱璋 法王之子 風儀英偉 志氣豪傑 法王卽位翌年薨 子嗣位"라하여 "휘는 장이며 법왕의 아들로서 풍채는 영준하고 장대하고, 기개는 호방하고 걸출하였다. 법왕이 즉위 이듬해 돌아가시니 아들이 왕위를 이었다"라 기록되어 있다. 여기에서 보면 무왕은 단지 법왕의 아들이라고만 적고 있어서 일반적으로 『삼국사기』의 기록에 구체적으로 몇 번째 아들이라 적시한 것과 차이를 보이고 있다. 바로 이 점은 무왕의 출계에 대한 논란이 되는 이유가 되기도 한다. 한편 쌍릉 가운데 대왕릉의 재 발굴 결과 발견된 인골 분석결과, 그 피장자는 무왕으로 비정되었는데, 그 신장이 161~170cm로 추정됨으로서 당시로서는 장신에 속하는 것임을 알 수 있어 기록에서 나타난 무왕의 풍모를 증명해 주고 있다.

한편 『삼국유사』에 "武王(古本作武康 非也 百濟無武康) 第三十武王 名璋 母寡居 築室於京師南池邊 池龍交通而生 小名薯童 器量難測 常掘薯蕷 賣爲活業 國人因以爲名"라 기록되어 있다. 이는 무왕의 탄생설화와 그의 풍모를 전해주는 것으로 "과부인 어머니가 서울 남쪽의 연못 근처에 집을 짓고 살던 중, 용과 교통하여 장을 낳고 아명을 서동이라 하였는데 그 도량이 커서 헤아리기 어려웠다"는 것이다.

고구려의 건국조인 주몽설화를 영웅적 서사시로 노래한 이규보의 『東明王篇』 내용 가운데 무왕의 탄생설화와 모티브가 같은 한고조의 탄생설화[133]가 삽입되어 주목된다. 그 내용은 유씨 할머니(劉媼)가 큰 연못 근처에 살았는데 역시

---

133 李奎報의 東明王篇 "劉媼息大澤 遇神於夢寐 雷電塞晦暝 蛟龍盤怪傀 因之卽有娠 乃生聖劉季"

용과 교통하여 유계를 낳았다는 것으로, 곧 한고조의 탄생설화인 것이다.[134] 동명왕편에 실려있는 한고조의 탄생설화는 『삼국유사』 서문에서도 다시 언급되고 있는데,[135] 일연은 여기에 덧붙여서 삼국의 시조가 신이하게 탄생한다는 것이 괴이한 것이 아니기 때문에 기이가 제편의 첫머리에 실리는 이유까지도 설명하고 있다.[136]

중국 한나라는 오늘날 한족의 원류가 되며 서양의 로마와 비견되는 동양의 대국으로서 중국인에게 자부심을 가지게 하는 중국 역사에서 매우 중요한 의미가 있는 왕조로 인식되고 있다. 백제 역대 왕 가운데 유일하게 신비로운 탄생설화를 가지고 있는 무왕의 탄생설화가 한고조 유방의 탄생설화에 비견할 수 있다는 것은 무왕을 한고조와 같은 건국조적인 위대한 왕으로 평가하고 있음을 보여주는 것이다.

『삼국유사』 앞의 내용 가운데 무왕은 옛 책에는 무강왕이라 불리었다는 것인데, 『삼국유사』의 찬자 일연은 백제의 무강왕이 없다고 부정하고 있다. 그러나 일본 청련원에서 발견된 『관세음응험기』에 "百濟武廣王 遷都只慕蜜地 新營精舍 以貞觀十三年 歲次……(후략)"이라 하여 정관 13년(639)은 백제 무왕의 재위년간에 해당하기 때문에 무왕은 무광왕으로도 불렸던 것도 알 수 있다. 따라서 『삼국유사』의 찬자는 무강왕의 존재를 부인하고 있지만 무왕은 무강왕 또는 무광왕으로도 불렸음을 알 수 있다. 한편 고려 충숙왕 16년(1329)에 쓰여진 『고려사절요』에는 "盜發金馬郡馬韓祖虎康王陵"이라 하여 금마에 위치하고 있는 쌍릉의 도굴기사를 다루고 있는데, 이곳에서는 호강왕이라 칭하고 있음을 알 수 있다. 또한 조선시대 전기에 편찬된 『고려사』에는 "又有後朝鮮武康王及妃陵

---

134 史記卷八 高祖本紀第八 "高祖沛豐邑中陽里人 姓劉氏 字季 父曰太公 母曰劉媼 其先劉媼嘗息大澤之陂 夢與神遇 是時雷電晦冥 太公往視 則見蛟龍於其上 已而有身 遂産高祖"
135 『三國遺事』 紀異紀異 序文 "龍交大澤而生沛公"
136 『三國遺事』 紀異紀異 序文 "然則三國之始祖 皆發乎神異 何足怪載 此紀異之所以漸諸編也 意在斯焉"

<俗號末通大王陵 一云 百濟武王 小名薯童>"에서 보듯이 무왕은 무강왕으로, 속칭 말통대왕이며 어린 시절에는 서동으로 불리고 있음도 확인된다. 이상에서 보듯이 무왕에 대한 여러 호칭은 민중들에게 다양한 의미를 담고 인식되고 있었기 때문에 비롯된 것이 아닐까 한다.

2009년도 미륵사 서탑의 해체과정에서 발견된 사리장엄은 학계는 물론 세간의 이목을 집중시킨 바 있다. 그 가운데 사리봉영기는 미륵사 서탑의 조성에 관한 내용을 담고 있는데, 무왕과 관련된 것으로는 "大王陛下年壽與山岳齊固 寶曆共天地同久上弘"의 구절이 해당된다. 곧 "대왕폐하의 수명은 산악과 같이 견고하고 보력은 천지와 함께 영구하여"라는 내용을 담고 있어, 말년의 무왕 건강과 치세에 대한 간절한 기원을 읽을 수 있다. 그런데 대왕릉 발견의 인골분석에서 한 사람의 전체 뼈대로 확인되었으며, 위쪽 팔뼈에 대한 비계측적 검사, 그리고 목말뼈와 넙다리뼈에 대한 계측검사를 통해 남성으로 추정할 수 있었다. 연령추정에서도 비교적 정확도가 높다고 알려진 귓바퀴면의 퇴행상태와 볼기뼈의 두덩 결합면을 검사하여 분석한 결과, 노년층으로 확인되었다. 또한 남성 노년층에서 많이 발병하는 퇴행성의 척추외골화와 광범위 특발성의 뼈과다증도 관찰되었다. 방사성탄소연대측정을 통해한 사망 시점은 7세기 전중반으로 추정할 수 있었다. 결국 무왕 재위 당시에 기록된 사리봉영기의 내용과 대왕릉 발굴결과 내용이 일치되고 있음을 확인할 수 있다.

무왕 사후에도 무왕의 존재는 그의 능에 대한 기록에서 찾을 수 있다. 1415년에 편찬된 『고려사』 지리지에 오늘날 쌍릉으로 불리고 있는 무왕과 그의 왕비릉을 무강왕과 비릉으로 지칭한 이후의 사서인 『世宗實錄地理志』, 『新增東國輿地勝覽』 등에서도 고려사의 내용을 이어받아 따르고 있다.

이상 기록에서 보듯이 무왕은 역사 속에서 끊임없이 우리 곁에 언제나 같이 살고 있었음을 확인할 수 있다. 그것은 바로 무왕이 꿈꾸고 건설하고자 했던 이상은 통합과 포용을 통하여 갈등없는 평화로운 세상이었던 것이다. 바꾸어 말하면 불교에서 메시아적 세계인 용화회상의 건설과 비교될 수 있는 그런 세상이었을 것이다.

3) 미륵사는 국가를 재건의 왕흥사였다.

왕흥사는 현재 부여군 규암면 신리에 위치하는데, 이곳에서 1934년 '왕흥'명이 새겨진 고려시대 기와편이 수습된 이래, 『삼국사기』나 『삼국유사』에 기록되어 있는 왕흥사지로 알려져 왔다. 『삼국사기』나 『삼국유사』에 의하면 이 사찰은 법왕 2년(600)에 창건되어 무왕 34년(635)에 완성된 것으로 되어 있다. 한편 왕흥사에 대한 창건과 낙성에 대한 기사 외에, 또 다른 내용은 의자왕대나 태종 무열왕대에 백제의 멸망을 암시하는 기이한 상황이 이 사찰에서 일어났던 것으로 묘사되어 있다. 이와 같이 왕흥사에 대한 많은 기사는 이 사찰이 단순한 사찰이라기 보다는 국가적으로 매우 비중 있었던 사찰이라는 정보를 알 수 있게 한다. 그러나 2007년도 국립부여문화재연구소에 의한 목탑지에 대한 정밀한 발굴조사 결과, 심초석 남변 중앙 사리공에서 발견된 사리기에 새겨진 명문을 통하여 이 왕흥사는 위덕왕 24년(577)에 축조되었음이 사실로 확인되었다.

그런데 『삼국유사』 법왕 금살조와 무왕조에서는 익산 미륵사가 위의 왕흥사와 동일 사찰이라고 밝히고 있다. 따라서 왕흥사에 대한 문헌기록이나 발굴결과를 토대로 창건연대나 낙성연대에 대한 면밀한 검토가 요망되며, 미륵사와는 어떠한 관계인지를 구체적으로 살펴볼 필요가 있다. 특히 문헌에 나타나는 왕흥사의 내용이나 미륵사의 가람 규모나 특이성에서 보면 모두 국가적 사찰임에 틀림없는 것으로, 두 사찰간의 정확한 성격이 규명된다면 백제 말기 익산천도에 대한 단서를 찾을 수 있을 것으로 생각한다.

『삼국사기』와 『삼국유사』에 나타나 있는 왕흥사에 대한 기록은 다음과 같다.

그림 33. 부여 왕흥사지 전경

『삼국사기』

가-1) 法王二年(600年)春正月 創王興寺 度僧三十人 大旱 王幸漆岳寺 祈雨 夏五月薨 上諡曰法

가-2) 武王三十五年(634年)春二月 王興寺成 其寺臨水 彩飾壯麗 王每乘丹 入寺行香 三月 穿池於宮南 引水二十餘里 四岸植以楊柳 水中築島嶼 擬方丈仙山

가-3) 義子王二十年(660年)六月 王興寺衆僧皆見若有船楫 隨大水入寺門 有一犬 狀如野鹿 自西至泗沘河岸 向王宮吠之 俄而不知所去 王都群犬集於路上 或吠或哭 移時卽散 有一鬼入宮中 大呼百濟亡 百濟亡 卽入地 王怪之 使人 掘地 深三尺許有一龜 其背有文 曰百濟同月輪 新羅如月新 王問之巫者 曰 同月輪者滿也 滿則虧 如月新者未滿也 未滿則漸盈 王怒殺之

가-4) 太宗武烈王 7年(660年)十月三十日 攻泗沘南嶺軍柵 斬首一千五百人 十一月一日 高句麗侵攻七重城 軍主匹夫死之 五日 王行渡雞灘 攻王興寺岑城 七日乃克 斬首七百人.

『삼국유사』

나-1) 卷3 興法 法王禁殺 ..前略..是年冬, 下詔禁殺生, 放民家所養鷹鸇之類, 焚漁獵之 具, 一切禁止. 明年庚申, 度僧三十人, 創王興寺於時都泗沘城[今扶餘], 始立栽而升遐. 武王繼統, 父基子構, 歷數紀而畢成. 其寺亦名彌勒寺, 附山臨水, 花木秀麗, 四時之美具焉. 王每命舟, 沿河入寺, 賞其形勝壯麗. [與古記所載小異, 武王是貧母與池龍通交而所生, 小名薯蕷 卽位後諡號武王, 初與王妃草創也.]

나-2) 卷2紀異 武王 ..前略.. 一日王與夫人, 欲幸師子寺, 至龍華山下大池邊. 彌勒三尊 出現池中, 留駕致敬. 夫人謂王曰: "須創大伽藍於此地, 固所願也." 王許之. 詣知命所, 問塡池事, 以神力, 一夜頹山塡池爲平地. 乃法像彌勒三會, 殿塔廊廡各三所創之, 額曰彌勒寺[國史云, 王興寺.]. 眞平王遣百工助之, 至今存其寺. [三國史記云: 是法王之子, 而此傳之 獨女之子, 未詳.]

나3) 1紀異 太宗春秋公 ..前略..六月, 王興寺僧皆見如舡,船楫隨大水入寺門, 有
　　 大犬如野鹿, 自西至泗㳌岸, 向王宮吠之, 俄不知所之, 城中群犬集於路上,
　　 或吠或哭, 移時而散. 有一鬼入宮中, 大呼曰 百濟亡, 百濟亡, 卽入地.

나4) 卷2紀異-南扶餘/前百濟 ..前略..又泗㳌崖, 又有一石, 可坐十餘人, 百濟王欲
　　 幸王興寺禮佛, 先於此石望拜佛, 其石自煖, 因名堗石. 又泗㳌河兩崖如畫
　　 屏, 百濟王每遊宴歌舞, 故至今稱爲大王浦.

　위의 사료에서 보면『삼국사기』의 가1), 가2)와『삼국유사』의 나1), 나2)의
내용은 왕흥사의 창건과 관련된 것이고, 가3), 가4)와 나3)은 백제의 멸망과
관련된 내용을 담고 있어 이 사찰의 정치 사회적인 위치를 짐작할 수 있다. 한편
나4)는 가3), 가4)와 나3)과 더불어 왕흥사의 지리적인 위치를 살필 수 있게
하는 내용이다.

　먼저 왕흥사 창건과 관련해서 보면 지금까지의 연구는 대부분『삼국사기』나
『삼국유사』의 내용을 근거로 법왕 2년(600)에 창건하여 무왕 35년(634)에 낙성한
것으로 취급해 왔다. 그리고 그 위치에 대해서는 부소산성에서 북편으로 금강
건너에 위치하는 것으로 인식해 왔다. 그런데 2007년도에 이 왕흥사의 목탑지
에서 사리장엄과 더불어 발견된 청동제 사리기 외함에 "丁酉年二月十五日百濟

그림 34. 왕흥사지 사리장엄구

그림 35. 능산리사지 창왕명 사리감

王昌爲亡王子入刹本舍利二枚葬時神化爲三"의 명문을 통하여 그 건립연대가 위덕왕 24년(577)이고 죽은 왕자를 기리기 위해 건립된 사찰임이 밝혀지게 되었다.[137] 따라서 『삼국사기』나 『삼국유사』에 기록된 왕흥사에 대한 창건연대를 제고하게 되었고, 과연 두 사서에 기록된 왕흥사가 부여 왕흥사를 지칭하고 있는 기록인지에 대해서도 의문을 가지지 않을 수 없게 되었다.

앞의 사료 나-1)과 나-2)에서 보이듯이 왕흥사와 미륵사는 동일한 사찰로서 기록되어 있는 점에 주목하고, 왕흥사 창건에 대해서 一寺一創이란 一寺一成을 의미하는 것인데, 一寺에 創과 成이 滿年 35년하여 있는 것은 왕흥사에서만 볼 수 있다는 것이다. 따라서 법왕 2년에 "創王興寺"는 왕흥사의 공역을 필한 것이라면, 무왕 35년에 "王興寺成"은 당연히 익산 미륵사를 지칭하는 것으로 파악하였다. 그리고 『삼국유사』에 왕흥사와 미륵사를 동일한 사찰처럼 되어 있는 것은 오기에서 비롯된 것을 파악하였다.[138]

이러한 지적이외에는 왕흥사의 창건연대나 위의 사료에 보이는 사찰 위치의 특정에 대하여 별다른 이견없이 부여 왕흥사에 대한 내용으로만 인식되어 왔다. 그러나 사리기 명문에서 구체적으로 창건 이유와 그 연대가 발견되었음에도 불구하고 그러한 인식에서 변화를 보이지 않고 있다는 점을 지적하고 싶다. 다만 왕흥사 창건연대에 대해서는 사리기 명문대로 위덕왕 24년(577)을 수용하면서 무왕 35년(634)에 완성되는 소요 시간성과 관련하여 다양한 의견들이 제시되고 있다. 사리기의 명문에 보이는 입찰(立刹)이란 문구를 왕흥사 목탑의 건립에 한정해서 577년에 조성한 것으로 보고, 이후 금당과 강당, 그리고 회랑 등은 법왕 2년(600)에 본격적인 공사가 시작하여 무왕 35년에 완성되었다는 것이다.[139] 위덕왕대에 망왕자(亡王子)의 추복을 위해 창건된 왕흥사는 당시에 신라와의 전

---

137 국립부여문화재연구소, 2009, 『왕흥사지 III -목탑지 금당지 발굴조사 보고서-』.

138 홍사준, 1975, 「미륵사지고」, 『마한 · 백제문화』 창간호, 원광대학교 마한 · 백제문화연구소.

139 이도학, 2008, 「왕흥사 사리기 명문 분석을 통해본 백제 위덕왕대의 정치와 불교」, 『한국사연구』 142, 한국사연구회.

쟁 등으로 대규모 사역 조성이 불가하여 목탑을 중심으로 소규모의 시설이었으나, 법왕은 호불의 군주로서 왕권강화와 관련된 불교정책의 일환으로 대대적인 불사리 공양과 더불어 중창해서 무왕대에 완성한 것으로 보고 있다.[140] 왕흥사의 완공시점을 577년에 두고 법왕대에 이르러 사명(寺名)을 변경시키면서 사찰 내부의 건축물은 그대로 두면서, 외부의 조경을 장엄하게 만들었을 가능성을 제기하기도 하였다.[141] 또한 577년의 입찰이란 의미를 탑의 건립이나 사찰의 건립이라는 두가지 의미의 가능성을 열어두면서 법왕대에 사격을 높이기 위해 왕흥사라는 사명까지도 개명한 중개창을 이루어 무왕대에 완성한 것으로 보았다.[142] 결국 앞서의 주장대로라면 왕흥사를 창건에 낙성까지 걸린 시간이 위덕왕에서 무왕까지 4대에 걸쳐 무려 58년이 걸린 셈이 되는데, 과연 발굴결과 들어난 왕흥사 사역의 규모로 볼 때 이렇게 장시간이 걸렸다는 것은 선뜻 동의하기 어려운 부분이다.

위 연구자들의 견해를 보면 왕흥사 목탑지에서 사리기 발견된 이후에는 그 창건연대는 동의하고 있지만 법왕대의 "창왕흥사"에 대한 해석은 창건 개념이라기 보다는 법왕대에 사명 변경이나 중창 등 커다란 변화를 거치는 것으로 해석하고 있다. 그런데 "창왕흥사"의 개념을 개창이나 중창의 개념으로 해석하고 있는 것에 대해서 너무나 주관적인 판단에 의한 것으로 밖에 볼 수 없다. "創○○寺"란 표현 방법은 『삼국사기』에서 11예, 『삼국유사』에서 45예 등, 매우 많이 나오고 있지만 어느 것도 앞의 해석처럼 임의대로 사명변경이나 중·개창의 의미로 사용되고 있는 것은 없다.[143]

특히 왕흥사지 목탑지 발굴조사 결과를 보면 대지조성은 일괄적으로 대규모

---

140 양기석, 2009, 「백제 왕흥사의 창건과 변천」, 『백제문화』 41, 공주대학교 백제문화연구소.
141 김주성, 2009, 「백제 무왕의 정국운영」, 『대발견 사리장엄 미륵사의 재조명』, 원광대학교 마한·백제문화연구소.
142 조경철, 2010, 「백제 왕흥사의 창건과 미륵사」, 『사총』 70, 고려대학교 사학회.
143 홍사준, 1975, 앞의 논문.

로 이루어진 것으로 확인되었는데, 이는 단순히 탑 건립만을 염두에 둔 것은 아닐 것으로 보았다. 그리고 왕흥사의 축조순서는 대지조성→금당건립→목탑건립의 순으로 이루어졌으며, 목탑에 사리가 매납되는 577년경에 사찰 내 주요건물이 완성되었을 것으로 판단하고 있다.[144] 곧 각 건물을 건축함에 있어서 선후관계는 있을지언정 큰 시기차를 두고 축조되지 않았다는 것이다. 따라서 위덕왕 24년(577)에 창건된 왕흥사는 법왕대에 새로운 모습으로 변화를 거쳐 무왕 35년(634)에 낙성을 보았다는 견해는 객관성을 결여하고 있는 것이다. 따라서 발굴조사에서 확인된 사실과 문헌기록을 작위적으로 굳이 꿰맞출 필요는 없이 문헌기록에 대한 기본적인 관점에서 다시 들여다 볼 필요성이 있다.

필자는 앞 서 나-1의 "明年庚申 度僧三十人 創王興寺於時都泗沘城[今扶餘], 始立栽而升遐. 武王繼統, 父基子構, 歷數紀而畢成. 其寺亦名彌勒寺"에 새로운 해석을 통하여 법왕 2년에 창건하여 무왕 35년에 낙성하는 왕흥사는 위사료의 내용대로 익산 미륵사라는 견해를 밝힌 바 있다.[145] 곧 "創王興寺於時都泗沘城"을 <그때 수도인 사비성에 왕흥사를 창건했다>라고 해석하는 기존의 견해와 달리 <왕흥사를 창건할 당시의 수도는 사비였다>라고 해석해야 하는 것이다. 나-1)의 전체적인 문맥을 보더라도 왕흥사 창건에서 완성에 이르는 시간적 흐름을 적고 있는 것이지, 왕흥사의 위치를 강조하고 있는 것은 아니다. 다시 말하면 왕흥사 창건시의 수도와 낙성의 수도가 달랐기 때문에 가-1)의 내용에 "於時都泗沘城"을 의도적으로 부가하고 있는 것이다. 왕흥사의 위치를 표현하려면 "創王興寺於泗沘城"라 하면 그 뜻을 전달하는데 오히려 훨씬 자연스

---

144 국립부여문화재연구소, 2009, 『왕흥사지Ⅲ』. 사찰건립에 대한 내력이 비교적 소상한 일본의 飛鳥寺나 山田寺의 예를 참고해서 볼 때, 왕흥사는 10~20여 년이 소요되었을 것으로 추정하고 있다.

145 최완규, 2009a, 「백제사상 익산문화의 정체성」, 『대발견 사리장엄 미륵사의 재조명』, 원광대학교 마한·백제문화연구소.
최완규, 2009b, 「고대익산과 왕궁성」, 『익산 왕궁리유적발굴 20년 성과와 의의』, 주류성.

럽다.[146] 그렇다면 왜 <그때 수도인 사비성에 왕흥사를 창건했다>라고 해석하고 있는 것일까? 그 이유는 1934년 왕흥사명의 고려시대 와편이 발견된 이래 왕흥사의 위치를 부여 규암에 비정되었기 때문에 비롯된 것으로 관념적 해석이 이루어져 왔던 것으로 생각된다. 한편 『삼국사기』에서 "於時"가 사용된 7곳의 용례를 통하여 <왕흥사를 창건할 당시의 수도는 사비였다>라는 해석을 뒷받침 한 바 있다.[147] 이와 더불어 『삼국유사』 흥법제3 順道肇麗條를 보면 "按麗時都安市城, 一名安丁忽, 在遼水之北. 遼水一名鴨淥"라하여 "時都"의 용례를 볼 수 있는데 "생각컨대 고구려시대의 도읍은 안시성으로......후략"라 해석된다. 따라서 나1)의 내용중 "於"는 장소를 나타내는 독립된 의미의 장소사가 아니라 "於時"라는 시간사로서 해석되어야 하는 것이다. 따라서 나1)의 내용을 보면 법왕 2년에 왕흥사를 창건했으며 그 당시 수도는 사비였다, 법왕이 기초만 닦고 돌아가시니 무왕이 이를 계승하여 36년후에 완성했는데, 그 절 이름이 미륵사라는 것으로 정리된다. 결국 왕흥사와 미륵사는 동일 사찰이라는 점을 알 수 있다.

미륵사의 창건에 대해서는 나2)의 기록에 따라서 백제 무왕이 왕비의 청에 의하여 초창된 것으로 알려져 왔지만 이 자료가 절대연대는 제시해 주지 못하고 있다. 다만 발굴과정에서 수습된 인장와를 통하여 어느 정도 절대연대에 접근은 가능하였다. 미륵사에서 출토된 인장와 간지명을 보면 丁巳, 壬戌, 乙丑, 丁亥, 己丑 등이 있는데 이중 壬戌(602년), 乙丑(605년)이 가장 빠른 단계에 해당한다. 그 다음 단계로는 정해(627년), 기축(629년)명의 인장와를 들 수 있다.[148] 따라서 600년 초에 해당하는 임술명(壬戌銘)이나 을축명(乙丑銘)의 인장와는 미륵사 창건과 관련되는 자료로 볼 수 있다. 이와 같이 미륵사 출토 인장와의 연대나 법

---

146 "創寺名於場所"의 예는 『삼국사기』의 廣開土王 2年 秋8月 '創九寺於平壤', 枕流王2年 2月 '創佛寺於漢山度僧十人'.
『삼국유사』의 武王條 '創大伽藍於此地', 阿道基羅條 '創佛寺於天鏡林' 등등 일반적이다.

147 최완규, 2009b, 앞의 논문.

148 노기환, 2008, 『미륵사지 출토 백제 인각와 연구』, 전북대학교 대학원 석사학위논문.

왕2년(600)에 창건된 왕흥사와는 시기적으로 거의 일치하고 있어 가-1)과 나-1)에서 보이는 "창왕흥사"는 나-2)의 내용과 더불어 미륵사로 보아도 무방할 것으로 보인다.

한편, 미륵사 서탑 해체과정에서 사리장엄과 더불어 사리봉안기가 발견되어 서탑 건립에 대한 절대연대와 건립 주체에 대한 정보를 파악할 수 있게 되었다.[149] 이에 따르면 기해년(己亥年) 정월 29일에 사리를 봉안했는데, 곧 무왕 39년(639)에 해당한다. 사리 봉안기의 내용에 따라서 미륵사 창건연대에 대해서 논란이 일기도 했으나, 최근 서탑의 기단을 조사한 결과 기단토를 판축하는 과정에서 혼입된 창건 당시의 연화문와당이 동서 양쪽에서 각각 1편씩 발견되었다.[150] 이러한 사실은 서탑이 건립될 당시에 이미 미륵사의 어느 건물에서는 기와의 보수가 이루어져 폐기된 기와가 산재되어 있음을 말해주는 것이다. 다시 말하면 미륵사 창건에서부터 전체의 가람이 완성되기까지는 기와의 내구연한으로 볼 때 최소한 30여 년의 시간이 소요되었음을 의미하는 것이다. 결국 미륵사 발굴결과에서 보이는 시간축과 문헌기록의 시간축과 거의 일치하는 것을 알 수 있다.

가-2)의 내용을 검토하면 왕흥사가 낙성할 당시의 주변 상황을 묘사하고 있는데, "其寺臨水"나 "王每乘舟"에 대해서는 미륵사 주변이 수로와 관련이 있다는 점을 지명고찰을 통해서 뒷받침하고 있다.[151] 그러나 "其寺臨水 彩飾壯麗"란 내용을 미륵사의 발굴결과와 결부시켜볼 수 있을 것이다. 미륵사 경내의 남편에서는 연못지가 발견되었고, 특히 미륵사지에서는 녹유가 시유된 서까래 기와와 채색된 벽화가 출토되었다. 따라서 녹유기와가 부착된 서까래와 아름답게

149 김상현, 2009, 「미륵사 서탑 사리봉안기의 기초적 검토」, 『대발견 사리장엄 미륵사의 재조명』, 원광대학교 마한 · 백제문화연구소.
150 국립문화재연구소, 2012, 『미륵사지석탑 기단부 발굴조사보고서』.
151 김삼룡, 2003, 「지정학적인 측면에서 본 익산」, 『익산의 선사와 고대문화』, 원광대학교 마한 · 백제문화연구소.

채색된 벽화가 있는 미륵사가 연못에 비친 모습을 묘사한 내용을 지칭하고 있을 가능성도 배제할 수 없다.

이상에서 살펴 본바와 같이 법왕과 무왕대의 사실을 전하고 있는 가-1), 가-2), 나-1), 나-2)의 내용은 왕흥사가 주어로 등장하지만 실제에 있어서는 익산 미륵사를 지칭하고 있다는 사실을 알 수 있게 되었다. 그러나 무왕 이후의 기사인 가-3), 가-4), 나-3), 나-4)에서는 미륵사와 관련된 기사도 없을 뿐 아니라, 주변 정황으로 미루어 여기에 보이는 왕흥사는 부여 규암에 있는 왕흥사를 지칭하는 것임을 쉽게 알 수 있다. 곧 무왕이후 부여에도 또 하나의 왕흥사가 존재하고 있음이 확인된다.

왕흥사라는 사명(寺名)을 가진 사찰이 시기를 달리해서 각각 왕도에 건립될 수 있는 이유는 왕흥사가 가지는 기능에서 그 해답을 찾을 수 있을 것으로 생각된다. 왕흥사는 왕업지흥사(王業之興寺)를 일컫는 말로서 왕업 곧 국가의 대업을 융성하게 할 목적으로 건립된 사찰이다.[152] 이러한 사실은 왕이나 왕비가 주체가 되어 건립된 사찰로서 왕이 예불을 위하여 직접 행차하는 기록을 보거나, 가-3)와 나-3)에서 보듯이 백제의 멸망을 암시하는 기이한 상황이 왕흥사에서 비롯되고 있는 점에서 그 성격 및 기능을 미루어 짐작할 수 있다.

부여 왕흥사는 익산 미륵사(왕흥사)와 달리 원래부터 왕흥사로 조성된 것이 아니라, 목탑에서 발견된 사리기 명문을 통해 이는 죽은 왕자를 위해 건립된 사찰이다.[153] 왕흥사에 대한 정치적 사회적인 위치를 추적한 견해를 보면, 먼저 왕흥사가 오랜 시간을 거쳐 완공된 점에서 사비기 백제에서 차지하는 비중을 의미한다는 것을 전제로, 법왕과 무왕대에 걸쳐 정치적인 변혁속에서 귀족을 견제하고 국왕의 권위를 신장시키기 위해 건립된 사찰로 보고 있다.[154] 법왕은 위

---

152 최완규, 2009b, 앞의 논문.
153 김혜정, 2008, 「왕흥사지 발굴조사 성과」, 『부여 왕흥사지 출토 사리기의 의미』, 국립부여문화재연구소.
154 김주성, 1993, 「무왕의 사찰 건립과 전제권력의 강화」, 『한국고대사연구』 6, 한국고

덕왕대의 중심사원인 왕흥사를 그의 권력기반 강화를 위한 구심체로 적극 활용하는 시책에서 크게 중창했던 것으로 보고 있다. 또한 사찰의 명칭도 왕권강화의 의미를 담는 왕흥사로 개칭하면서 명실공히 불교 이념을 확산시키는 국가불교의 구심체로의 역할을 하였다. 이후 무왕대의 왕흥사는 사리신앙, 정토신앙, 미륵신앙, 그리고 법화신앙 등을 통섭하여 전제 왕권강화를 구현하려는 이념적 도량으로 기능하게 되었다.[155] 이 가운데 주목되는 견해는 "創王興寺 度僧三十人"의 내용 가운데 도승은 집단적으로 일반 백성을 대상으로 하고 있으면서 왕권의 강화, 즉 호국불교적인 성격을 가지고 있는데 위덕왕이 왕권을 회복을 위한 노력의 과정에서 실시된 것이란 것이다. 따라서 왕흥사 창건과 도승이 연결되어 있음은 왕흥사가 호국사찰이라는 것이다.[156] 『삼국사기』나 『삼국유사』의 기록과 위와 같은 연구결과를 볼 때, 왕흥사는 국가적인 사찰로서 매우 중요한 위치를 점하고 있음을 알 수 있다. 그렇기 때문에 왕흥사는 백제의 수도에 위치하는 것은 당연한 일이다. 따라서 나-1)의 "創王興寺於時都泗沘城"의 기사는 왕흥사의 시간적 흐름을 파악하는데 결정적인 단서가 되는 것이다. 또한 나-1)에서 "其寺亦名彌勒寺"나 나-2)의 "國史云王興寺"라고 기록되어진 이유는 결국 국가적 호국사찰인 왕흥사는 보통명사이며 王業 즉 국가대업을 이루기 위한 방편에서 미륵신앙을 그 바탕에 두고 있었던 사찰은 바로 미륵사인 것이다. 이러한 사실을 뒷받침하는 자료가 미륵사 서탑의 사리봉안기의 내용에서도 확인되는데,[157] 왕비가 발원자로 등장하는 것은 이 사찰 건립의 주체가 왕실이라는 점이다. 그리고 공양품 가운데 은제관식과 '中部德率支受施金一兩' '下卩 非致夫及父母妻子' 명의 금제소평판을 비롯하여 금괴, 호박, 곡옥 등 매우 화려한

대사학회.

155 양기석, 2009, 앞의 논문.

156 길기태, 2005, 「백제 사비기의 불교정책과 도승」, 『백제연구』 41, 충남대학교 백제연구소.

157 국립문화재연구소, 2010, 『백제 불교문화의 보고 미륵사 -화보집-』.

점으로 미루어 미륵사 서탑불사에 왕실과 더불어 관료나 유력자들이 함께 참여하는 국가적 사찰이었을 것으로 짐작된다.

이상을 종합하면 미륵사는 왕흥사로서 법왕대에 익산천도를 염두에 두고 창건한 국가적 사찰로 36년이란 세월을 거쳐 무왕대에 완성을 보게 된다.[158] 무왕 사후 사비로 재천도하면서 왕흥사는 위덕왕대 창건된 망왕자(亡王子)를 추복하기 위해 건립되었지만 국가적 호국사찰인 왕흥사로 그 기능이 전환된 것으로 이해할 수 있다.

3. 제석사는 도성의 종묘

제석사지는 익산시 왕궁면 궁평 마을에 위치하고 있는데, 오래 전부터 심초석이 두동강이 난 채, 노출되어 있어서 이곳이 사찰이 있었음을 대변해 주고 있었다. 원래 이곳은 제석면(帝石面)이라는 행정구역명이기도 하지만, '帝釋寺'銘의 기와와 함께 백제시대의 와당이 발견되어 이곳이 바로 백제시대의 제석사지임을 알 수 있게 되었다.[159] 제석사지가 주목되는 이유는 1953년 일본 교토의 청련원에서 발견된 『관세음응험기』에 백제 무왕대 익산 천도사실이 직접적으로 언급됨과 동시에, 이 사찰의 화재사실과 영험한 기사를 담고 있기 때문이다. 곧 이 제석사지는 익산천도와 매우 밀접한 관계에 있는 사찰로서 주목하지 않을 수 없다.

한편 『관세음응험기』가 불교적으로 영험한 기사를 담고 있어 실제적인 상황과 동떨어져 그 신빙성에 의문을 제기하는 의견도 있지만,[160] 먼저 고고학적 발

---

158 최완규, 2009b, 앞의 논문. 법왕대의 금살생령은 익산 천도를 위한 사전조치로서 반대세력의 반발을 제압하려는 의도에서 이루어진 것으로 보았다. 이러한 현상은 오늘날 이슬람국가에서 코란율법에 의한 정치가 이루어지듯이 고대 불교국가에서 불교경전에 의한 이러한 조치는 자연스러운 것이라 하겠다.

159 황수영, 1973, 「백제 제석사지의 연구」, 『백제연구』 4, 충남대학교 백제연구소.

160 김주성, 2001, 「백제 사비시대의 익산」, 『한국고대사연구』 21, 한국고대사학회. 김수태, 2004, 「백제의 천도」, 『한국고대사연구』 36, 한국고대사학회.

굴조사결과 제석사 화재로 발생한 폐기물을 매장한 시설이 발견되어 이 자료의 신뢰성을 높여주고 있다.[161] 또한 『관세음응험기』는 중국에서 편찬 당시의 관심과 태도가 영험한 일이라도 기재양식이 영험이 일어났던 연대와 주인공을 정확히 밝히고 있다는 점과, 익산 왕궁리 5층탑에서 발견된

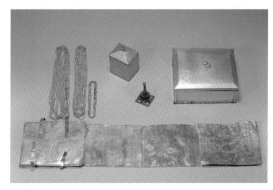

그림 36. 왕궁리 오층석탑 출토 사리장엄구

금판경을 비롯한 사리장엄 일습이 『관세음응험기』에 기록된 제석정사의 사리장엄 내용과 일치하며, 실제 익산에 제석사가 존재하고 있기 때문에 사료적 가치가 인정되고 나아가 익산 천도기록 역시 믿을 수 있다는 것이다.[162] 제석사의 사리장엄과 관련해서는 왕궁리 5층탑의 건립연대를 통일신라말이나 고려시대[163]로 보면서 그 내부에서 발견된 불상 1구 역시 고려시대 양식[164]이라는 근거를 들어 이곳에서 발견된 사리장엄 역시 석탑의 건립연대와 동일하게 보는 경향이 강했다.

이에 대해 사리장엄[165]과 금판경[166]을 백제 말기로 보는 연구성과가 나오면

161 원광대학교 박물관, 2006, 앞의 보고서.

162 홍윤식, 2003, 「문헌자료를 통해서 본 백제 무왕의 천도사실」, 『익산의 선사와 고대문화』, 원광대학교 마한·백제문화연구소.

163 조원교, 2009, 「익산 왕궁리 오층석탑 발견 사리장엄구에 대한 연구」, 『백제연구』 49, 충남대학교 백제연구소.

164 최성은, 1997, 「나말여초 소형금동불입상연구 -익산 왕궁리 오층석탑출토 금동불입상을 중심으로-」, 『미술자료』 58, 국립중앙박물관.

165 한정호, 2005, 「익산 왕궁리 오층석탑 사리장엄구의 편년재검토 -금제사리내함을 중심으로-」, 『불교미술사학』 3, 불교미술사학회.

166 송일기, 2002, 「익산 왕궁탑 금지금강사경의 문헌학적 접근」, 『서지학연구』 24, 서

서 『관세음응험기』의 신빙성에 다시 무게를 두게 되었다. 또한 여기에서는 백제왕을 大王으로 표기하고 있는데, 대왕은 당시 중국에서는 사용되지 않은 백제왕을 가리키는 정확한 호칭으로서 『관세음응험기』의 사료적 신뢰를 높여주고 있다는 것이다.[167] 이와 관련하여 미륵사 서탑 사리봉안기 내용에서도 백제왕을 大王으로 호칭하고 있어 위의 견해를 뒷받침하고 있다.

다음은 『관세음응험기』에 보이는 백제 천도와 제석사 관련기사이다.

> 百濟武廣王遷都 枳慕蜜地 新營精舍 以貞觀十三年歲次己亥冬十一月 天大雷雨
> 遂災帝釋精舍 佛堂七級浮圖 乃至廊房一階燒盡 塔下礎石中 有種種七寶 亦有佛
> 舍利 晬水精瓶 又以銅作紙 寫金剛波若經 貯以木漆函 發礎石開視 甕皆燒盡 唯
> 佛舍利瓶與波若經漆函如故 水精瓶內外徹見 盖亦不動 而舍利悉無 不知所出 將
> 瓶以歸大王 大王請法師 發卽懺悔 開瓶視之 佛舍利六箇俱在處內瓶 自外視之 六
> 箇悉見 於是 大王及諸宮人倍加敬信 發卽供養 更造寺貯焉.

『관세음응험기』 내용의 주제는 제석사에 관한 것인데, 왜 첫 구절에 "百濟武廣王遷都 枳慕蜜地 新營精舍"라 하여 천도와 더불어 제석사를 건립했다는 기사가 등장하는 것일까? 바꾸어 말하면 천도에 필수적인 사찰이었다고 해석할 수 있는데, 제석사의 성격 및 발굴조사 결과를 통하여 그 해답을 찾아보고자 한다.

제석사는 우리나라 고대에 있어 궁성 내에 두거나 그와 매우 인접해 있었는데, 신라의 경우 진평왕때 제석사가 창건되었고 「내제석궁」이라 불렸으며, 궁성 안에 있었던 것으로 추정되고 있다.[168] 제석신앙은 『삼국유사』에서 「昔有桓因 謂帝釋也」[169]라 한데서 알 수 있듯이 국조 단군신앙과 결부되어 있다. 우리나라

....

지학회.

167 이도학, 2003, 「백제 무왕대 익산 천도설의 검토」, 『익산문화권 연구의 성과와 과제』, 마백연구소설립 30주년기념 제16회 국제학술회의, 원광대학교 마한 · 백제문화연구소.

168 황수영, 1973, 앞의 논문.

169 『三國遺事』, 古朝鮮朝.

제석신앙은 국조신앙이 천제신앙으로 천제신앙이 국조신앙으로, 그리고 이와 같은 신앙이 불교의 제석신앙으로 다시 전개되어 사원 내에서 성행하게 되었다. 또한 고대의 건국신화를 보면 시조를 천신의 자손으로 설정함으로서 지배 권력에게 신성한 정통성을 부여받고 있다. 이러한 관점에서 천도와 더불어 제석사를 건설한 이유에 대하여 첫째, 왕실중심의 제석신앙을 천도지에 옮겨 제석사를 경영하려 한 것은 왕실 권위를 위해 불가결한 것이었고, 둘째 새 도읍지에는 토착민에 의한 무신(巫神)신앙의 기반이 굳어져 있었기 때문에 제석신앙을 통해 천신(天神)신앙을 불교적으로 포용하려 했다는 것이다.[170]

무왕대에 익산천도는 왕실이나 사비 귀족들의 절대적인 지지속에서 이루어졌다기 보다는 많은 갈등과 대립이 있었을 것은 분명한 일이다.[171] 따라서 익산천도직후 가장 시급한 일은 왕실의 정통성을 확보함과 동시에 왕권강화를 성공적으로 이루어, 성왕 이후 혜왕 법왕대에 걸친 왕실과 토착 귀족세력간의 대립과 갈등을 해결하고자 우리 국토에서 토착화된 제석신앙을 통하여 이루려는 것이다. 제석천은 천제 천주로서 하느님의 별칭으로, 특히 제석은 풍흉(豊凶)을 주제하므로서 제석신앙은 곧 농업을 주로 삼았던 우리 국토에 있어서 天에 대한 고유신앙의 불교적 구현이라 할 수 있다. 따라서 우리나라의 제석신앙은 비단 불교신앙에 그치는 것이 아니며 그 전래 이후 이 땅에 곧 토착되어서 역대를 통하여 상하의 신앙를 받았다고 말할 수 있을 것이다. 그러므로 제석신앙은 민족의 오랜 역사와 민속을 배경으로 지속되었던 것이다. 또한 제천의 오랜 전통이 불교와 습합되어서 일찍부터 제석신앙을 두텁게 해 왔으며, 나아가 민족의 건국설화인 단군신화와도 관련이 있는 것이다.[172] 따라서 백제 무왕대에 익산천

---

170 홍윤식, 2003, 「익산지방 백제불교문화유적의 성격」, 『익산의 선사와 고대문화』, 원광대학교 마한 · 백제문화연구소..
171 몇 년 전 참여정부에서 행정복합도시를 건설하는 과정에서 빚어진 정치세력의 대립은 물론, 일반 국민들까지도 찬반 양론으로 갈등을 겪은 경험이 있다.
172 황수영, 1973, 앞의 논문.

도를 단행한 직후 제석정사를 건립하고 시조묘(始祖廟)를 두어 묘사(廟寺) 기능을 수행했던 것으로 추정할 수 있다.[173]

익산지역은 마한의 성립지로서[174] 백제 영역화 이후에도 마한 문화의 전통이 매우 강하게 남아있어 지속적으로 마한 분구묘를 축조하고 있는 지역이다. 한편, 익산지역 이외에도 마한고지에서 백제 영역화 이후에도 마한문화 전통을 고수해온 증거들이 분구묘의 집단적인 축조에서 찾을 수 있다. 백제 영역화 이후에 마한 분구묘가 군집을 이루고 있는 예는 서산 부장리[175], 서산 기지리[176], 완주 상운리[177], 전주 마전[178], 장동[179] 등을 들 수 있지만, 전북의 정읍에서 영산강유역에 걸치는 지역에는 일일이 열거할 필요도 없이 대형 분구묘들이 많은 지역에 잔존하고 있다. 이와 같이 백제 영역화 이후까지도 보수성과 전통이 강한 마한전통의 분묘를 축조하고 있다는 점에서 분구묘 축조세력의 전통성을 확인할 수 있는 것이다. 특히 마한 분구묘의 가장 큰 특징은 혈연을 기반으로 축조되는 분묘인데, 나주 복암리 3호 분구묘의 경우는 무려 400여 년의 축조 지속기간을 가지고 있다.[180] 이러한 고고학 자료들을 통해서 보면 5세기 중후반까지 혈연을 기반으로 하는 재지세력으로서 상당한 정도의 세력을 확보하고 있었던 것으로 추측할 수 있다.

성왕은 사비로 천도하면서 국호를 '남부여'라 개칭하였다. 웅진으로 천도한 이후 이미 동명신앙이 쇠퇴한 상황에서 백제의 왕실은 국호개칭을 통해 자신들

---

173 최완규, 2011, 앞의 논문.
174 최완규, 2009, 「마한조기묘제의 형성과 전북지역에서의 전개」, 『마한 숨쉬는 기록』, 국립전주박물관.
175 충청남도역사문화연구원, 2008, 『부장리』.
176 공주대학교 박물관, 2009, 『해미 기지리 유적』.
177 전북대학교 박물관, 2010, 『상운리 Ⅰ·Ⅱ·Ⅲ』.
178 호남문화재연구원, 2008, 『전주 마전유적 Ⅳ』.
179 전북문화재연구원, 2008, 『전주 장동유적』.
180 국립문화재연구소, 2001, 『나주 복암리 3호분』.

이 부여계임을 재천명했던 것이다. 또한 왕실의 정통성을 확립하기 위한 노력으로 고구려와 상관없이 부여와 연결되는 구태(仇台)가 백제왕실의 새로운 시조로서 자리잡게 된다.[181] 그리고 구태묘(仇台廟)에 대한 예법과 격식이 일단 정비되었으며, 국가 종묘의 위치로 격상되게 되었다는 것이다.[182]

사비로 천도를 단행한 백제 왕실에서는 위와 같이 부여계임을 강조하면서 시조묘에 대한 제사를 행하는 등 정통성 확립에 힘을 기울였지만, 앞서 예시한 마한 분구묘 전통을 고수해 온 재지세력으로부터 전폭적인 지지를 받기 어려웠을 것이다. 왜냐하면 왕실과 재지세력의 출자가 달랐기 때문에 왕권이 강력할 때는 표면적으로 반기를 들기 어려웠겠지만, 내부적으로 상당한 반발을 가져왔을 것으로 추측된다. 더욱이 성왕이 관산성에서 전사한 이후 왕권이 약화된 틈을 타 전쟁 책임론과 왕실에 대한 반발은 더욱 높았을 것으로 생각할 수 있다. 이렇게 촉발된 왕실과 재지세력과의 대립과 갈등은 위덕왕 이후 혜왕, 법왕이 단명하게 만들었던 중요한 원인 가운데 하나를 제공했을 것이다. 성왕 전사이후 왕실과 재지세력간의 누적된 반목와 대립이 만연해 있던 백제사회의 근본적인 해결책은 마한의 정치문화 중심지로서 위상을 가지고 있었던 익산 천도를 통하여 금강 이남의 마한계 세력을 통합을 이루어 백제 중흥을 꾀하고자 했던 것이다.[183] 그 방편의 하나로서 법왕대 익산에 왕흥사의 창건을 통하여 흐트러진 민심을 수습하고 메시아적 신앙인 미륵신앙을 통하여 새로운 미래 곧 백제 중흥의 꿈을 실현하고자 한 것으로 볼 수 있다.

사비기의 가장 중요한 국가 제사는 구대묘 제사와 천(天)·오제(五帝) 제사로서, 국조인 구태묘(仇台廟)를 제사하던 묘우(廟宇)는 중국측 사서에 '국성' '백제성' 등으로 표기되고 있어 도성에 주고 있음을 알 수 있고, 부여에서는 구태묘(仇台

---

181 박찬규, 1993, 「백제 구태묘 성립배경에 대한 일고찰」, 단국대학교 대학원 학술논 총 17.
182 양기석, 1990, 「백제전제왕권성립과정연구」, 단국대학교 박사학위논문.
183 최완규, 2009, 앞의 논문.

廟)의 설치 장소를 부소산성을 한정하기 보다는 도성 내부로 사비도성의 왕궁 부근에 설치되었을 가능성이 가장 높았을 것으로 지적하고 있다.[184] 백제에 있어서 묘사(廟寺)와 관련된 고고학적인 자료로는 먼저 부여 용정리사지에서 고구려식의 와당이 출토되는 점을 들어 부여 계승의식이 반영된 사묘시설이었을 가능성을 제기한 바 있다.[185] 그리고 부여 능산리 사지의 1차 건물지의 배치형태가 고구려 동대자(東臺子) 유적과 정릉사지(定陵寺址)의 건물배치 형태와 같은 구조를 보이고 있어 성왕이 백제에 거주하던 고구려 주민을 의도적으로 가담시켜 건립한 구태묘(仇台廟)로 특정하였다. 이후 위덕왕대에 사찰건축을 부가시켜 관산성에서 전사한 성왕의 원혼을 위로하고 그의 부여계승의식을 추존하고자 한 것으로 이해하였다. 마침내 능산리사지는 시조인 구태묘(仇台廟) 제사와 원찰기능이 동시에 이루어지는 묘사(廟寺)로 변화된 것으로 파악하였다.[186]

이와 같이 제석신앙의 의미와 백제의 묘제(廟祭)를 살피면서 제석사지의 발굴 결과를 보면 매우 흥미로운 사실이 발견된다. 발굴조사결과에 따르면 가람배치는 기본적으로 사비기의 백제 사찰과 동일하며 그 규모도 매우 컸음이 확인되었다.[187] 그런데 목탑지와 금당지 사이의 서편에서 목탑과 규모와 축조수법이 동일한 방형 건물지의 기초부가 새롭게 발견되었다. 이 축기부는 원래의 계획이 변경되면서 사용되지 않은 시설로 보고서에서는 판단하고 있다. 그러나 굴광 판축의 깊이가 목탑이나 금당보다 오히려 70~80cm 정도 깊게 굴광되어 있어 만약에 이 축기부와 대응되는 금당이나 탑지가 있었다면 당연히 굴광 축기부가 발견되어야 할 것인데, 전혀 그러한 시설이 발견되지 않았다. 따라서 이 제석사

184 여호규, 2005, 「국가제사를 통해본 백제 도성제의 전개과정」, 『고대 도시와 왕권』, 충남대학교 백제연구소.
185 박순발, 2005, 「사비도성의 경관에 대하여」, 『고대 도시와 왕권』, 충남대학교 백제 연구소.
186 김길식, 2008, 「백제시조 구태묘와 능리사지 -구태묘에서 묘사로-」, 『한국고고학 보』 69, 한국고고학회.
187 국립부여문화재연구소, 2011, 『제석사지 발굴조사 보고서』.

가 왕실의 원찰이면서 제석신앙이 국조신앙과 결부된 관점에서 보면 이 방형 건물지는 시조를 모신 건물이었을 것으로 묘사(廟寺)의 기능을 수행했던 것으로 추정할 수 있다. 한편 제석사가 소실된 이후 생겨난 폐기물들을 완벽하게 수거하여 인근에 매몰했던 것도 이 사찰에 국조신을 모시고 제사를 받들었던 신성함에서 비롯된 것은 아닐까?

4. 신동리 제의유적

한편 왕궁을 중심으로 서쪽 2km 정도 떨어진 신동리에서 소위 대벽건물이 발견되었다.[188] 대벽건물이란 방형의 구를 굴착하고 그 내부에 주주(主柱), 간주(間柱), 동지주(棟持柱)의 기둥을 세워 벽체를 구성하여 지붕을 지지하는 형태의 건물로서 백제지역에서 주로 발견되는 유적이다. 이러한 유적은 일본에서도 많이 발견되는데, 백제지역에서 건너온 도래인과 관련된 유적으로 파악하고 있다.[189] 신동리에서는 3기가 조사되었는데, 토기류와 더불어 백제시대 기와가 출토되었다. 이곳에서는 이 대벽건물지와 더불어 집자리도 같이 발견되었는데, 일반적인 집자리와 평면형태나 축조수법에서 전혀 다르며, 내부시설도 후자의 경우에는 부엌과 같은 화덕시설을 갖추고 있어 차이를 보이고 있다.

이러한 대벽건물지는 공주 정지산[190], 공주 안영리[191]부여 군수리와 화지산[192] 등 공주, 부여, 익산지역에서 주로 발견되고 있다. 부여 군수리에서는 철제 아궁이틀과 연통이 출토되어 대벽건물이 주거지용일 가능성을 제기하고 있기도 하다.[193] 그러나 정지산 유적의 경우 주변에 목책을 두르고 사면을 가파

---

188 원광대학교 마한·백제문화연구소, 2006, 『익산 신동리 유적 -1, 2, 3지구』.
189 青柳泰介, 2002, 「大壁建物 考-韓日關係의 具體的 構築을 위한 一試論」, 『百濟研究』 35, 충남대학교 백제연구소.
190 국립공주박물관, 1996, 『정지산』.
191 충청문화재연구원, 1999, 『공주 안영리유적』.
192 국립부여문화재연구소, 2002, 『화지산』.
193 충남대학교 박물관, 2003, 『사비도성 -능산리 친 군수리지점 발굴조사 보고서-』.

그림 37. 신동리 대벽건물지 전경

르게 정지한 점 등에서 외부의 접근을 막는 의미가 강하기 때문에 도성을 구성하는 단위시설로 파악하였다. 나아가 정지산유적의 성격에 대해서는 무령왕의 빈시설(殯施設)의 가능성을 제기하면서 국가의 제사시설일 것으로 추정하고 있다.[194]

익산 신동리의 구조는 능산리 대벽건물지와 평면형태나 주변에 목책같은 시설이 있는 점에서 매우 유사하다. 다만 신동리에서는 앞서 지적한 대로 대벽건물지와 더불어 동일지역에 구조가 전혀 다른 일반적 성격의 백제시대 주거지가 분포하고 있기 때문에 그 성격도 서로 달랐을 것으로 판단된다. 따라서 신동리 유적의 대벽건물지도 정지산유적과 같이 천지신(天地神)에게 제사를 지냈던 의례시설일 가능성은 매우 높을 것으로 추정할 수 있다.

5. 수부명 기와

중국의 『舊唐書』나 『新唐書』의 「列傳」 百濟國條에 각각 "其王所居有東西兩城" "王居東西二城"이라 하여 동서(東西) 두 군데의 성에 왕이 머무르고 있는 소위 양성제(兩城制)를 운용하고 있음을 알 수 있다. 동서(東西) 양성제(兩城制)의 실제 운용 사례를 살펴 볼 수 있는 자료, 즉 동서 양성제로 판단되는 부여와 익산의 관계를 살필 수 있는 고고학 자료 가운데 주목되는 것은 두 지역에서 공히

---

[194] 국립공주박물관, 1996, 앞의 보고서.

"首府"명 와편과 "北舍"명 토기편이 발견되고 있다는 점이다.

먼저 "首府"銘 기와는 부여지역에서는 관북리에서 6점, 부소산성에서 1점이 출토되었고, 익산지역에서는 왕궁리유적에서 13점, 익산토성에서 1점이 출토되고 있다. 관북리 유적은 왕궁리 유적과 같이 왕궁유적으로 비정되고 있으며, 부소산성이나 익산토성은 피난성으로 기능을 하는 점에서 흥미롭다.

한국에서 수부(首府)는 수도(首都)와 동일한 개념으로 이해되거나 한 道의 감영(監營)이 있던 곳으로[195]인식되어 왔다. 이에 따라 수부명(首府銘) 기와의 출토는 곧 수도(首都)와 동일한 지역으로 해석되어 왔던 것이다. 그러나 중국에서는 "首府"는 고칭(古稱) "首邑"으로서 행정구역 개념 가운데 "首府"는 통상 소수민족의 자치지구의 정치, 경제, 문화, 교육의 중심으로 정리되고 있다.[196] 또한 수부의 의미를 "수"는 가장 중요하다는 의미를 담고 있는 형용사이며, "부"에는 주재지라는 의미를 포함하고 있다는 것이다. 중국에서 처음 수부의 개념이 등장하는 것은 영남수부(嶺南首府) 봉개현(封開縣)에서 비롯된 것으로 파악되고 있다. 영남지역은 진(秦)이 들어오기 전에는 월족(越族)들이 거주하던 곳이었지만, 진(秦)은 육국(六國)을 통일한 이후 계림(桂林), 상(象), 남해(南海) 삼군(三郡)을 설치하고 봉건 중앙조정의 관할하에 두었다. 그 후 조타(趙佗)에 의해 남월(南越)국이 건립되고 번우(番禺, 지금 廣州)가 정치문화의 중심이었으나, 봉건중앙정권 관할하에서 영남지구의 가장 이른 정치중심은 광신(廣信, 지금 봉개현)이며 전체 영남지구의 수부로 성립되었다.[197]

한편, 고창고성은 토로번(吐魯番)에서 동으로 약 50km 떨어져 있는데, 서한시기부터 군사를 주둔하며 개간이 이루어지기 시작하여 점차 군사적 거점으로 발전한 군·현급 도시의 지방정권 도성이다. 현재는 유구만이 잔존하지만 외성과 내성, 그리고 궁성으로 구분할 수 있다. 서한시기 고창벽루(高昌壁壘)로 출발해서

---

195 금성출판사, 1993, 『국어대사전』.
196 http://www.baike.baidu.com
197 高惠冰, 1996, 「封開縣古代"嶺南首府"存廢 探析」, 『嶺南文史』.

5개의 역사적 시기로 나눌 수 있는데, 640년 당나라가 고창국을 멸한 후 이곳에 서주을 설치하고 그 치소로 변모하기도 하지만, 명대에 성이 폐기될 때까지 1400여 년의 역사를 가지고 있다.[198] 특히 이 지역은 예부터 중국과 중앙아시아 서남아 각국을 드나드는 교통의 요지로서 "실크로드"에서 반드시 거치는 곳으로 자연스럽게 많은 민족들이 모여 살던 곳이다.[199] 토로번시(吐魯番市)에서 동남으로 약 4km 떨어진 곳에 西晉에서 당대에 걸쳐 고창고성에 살았던 사람들의 공공묘지로서 "阿斯塔那" 고분군이 자리하고 있다. 이 고분군의 면적은 남북 길이 2km, 동서 길이 약 5km로서 그 면적은 10만 ㎢에 달한다. 그런데 "阿斯塔那"라는 지명은 위그루 언어로 "首府"라는 뜻을 가진 단어라는 것이다.[200] 특히 고창고성이 수부로서 지위를 가지고 있었음은 문헌에서도 찾을 수 있다.[201]

"首府"의 어의(語義)를 중국식으로 다시 살펴 부여지방에서 출토된 "首府"명 기와와 관련된 성격을 백제 멸망 후 당에 의해 세워진 웅진도독부와 관련짓는 견해가 있다.[202] 곧 당이 백제의 고지를 지배하기 위한 기구인 웅진도독부를 백제의 수도였던 부여에 두었기 때문에 곧 "首府"가 설치되었다는 것이다. 부여지역과 같이 익산에서도 수부명 기와가 출토되는 것은 왕궁유적이 동서양성 가운데 동성에 해당하기 때문에 이곳에도 당의 건축행위가 있었다는 것이다. 이러한 견해에 대하여 "首府"명 기와의 수부는 1697년에 간행된 『귀양통지』의 예를 1천년 전의 예에 적용시킬 수 없을 뿐 아니라, 특히 20세기에 생겨난 식민지 개념과 수부를 연결시키는 것은 맞지 않다는 것이다. 특히 수부의 용례는 1469년 한국측 문헌에서 보이는데 그 의미는 한 도의 수부 특 감영 정도의 의미로 사용된 것이며, 또한 익산에서는 당 관련 유물이 익산지역에서는 한 점도 보이지 않기

---

198 梁濤, 2009, 「高昌城的興衰」, 『新疆地方志』 第2期.
199 辛文, 1976, 「高昌古城和交河古城」, 『文物』 12.26.
200 閻文儒, 1962, 「吐魯番的高昌古城」, 『文物』 8.29.
201 『明史』 卷三百二十九 火州傳, "火州 .... 東有荒城 即高昌國道"
202 박순발, 2013, 「백제도성의 시말」, 『중앙고고연구』 13, 중앙문화재연구원.

때문에 복도 운위하면서 익산을 부여에 설치되었던 웅진도독부와 일치시키는 것은 익산 왕도설을 부정하는데 지나지 않는다는 지적을 하고 있다.[203]

그러나 필자가 앞서 문헌기록의 왕흥사가 익산 미륵사를 지칭하고 있다는 사실과 창건 당시의 수도는 부여였지만, 완성 당시의 수도는 익산이었다는 점을 증명하였다. 또한 제석사와 그 폐기장의 발굴결과는 『관세음응험기』의 익산 천도사실을 뒷받침하고 있다. 특히 무왕 31년의 "重修泗沘之宮"의 기사는 이 당시 백제의 주도(主都)는 익산이며 부도(副都)는 부여임을 말해주고 있는 것이라 할 것이다. 따라서 부여와 익산에서 "首府"명 기와와 "北舍"명 토기편이 공통적으로 발견되는 것은 무왕대의 익산이 백제 수도였으며, 부여는 익산의 수부에 해당하는 사실을 보여주고 있는 고고학적 증거라 하겠다. 주지하다시피 무왕 사후 의자왕은 다시 부여로 복도하게 되는데, 이후 익산은 백제의 부도로서 부여의 "首府"가 되는 것이다.

마지막으로 익산토성 조사 당시 출토된 "北舍"명 토기 역시 부소산성, 부여 쌍북리·관북리 등 중요 유적에서 확인되는 유물로 '首府'명 기와와 '舍'명 토기의 출토는 익산토성의 중요성을 밝힐 수 있는 유물이라 할 수 있다. "北舍"명 토기 출토 건물지가 갖는 특징과 사비도성 내에서의 위치를 감안해 볼 때 이 건물지를 시조(始祖) 구태묘(仇台廟)로 보는 견해[204]를 참고하면, 익산토성 역시 익산이 백제수도였을 당시에 의미있는 역할을 했을 것으로 추정할 수 있다. 결국 부여와 익산은 백제 말기에 교차적으로 각각 수도와 수부로서 동서양성제의 기능을 수행했던 지역임을 확인 할 수 있는 것이다.

백제 말기 익산 천도사실은 직접적 기록으로 남겨진 『관세음응험기』를 제외하고도 『삼국사기』나 『삼국유사』의 무왕대 기사를 통하여 그 정황을 충분히 파

---

203 이도학, 2018, 「익산 천도 물증 '수부'명와에 대한 반론 검증」, 『백제도성연구』, 서경문화사.

204 서정석, 2014, 「부여 관북리 '北舍'銘 토기 출토 건물지의 성격 試考」, 『한국성곽학보』 24, 한국성곽학회.

악할 수 있었다. 또한 '枳慕蜜地'의 지모(枳慕)는 상해(上海) 방언(方言)으로 '金馬'와 동일하게 'jinmou'로 발음된다는 사실도 중국 현지에서 확인할 수 있었다. 이는 『세음응험기』의 신뢰성을 다시 한번 확인할 수 있는 것이다. 또한 삼국사기 무왕 31년조의 '重修泗沘之宮'은 사비가 수도가 아니라는 간접적인 증거이기도 하다.

백제 무왕대에 왕흥사는 왕업(王業) 곧 국가의 대업을 융성하길 바라는 뜻에서 창건된 사찰이다. 따라서 왕흥사는 왕실주도로 왕도에 건립되었던 것이다. 익산의 왕흥사는 미륵신앙을 통하여 왕업을 성취하고자 사명(寺名)을 미륵사로 명명한 것으로 당시 수도인 익산에 건립된 것은 매우 자연스러운 일이었다. 무왕사후 왕흥사는 위덕왕에 의해서 죽은 왕자를 위해 건립되었던 부여 규암에 위치하는 사찰로 그 기능이 옮겨간 것으로 볼 수 있다. 따라서 무왕대의 왕흥사와 의자왕 이후의 왕흥사는 그 기능은 같을지라도 각각 별개의 사찰이었던 것이다.

성왕 전사 이후 왕실과 재지세력간의 갈등은 마한의 고도였던 익산으로 천도 필요성이 제기되었다. 특히 부여에 정통성을 두려는 왕실과 마한에 뿌리를 둔 재지 귀족간에는 근본적으로 갈등이 내재되어 있었을 것이다. 따라서 토착신앙과 밀접한 관계가 있는 제석신앙을 이용해서 그러한 갈등을 해소하려 했던 것으로 풀이된다. 곧 천도 직후 제석사 내에 시조신을 모시는 묘우(廟宇)를 두어 재지세력을 포용하려 한 것으로 볼 수 있다. 이러한 사실은 발굴조사 결과에서도 잘 뒷받침되고 있다.

익산지역에는 왕흥사인 미륵사나 묘사인 제석사 외에도 왕궁, 왕릉, 성곽 등이 완벽하게 남아 있어 백제 수도로서의 면모를 잘 살필 수 있는 자료들이다. 이들 유적들과 더불어 신동리유적이 제사관련 유적으로 추정할 수 있다면, 주례(周禮) 고공기(考工記)의 "左祖右社面朝後市"의 내용[205]을 충실하게 따르고 있다

---

205 後市는 현재 금마면 소재지일 것으로 추정할 수 있는데, 고부읍성, 전라감영지 등의 발굴결과 고대의 官施設 지점에 후대에도 연속적으로 官施設이 들어서고 있음

고 할 것이다. 다시 말하면 익산지역은 고대 도성체계의 완전성을 잘 갖추고 있는 백제 왕도라 할 수 있는 것이다.

앞서 설명한 바와 같이 오늘날 익산지역의 발굴조사를 통하여 익산은 백제 무왕대의 수도였음이 속속 증명되고 있다. 그 가운데 가장 주목되는 것은 쌍릉(익산 왕릉원)의 조사결과라 할 것인데, 지금까지 많은 연구자들의 왕릉급이라는 막연한 추론에서 이제는 자연과학적 분석결과나 고분 구조의 분석을 통하여 그 피장자가 무왕이라는 사실이 밝혀진 것이다. 그것은 익산이 무왕대 수도였다는 사실을 뒷받침하는 결정적인 근거가 된다. 바로 고대국가에서 왕릉은 그가 통치했던 지역에 잠드는 것이 일반적인 예이기도 하기 때문이다. 또한 고분의 봉분축조 토목공법과 석재 가공기법은 다른 백제도성과 구별할 수 있는 익산의 백제문화 특성으로 규정할 수 있다.

익산지역에 분포하고 있는 성곽에 대한 정밀지표조사를 통하여 익산도성의 외곽성임을 확인한 것도 커다란 수확이다. 이러한 관점에서 왕궁을 둘러싸고 흐르는 옥룡천과 부상천은 해자적 기능을 할 수 있는 내성적 성격의 방어벽으로 이해할 수 있다. 또한 두 하천과 북단에 위치한 익산토성과 저토성과 연결되는 내부 공간은 익산도성의 경내로 이해될 수 있다. 특히 왕궁 남동쪽에서 발견된 도로유구는 고대 도시 모습을 복원할 수 있는 단초가 될 것이다.

왕궁이나 익산토성에서 출토된 "首府"명 인각와는 부여 관북리나 부소산성에서 출토되는 것과 같은 양상으로 익산과 부여는 백제시대에 동일한 성격의 고대 도시임을 말해주고 있는 것이다. 그것은 무왕 31년 "重修泗沘之宮"이라는 궁궐수리기사의 분석에서 익산이 수도였음이 증명되듯이 이를 뒷받침하는 고고학적인 자료인 것이다. 곧 무왕대 익산은 백제의 수도였을 당시에는 부여는 수부가 되고, 의자왕대에는 부여가 백제 수도가 되고 익산은 수부가 되는 것이다. 역설적이게도 부여에서 출토되는 "首府"명 인각와가 익산이 백제 무왕 재위

이 확인된다.

시기에 수도라는 점을 증명해 주고 있다.

이제는 백제시대 사비기의 익산이 아니라, 백제시대를 구분하는데 있어서 한성기, 웅진기, 사비기, 익산기로 시대구분이 이루어져 익산의 백제문화를 드러내는 시점에 이르렀다고 확신한다.

제3장 | **백제지방통치의**
거점
"중방 고사성"

제1절 머리말

전북지역은 동고서저의 지형으로서 서부 평야지대와 동부 산간지대로 구성되어 있다. 서부 평야지대에는 북에서부터 금강, 만경강, 동진강이 서해로 흘러 들어가고 있다. 금강은 장수에서 발원하여 충북 영동과 충남의 공주 부여, 그리고 군산을 거쳐 서해로 흐르지만, 만경강과 동진강은 그 발원이 각각 완주와 정읍으로서 두 하천 유역의 서부 평야지대를 중심으로 문화활동이 활발하게 이루어져 왔다. 한편 세 하천유역을 중심으로 전개된 고대문화의 양상을 최근의 고고학적 자료를 통해서 보면 세부적으로 그 특징이 다르게 나타나고 있음을 알 수 있다.

그 대표적인 한 예가 정읍 고부를 중심으로 마한 분구묘와 백제 석축묘가 각각 군집을 이루고 분포되어 있는데, 그것은 마한 기층세력을 바탕으로 백제 지방통치체제로의 편입을 의미하는 매우 중요한 지표가 되고 있다. 필자는 이 지역 내 묘제 변화뿐만 아니라 표식적인 유적의 상호관계를 통해서 백제 중방 고사부리성의 설치 배경을 추적한 바 있다. 나아가 백제 중방문화권 설정을 제안하고 그에 따른 구체적인 연구를 통하여 백제 지방통치의 한 단면을 복원하고 자 하였다.[1] 이러한 시도는 한국 고대사 연구가 정치적 중심지인 왕도 위주로 이루어져 왔던 경향에서 벗어나 도외시 되어 왔던 지방 고대사에 주목함으로서 균형잡힌 시각에서 고대사 복원이 가능할 것으로 확신한다.

일정한 공간적 범위에서 시간성을 공유하는 유적들의 기능적 성격을 실질적 으로 파악할 수 있다면 해당 지역의 정치 · 사회 · 문화에 대한 구체적인 모습이 복원 가능하리라 생각된다. 이러한 관점에서 보면, 김제 벽골제는 정읍 영원면 일대의 마한 분구묘를 축조한 집단의 경제적인 배경이 되었고, 부안 백산성은 유통의 거점으로서 당시 이 일대의 풍요하고 강성했던 지방세력의 한 단면을 그려낼 수 있다. 이러한 정치적 · 경제적인 배경을 가지고 있었던 지역이었기 때 문에 근초고왕이 마한세력의 병합과정에서 이곳에 들러 맹세할 정도로 매우 중 요하게 여길 수밖에 없었고, 사비기 이후 이곳은 백제 중방 오방성으로 자리잡 게 되는 배경이 되었을 것이다.

고부지역은 백제 지방통치의 주요 거점이었던 중방(中方) 고사성(古沙城)이 자 리하고 있는 곳으로 비정되어 왔는데, 고부 구읍성의 발굴조사를 비롯한 주변 유적의 조사에서 드러난 고고학적인 자료들이 그 치소를 특정할 수 있게 되었 다. 또한 은선리와 신정동에 집중적으로 분포되어 있는 횡혈식석실분은 백제 고지에서 가장 대규모 군집 고분으로서 백제 중앙문화의 지방 거점지역이라는 의미를 담고 있다. 은선리 고분군은 6세기 전반의 웅진 2식을 선행으로 대부분 6세기 중엽 이후의 웅진 3식과 사비 2식이 주로 축조되었는데, 그것은 웅진기부 터 백제의 중앙세력이 진출하기 시작하여 사비천도 이후 본격적으로 지방의 거 점으로 성장했음을 알 수 있다.

한편 정읍 신정동과 고창 오호리 고분군에서 웅진 2식의 횡혈식석실분이 군 집으로 발견되었는데, 특히 오호리에서 출토된 『○義將軍之印』銘의 청동 인장

---

1 최완규, 2013, 「김제 벽골제와 백제 중방성」, 『호남고고학보』 44, 호남고고학회.

은 백제 중앙에서 파견된 지방관의 관인이었을 것으로 추정된다. 이들 유적은 고사성을 중심으로 외곽에 거점으로 배치되어 영산강유역의 마한계 세력을 견제와 통치를 위한 포석일 수 있으며, 동시에 중방성의 하부조직의 행정단위의 거점이었을 가능성도 배제할 수 없다.

또한 백제는 수도인 사비뿐만 아니라 지방 거점이나 주요 교통로에 불상을 조성한 것으로 보이는데, 고사부리성 인근 보화리에서 조사된 2구의 불상입상이 이를 뒷받침해 준다.[2] 이외에도 금사동산성, 은선리 토성 등 주변에 분포하고 있는 다수의 산성도 백제 중방 고사성을 지지하고 있는 고고학적 자료들이다.

백제 오방성 가운데 유일하게 치소를 특정할 수 있는 중방 고사성의 구성요소에서 보면 치소에 해당하는 산성과 이를 지지하는 주변의 성곽, 사비시대의 횡혈식석실분이 대규모 군집을 이루고 있으며, 통치이념으로서 작용한 불교의 불상, 그리고 경제적으로 뒷받침할 수 있는 유적 등을 들 수 있다. 또한 방성이 설치되는 곳은 지리적인 조건은 우선 교통의 중심지로서 입지를 갖추고 있는 것이다.

특히 주목되는 것은 조선시대의 실학자 반계(磻溪) 유형원(柳馨遠)의 반계수록 (磻溪隨錄)의 제언(堤堰)편에 '湖南三大堤'라하여 김제 벽골제, 고부 눌제, 익산 황등제를 예시하고 있다. 그런데 우리나라 고대사회에서 가장 규모가 큰 수리시설인 벽골제와 눌제가 백제 중방 고사성의 공간적 범위에 자리하고 있다는 점은 수리시설의 축조가 정치체의 성장이나 성격과 관련해서 시사하는 바가 크다고 생각된다. 뒤에 언급하겠지만, 벽골제는 『삼국사기』, 『고려사』, 『조선왕조실록』 등 주요한 역사서에 초축과 수축기사가 지속적으로 기록되어 있기 때문에 국가에서 특별하게 관리가 이루어졌음을 알 수 있다. 그만큼 벽골제는 초축 이래 농업경제가 근본이었던 각 왕조에서 매우 중요한 관리 대상으로서 많은 관심이 있었음을 살필 수 있다.

2　원광대학교 마한 · 백제문화연구소, 1985, 『정읍 보화리석불입상주변 발굴조사보고서』.

『三國志』 동이전에 기록된 78국 가운데 저수지 의미가 포함된 국명이 보이는데, 변한의 "弁辰彌離彌凍國"과 "弁辰古資彌凍國"을 들 수 있다. 미리(彌離)는 물을 의미하며, 미동(彌凍)은 제방을 의미하는 것으로 볼 수 있다.[3] 따라서 저수지가 이러한 국(國)들의 성장에 중요한 기능을 했음을 보여준다. 그러나 삼국 초기에는 많은 노동력을 동원하여 대규모 제방을 만들 수 있는 집단력이 아직 확립되지 않았을 것으로 당시 저수지의 규모는 그다지 크지 않았을 것이다.[4] 그러나 최근 들어 백제의 중앙에서 축조한 것으로 인식되어 왔던 김제 벽골제의 축조 주체세력이 마한이라는 새로운 주장이 제기되었고, 특히 초축연대를 알 수 없었던 익산 황등제는 발굴조사에서 발견된 시료의 방사성탄소연대 측정결과 B.C.4~3세기로 밝혀져 학계의 관심이 집중되고 있다. 이러한 일련의 고고학적인 조사는 우리가 잘 알지 못했던 마한의 실체에 대한 새로운 접근이 가능하다는 점에서 앞으로 연구결과가 주목되고 있다.

1930년대부터 수력사회(水力社會, hydraulic society)이론으로 중국의 사회와 경제 구조를 분석한 Karl August Wittfogel(1896~1990)은 대규모 관개수리시설이 국가형성의 요인이 된다고 주장한 바 있다.[5] 그러나 한국의 경우 최근 연구결과 대규모 수리시설은 중앙집권화된 국가가 형성된 이후 국가에 의해서 건설된 결과가 도출되고 있기도 하다.[6] 따라서 이 장에서는 백제의 지방통치의 거점이었던 중방 고사성과 벽골제와 눌제에 대한 검토를 통해 그 의미를 찾아 보고자 한다.

---

3 이병도, 1975, 『한국고대사연구』, 박영사.

4 노중국, 2010, 「한국 고대의 저수지 축조와 역사적 의미」, 『고대 동북아시아의 수리와 제사』, 대한문화유산연구원.

5 Witfogel, Karl A, 1955, Development of Aspect of Hydraulic Societies. In Irrigation Civilizations: A Comparative Study, edited by Social Science Section. Department of Culyure Affairs. Social Science Monographs Ⅰ. Pan American Union, Washington D.C.

6 강봉원, 2003, 「한국 고대국가형성에 있어서 관개수리의 역할 : Wittgogel의 수리이론과 관련하여」, 『한국상고사학보』 39, 한국상고사학회.

한편, 정읍지역에는 우리나라에서 현존하는 시가 가운데 가장 오래된 것으로 알려진 "정읍사"가 전승되어 내려오고 있다. 고고학을 전공하는 필자로서는 정읍사의 성격이나 그 내용에 대한 분석을 시도한다는 것은 능력 밖의 일이라 하겠다. 다만 고고학적인 자료를 통하여 백제시대 지방통치의 중심이었던 중방성에 대한 실체를 논증[7]하면서 이와 더불어 정읍사를 시·공간적인 배경을 이해할 수 있도록 정읍사의 배경이 되었던 지역에 접근해 보도록 한다.

제2절 중방성의 기층문화 마한

1. 분묘유적

동진강권역에는 정읍과 부안 전역과 김제시의 황산면, 죽산면, 부량면, 봉남면 일대가 해당된다. 특히 이 권역에는 국내 최대의 농경유적인 벽골제가 위치하고 있고, 백제 중방 고사부리성이 발굴조사 결과 확인되고 있어 백제 지방통치와 관련된 지역으로 새롭게 주목되고 있다.

그런데 이들 지역에서는 공통적으로 중방성의 기층문화라 할 수 있는 마한유적들이 다수 확인되었다.

먼저 부안지역에서 마한관련 유적은 서해안 고속도로 건설과정에서 발견된 주구묘인데, 부곡리, 신리, 대동리, 하입석리 등이다.[8] 이들 주구묘들은 평면이 방형과 제형을 기본으로 하고 있으며, 대체로 1변이 개방되었고, 1, 2개의 모서리가 개방된 형태를 띠고 있다. 주매장주체부는 모두 삭평되어 발견되지 않았지만, 대상부나 주구에서 옹관편과 다량의 토기편이 발견되었다. 평명형태나 출토

---

7 최완규, 2013, 앞의 논문.
  최완규, 2016, 「백제 중방문화권내 마한 기층문화와 백제」, 『정읍속의 백제 중앙과 지방』, 정읍시·전북문화재연구원.
8 전북대학교 박물관, 2003, 『부안 대동리·하입석리유적』.

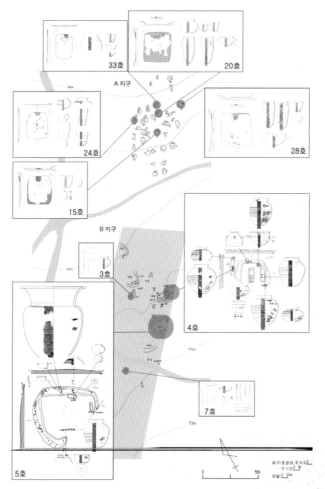

그림 1. 정읍 신면유적 배치도

유물에서 김제에서 발견되는 양상과 비슷하며, 전기에 해당하는 것으로 보인다.

정읍의 최남단에 위치한 신면유적에서는 지점을 달리해서 집자리와 더불어 분구묘 8기가 조사되었다.[9] 이와 같이 삶의 공간과 죽음의 공간을 구분해서 유적이 발견된 예는 인근 장성 환교유적에서도 발견되었는데, 취락에서 얼마 떨어

---

9 호남문화재연구원, 2011, 『정읍 신면유적』.

지지 않은 곳에 분묘군을 배치한 전통은 현재의 자연 부락에서도 확인되고 있다. 이들 분구묘의 평면은 방형에 가깝고 일변이 개방된 형태로서 수평확장이 이루어진 4호를 제외하고는 중복현상은 보이지 않고, 각각 개별적인 분포 양상을 보여주고 있다. 3, 4호에서 보면 주매장시설로는 토광이 중앙에 안치되어 있고, 대상부나 주구 또는 인접된 공간에서 옹관이 발견되고 있다.

정읍지역의 마한문화유적 가운데 가장 특징적인 것은 지사리나 운학리에 남아있는 분구묘의 존재를 들 수 있겠다. 이들 분구묘는 한동안 백제의 고분으로 알려져 왔지만 최근 마한 분묘에 대한 이해가 깊어지면서 마한 분묘의 축조 전통이 잘 반영되어 있는 것임을 알 수 있게 되었다.[10] 운학리 분구묘는 천태산에서 서쪽으로 내려온 지맥에서 탑립부락 북편의 서북방향으로 뻗은 대지 위에 남동에서 서북방향으로 3기의 분구묘가 일렬로 배치되어 있다.[11] 그 가운데 C호분의 분구는 직경 13.7m, 높이 2m 정도인데 분구 정상의 지표하 1m 지점에서 황회색으로 다진 석실 바닥이 노출되었다. 석실은 남북을 장축으로 길이 290cm, 폭 137cm로 4벽을 할석으로 쌓았으며 바닥에는 편평한 냇돌을 깔았다. 유물은 도굴이 이루어졌으나 동모편(銅鉾片) 1점, 금도은제교구(金塗銀製鉸具), 철지은장금도(鐵地銀張金塗)의 용문투조과판(龍紋透彫銙板)이 수습되었다. 과판은 일본 칠관(七觀) 고분의 출토 예와 수법과 성격 등이 동일한 것으로서 고대 한일간 교류관계를 알 수 있는 중요한 자료이다.[12]

그림 2. 정읍 운학리 분구묘 출토 금동과대편

---

10 崔完奎, 2000, 「馬韓 百濟墓制의 複合樣相」, 『日韓古代における埋葬法の比較研究』, 奈良國立文化財研究所.

11 전영래, 1974, 「정읍 운학리 고분군」, 『전북유적조사보고』 3.

12 전영래, 1979, 「정읍 운학리고분출토 용문투조과판·대금구의 재검토」, 『전북유적

지사리 분구묘는 은선리 지사부락 남방 금사동산성 서봉에서 서쪽으로 뻗은 구릉 위에 5기가 나란히 자리하고 있다. 정밀측량 결과 A, B, C호분은 방대형 분구이며, D, E호분은 원형 분

그림 3. 정읍 지사리 분구묘 전경

구임이 확인되었다.[13] 이들의 규모는 직경 15m에서 27m, 높이 1.7m에서 높이 3m 정도로 각각 차이를 보이고 있다. A호분의 경우 공사과정에서 분구정상 지표하 150cm 아래에서 석실이 노출되었는데 당시에 파괴되었고, 나머지도 분구 정상에 안치된 석실은 도굴된 것으로 운학리와 같은 수혈식석곽으로 추정되고 있다.[14]

이외에도 장문리, 남복리, 신천리, 주지리, 창동리, 고부리 등에 분구를 가지고 있는 고분에 대한 잔존 기록이 있어 정읍 일원에는 많은 마한 분구묘가 축조 되었을 것으로 추측된다.[15] 이러한 점은 최근 확인된 고창일원의 정밀지표조사나 발굴조사에서 정읍지역의 것들과 성격을 같이하는 분구묘들에서 마한문화의 단면을 살필 수 있다.

동진강권역의 고대문화는 마한 전기에 해당하는 주구묘 유적들이 넓은 공간적 범위에 분포하고 있지만, 후기에 들어서면 정읍 영원면 지사리나 운학리 일대에 집중되는 현상이 간취된다. 곧 이 지역을 중심으로 정치적인 구심점이 형성되어 있었다는 고고학적인 증거로 보인다. 한편 인근 은선리에서 웅진 2식을

조사보고』 10.

13 최완규, 2002, 「전북지방의 주구묘」, 『동아시아의 주구묘』, 호남고고학회 창립 10주년기념 국제학술회의, 호남고고학회.

14 전영래, 1980, 『고사부리』, 고부지방고대문화권조사보고서.

15 전주시립박물관, 1986, 『정읍지방문화재지표조사보고서』.

필두로 웅진 3식이나 사비 2식의 석실분이 군집으로 축조되면서 더 이상 마한 분구묘는 축조되지 않는데, 이는 백제 중앙세력이 이 지역에 진출한 근거가 된다. 이 지역에 대한 논의는 벽골제와 더불어 각 유적간의 상호 관련성을 밝힘으로서 장을 달리하여 자세히 살펴볼 것이다.

2. 주거유적

마한과 관련된 집자리는 정읍 신정동유적의 A, E지구에서 조사된 13기가 대표적이다.[16] 이들 집자리의 평면형태는 모두 방형이지만 사면에 위치한 관계로 아래쪽은 심하게 유실된 상태였다. 내부시설로는 A-3, 6, 11호와 E-4호 등 4기에서는 화덕시설이 확인되었지만, 나머지에서는 화덕위치가 집자리 아래쪽 경사면에 위치했었기 때문에 유실된 것으로 추정된다. 화덕의 구조는 상면을 얕게 파고 장란형토기를 양쪽에 도치시켜 솥받침으로 사용하고 주변에 토기편을 깔아 보강한 경우와 석재를 솥받침으로 사용한 것으로 구분된다. 주공은 A-3, 6, 7호에서 4주식의 배치가 확인되지만 나머지에서는 불규칙하거나 주공이 굴착되지 않은 경우도 있다. 한편 벽구시설은 A-6호에서만 확인되기 때문에 이곳에서는 벽구가 보편적으로 채용되지 않았을 가능성도 배제할 수 없지만 경사면에 위치한 관계로 내부에 특별히 벽구가 필요치 않았을 것으로 추정된다. 이곳에서 출토된 유물은 심발형토기와 장란형토기 그리고 호형토기가 주를 이루고 주구토기도 2점이 수습되었다. 신정동 집자리는 평면형태나 내부시설에서 호남지역의 마한 집자리들과 차이를 보이지 않고 출토유물의 맥락도 같은 양상으로 4세기 무렵으로 중심연대로 설정할 수 있을 것이다.

이외에도 정읍 장수동에서는 A.D.2~3세기 해당하는 집자리 19기가 조사되었는데,[17] 평면이 방형이며, 출토유물은 발형토기, 장란토기, 시루, 파수부토기,

---

16 원광대학교 마한 · 백제문화연구소, 2005, 『정읍 신정동 유적』.
17 호남문화재연구원, 2007, 『정읍 장수동 유적』.

어망추 등이다. 그리고 정읍 접지리와 마석리의 34기[18], 정읍 외장·오정에서 20기[19] 등 대규모 취락이 발견되고 있지만, 집자리의 평면형태나 내부구조, 그리고 출토유물에 있어서 서해안 일대에서 발견되는 마한계 집자리들과 동일한 양상을 띠고 있다.

제3절 백제 중방 고사성의 구성 내용

1. 공간적 범위

사비시대의 지방통치체제는 '5方 37郡 200城'으로 편제되는데, 오방성에 대한 기록은 중국측 사서인 「周書」, 「隨書」, 「北史」, 「翰苑」 등에서 보인다. 이에 따르면 오방은 중방성, 동방성, 남방성, 서방성, 북방성으로 나뉘는데, 동방성은 은진으로, 북방성은 공주로, 중방성은 고부지역으로 비정하는 것으로 대체적인 의견이 일치되고 있다. 다만, 서방성과 남방성에 대해서는 아직 논쟁의 여지들이 있는 듯 하다.

사비시기 5방제 또는 방·군·성제에서 고부지역이 방성으로서 중요한 기능을 담당했으며, 그 관할 범위 내에 군, 성을 두고 체계적인 지방통치 기능을 수행했다. 그러나 고부지역이 언제 백제의 영역으로 편입되었는지, 중방성이 들어서기 이전 이 지역에 대한 백제의 지배방식이 어떠했는지 자세히 알기 어렵다. 이는 백제의 영역 확대 과정을 살펴볼 수 있는 문헌자료가 거의 없기 때문에 정황적인 판단에 의해서 해석을 내릴 수 밖에 없는 상황이다. 따라서 부족한 문헌자료를 보완하기 위해서는 고고학적인 자료를 적극적으로 활용하여 공간적 범위와 그 구성 내용을 파악해 볼 수 있다.

백제 중방성의 공간적 범위를 먼저 문헌자료인 『三國史記』에서 살펴보면,

---

18 전라문화유산연구원, 2012, 『정읍 접지리·마석리유적』.
19 전주문화유산연구원, 2010, 『정읍 외장·오정유적』.

가)「古阜郡 本百濟古眇夫里郡 景德王改名 今因之 領縣三 扶寧縣 本百濟皆火縣 景德王改名 今因之 喜安縣 本百濟欣良買縣 景德王改名 今保安縣 尙質縣 本百濟上柒縣 景德王改名 今因之」[20]

나)「古四州 本古沙夫里五縣 平倭縣 本古沙夫村 帶山縣 本大尸山 辟城縣 本辟骨 佐贊縣 本上杜 淳牟縣 本豆奈只」[21]

가)의 자료에서 보면 고부군은 본래 백제의 고사부리군이었고 영현이 셋인데, 부녕현(현재 개화), 희안현(현재 보안), 상질현(고창 흥덕)[22] 등으로 부안과 고창 일부가 고부군에 속했음을 알 수 있다.

나)의 자료를 보면, 고사부는 고사부리를 줄인 말로 고사주의 관할 구역을 중방성의 구역으로 볼 수 있고, 특히 이 고사가 평왜현으로 바뀌고 있는데, 이는 백제 부흥군을 지원하러 온 왜군을 토벌한 지역이어서 이러한 이름이 붙여진 것으로 추정하기도 한다.[23] 이들 영현을 현재의 지명과 대비해 보면, 평왜현(고부), 대산현(태인), 벽성현(김제), 좌찬현(흥덕), 순모현(만경)임을 알 수 있다.

이상의 문헌 자료에서 보면 고부의 영현을 통해서 중방성의 공간적 범위를 특정할 수 있을 것인데, 곧 김제, 부안, 정읍, 고창의 흥덕이 포함되고 있음을 알 수 있다.

그런데 김제 벽골제의 중수비에는 5개의 수문에서 출수되는 물길이 닿는 지역을 기록하고 있는데, 백제시대에 주요한 수리시설이 벽골제라는 관점에서 매우 중요한 의미를 담고 있다. 바로 벽골제의 물을 이용하여 농사를 짓고 있다는 것은 몽리면적을 의미하고 있기 때문이다. 곧 하나의 정치, 경제권역임을 상정할 수 있는 것이다.

---

20 『三國史記』卷第三十六 地理 三.

21 『三國史記』卷第三十七 地理 四.

22 김주성, 2016, 「백제 통치조직의 변화와 중방성」, 『정읍속의 백제 중앙과 지방』, 정읍시·전북문화재연구원.

23 김주성, 2016, 앞의 논문.

벽골제 중수비에는 『提
之長六萬八百四十三尺
提內周回七萬七千四百
六步 開五渠灌漑水田凡
九千八百四十結九十五負
古籍所載也 基堤一曰水餘
渠跨一水流至萬頃縣之南
第二曰 長生渠跨二水流至
萬頃縣之西潤富之源 第三
曰中心渠跨一水流之古阜
之北扶寧之東 第四曰經藏
渠 第五曰流通渠竝跨一水

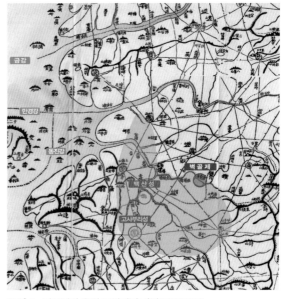

그림 4. 벽골제의 추정 몽리면적 범위(대동여지도)

流入仁義縣西 五渠所灌土皆沃饒是堤也…』라고 기록되어 있다.

이에 따르면 "수여거는 만경현의 남쪽에 이르고, 장생거의 물줄기는 만경현
의 서쪽 윤부의 근원에 이르며, 중심거의 물줄기는 고부의 북쪽 부령의 동쪽에
이르고, 경장거와 유통거의 물줄기는 인의현의 서쪽으로 흘러간다. 다섯 도랑
에서 물을 대는 땅은 모두가 비옥했는데, 신라와 백제로부터 백성에게 이익을
주었다"라고 기록하고 있다.

결국 문헌상에 보이는 고부군의 속현들은 벽골제 중수비에 보이는 몽리지역
과 정확히 일치하고 있음을 확인할 수 있다. 따라서 백제 중방성의 공간적 범위
는 오늘날 김제, 만경, 부안, 정읍, 고창 흥덕까지 포함하고 있었다. 곧 동진강
유역을 중심으로 하는 지역이 백제 중방성의 통치 범위 내에 속하고 있는데, 이
지역을 중심으로 잔존하고 있는 고고학적 유적의 연관성을 밝히는 것이야말로
중방성의 모습을 그려 볼 수도 있을 것이다.

2. 중방 고사성의 구성내용

『삼국사기』 지리지나 벽골제 중수비에서 확인된 백제 중방성의 공간적 범위

내에 위치하고 있는 동시대의 유적들의 성격을 특정할 수 있다면, 백제 지방통치의 거점이었던 중방성의 설치 배경이나 그 내용을 구체적으로 설명할 수 있을 것이다.

먼저 동진강유역을 중심으로 고부지역에 중방성을 설치하기 이전의 문화양상을 살펴 볼 필요가 있다. 그것은 중방성 설치의 배경으로 작용했을 단서들을 선행적인 마한 관련 유적에서 찾을 수 있다. 동진강유역권은 정읍시과 부안군, 김제시의 황산면, 죽산면, 부량면, 봉남면 일대가 해당되는데, 표식적인 유적으로는 마한 분구묘를 비롯해 벽골제와 백산성 유적을 들 수 있다. 최근 지표조사에서는 마한 분구묘가 집중분포하고 있는 은선리를 비롯한 고부 일대에는 백제 석축묘가 가장 많이 군집을 이루고 있음이 확인되었다. 분구묘에서 석축묘(석실분)으로 전환은 정치, 문화적으로 백제의 영역화가 이루어진 고고학적 지표로 해석할 수 있다. 또한 벽골제는 문헌이나 발굴조사 결과 백제 영역화 이전에 초축이 이루진 것이 확인되고 있기 때문에 마한에서 백제에 걸치는 유적으로 판단된다. 벽골제를 통한 농업생산력이야말로 백제 중방성의 경제적 기반이 되었다는 유추가 가능하다. 과거 테뫼식 산성으로 알려졌던 백산성 역시 발굴조사 결과 산성이 아니라 마한관련 토기와 탄화곡물이 다량 검출됨에 따라 백산성이 위치한 지리적인 위치를 감안하여 농업생산물의 집산지와 관련한 유통유적으로 특정할 수 있다. 이와같이 동진강유역에서 발굴조사된 유적으로 중심으로 살펴보면 강력한 마한의 정치문화의 중심지를 이루고 있었기 때문에 이를 바탕으로 백제 중방성이 설치될 수 있었다.

1) 중방성의 치소 고사부리성(고부 구읍성)

당초 고부 구읍성의 조사목적은 성 내부에 있는 조선시대의 관아 등을 복원·정비하기 위한 것이었는데, 조사결과 백제시대에 최초로 성벽이 축조되었던 사실이 확인되었다.[24] 북문지의 경우 두 차례 이상 개·보수가 이루어진 것

---

24 전북문화재연구원, 2013, 『정읍 고사부리성 -종합보고서(1-5차 발굴조사)-』.

그림 5. 백제 중방 고사부리성 항공사진

그림 6. 고사부리성 북문 발굴상태

그림 7. '상부사항'명 기와

으로 초축 당시의 것은 백제시대 성문에서 자주 보이는 어긋문 형태를 하고 있다. 또한 성문과 성벽 성석의 치석에서 보면 장방형으로 정교하게 다듬은 석재를 이용하여 줄쌓기 방법으로 축조하고 있고, 각각의 성석 크기도 거의 일정하다. 이러한 성석을 다듬은 수법은 웅진말기 공산성의 연지에서 확인되었고, 사비시대에는 보편화된 기술로 고부 구읍성의 석성은 이 시기에 축조된 것으로 추정된다. 성벽의 축조방법은 북문지 주변의 성벽 기초부는 수평하게 성토한 후 'ㄴ'자로 파내어 축조하였고, 동성벽 트렌치 외벽의 경우 생토면을 'ㄴ'자로

턱을 만들어 축조되어 있는 점이 확인된다. 이러한 성벽 축조방법은 부여 나성의 경우나 성흥산성 예에서 찾을 수 있어 역시 백제 석성의 축성법임을 알 수 있다.

서문지로 추정되었던 지점에 대한 조사결과 문지와 관련된 시설을 찾을 수 없었다. 다만 성 밖의 경사가 매우 급한 점, 성내에서 지형이 가장 낮아 우수가 집중된다는 점, 인접한 곳에 집수정, 우물같은 저수시설이 확인되는 것으로 미루어 성문과 관련된 시설이라기보다 수구지였을 가능성이 높다고 판단되었다. 이후 3차 조사에서 확인된 집수정은 평면형태를 장방형으로 석축하고 있는데 상부가 넓은 역사다리꼴로 추정된다. 이러한 집수정의 형태는 순천 검단산성, 광양 마로산성, 여수 고락산성 등 백제산성에서 확인된 시설과 동일한 것으로 생각된다.

특히 북문지에서 출토된 '上部上巷'명의 인각와는 고부 구읍성이 백제 중방 고사부리성일 가능성을 높여 주는 결정적 단서를 마련해 준 것으로 보인다. 백제의 오부체제는 도성 아래에 상·중·하·전·후부 등 오부로 나누어 통치했는데, 이러한 근거는 사비기의 백제유적과 익산 왕궁유적 등에서도 기와에 압인된 상태로 확인되고 있다. 고부 구읍성에서 출토된 기와는 원형의 인장이 아닌 장방형 인장을 사용하고 오부오항(五部五巷)까지 압인되어 있는데, 이러한 예는 부여 궁남지 출토 '西部後巷....'명의 목간이 있을 뿐으로 백제 사비시대의 지방 통치체제를 연구하는데 귀중한 자료로 평가된다.

표 1. 고사부리성 조사현황

구분	조사연도	주요내용	조사기관
지표 조사	2000	·문지 3개소, 우물 4개소, 추정건물지 4개소 등 확인	원광대학교 박물관
민락정 조사	2002	·정면 5칸, 측면 4칸 건물지 확인	
시굴 조사	2003	·건물지 관련유구 확인(초석, 기단석렬, 적심유구)	전북문화재 연구원
1차 조사	2004	·남편대지 조사(조선시대 건물지 확인) ·옹정(擁正) 12년명, 홍치(弘治) 16년명 등 조선시대 기와 출토	

구분	조사연도	주요내용	조사기관
2차 조사	2005	· 삼국시대 북문지(어긋문), 초축 성벽, 조선시대 객사지 조사 · '上卩 上巷'명 백제시대 기와 출토(북문지)	전북문화재 연구원
3차 조사	2006	· 집수지, 추정 수구지 및 주변 성벽조사 · 삼국시대 초축 집수정 바닥에서 삿자리 확인 · 기마병 선각와, '本彼官'명 기와 출토	
4차 조사	2010	· 서문지(어긋문), 남문지, 남성벽 조사	
5차 조사	2011	· 서문지, 남문지, 남서성벽 조사	

2) 중방성의 경제적 기반, 벽골제와 눌제

① 김제 벽골제

김제 벽골제는 우리나라 최고 · 최대의 저수지로서 널리 알려진 한반도 농경 문화의 대표적인 유적이다. 우선 현재의 현황은 부량면 포교리를 기점으로 남 쪽으로 월승리에 이르는 평지에 남북으로 약 3km의 제방이 일직선을 이루며 잔존한다. 제방의 남과 북의 양단에 가까운 2개소와 중앙의 1개소에 수문지임 을 알려주는 거대한 돌기둥이 우뚝 서 있다. 벽골제중수비문에 의하면 수문은 2

그림 8. 김제 벽골제 항공사진

그림 9. 김제 벽골제 제방 축조상태

개소가 더 있었던 것으로 기록되어 있다.

이 유적에 대해서는 1925년 동진농지개량조합에서 농지관개용 간선수로를 만들면서 제방이 크게 훼손되었고, 1961년 북단에 위치한 수문지(長生渠)의 석주를 노출하여 보존하고자 하는 사업에서도 주위에 석축을 시설하는 과정에서 유적의 훼손된 바 있다. 현재는 장생거와 경장거의 수문이 1975년도 발굴조사 이후 복원되었고, 주변의 민가가 철거되고 정리가 완료되어 벽골제 제방의 위용을 보여주고 있다.

벽골제의 중요성은 무엇보다도 삼국시대의 역사를 기록하고 있는 『삼국사기』[25]나 『삼국유사』[26]에 그 시축기사와 개축기사[27]가 정확히 기록되어 있다는 점이다. 이 두 역사서는 모두 고려시대에 편찬된 것으로 주로 왕조 중심의 역사적 사실을 기록하고 있는 점이 특징인데, 예외적으로 당시 백제 수도인 한강유역에서 멀리 떨어진 김제 벽골제가 '신라 흘해왕 21년(330년)'에 처음 축조된 것으로 적고 있다. 330년 당시 백제 영역에 속하였던 김제 벽골제의 축조기사가 「신라본기」에 적혀 있다는 사실에 대하여, 백제 비류왕 27년의 기사가 잘못 기록된 것으로 단순하게 생각할 수도 있겠지만, 원래부터 백제본기에 수록되지 않았을 가능성이 있다. 왜냐하면 벽골제 축조 사실은 백제와 신라 사이의 특별한 관계 속에서 이루어졌던 공동의 정치행위가 아니라 단순한 민생과 밀접한

---

25 『三國史記』 新羅本紀 第二, 訖解尼師今 二十一年條, 始開碧骨池岸長一千八百步.

26 『三國遺事』 卷第1, 第16, 乞解尼叱今, 己丑 始築碧骨堤 周(七)萬千二十六步.

27 『三國史記』 新羅本紀 第十, 元聖王 六年條, 增築碧骨堤徵全州等七州人興役.

저수지의 축조 사실이기 때문에 『삼국사기』의 찬자가 백제본기에 속해 있던 벽
골제 시축기사를 의도적으로 신라본기에 옮겨 적을 만한 사유는 없었다고 본
다. 또한 김제지역이 백제에 복속된 시기는 『일본서기』 신공기[28]의 내용을 철저
한 사료비판을 통해 백제 근초고왕대의 남정과 관련된 기사로 변환해서 추정해
보면 369년에 해당하기 때문이다.

결국 벽골제의 최초 축조는 백제의 중앙세력이 중심이 되어 이루어진 것이라
기보다 김제지역에 자리잡고 있었던 마한세력에 의해 최초로 축조되었을 가능
성이 있다. 곧 벽골제 축조의 주인공들은 김제를 중심으로 삶을 영위했던 우리
선조들인 것이다. 한편 벽골제의 몽리 농경지에서 생산된 잉여 농산물의 유통
거점이었을 것으로 추정되는 부안 백산성이 인근에 위치하고 있다. 이 유적의
발굴조사 결과[29] 4세기 초에 해당하는 유구가 검출되고 그 내부에서 다량의 탄
화된 곡물류가 발견되고 있어 이러한 사실을 뒷받침한다고 판단된다.

이후 벽골제와 관련된 기록들은 삼국사기 외에, 고려사, 조선시대 왕조실록
등 역사서에서 중수와 관련된 내용들이 다수 보이고 있는데, 농경사회에서 벽
골제가 국가적 관심 속에서 관리되어 왔음을 증명하고 있는 자료들이다. 이러
한 기록들을 통해 우리는 김제지역이 한반도 농경사회에 있어서 지속적으로 가
장 중심적인 역할을 담당했던 곳임을 확인할 수 있다.

『삼국사기』 기록에 의하면 330년 처음 벽골제가 축조되었을 당시 규모가
1,800보라고 적고 있지만, 이후에 중수하는 과정에서 좀 더 확장되는 것으로 파
악되고 있다. 『신증동국여지승람』에 실려 있는 「벽골제중수비문」에 따르면, 제
방의 높이는 5.23m, 하변의 폭은 21.5m, 상변이 9.24m라고 되어 있는데, 현재
남아 있는 제방의 길이는 무려 3km에 달한다. 이렇듯 엄청난 규모의 벽골제 제
방은 당시 토목 기술력 보면, 오늘날 새만금 방조제나 서산 간척지와 비교되는

---

28 『日本書紀』 卷第9, 神功皇后, "以賜百濟 於是 其王肖古及王子貴須 亦領軍來會 時
比利辟中布彌支半古四邑 自然降服"
29 전북문화재연구원, 2011, 『부안 백산성』.

그림 10. 김제 벽골제 제방 동서 단면 축조상태

엄청난 토목공사였다.

　이와 같은 벽골제 축조의 대규모 토목공사는 많은 주민들의 단결된 힘에서 가능했을 것이다. 하늘만 바라보고 농사를 짓는 것이 아니라, 스스로 자연을 극복해 인위적으로 물 관리를 가능하게 했던 불굴의 개척정신을 보여주는 산 증거인 것이다. 또한 제방축조 기술은 우리나라 대형 토목공사의 원형이 곧바로 벽골제에서 출발한 것으로 그 의미를 부여할 수 있는 것이다.

　축조공법을 보면 누수로부터 제방이 훼손되는 것으로 방지하기 위해 먼저 최하단에 식물부재를 까는 부엽공법을 채용하고 있는데, 부엽 위에는 토낭(흙덩이)과 점토를 번갈아 성토하고 상단부에는 인근 산에서 채취한 붉은색의 토사를 이용하여 제방을 축조하고 있다. 이러한 공법은 오사카의 사야마이케의 제방 축조에도 영향을 미친 것으로 밝혀져 일본 고대 제방축조기술의 원류가 곧 바로 김제 벽골제였음을 알 수 있는데, 벽골제의 국제성을 입증하고 있는 것이다.

　벽골제를 이용한 농업 생산력은 매우 높았을 것이며, 이러한 경제적 기반은 이 지역을 중심으로 정치적 집단이 성장했을 가능성을 보여 준다. 그런데 고사부리성 주변에서는 백제의 중방성이 설치되기 이전에 축조된 것으로 보이는 마한전통의 분구묘가 군집된 형태로 조사되었는데, 지사리와 운학리 고분군이 그 것이다. 다시 말하면 백제 중방성이 설치될 수 있는 배경에는 이 지역이 마한의 소국으로서 상당한 경제력을 갖춘 정치세력이 자리잡고 있었기 때문에 가능했던 것이다.

　이와 같이 백제 지방통치의 중심인 중방성과 관련해서는 벽골제를 통한 농업 생산력의 경제적 기반없이는 불가능했을 것이다. 한편 벽골제 인근 장화동유적에서 조사된 백제시대의 기와요지와 건물지[30]는 벽골제의 제방이나 수리 관리와 관련있는 유적일 가능성이 매우 높다. 또한 이곳에서 출토된 연화문 수막새와 평기와들은 백제 왕도에서 출토되는 것과 비교할 정도로 수준 높은 것이어서 이 건물유적의 위상을 가늠해 볼 수 있다.

② 고부 눌제

정읍 눌제(訥堤)는 김제 벽골제, 익산 황등제와 함께 '三湖' 또는 '湖南三大堤'의 하나로 알려져 있으며, 조선시대 초부터 문헌기록, 후기에는 여러 고지도에서 관련 지명이 확인되고 있다. 그럼에도 불구하고 눌제가 언제 초축되었는지 그리고 본래 구조와 기능에 대해서는 분명치 않다. 조선 초기인 태종 때 수축이 필요하다고 건의한 것으로 보아 눌제가 조선시대 이전에 축조되어 어느 시기에 폐제되어 조선전기까지 이어진 것으로 볼 수 있다.

눌제의 규모는『세종실록』세종 1년 2월 25일 기록에 완성된 눌제 제방의 길이는 3천 4백 80척으로 기록되어 있다.[31]『동국여지지』에는 둑의 길이 1,200보, 둘레 40리로 기록하였으며, 율호(律湖)로 달리 불리고 있다.『여지도서』에는 규모가 둘레 1천 5백 94보로 되어 있다.[32] 김정호의『대동지지』에는 제방 길이가 약 1,200보, 둘레 약 40리로 기록되어 있고,[33]『증보문헌비고』에도 제방 길이가 약 1,200보, 둘레 약 40리로 기록되어 있다.[34]

문헌자료를 기초로 현재로서 확인할 수 있는 것은 조선시대 이전에 초축된 것으로 보이며, 세종 1년(1419) 중수되었다가 세종 2년(1420) 궤결되었다. 이후 궤

---

30 전북문화재연구원, 2011,『김제 장화동 유적』.

31 『朝鮮王朝實錄』「世宗實錄」卷9, 世宗一年二月二十五日 全羅道監司報古阜郡訥堤成, 堤長三千四百八十尺。自是年正月十日始, 二月十日畢, 凡役一萬一千五百八十名。

32 『輿地圖書』全羅道, 古阜, 堤堰:栗池堤, 周一千五百九十四步, 在郡北二十里.

33 『大東地志』卷11, 全羅道18邑, 古阜, 山水…堤長一千二百步, 周四十里….

34 『增補文獻備考』卷22, 輿地考10, 山川4, 全羅道, 古阜, …訥堤湖:訥川爲湖, 堤長一千二百步, 周四十里, 在西八里.

결상태에서 방치되어 있었고 둑 내부는 개답되었으며, 19세기 중반에는 고부천 하도에 소규모 보가 설치되어 있었다는 것(蟹洑)으로 추정하고 있다. 20세기 초 고부수리조합에 의해 근대적 수리시설이 들어서고 경지정리가 이루어졌으며, 최근 지방도 710호선이 확장되면서 지금은 옛 둑의 흔적을 일부 확인할 수 있을 뿐이다.

눌제 또는 율지가 기록된 지도는 조선시대 후기인 18세기 중반부터이다. 19세기 중엽에 제작된 동여도, 대동여지도, 1872년 지방지도에 눌제(訥堤)가 표기되어 있으나 이보다 다소 이른 지도에는 눌제가 표기되지 않고, 율지교(栗池橋)나 눌제천(訥堤川)만 표기되어 있어 세종 2년(1420)에 결괴된 눌제가 그대로 전하고 있던 것으로 보이며, 이후 동여도, 대동여지도의 눌제는 상징적인 기록 또는 결괴 이후 보(洑)로 이용되던 기록으로 추정된다.

최근 2020년 제정된 "역사문화권 정비 등에 관한 특별법" 가운데 '마한역사문화권'에 근거한 전북지역 마한유적 발굴조사 및 학술연구 추진방향, 그리고 유적의 보존 정비 방안의 기초자료를 확보하고자 눌제 유적에 대한 한정적 발굴조사가 실시되었다.[35] 그 결과 확인된 눌제의 제방 성토양상은 김제 벽골제의 초축제방의 기초부 조성 및 제체 성토 공정이나 익산 황등제의 기초부 조성 성토 양상과 매우 유사한 것으로 밝혀졌다.

3) 중방성 유통의 거점 부안 백산성

마한세력에 의해 축조된 벽골제는 이 지역에서 농업 생산력의 획기적인 증가를 가져오게 되어 경제적인 부의 축적으로 이어지게 된다. 또한 잉여 농산물의 유통을 통해 부의 축적은 물론, 필요한 물자를 획득하고자 했을 것이다. 벽골제 인근에는 유통과정에서 농산물의 집산이 이루어졌을 것으로 생각되는 유적이 바로 부안 백산성이다.

---

35 전북문화재연구원, 2018, 『정읍 눌제(추정 수문지) 시굴조사 약보고서』.
전북문화재연구원, 2023, 『정읍 제방 추정지내 시굴조사 약보고서』.

그림 11. 부안 백산성 원경

백산성은 고부와 부안으로 갈라지는 지점인 주안군 백산면 용계리의 해발 47.4m의 백산에 위치하고 있다. 백산은 동진강 하구에 넓게 발달한 충적평야 가운데 섬처럼 독립된 산상을 이루는데 이곳에 백산성이 자리하고 있다. 백산의 동쪽 아래는 동진강이 북류하여 서해로 흘러가고, 동진강과 고부천의 합류지점까지는 약 6km 정도 떨어져 있으며, 남으로 연장되는 능선은 정읍 고사부리성이 위치한 고부에 연결되고 있다. 백산성의 정상에 서면 동서남북

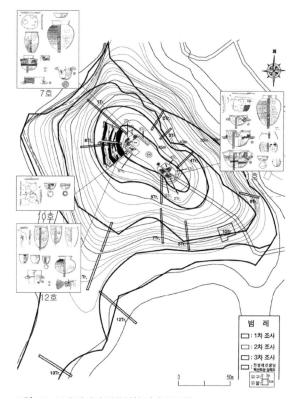

그림 12. 부안 백산성 발굴현황 및 출토유물

의 교통로와 동진강변을 비롯한 서쪽의 부안, 남쪽의 고부 방면 등에 대한 조망이 용이하다. 백산성은 백산의 정상부를 감싸고 있는 테뫼식 산성으로 전체 둘레는 1,064m에 달하면 평면 장축 길이는 358m, 폭 230m에 이르는 것으로 알려져 왔다.[36]

백산성은 3차에 걸쳐 발굴조사가 실시되었는데, 당초 예상되었던 백제시대의 성벽은 확인되지 않았다. 1차 조사[37]에서는 정상부에서 원삼국시대 집자리 1기와 구석기시대 문화층과 청동기시대의 유물포함층과 특히 방어시설로 판단되는 3중의 다중환호가 경사면을 따라 굴착되었음이 확인되었다.

2차 조사에서는 원국시대 주거지 17기, 시대미상의 석관묘 1기, 구상유구와 주혈군이 확인되었다.[38] 출토유물은 완, 발, 장란형토기, 시루, 주구토기 등 자비용기가 주를 이루고, 이외에 방추차, 철도자, 옥 등이 출토되었다. 특히 자연유물로는 쌀, 밀, 보리, 조, 콩, 팥 등의 탄화작물종자와 다양한 잡초종자, 동물의 뼈 등이 다량으로 출토되었다. 이러한 다양한 종류의 곡물류는 바로 이곳이 농산물의 집산지로서 유통의 거점이 되었다는 사실을 뒷받침하는 적극적인 자료인 것이다.[39] 또한 이곳의 수로교통과 관련해서는 『신증동국여지승람』의 부안현 산천조에 주목되는 기사가 보인다. 그 내용을 보면[40] 백산성에서 서해로 나아가는 길목에는 "東津이 위치하는데 이를 通津이라고도 하며, 벽골과 눌제의 물이 합쳐져 북으로 흘러 이 나루가 되는데, 현에서 16리에 있다"라 하여 김

----

36 전영래, 2003, 『전북 고대산성조사보고서』, 전라북도 · 한서고대연구소.

37 전북문화재연구원, 2010, 앞의 보고서.

38 전북문화재연구원, 2011, 『부안 백산성Ⅱ』.

39 동학농민혁명 당시에 이곳에 집결했던 농민들이 무려 1만여 명에 달했다고 알려지고 있으며, 훗날 사람들은 이를 회상하여 '앉으면 竹山, 서면 白山'이라고 불렸다고 한다. 이러한 백산 봉기는 동학농민혁명사에서 1차 봉기 이후 흩어진 농민군이 재집결하여 전열을 가다듬어 전국적으로 확산해 나간 점에 의의를 두고 있다.

40 『新增東國輿地勝覽』, 扶安縣 山川條, 「東津 一名通津碧骨訥堤之水合而北流爲此津在縣東十六里」

제 벽골제와 고부의 눌제로 통하는 수로임을 밝혀주고 있다. 특히 동진을 '통진'이라고 부르고 있었다는 점은 발음에서 유사성도 있지만 통진이라는 명칭은 사방으로 통한다는 의미도 내포하고 있기 때문에 이곳이 유통의 거점

그림 13. 부안 백산성 출토 토기

이었다는 사실을 알 수 있다. 발굴조사에서 확인된 3, 4중의 환호는 이 유적을 겹겹이 둘러싸고 있기 때문에 적이나 도적, 혹은 다른 동물로부터 정상까지의 접근을 어렵게 하는 시설임에 틀림없다. 곧 정상에는 보호해야할 특별한 시설과 물품이 있었을 것인데, 바로 유통이나 중앙으로의 운반을 위한 잉여 농산물의 보관처가 아니었을까 생각된다.

한편 2차 조사의 주거지 4기에서 검출된 탄화작물과 1차 조사에서 출토된 탄화목재에 대한 방사성탄소연대 측정결과, 북서쪽 주거지들은 2세기 전반에서 3세기 전반에 해당하고, 남동쪽에 밀집된 주거지의 연대는 3세기 전반에서 4세기 중반으로 나타나고 있어 벽골제의 초축연대나 영원면 일대의 분구묘 연대와 대체적으로 일치하고 있다.

마지막으로 3차 조사에서는 해발 39-43m에 위치하는 4중의 환호와 2,3호의 환호 사이 해발 약 42m에서 2기의 집자리가 발견되었다. 따라서 이제는 백산성의 성격에 대해서 백제시대의 테뫼식 산성이 아니라 환호로 둘러싸인 유통의 거점과 같은 특수목적의 유적으로 재정리되어야 할 것이다.

4) 백제 중앙 통치이념의 불교유적

정읍지역의 백제유적 가운데 새롭게 주목할 만한 것은 소성면 보화리에 우

그림 14. 정읍 보화리 석불입상

뚝 서 있는 2구의 석불입상을 들 수 있다.[41] 이는 백제 석불입상 가운데 가장 남쪽에 위치하고 있다는 지리적인 요건뿐만 아니라 불교가 국교였던 당시 정신적인 면까지도 중앙과 깊은 관계에 있었다는 것을 확인할 수 있기 때문이다. 1982년도에 백제시대의 것으로 확인된 이 불상은 원래 광배와 대좌가 결실된 채 논바닥에 꽂혀 있었다. 조각양식은 같지만 규모가 다르기 때문에 원래부터 이불병존상(二佛竝存像)으로 조성된 것은 아닌 듯하다. 향좌불(向左佛)은 민머리에 팽이모양의 육계가 솟아 있다. 얼굴이 심하게 훼손되었지만 이목구비가 작고 팽창되어 있어 동안(童顔)을 연상시킨다. 목에는 삼도를 새겼다. 신체는 거의 직립한 자세에 머리에서 발끝까지 이등변삼각형의 구도를 나타내고 있다. 특히 좌우 하단의 의단은 비록 마멸되었지만 좌우뻗침의 흔적이 남아있다. 불상의 측배면은 평판석처럼 처리되어 있는데 지금은 상면부가 결실되었지만 본래 이 부분은 주형의 광배를 의도했던 것으로 보인다. 향우불(向右佛)은 왼쪽의 석불과는 달리 광배를 조각하지 않은 원각상으로 오른팔의 팔목 이하는 깨졌지만 허리쪽에서 손바닥을 아래로 향한 변형된 수인, 얼굴과 신체의 둥근 조형, 편견우단의 착의법 등에서 향좌불과 거의 동일한 양식을 나타낸다. 두 석불의 발 밑에는 촉이 달려 있는데 이러한 대좌 결합용의 촉은 6세기대에 크게 유행했던 일광삼존불의 그것과 꼭 같다.

불상의 크기는 향우불은 전체 높이 256cm, 몸높이 205cm, 향좌불은 전체 높이 227cm, 몸높이 186cm이다.

이와 같이 불상이 지니는 학술적 중요성을 감안하여 1984년도에 보존대책을 수립하는 한편, 불상 주변에서 이와 관련된 사지가 있을 것으로 상정하여 주변 발굴조사를 실시하였다.[42] 그러나 불상과 관련된 백제시대의 건물지는 발견되지 않았고 앞서 설명한 청동기시대의 집자리만 발견되었을 뿐이다.

3. 백제문화의 확산과 중방 고사성 설치

1) 백제 중앙묘제 횡혈식석실분의 축조

정읍지역에서 백제고분에 대한 조사는 1973년도 은선리 3층석탑의 동북방 천태산 서사면 중복의 산록에 이르는 일대에서 횡혈식석실분 17기를 확인하고, 그 가운데 10기에 대해 실측을 해서 보고한 것이 최초의 조사였다.[43] 이들 고분은 현실평면과 연도위치 그리고 축조석재에 따라 3유형으로 구분된

그림 15. 정읍 은선리 백제고분군 원경

다. 먼저 웅진 2식으로 분류되는 E호분은 장방형 평면에 네벽은 자연할석으로 쌓고 상부를 호형으로 내경시켜 그 위에 천장석을 얹고 있다. 연도는 남벽에 동쪽으로 편재되게 시설하고 있다. 웅진 3식에 해당하는 G, H, L, N호분은 장방형 평면에 동편연도가 시설되었고 축조석재는 네벽 하단에 대형 판상석을 놓고 그 위에 할석을 올려 내경시키고 있으나 뒷벽의 경우 거의 수직에 가깝다.

---

42 원광대학교 마한 · 백제문화연구소, 1985, 『정읍 보화리석불입상주변 발굴조사보고서』.

43 전영래, 1973, 「고부 은선리 고분군」, 『전북유적조사보고서』 2.

그림 16. 정읍 은선리 석실분 노출상태

한편 사비 2식에 해당하는 A, B, C, D, P호분은 평면은 장방형이며 남벽중앙에 연도를 설치하고 있고 벽의 축조는 하단에 판석 2~3매를 세우고 그 위에 장대석을 올려 내경시켜 천장 폭을 좁힌 형태이다. 이들 고분의 축조 순서는 웅진 2식인 E호분은 6세기 초엽경에, 그 전통을 계승한 웅진 3식의 고분들은 6세기 중엽경에 축조된 것으로 보인다. 그러나 사비 2식에 해당하는 고분의 피장자들은 웅진유형과는 달리 사비천도 이후 6세기 중엽경에 이 지역이 오방성 가운데 중방 고사부리성으로서 위치를 가지는 시기에 백제 중앙과 밀접한 관계를 가지는 세력집단에 의해 축조된 것으로 생각된다.

이외에도 은선리 일대의 정확한 문화유적의 분포를 확인하고자 영원면에 대한 정밀지표조사결과 백제시대의 고분으로 추정되는 유적이 13개소에서 124기가 확인되었다.[44]

신정동에서는 11기의 백제시대 분묘가 조사되었는데,[45] 그 구조에 따라 횡혈식석실분, 횡구식석곽분, 옹관묘로 구분된다. 이들 고분들은 해발 92~99m의 능선 남사면에 일정한 간격을 유지하면서 분포되어 있지만, 대부분 유실이 심하여 1~2단의 벽석만이 남아 있거나 유형을 파악하기 어려운 것도 있다. 고분의 유형 파악이 가능한 것 가운데 5, 7, 8호분은 웅진 2식에 해당한다. 7, 8호분

---

44 전북문화재연구원 · 정읍시, 2005, 『정읍 영원면 문화유적지표조사보고서』.
45 원광대학교 마한 · 백제문화연구소, 2005, 앞의 보고서.

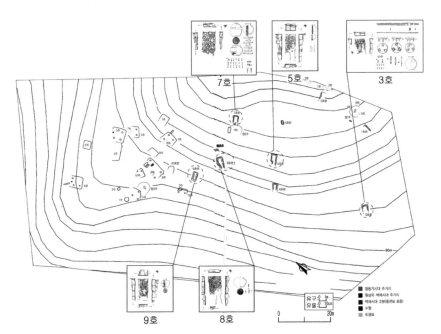

그림 17. 정읍 신정동 고분 배치 및 출토유물

은 공주 신기동, 공주 보통골, 군산 여방리 석실분과 통하고 있어 6세기 초엽경
으로 비정할 수 있다. 그러나 5호분의 경우 7, 8호분에 비해서 웅진 3식의 요소
가 보이고 있기 때문에 시기적으로 후행하는 6세기 중엽경에 축조된 것으로 판
단된다.

　출토유물 가운데 5, 8호분에서 발견된 직구호는 금강유역의 5세기 후반이나
6세기 초에 해당하는 고분에서 출토된 것과 비교되고 있다. 또한 고배가 출토된
7호분에서는 유개합과 직구호, 개배가 공반되는데 고배와 개배는 그 배신이 매
우 낮고 외면이 편평하다. 이러한 고배는 기본적으로 금강유역의 고배와 같이
단각과 무투창이란 점에서 통하지만 배신이나 나팔상으로 퍼진 굽다리 저부의
형태에서 5세기대의 금강유역의 것들보다는 후행하는 것으로 6세기 초엽경의

웅진유형인 함평 월계리 90-4호분[46] 출토품과 비교된다. 이외에 고분의 구조 파악이 힘들 정도로 파괴된 고분에서도 직구호, 단경호, 병형토기, 완, 삼족토기, 개, 고배, 개배 등의 토기류와 대도, 철도자, 철겸, 철촉, 살포, 철부 등의 철기류, 그리고 옥과 이식과 같은 장신구류가 출토되었다.

표 2. 신정동 백제고분 출토유물 현황

호수	고분형식	土器類										鐵器類							裝身具類				합계
		壺		瓶形土器	盌	三足器	高杯	蓋		杯	蓋杯	大刀	鐵刀子	鐵鎌	鐵鏃	살포	鐵斧	棺釘	玉			耳飾	
		直口壺	短頸壺					有紐式	無紐式										曲玉	管玉	還玉		
1						2		4					2	1							7		16
2				1				1	5	5			1			1					4	1쌍	20
3				1		3						1	2		1			13	1	1	8	1쌍	33
4	횡구식																						0
5	횡혈식	1		1									2	1									5
6													2										2
7	횡혈식		2		1		2	1			3						1	2	1	2	14	1쌍	31
8	횡혈식	1																3		1			5
9	횡구식			1																			1
10	횡구식(?)																						0
합계		2	1	5	1	5	2	6	5	5	3	1	7	4	1	1	1	18	2	4	33	6	113

　　신정동 유적이 위치한 지역은 전북의 최남단이며 노령을 경계로 영산강 문화권과 통하는 길목에 자리하고 점에서 그 의의가 있다고 하겠다. 곧 이 고분군의 피장자는 백제의 중앙세력과 직접적인 관계를 가지는 세력집단이었을 것으로 추정되는데, 이는 웅진 2식의 횡혈식석실분의 구조나 출토유물에서 이를 뒷받침한다고 여겨진다. 또한 이 지역을 거점으로 영산강유역으로 진출하는 교두보

---

46 전남대학교 박물관, 1993, 『함평 월계리 석계고분군 Ⅰ』.

그림 18. 정읍 신정동 고분 출토 토기호

그림 19. 정읍 신정동 고분 출토 삼족토기

역할을 했을 것이란 점에서 또 다른 의의를 찾을 수 있다.

　원평-금구간 국도 1호선 공사 구간 내의 통석리 유적에서는 괴석으로 벽체를 축조하고 연도를 중앙에 시설한 사비 3식의 횡혈식석실분 2기가 조사되었다.[47] 이들 고분의 축조시기는 전북지방에서 횡혈식석실분의 확산기인 6세기 말이나 7세기 초로 연대를 설정할 수 있다. 그런데 이들 고분에서 주목되는 것은 추가 장의 흔적이 확인된 점이다. 즉 1호분의 경우 문주석과 폐쇄석을 해체하여 묘도에 정연하게 쌓은 다음 그 위를 복토한 점과, 2호분 바닥에서 출토된 관못의 배열상태가 2개 이상의 관이 놓여 있었던 것을 미루어 알 수 있다.

　한편 신정동에서는 고배, 개, 개배를 반출하는 집자리가 마한의 집자리와 동일한 지역에서 확인되었는데 그 구조에 있어서 선대의 마한 집자리의 구조를 계승하고 있는 것으로 밝혀졌다.

　2) 백제의 주거유적

　정읍-황토현간 지방도 확포장공사 구간 내에서 발견된 신월리유적에서는 백제시대의 집자리가 5기, 수혈유구 14기가 조사되었다.[48] 집자리의 평면형태는 모두 방형계이며 4주식의 주공을 기본으로 하고 있다.

47　호남문화재연구원, 2004, 『정읍 통석리유적』.

48　호남문화재연구원, 2005, 『정읍 신월리유적』.

내부시설로는 나-1, 2호를 제외한 집자리에서 부뚜막시설이 확인되는데 대체로 서쪽벽 중단부에 위치하는 특징을 보이고 있다. 나-3호에서 발형토기를 솥받침으로 사용하고 있지만 나머지에서는 바닥면을 그대로 사용하고 있다. 그리고 부뚜막 주변에서 보이는 연질의 타날문토기편들은 자비용기였거나 솥받침으로 이용되었을 것으로 추정된다. 벽구시설은 나-2, 3, 4호 집자리에서 확인되는데 벽의 가장자리를 따라 일정 깊이로 굴착되어 있다.

가-1호 집자리 출토유물은 연질의 발형토기 우각형파수 호형토기편 등과 회청색 경질의 개, 배, 고배, 방추차 등이다. 개와 배, 고배는 신정동에서 출토된 것들과 같은 양상을 하고 있어 그 연대는 6세기 초에서 중엽으로 추정할 수 있다. 나지구의 출토유물은 발형토기, 연질토기편, 경질토기편 등인데 인근 고부 관청리 유적에서 조사된 집자리 유물과 같은 양상으로 부안 고창 등 서해안일대에서 조사된 것들과 같은 맥락으로 이해된다.

한편 일반적으로 저장구덩이로 이해되고 있는 수혈유구는 구릉의 중상단부에 분포하고 있다. 수혈유구의 평면은 원형이 주를 이루고 단면형태는 나-3호분의 복주머니형을 제외하고는 모두 ⊔자형을 이루고 있다. 규모에 있어서는 직경은 160cm에서 400cm까지, 깊이도 63cm에서 211cm까지 다양하다. 출토된 유물은 가-1호를 제외하고는 경질 고배편 등 백제시대의 유물이 바닥에서 확인되었다. 이러한 수혈유구는 충청과 전라도의 서쪽 저평한 구릉을 중심으로 확인되고 있는데, 그 연대는 송국리문화 단계에서 마한 그리고 백제시대까지 이어져 굴착전통이 오랜 기간 지속되었음을 알 수 있다.

고부-줄포간 지방도 710호선 확장공사 구간내에서 확인된 관청리유적에서는 백제시대 집자리 6기, 원형수혈 1기, 옹관묘 1기가 조사되었다.[49] 집자리는 해발 21m 내외의 구릉 남동쪽 하단부에 자리잡고 있다. 평면형태는 모두 방형계이며 내부시설로는 주공, 벽구시설, 화덕 등이 노출되었다. 부뚜막은 북벽과

---

49 호남문화재연구원, 2006, 『정읍 관청리유적』.

동벽 중앙에 마련되어 있는데 토기 2점을 도치시켜 솥받침으로 이용한 정형성이 보이는데, 가장 늦게 조성된 것으로 보이는 3호에서는 석재로 노벽을 시설하고 있어 부뚜막의 변화양상을 보여주고 있다. 출토유물은 발형토기, 장란형토기, 호형토기, 시루, 개, 고배 등인데 3호와 4호에서 경질토기의 비율이 높아 시간성이 반영된 것으로 판단된다.

3) 백제 지방통치의 거점 중방고사성 설치

벽골제와 같은 대규모 토목공사는 고대의 중앙집권적 국가만이 실현 가능한 사업의 지표로 인식된다는 점에서 매우 의의가 크다. 따라서 벽골제의 시축 연대와 축조집단의 성격에 대한 해결이야말로 이 유적의 제방에 대한 축조방법 및 관개시설에 대한 기본적인 시각과 더불어 한국 고대사에서 매우 중요한 작업이 될 것으로 생각된다. 특히 벽골제와 같은 대규모 농경수리유적은 농경사회에 있어 경제적 기반이 되는 관개시설임은 두말할 나위도 없다. 그렇기 때문에 이를 배경으로 강력한 정치세력집단이 성장했을 것이고, 또한 이곳에서 생산된 농산물의 유통관련 시설이나 집단이 상정될 수 있을 것이다. 곧 벽골제에 대한 성격을 종합적으로 이해하기 위해서는 주변 유적과의 상호관련성을 파악하는 것이 매우 중요한 작업으로 판단된다.

벽골제에 대한 문헌 기록은 먼저 『삼국사기』에 시축기사[50]와 더불어 증축기사[51]가 보이고 있다. 그리고 고려사 이후 문헌에서 여러 차례 중수와 개보수를 통해 오늘날까지 그 명맥이 이어지고 있음을 살필 수 있다.

벽골제의 초축 기록은 왜 신라본기 흘해이사금(訖解尼師今) 21년조에 기록되어 있을까? 이에 대해서는 대부분 연구자들이 아무런 비판없이 벽골제가 위치한 지역이 백제 고지라는 이유로 백제 비류왕 27년(330)대에 비정하고, 이와 더불어 발굴조사결과 하층에서 채집된 식물유체의 탄소연대측정결과를 문헌 기

---

50 『三國史記』新羅本紀 第二, 訖解尼師今 二十一年條, 始開碧骨池岸長一千八百步.
51 『三國史記』新羅本紀 第十, 元聖王 六年條, 增築碧骨堤徵全州等七州人興役.

록의 뒷받침 자료로 활용하고 있다. 그러나 원래 백제본기에 기록되어 있었던 사실을 왜곡하여 신라본기로 옮겼다고는 보지 않는다. 왜냐하면 첫째, 벽골제 축조가 이해가 걸린 중요한 정치적 사건이나 행위가 아니기 때문이다. 둘째, 삼국사기 찬술에서 보면 철저히 마한에 대한 정보가 소략화되어 있다는 느낌을 지울 수 없다. 다시 말하면 백제본기에는 원래부터 벽골제 시축에 대한 내용은 없었고 마한과 관련된 기사에 포함되었을 가능성이 있는 것이다. 이러한 추론은 고고학적인 자료에서 보면 백제 한성기에서 웅진기에 해당하는 시기에 백제 영역화 이후에도 각 고지에서는 대형 마한 분구묘가 군집을 이루면서 지속적으로 축조되고 있다는 점이다. 이는 마한에 뿌리를 두고 각 지방에서 강력한 정치세력으로서 잔존하고 있었다는 근거가 되기 때문이다.

앞서 살펴본 바와 같이 동진강권역에는 전기의 주구묘는 물론, 백제 영역화 이후 중방성의 치소가 되는 영원면 일대 운학리와 지사리에 대형 분구묘가 군집을 이루고 있다. 이 역시 백제 영역화 이전에 마한의 강력한 세력집단이 있었음을 추측케하는 자료인데, 곧 백제 고사부리 이전의 고리비국(古離卑國)의 고고학적인 증거로 볼 수 있다. 또한 김제는 마한 벽비리국(辟卑離國)으로 비정되고 있는 것이다. 한편 일본서기 신공기 49년(369)조에 근초고왕과 왕자 귀수(貴須)가 침미다례(忱彌多禮)를 병합하는 과정에서 "比利, 辟中, 布彌支, 半古 등 四邑은 스스로 항복했다"는 기사가 보이는데, 그 중 비리(比利)는 완산으로, 벽중(辟中)은 김제로 비정되기 때문에 330년 당시는 백제에 의한 병합 이전으로 보인다. 따라서 벽골제를 축조한 주체는 백제의 중앙이 아니라 고비리국이나 벽지리국의 연합에 의한 세력집단으로 상정할 수 있다. 그런데 동기사에서 백제왕이 "백제국에 이르러 辟支山에 올라가 맹세하고 또 古沙山에 올라 맹세하였다"라는 기사를 이용하여 김제지역은 369년 이전에 백제에 병합된 것으로 보는 견해도 있다. 그러나 이는 사읍(四邑)의 항복기사와 선후관계로 볼 때 꼭 이미 백제에 병합되었다고 해석하는 것 보다는 백제왕이 각각의 산에 올라 맹세를 할 정도로 이 지역을 중요시한 것으로 보는 것이 타당할 것으로 생각된다.

결국 김제 벽골제는 정읍 영원면 일대의 분구묘를 축조한 집단의 경제적인 배경이 되었고, 부안 백산성은 유통의 거점으로서 당시 이 일대의 풍요하고 강성했던 지방세력의 단면을 그려낼 수 있다. 그렇기 때문에 근초고왕이 마한세력의 병합 과정에서 이곳에 들러 맹세할 정도로 매우 중요하게 여길 수밖에 없었고, 사비기 이후 이곳이 백제 중방 고사성으로 자리잡게 되는 배경이 되었다. 사비시대의 지방통치체제는 '5方 37郡 200城'으로 편제되게 되는데 고부지역이 오방(五方) 가운데 중방(中方)인 고사성(古沙城)에 해당한다. 이러한 사실을 뒷받침하는 고고학적 자료들이 고부 구읍성에 대한 4차에 걸친 발굴조사에서 속속 밝혀졌다. 또한 은선리와 신정동에 집중적으로 분포되어 있는 백제 중앙묘제인 횡혈식석실분을 통해서도 백제 중앙문화의 수용양상을 살필 수가 있다. 은선리 고분군은 웅진 2식을 선행으로 웅진 2식과 사비 2식이 축조되었는데, 사비천도 이후 이 지역이 오방성 가운데 중방 고사부리성으로서 위상을 가지는 시기에 백제 중앙과 밀접한 관계를 가지는 세력집단에 의해 6세기 중엽경에 축조된 것으로 추정된다. 이후 이 지역에서 이루어진 정밀지표조사결과 백제시대의 고분으로 추정되는 유적이 13개소에서 124기가 확인되었는데, 이는 금강 이남에서 가장 밀집도가 높은 백제 고분군에 해당한다. 이와 같이 대규모 백제 고분군이 축조된 것은 바로 이 지역이 백제 중앙과 밀접한 관계 속에서 주요한 지방통치의 거점이었음을 확인할 수 있는 것이다.

한편 정읍 신정동[52]과 고창 오호리 고분군에서 웅진 2식의 횡혈식석실분이 군집으로 발견되고, 특히 오호리에서 『○義將軍之印』銘의 청동 인장이 출토되었는데,[53] 서체 및 각서의 형태가 남북조 관인체계와 유사하기 때문에 양나라의 관인이었던 "伏義將軍"과 비교되고 있다.[54] 복의장군의 명호는 대통 3년(527)을 기점으로 설치된 것으로,[55] 오호리 석실분의 구조특징을 볼 때 6세기 초·중엽

---

52 원광대학교 마한·백제문화연구소, 2005, 앞의 보고서.

53 전북문화재연구원, 2009, 『고창 석교리·오호리 유적』.

54 조윤재, 2009, 「고창출토동인고」, 『한국고고학보』 71, 한국고고학회, p.109.

55 『隋書』 26, 志21 百官.

그림 20. 고창 오호리 웅진유형 석실분

그림 21. 고창 오호리 석실분 출토 청동 인장

의 웅진 2식이란 점에서 일치하고 있다. 따라서 청동 인장은 백제 중앙에서 유입되었을 가능성이 매우 높으며, 백제 중방 고사성의 속현에 속했던 고창 흥덕 일대에 백제 중앙세력의 진출양상을 확인할 수 있는 것이다.

이와같은 백제 중앙세력과 관련된 유적들은 고사성을 중심으로 외곽에 거점적으로 배치되어 영산강유역의 마한계세력을 견제와 통치를 위한 포석일 수 있으며, 동시에 중방성의 하부조식의 행정단위의 거점이었을 가능성도 배제할 수 없다.

백제는 왜 사비기에 오방 가운데 가장 중요한 중방성으로서 동진강권역의 고부에 고사부리성을 두었을까? 그 이유는 우선 당시 최대의 벽골제와 같은 관개시설을 이용해 생산되는 농산물을 통해 축적된 경제적인 부가 중앙에서 주목하는 주요한 요인이었을 것이다. 그리고 이러한 경제적 배경을 이용해서 영산강유역의 마한계 세력을 견제와 통제를 강화하는 거점으로서도 매우 적합한 지역이기 때문이었을 것이다.

4. 백제 중방성과 정읍사의 시 · 공간적 배경

백제시대 가요로 잘 알려져 있는 정읍사는 우리나라에서 현존하는 시가 가운데 가장 오래된 것으로 알려져 있고, 그 가사는 조선시대에 의궤와 악보를 정리하여 편찬한 『악학궤범』에 수록되어 있다. 『고려사』 삼국 속악조에 의하면 행상나간 남편을 걱정하는 애절한 마음을 담아 망부석에 앉아 지어 부른 노래라는 것이다. 그리고 무고정재(舞鼓呈才) 때 정읍사를 가창했다는 기록을 근거로 고려 충렬왕 전후에 개성 주변에서 작사·작곡된 것으로 보는 견해가 있지만, 대체적으로 백제시대 정읍지역에서 불렸던 노래가 전승되어 고려시대에 재창작된 것으로 백제의 가요라는 인식을 가지고 있다. 한편 정읍사는 조선시대에 악장의 하나로 정착되었으나 중종 때에 이르러 음란한 내용을 담고 있다 하여 궁중에서 폐지되기도 하였다.

이상의 문헌자료를 바탕으로 이루어진 연구는 주로 국문학자들에 의해서 문학적인 관점에서 가사 해석에만 치중해 왔는데, 정읍사의 제작연대나 그 내용의 해석에 있어서 연구자간 많은 이견들이 도출되어 왔다. 최근 정읍사의 역사적 배경지에 대한 문헌과 역사지리적인 연구[56]는 새로운 시도로서 주목할 만하다.

고고학을 전공하는 필자로서는 정읍사의 성격이나 그 내용에 대한 분석을 시도한다는 것은 능력 밖의 일이라 하겠다. 다만 고고학적인 자료를 통하여 백제시대 지방통치의 중심이었던 중방성에 대한 실체를 논증[57]해 보고자 했기 때문에, 이를 통하여 정읍사를 시·공간적인 배경을 이해하는데 보탬이 될 수 있지 않을까 한다. 따라서 김제 벽골제의 몽리지역과 『삼국사기』 지리지와 비교를 통해 백제 중방성의 공간적 범위를 설정한 후, 그 범위 내에 존재하는 동 시대 유적들의 성격을 통해 중방성의 모습을 그려 볼 것이다. 백제 중방성이야말로 정읍지역 고대사회의 위상을 짐작할 수 있을 뿐 아니라, 풍부한 무형유산도 담고 있었을 것인데 정읍사도 당시의 소산일 개연성이 충분하다.

---

56 송화섭, 2016, 「백제 가요 정읍사의 역사적 배경지 고찰」, 『호남학연구』 60, 호남학연구원.

57 최완규, 2013, 앞의 논문.
　　최완규, 2016, 앞의 논문.

앞에서 논의한 것처럼 백제시대 정읍지역은 백제 중방성의 치소가 있었던 곳으로 당시 지방통치의 거점이었다. 중방성을 구성하는 요인 가운데 농업생산 유적으로서 벽골제와 눌제는 수리관개시설이라는 특수성 때문에 지리적으로 수로와 관계되는 지역에 위치할 수밖에 없다. 그리고 유통의 거점으로 추정되는 백산성 역시 수로 교통의 요지에 위치할 수밖에 없다. 그렇다면 중방성 내에서 당시 사람들이 모여 살던 곳은 어느 지역으로 특정할 수 있는 것일까. 그 곳은 정치, 사회문화의 중심지로 설정할 수 있고, 또한 장시가 마련될 수 있는 곳이어야 한다. 그렇다면 중방성의 치소였던 고사부리성이나 죽음의 공간인 은선리나 지사리 고분군에서 그리 멀지 않은 곳이어야 할 것인데, 고부면 사무소와 영원면 사무소를 중심으로 하는 곳에서 생활의 중심지를 찾을 수 있지 않을까 한다.

정읍사에 대한 정보는 우선 『고려사』 삼국속악 백제에 보이는데 「井邑全州屬縣. 縣人爲行商久不至其妻登山石以望之恐其夫夜行犯害托泥水之汚以歌之世傳有登岾望夫石云」라하여[58] 정읍사를 부르게 된 동기와 장소 곧 망부석의 존재가 기록되어 있다.

한편 『신증동국여지승람』 정읍현 고적조에는 「望夫石. 在縣北十里縣人爲行商久不至其妻登山石以望之恐其夫夜行犯害托泥水之汚以作歌名其曲曰井邑世傳登岾望夫石足跡猶在」라 하여[59] 상기 고려사의 내용과 동일하다. 다만 정읍현 북쪽 십리되는 곳에 망부석의 존재가 남아 있음을 기록하고 있다는 점이 다를 뿐이다. 이와 같이 망부석의 존재를 확인할 수 있다면 정읍사의 배경지를 추적할 수 있는 근거를 마련할 수 있을 것이다. 또한 이러한 내용이 고적조에 기록되고 있다는 점에서 보면 정읍사가 무고정재에서 창사될 만큼 의미를 가진 가요였기 때문에 정읍사와 관련된 망부석의 존재도 그 역사성을 중요시한 것으로 풀이된다.

---

58 『高麗史』 卷71, 志25 樂2 三國俗樂 百濟.
59 『新增東國輿地勝覽』 井邑縣 古蹟條.

『삼국사기』권36, 지리지에서 보면 백제시대의 정촌은 정읍현이 되었고, 백제의 대시산군은 대산군으로 이후 신라 경덕왕때에 태산군으로 개명되었다. 정읍현은 태산군의 영현인데, 고사부리군의 영현 가운데 대산군은 대시산군에 해당하기 때문에 정읍사의 배경지가 되는 정촌은 그 규모가 그리 크지 않은 지역이었던 것으로 추론할 수 있다. 또한 오늘날 태인으로 비정되는 태산군의 영현이었기 때문에 그 위치는 정읍천변을 중심으로 하는 어느 곳에 해당할 것으로 추정된다.

그런데 정읍지역에서 발굴 조사된 백제시대 집자리 가운데 신월리 유적[60]이 주목된다. 이 유적은 고부 관청리[61]에서 발견된 것과 출토유물에서 유사하며 중방성 경영시기의 유적으로 판단된다. 신월리 유적은 정읍-황토현간 지방도를 확포장하는 과정에서 발견된 유적으로 매우 제한적인 범위에서 조사가 이루어졌다. 그럼에도 잡자리 5기와 수혈유구 14기가 발견되었는데 이는 백제 대형 취락지의 구성요소와 비슷한 양상이다. 따라서 정촌은 문헌자료와 현재까지 조사된 주거유적을 참고하면 정읍천에 인접한 어느 지역으로 상정할 수 있는데, 곧 두승산의 지맥에 해당하는 바작산과 망제봉의 동편 지역으로 덕천면 일대에 해당할 것으로 추정된다.

정읍사의 배경지를 추적하는데 망부석의 존재와 관련하여 덕천면 망제리의 "부릇골" 혹은 "비럭골"이라 부르는 곳에 위치하는 여시바위를 주목할 수 있다. 이 바위는 옛날에 장에 간 남편을 기다리던 "여씨의 바위"라는 전설을 가지고 있기 때문이다.[62] 한편 샘실 마을을 백제시대 정촌현의 치소로 추정하고, 이 마을에서 동죽재를 넘어가는 곳에 위치하는 부엉바위를 망부석에 비정하는 문헌과 역사지리적인 관점의 연구[63]는 매우 구체적이다. 결국 정읍사 배경지로서 이

60 호남문화재연구원, 2005, 앞의 보고서.
61 호남문화재연구원, 2006, 앞의 보고서.
62 김형기, 1973, 「정읍사 풀이에 대한 가설」, 『한국어문학』 11, 한국언어문학회, p.37.
63 송화섭, 2016, 앞의 논문.

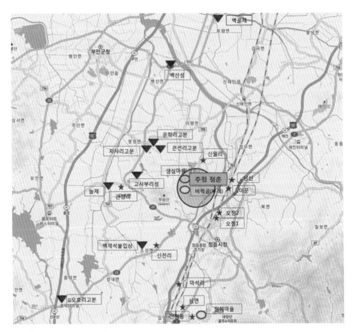

그림 22. 정읍사의 정촌 위치

들 두 지역은 앞서 필자가 문헌과 고고학적인 분석을 통한 지역과 일치하고 있음을 알 수 있다.

　특히 주목되는 유적으로는 1969년 덕천면 하학리 가정(佳井)부락에서 발견된 우물[64]은 백제시대의 정촌이라는 지명과 부합되는 구체적 유적이라 할 수 있다. 이 유적은 황토현의 남능선을 배경으로 서남향한 경사면에 자리하는데, 이 부근의 지형은 언제나 다습하여 이곳에 관정을 굴착지로 선정하게 되었다고 한다. 마을 이름에서 유래하듯이 어딘가에 가정(佳井)이 있을 것으로 믿어왔고 이 일대는 "장자골"이라 하여 부자가 살던 곳이라는 구전이 남아 있다. 가뭄을 극

64　전영래, 1973, 「정읍 가정리 정호유구」, 『전북유적조사보고』 2.

복하기 위하여 2개소에 집수정을 파는 과정에서 두 곳 모두에서 고대의 우물유구가 지하에서 발견되었다.

그 가운데 A호 우물은 석곽도관정(石槨陶管井)으로 지표하 약 4m에서 석곽이 발견되었고, 석곽의 깊이는 약 1.5m로 우물의 바닥까지 시설되어 있었다. 석곽의 규모는 상부 130×12cm, 하부 120×100cm로 상부가 넓고 아래로 내려가면서 좁아지는 형상을 하고 있다. 지하수가 솟는 사질층의 석곽 내부에는 높이 32cm 정도의 대형 옹관편 구연부를 이용하여 직치하고 있다. 또한 이 우물의 전면 아래쪽에서는 약 60cm의 간격으로 갱목을 세우고 있는데, 그 반경은 3m 정도가 된다. 이는 우물물을 저류하는 역할을 했을 것으로 추정하고 있다. 이곳에서는 삼각형석도, 적색조질토기와 회청색와질계토기편 다수가 출토되었다.

B호 우물은 황토현의 남쪽 줄기 동사면에서 북으로 트인 계곡의 밭 가운데 지표하 약 1.5m에서 발견되었다. 이 우물은 직경 5~6cm에서 최대 20cm에 달하는 목재 28개를 절개하여 그 면을 안쪽으로 세워 우물 벽체를 조성하고 있다. 둥근 형태로 세워진 목재의 둘레는 295cm로 추정되며 이를 근거로 내부 직경은 약 95cm로 추측할 수 있다.

가정 마을의 두 우물의 연대는 출토유물 가운데 대형 옹관편은 영산강유역에서 다수 발견되는 것으로 마한문화의 소산으로 볼 수 있다. 그러나 석곽도관정(石槨陶管井)에서는 대형 옹편을 재사용한 것이기 때문에 마한시대에 해당하는 것으로 단정할 수는 없을 것 같다. 또한 주변에서 수습되는 삼각형석도는 청동기시대 중기에 해당하는 송국리문화의 유물로 판단되며, 백제시대 토기편도 다수 발견되고 있다. 따라서 이들 우물을 중심으로 주변지역에서는 청동기시대부터 백제시대까지 문화 활동이 꾸준히 이어져 온 것으로 볼 수 있지만, 그 중심연대를 백제시대로 보아도 무방할 것으로 판단된다.

한국 고대사 연구가 문헌중심으로 이루어져 왔다면 이제는 증가된 고고학 자료를 적극적으로 활용하여 구체적이고 객관적인 고대사를 복원해야 할 시점에 이르렀다고 생각된다. 그 일환으로 백제 중방성 '고사부리성'에 대한 접근을 주변의 고고학 자료의 발굴결과를 바탕으로 시도해 보았다.

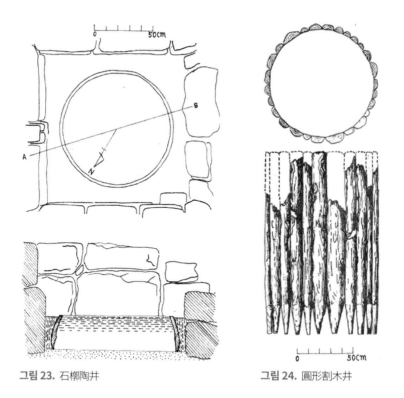

그림 23. 石槨陶井   그림 24. 圓形割木井

　중방성 설치 이전의 전북 중서부지역은 만경강권역과 동진강권역으로 나뉘어 좀 다른 문화양상을 보이고 있다. 만경강권역에서는 마한의 성립과 관련된 유적이 집중적으로 발견되며, 백제 영역화 이후에도 백제의 분묘보다는 마한 분구묘가 지속적으로 축조되고 있음을 알 수 있었다. 동진강권역에서는 전기의 마한 분구묘와 더불어 후기의 분구묘가 일정한 지역에 집중되고 있어 마한 정치체의 세력집단을 확인할 수 있었다. 또한 이들 분구묘와 동 시기에 해당하는 많은 생활유적인 집자리가 발견되고 있기도 하다.

　한편 김제 벽골제의 발굴결과 밝혀진 제방의 축조수법은 지금까지 한강유역의 풍납토성과 비교되어 왔는데, 그 축조수법이 이와는 전혀 다르고, 오히려 고창지역이나 영산강유역의 마한 분구묘 성토기법과 동일함을 알 수 있었다. 또한 백제의 산성으로 알려진 부안 백산성은 산성이라기보다는 농산물 집산지로서 유통의 거점으로 파악이 가능하다. 백산성의 연대는 3세기 말에서 4세기 초에 해당하는 마한계의 토기가 다량으로 출토되고 있어 벽골제의 연대와 비교되고 있다.

벽골제의 중수비에 보이는 몽리면적 내에 포함되는 유적은 경제적으로나 정치적으로 하나의 권역으로 설정할 수 있다. 곧 고부지역의 지사리, 운학리 분구묘와 벽골제, 백산성은 상호 연계하여 볼 수밖에 없을 것이다. 그 주체는 마한계 세력으로 비정될 수 있는데, 곧 고사부리 이전의 고리비국(古離卑國)과 김제의 벽비리국(辟卑離國)으로 상정할 수 있으며, 강력한 경제적 기반을 가지고 있었을 것임에 틀림없다. 그렇기 때문에 근초고왕이 마한세력의 병합과정에서 이곳에 들러 맹세할 정도로 매우 중요하게 여길 수밖에 없었다고 여겨진다.

따라서 이러한 경제적, 정치적인 배경을 바탕으로 사비시대에 들어서 이곳이 바로 백제 지방통치의 중심인 중방성 '古沙城'을 두게 되는 것이다. 지리적으로 보면 이곳이 백제의 중앙에 해당하며, 영산강유역의 마한 잔존세력을 통제하는데 매우 유리한 지역이라는 것도 쉽게 이해할 수 있다. 고부 일대에는 중방성이 들어선 이후, 백제의 중앙문화를 수용하게 되는데, 마한 분구묘는 사라지고 중앙묘제인 횡혈식석실분의 등장이 그 증거이다.

우리나라 현존하는 시가 가운데 가장 오랜 역사를 가지고 있는 정읍사의 시·공간적인 배경을 이해하는 방법으로서 정읍지역이 중심이었던 백제 중방성의 모습을 고고학적인 자료를 통하여 그려 보았다. 그것은 농업 생산유적으로서 벽골제와 눌제, 유통유적으로서 백산성, 행정치소로서 고사부리성, 백제 중앙세력의 관계 속에서 등장하는 은선리 석실분, 지방통치 이념으로서의 산물인 불교유적 등이다.

문헌과 고고학 자료의 분석을 통하여 정읍사의 배경지가 되는 지역 곧 정촌은 덕천면의 정읍천을 중심으로 형성되었을 것이며, 그 규모는 그리 크지 않을 것으로 추정하였다. 이 지역과 가까운 산의 정상부에 망부석이 위치했을 것으로 "여시바위"와 "부엉바위"를 관련분야 연구자의 연구 성과를 인용하여 대입해 보았다. 앞으로 민속학이나 역사지리학, 고고학 연구자 간의 학제적인 협력을 통한 구체적인 연구가 모색되어야 할 것으로 생각된다.

결국 정읍지역의 백제 중방성은 호남지역 지방통치의 매우 중요한 거점이었고, 내용 면에서도 이를 뒷받침할 만한 풍부한 유적들이 남아 있다. 정읍사 역시 중방성의 위상에 대응되는 풍부한 무형문화 유산으로 정읍지역의 역사 문화적 위상을 담고 있다고 할 것이다.

제4장 | 전북지역
가야문화와
백제 남방성

　　전라북도는 동고서저의 지형으로서 서부 평야지대와 동부 산간지대로
구성되어 있다. 이 두 지역에는 각각 문화적 특징을 달리하고 있는데, 서부 평
야지대에는 마한과 백제문화가 근간을 이루고 있고, 동부 산간지역에는 마한과
백제문화와 더불어 가야문화가 다양하게 분포하고 있음을 알 수 있다.
　　전북지역의 동부 산간지대에 위치하고 있는 가야의 실체는 1974년도 임실
금성리에서 조사된 수혈식석곽분에서 가야계 장경호와 고배류, 철제 농기구와
마구, 그리고 무기류가 발견됨으로서 인식하게 되었다.[1] 그러나 전북지역의 가
야문화에 대한 구체적인 접근은 1982년도 남원 월산리 발굴조사[2]를 통해 이루
어지게 되었다. 당시 발굴 책임자였던 전영래 선생이 후일담에서도 밝혔듯이 발
굴 전에는 백제고분으로 인식하고 발굴을 시작했는데, 그도 그럴 것이 전북지
역은 마한 백제지역으로 알려져 왔던 곳이기 때문이었다. 월산리 고분군조사 이
후, 전북지역의 가야문화에 대해서는 군산대학교 곽장근 교수의 끈질긴 지표조

1　전영래, 1974, 「임실 금성리 석곽묘군」, 『전북유적조사보고』 3.
2　전영래, 1983, 『남원 월산리고분군발굴조사보고서』, 원광대학교 마한 · 백제문화연
　구소.

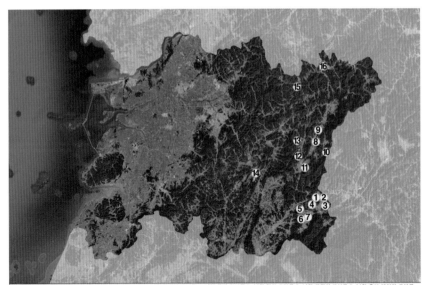

1. 남원 월산리 고분군 2. 남원 유곡리와 두락리 고분군 3. 남원 건지리 고분군 4. 남원 동대 고분군 5. 남원 일리 고분군 6. 남원 행정리 고분군 7. 남원 운봉 북천리 고분군
8. 장수 삼봉리 고분군 9. 장수 장계리 고분군 10. 장수 호덕리 고분군 11. 장수 동촌리 고분군 12. 장수 노하리 고분군 13. 장수 삼고리 고분군 14. 임실 금성리 고분군
15. 진안 황산리 고분군 16. 무주 대차리 고분군

그림 1. 전라북도 가야고분 발굴조사 현황도

사와 발굴조사를 통해 그 실체에 서서히 접근해 가고 있다.[3] 그 결과 백두대간
의 동쪽 지역인 운봉고원뿐만 아니라 장수지역에도 다수의 가야 고분이 축조되
어 있음이 확인되고 있고, 진안과 임실 등에서도 가야 고분이 발견되고 있다. 한
편 분묘 유적 외에도 제철관련 유적과 봉수 관련 유적도 발견되고 있지만,[4] 아
직 본격적인 발굴조사는 이루어지고 있지 않은 형편이다. 이들 유적에 대한 조
사 결과에 따라서 전북지역의 가야문화의 본격적인 실상이 밝혀질 것으로 기대
하고 있다.

---

3 곽장근, 2004, 「호남 동부지역의 가야세력과 그 성장과정」, 『호남고고학보』 20, 호남
   고고학회.
4 곽장근, 2018, 『전북에서 만나는 가야이야기』, 전라도 정도 1000년 기념 도록, 국립
   전주박물관.

전북지역 고대의 다양한 문화양상을 분묘의 속성을 통해서 살펴보면, 근초고왕이나 무령왕대에 백제의 남정 이후 백제의 중앙문화가 확산되기 시작하여 백제 지방통치의 거점이 되는 중방성과 남방성이 설치되면서 백제문화로 본격적인 편입이 이루어진다. 특히 백제 무왕대 익산 천도 이후 마한계 세력이 백제의 주요 세력으로 등장하면서 나주 복암리 3호분에서 보이듯이 백제의 사비유형의 석실이 마한 분구묘에도 직접 채용되게 된다. 이는 마한문화가 늦은 시기까지 지속되고 있었던 영산강유역에도 완전하게 백제의 문화적 동질화가 이루어진 것으로 볼 수 있다. 이와 같이 마한과 백제문화의 전통적 기반인 동부 산간지역의 가야 문화에도 예외없이 그 영향력이 미치고 있음을 확인할 수 있다. 곧 동부 산간 지역의 가야문화의 기층문화로서 마한문화가 자리잡고 있었기 때문에, 백제의 남정과 더불어 백제와는 불가분의 관계 속에서 전북지역 가야의 정체성을 확립해 나간 것으로 이해할 수 있다. 그것은 분묘의 구조적 측면과 출토유물에서 확인되고 있다.

이러한 내용들을 바탕으로 전북지역의 기층문화로서 마한과 백제, 그리고 가야의 문화적 양상 및 전개 과정을 파악해 보고자 한다. 이를 바탕으로 백제의 지방통치의 거점이었던 남방성의 설치 배경 및 그 내용을 살펴보고, 전북지역의 고대문화를 재구성한다는 측면에서 가야 정치체의 상호관계를 추적해 보고자 한다.

제1절 전북 동부지역의 기층문화

전북지역의 고대문화는 금남정맥과 호남정맥에 의해 서쪽에는 마한 백제문화가, 동쪽에는 가야계문화가 자리잡고 있었다. 가야계 문화는 금강, 섬진강, 남강수계에 따라 그 양상을 달리하는 것으로 파악되었다. 금강과 섬진강수계에는 백제와 많은 교류 흔적들이 발견되고 있는 것이 특징적이며, 특히 백두대간의 동쪽 남강수계인 운봉고원에는 또 하나의 강력한 가야계 정치체가 자리잡고 있었음이 확인되었다.

그렇다면 이 지역에 가야문화가 등장하기 전의 문화양상은 어땠을까? 마한 고지에서 송국리 문화 다음 단계에 새로운 문화요소를 담고 있는 묘제는 적석목관묘와 목관묘, 토광직장묘로 구분할 수 있다. 적석목관묘의 구조는 묘광을 굴착한 후 목관을 안치하고 목관을 보호하기 위하여 그 둘레에 할석이나 괴석을 돌리고 목관 위에도 석재를 올려 축조하고 있어 벽을 정연하게 축조한 석곽분과 다르게 석재조합이 균일하지 못하게 나타난다. 적석목관묘의 예는 공간적 범위가 경기도에서 전라남도에 이르기까지 매우 넓게 분포하고 있다. 전북지역에서는 장수 남양리와 익산 다송리[5], 전주 여의동 1호 토광묘[6], 군산 선제리[7]가 이에 해당한다.

적석목관묘는 장수 남양리에서 5기가 군집을 이

그림 2. 장수 남양리 적석목관묘 발굴전경

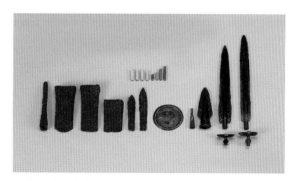

그림 3. 장수 남양리 적석목관묘 출토유물

---

5 전영래, 1975, 「익산 함열면 다송리 청동유물출토묘」, 『전북유적조사보고』 5.
6 전주대학교 박물관, 1990, 『전주, 여의동선사유적 발굴조사보고서』.
7 전북문화재연구원, 2017, 「군산 선제리 108-16번지유적」, 『각지 소규모 발굴조사』, 한국문화재보호재단.

루고 발견되었는데,[8] 내부에서 세형동검과 세문경, 동모를 포함한 청동기와 철기가 공반되었다. 이러한 적석목관묘는 대부분 1기나 2기 정도가 분포하고 있는데 남양리의 경우 5기가 군집된 양상은 매우 이례적이라 하겠다. 적석목관묘의 분포 양상을 보면 토착문화가 강하게 자리하고 있는 곳에는 1~2기가 자리하고, 그렇지 않은 곳에는 밀집도가 높게 나타나는 것을 알 수 있다. 대곡리[9]나 초포리[10]의 경우는 지석묘의 밀집도가 높은 지역이며, 부여지역은 송국리 문화 요소가 강하게 자리잡고 있는 지역이다. 그러나 장수 남양리지역의 경우는 아직까지 이전 단계의 뚜렷한 문화요소를 찾을 수 없는데, 이러한 점은 앞선 시기의 문화와 갈등 없이 새로운 문화가 정착할 수 있었기 때문에 분묘가 군집을 이루면서 축조되었을 것으로 생각된다. 그렇기 때문에 이를 통해 선진적인 철기문화의 확산도 주도해 나갔을 것이란 추측을 쉽게 할 수 있는 것이다.

한편 30여 기의 집자리가 발견된 남원 세전리유적에서 보면[11] 무문토기 전통의 심발형토기부터 마한전통의 시루나 귀때토기 그리고 경질토기까지 출토되고 있어 그 시기 폭은 좀 클 것으로 판단되지만, 서부지역과의 공통점이 발견된다.

장수 침곡리 유적의 조사결과 청동기시대부터 삼국시대에 이르는 집자리와 분묘가 노출되었다.[12] 원삼국시대 주거지는 6기가 발견되었는데, 평면형태, 입지, 주공의 배치상태, 벽구, 노지 등의 시설 면에서 서부지역의 것들과 공통점이 발견된다.

마한 분구묘를 축조함에 있어서 선분구 후매장이라는 분구 축조 방법과 분구의 저부에 주구를 굴착하는 전통이 가장 대표적인 분구묘의 속성이라 할 것

---

8 전북대학교 박물관, 2000, 『남양리 발굴조사보고서』.

9 조유전, 1984, 「전남 화순 청동유물일괄 출토유적」, 『윤무병박사 회갑기념논총』, 통천문화사.

10 국립광주박물관, 1988, 『함평초포리유적』.

11 전북대학교 박물관, 1990, 『세전리 발굴조사보고서』.

12 군산대학교 박물관, 2006, 『장수 침곡리유적』.

이다. 그렇다면 이러한 마한 분구묘의 속성이 지속적으로 구현되고 있는 요소를 전북지역 가야 고분에서 찾을 수 있을까. 그 근거는 전북가야의 최상위 계층의 분묘라 할 수 있는 유곡 · 두락리 32호분의 주구 굴착에서 찾아지는데, 마한 분묘의 주구 본래 기능이라 할 수 있는 배수, 묘역의 구분, 또는 외부 세계와 분리하여 신성시하려는 관념이 작동되는 전통이 유지되고 있는 것으로 볼 수 있다.[13] 청계리 1호 석곽의 남동측 모서리에 설치된 주구는 1-1호분의 축조와 더불어 설치된 것이라기보다 1-2호분을 연접하면서 설치된 것으로 파악하였다. 5세기 후반 가야지역의 고총에는 주구가 설치된 예가 없고, 설치되었다 하더라도 지형이 높은 곳에 반원형이나 초승달 형태의 주구가 설치된다. 따라서 청계리 1호분의 주구는 호남 · 호서의 저평한 구릉지에 조영된 고분의 주구설치 영향으로 파악하여[14] 마한 분구묘의 영향을 염두에 둔 것으로 생각된다.

한편 진안 와정유적은 금강과 섬진강을 연결해 주는 남북 방향 교통로와 서에서 백두대간을 넘는 동서방향의 교통로가 합해지는 교통의 요충지에 위치하고 있다. 이 유적은 반월형의 산정상부에 토성이 자리하고 있고, 그 내부에서 8기의 주거지가 조사되

그림 4. 진안 와정유적 집자리

---

13 보고서에서는 주구 내에서 아무런 유물이 발견되지 않기 때문에 성토와 관련된 토사 채취로 판단하고 있다.

14 홍보식, 2020, 「남원 청계리고분군과 월산리고분군의 가치와 활용방안」, 『남원 청계리 청계 고분군과 월산리 고분군 조사성과와 의의』, 국립완주문화재연구소 · 국립나주문화재연구소.

었다.[15] 이들 주거지는 구들시설을 하고 있는 점이 특징적이며, 출토된 유물은 장란형토기, 삼족토기, 발형토기, 시루 등 백제 중앙과 동일한 토기들이 절대량을 차지하고 있다.

이러한 유적들에서 보면 5세기 이전에는 가야보다는 전북의 서부지역과 동질적인 문화, 곧 마한과 백제와 깊은 관련성을 찾을 수 있다. 그러면 언제부터 가야문화가 전북 동부지역에 확산되었을까. 이는 백제의 중앙 정치상황과 밀접한 관계가 있었을 것으로 판단된다. 백제는 고구려와 전투에서 개로왕이 전사하고 공주로 천도하게 된다. 공주천도 이후에도 백제 중앙 정치는 안정화를 이루지 못하고 왕권과 귀족들과 반목 속에서 동성왕이 피살되는 등, 세력약화가 이루어진다. 바로 이 시기를 이용하여 대가야 세력이 이 지역으로 진출하게 된다. 특히 전북 동부지역은 섬진강을 통해 남해로 진출하고, 금강을 통해 서해로 나아갈 수 있는 교통요충지에 해당되는데, 가야는 이 지역을 5세기 중엽경에 장악하게 된다.

제2절 전북가야의 중심문화권

전북지역에서 가야 고분군이 발견되는 지역은 남원의 운봉읍과 아영면, 장수군의 장수읍과 장계면, 그리고 진안고원과 무주일대가 이에 해당한다. 이들 고분군 가운데 상대적으로 규모가 크며 최고의 위세품이 부장된 수장급의 고분이 집중되어 있는 지역을 전북가야의 중심 문화권으로 설정할 수 있다. 이러한 기준을 적용하여 볼 때, 전북가야의 가장 최상위 계층의 피장자로 추정할 수 있는 지역은 아영분지와 장계분지를 꼽을 수 있고, 그 중에 아영분지의 월산리, 유곡·두락리고분군을 최상위에 둘 수 있다. 장계분지의 피장자는 고분의 규모와 구조, 출토유물에서 이들보다 한 단계 낮은 지배층의 분묘로 상정할 수 있다.

---

15 전북대학교 박물관, 2001, 『와정유적』.

이들 두 지역을 살펴보면 지리적인 공통점을 발견할 수 있는데, 먼저 분지형 지형을 택하고 있다는 것이다. 곧 분지를 둘러싸고 있는 산지는 자연적으로 방어시설이 되기 때문에 천연적인 요새가 되는 것이며, 또한 분지 주변의 산악에서 발원하는 수원은 농업 생산력의 근본이 될 뿐 아니라, 교통로로서 매우 유리한 지형을 갖추고 있는 것이다. 또한 유사시에 분지 내로 들어오는 과정에서 위험 요소로부터 완충 역할을 할 수 있는 공간을 확보하고 있다는 점이다. 예를 들면 아영분지 입구에 해당하는 지역은 운봉읍이 또 하나의 분지 지형을 갖추고 있어 유사시에 방어에 필요한 시간을 확보할 수 있는 공간이 될 수 있다. 또한 장계 분지에서도 같은 양상을 확인할 수 있는데, 장수 분지의 공간이 운봉 분지와 같은 기능을 할 수 있었을 것으로 추정할 수 있다. 그렇기 때문에 아영분지에 비해 운봉분지에는 고분의 규모나 출토유물에서 한 단계 낮은 피장자 집단의 고분군이 축조되고 있고, 이러한 예는 장수분지나 장계분에서도 같은 양상을 확인할 수 있다.

이와 같은 지리적 조건에 따른 고분의 양상에 따라 전북가야의 공간적 특징을 중심문화권과 주변문화권으로 구분이 가능하다.

1. 아영분지

아영분지에 축조되어 있는 고분은 40여 기가 알려져 있으나 발굴조사가 이루어진 유적은 월산리, 유곡·두락리, 건지리, 봉대고분군 등 5곳에 이른다. 월산리고분군과 청계리고분군은 460여 m 떨어져 위치하는데, 전자는 구릉 말단부의 미고지에 위치하며 후자는 시리봉의 지맥에서 남동쪽으로 뻗은 구릉 능선에 자리잡고 있다. 유곡·두락리고분군은 아영면 두락리와 인월면 유곡리의 경계에 위치하는데, 청계리 월산리고분군의 동쪽에 풍천을 사이에 두고 2km 정도 떨어져 자리잡고 있다. 풍천을 경계로 서남쪽에 봉대고분이 동남쪽에는 건지리고분군이 자리잡고 있어 마치 아영분지의 양 옆으로 고분군들이 입지하고 있는 형국이다. 이외에도 월산리와 건지리를 중심으로 고분군이 자리하고 있어 아영분지의 평지에서 가까운 산지의 말단부에 해당한다.

그림 5. 남원 아영분지 운봉분지 삼국시대고분 현황도

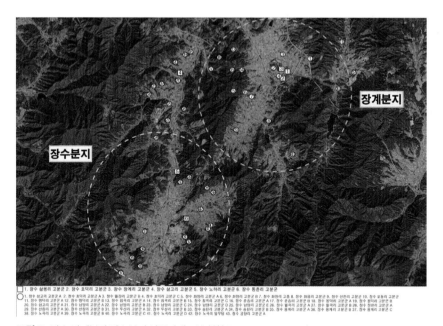

그림 6. 장수 장계분지 장수분지 삼국시대고분 현황도

청계리고분군은 구릉 능선을 따라 약 10여 기의 고총 고분이 열을 이루며 분포하고 있는데, 2019년에는 청계리 1호분[16]이 2020년에는 2호분[17]에 대한 발굴조사가 이루어졌다. 1호분의 봉분은 평면이 장타원형이며, 자연지형을 이용하여 조성하였고 석곽 안치 후 1m 정도의 성토가 있었을 것으로 추정하고 있다. 규모는 성토부를 기준으로 최대 길이 30m, 너비 20m 내외가 된다. 매장시설로는 3기의 석곽이 확인되었고, 1, 2호 석곽은 봉분의 장축방향에 따라 배치되었고, 3호 석곽은 2호 석곽의 북쪽 단벽에 연하여 직교하는 방향을 가지고 있기 때문에 두 석곽의 배치는 T자형을 이룬다. 발굴조사결과 2, 3호는 동시에 축조된 것으로 확인되었고, 3호 석곽은 시간적 차이를 두고 축조된 것으로 밝혀졌다. 이러한 사실은 봉토의 유실을 막기 위해 2, 3호 석곽 안치 당시에 시설된 호석열을 파괴하고 1호 석곽이 축조된 것에서도 알 수 있다. 석곽의 규모는 각각 2호는 5.4×1.6×1.3m, 3호는 5.8×0.7×1.1m, 1호는 5.7×1.15×1.65m이다. 이 가운데 2호석곽이 중심석곽으로서 봉분의 중심부에 위치하고 있고, 금동제의 화살통 장식편과 모자(母子)대도편, 수레바퀴 장식토기편이 발견됨에 따라 1호분의 주피장자로 판단할 수 있다.

2호분은 1호분보다 조금 높은 북서쪽으로 인접하고 있는데, 봉분의 축조는 1호분과 같이 자연지형을 먼저 가공한 다음 석곽을 안치하고 성토하는 방식을 택하고 있다. 2기의 석곽이 발견되었는데, 1호는 4.87×0.86×1.2m, 2호는 2.6×0.85m×?로서 1호분의 석곽에 비해 규모가 작은 편이다. 석곽의 장축 방향은 경사면과 일치되게 배치되고 있다. 출토유물은 표토에서 세환이식 1점과 고배와 대각편이 발견되었다. 발굴자료집을 살펴보면 석곽의 배치에 따라 청계리 1

---

16 오동선, 2020, 「남원 아영분지 고총고분 조영세력의 변천과 성격」, 『남원 청계리 청계고분군과 월산리 고분군 조사성과와 의의』, 국립완주문화재연구소 · 국립나주문화재연구소.

17 해원문화재연구원, 2020, 『남원 청계리 고분군 발굴조사』, 발굴조사 학술자문회의 자료집.

그림 7. 남원 청계리 고분 발굴전경

호분은 I 자형, 2호분은 ㅏ자형으로 구분하고 있고, 2호분과 유사자료를 월산리 M2호분에서 찾고 있다. 그러나 사진이나 도면을 자세히 검토해 보면 1호 석곽과 직교하는 묘광선이 확인되고 있고, 특히 이 묘광선에 대응되는 석축이 확인되기 때문에 후대에 석곽이 설치되었을 것으로 판단된다.

청계리 1, 2호분은 능선상에 위치하고 있는데, 자연지형을 이용하여 봉분을 축조하고 있기 때문에 자연스럽게 장타원형의 분형이 형성될 수밖에 없다. 따라서 제한적인 공간을 가지는 봉분 내에 가야고분의 특징인 세장방형의 석곽을 안치함에 있어서 분형의 장축방향과 일치할 수밖에 없는 형편이었을 것이다. 곧 자북에 의한 장축방향을 선정한 것이 아니라 자연지형에 따른 장축방향이라 할 수 있다. 또한 1호분의 1호 석곽과 2호분의 2호 석곽은 초축 당시부터 안치된 것이 아니라 시간차를 두고 축조되고 있어 혈연관계에 있는 다른 피장자를 추가로 하나의 봉분 내에 안치한 것으로 생각된다. 청계리 고분군의 출토품에는 현지품, 대가야, 소가야, 아라가야 등 다양한 계통의 유물이 포함되어 있어서 아영분지의 세력들은 가야의 다양한 세력과 교류가 있었음을 추측할 수 있다.

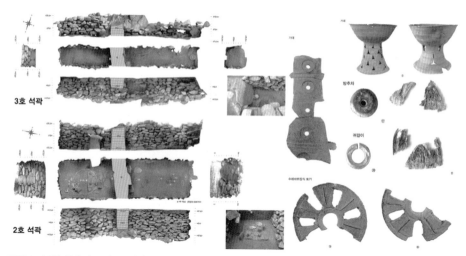

그림 8. 남원 청계리 1, 2호분 및 출토유물

월산리고분군은 아영면 청계리와 월산리 일원에 위치하고 있는데, 모두 9기의 중대형 고총이 분포하고 있는 것으로 보고되었다. 1982년 원광대학교 마한·백제문화연구소에 의해 M1~M3호분이,[18] 2010년 전북문화재연구원에 의해 M4~M6호분이, 모두 6기의 발굴조사가 이루어졌다.[19] 그러나 82년도 조사 당시에 존재하던 M7~M9호분은 경지정리 과정에서 흔적도 없이 사라져 버렸다.

그림 9. 남월 월산리고분군(1990년도 무렵)

---

18 전영래, 1983, 앞의 보고서.
19 전북문화재연구원, 2012,『남원 월산리고분군 -M4, M5, M6호분-』.

월산리고분군의 입지는 남원시와 장수군의 군계에 위치하고 있는 시리봉(해발 776.8m)에서 북동쪽으로 길게 뻗어내린 동쪽 경사면 해발 450m 내외의 말단부로 완만한 능선방향을 따라 M1~M3호분, M4~M6호분, M7~M9호분이 각각 3기씩 소군집을 이루고 있다.

　월산리고분군과 인접해서 직경 20m 내외의 중대형고총이 40여 기가량 밀집 분포되어 있는 두락리 고분군이 월산리 고분과 마주하고 있으며, 성리 상성고분군, 청계리고분군, 건지리고분군 등 대부분 가야계 석곽묘들이 밀집되어 분포하고 있는 것으로 알려졌다.

　봉분의 성토방법은 가야지역에서 일반적으로 확인되는 수혈식석곽과는 달리 기반층을 정지한 후 석곽과 봉분을 동시에 축조하는 방법을 사용하였다. 따라서 석곽과 수평으로 성토하였다. 분정은 수차례에 걸친 도굴로 파괴되어 정확한 형태를 알 수 없으며 잔존 상태로 보아 개석의 위쪽으로는 그리 높지 않은 봉분이 있었던 것으로 추정된다.

　매장주체부는 수혈식석곽으로 M4호는 단곽식이나 M5호는 분정에서 동쪽으로 치우쳐 분구의 사면에서 석곽 1기가 확인되었으며, M6호는 분정에서 서북쪽으로 약간 치우쳐 역시 분구중에서 파괴된 석관 1기가 확인되었다.

　월산리 고분에 대한 발굴결과 드러난 제원은 다음 표와 같이 정리된다(표 1 참조).

표 1. 남원 월산리고분군

유구명	규모 (cm)			봉토규모 (cm)		출토유물														형식	비고
						토기류									철기			장신구		
	길이	폭	높이	길이	높이	장경호	대부장경호	단경호	소호	고배	기대	개	배	발	무구	마구	이기류			
M1호-A	860	136	185	1,900	320	7			1	4	5	16			31	18	19		수혈식	주곽
M1호-B	190	50	60						2				2						수혈식	부곽
M1호-C	128	44	36					1	1				1						수혈식	부곽
M1호-D	135	40	60																수혈식	부곽
M1호-E	377	69	85			2	1		4		2						2		수혈식	부곽
M1호-F	150	40	60						3				1				2		수혈식	부곽

유구명	규모(cm)			봉토규모(cm)		출토유물													형식	비고
						토기류									철기			장신구		
	길이	폭	높이	길이	높이	장경호	대부장경호	단경호	소호	고배	기대	개	배	발	무구	마구	이기류			
M1호-G	475	55	85			2		2											수혈식	부곽
M2호	430	68	50	900	70	1		2									2		수혈식	주곽
M3호	470	67	80	1,000	130	3		1			3				4	3	4		수혈식	주곽
M4호	825	100	145	1,700	370	1					4	2			4	3	2	182	수혈식	주곽
M5호	960	123	185	1,660	350	9	1	10		1	15	11	2	1	69	3		29	수혈식	주곽 초두 천계 금제이식
M5호	290	40	70					2					1		1			89	수혈식	부곽 금제이식
M6호	850	110	180	1,550	220						3				10			85	수혈식	주곽
M7호				1,280	160														?	멸실
M8호				1,400	60														?	멸실
M9호				1,380	180														?	멸실

　　월산리고분군은 1982년과 2010년의 발굴조사를 통하여 토기류와 환두대도, 갑옷을 비롯하여 마구류, 무구류, 꺽쇠 등 다양한 유물이 출토되어 고분군의 성격을 추정할 수 있다. 1982년 M1~M3호분과 M4호분에 대한 수습조사를 통하여 중대형고총분이 축조되기에 앞서 수혈식석곽이 축조되었으며 내부에서는 아영지역에서 생산된 것으로 보이는 재지계 토기가 주종을 이루고 있으며 대가야양식과 소가야양식의 토기가 함께 출토된 것으로 확인되었다.

　　2010년도 발굴조사에서 확인된 유물은 토기류의 경우 통형기대, 발형기대, 유개장경호와 같이 대부분 대가야양식의 토기들이 출토되어 1982년에 조사된 M1-A호분 출토유물과 큰 차이는 보이지 않는다. M4~M6호분은 수차례 도굴되어 봉분은 물론 석곽도 상당부분 파괴되었다. 특히 M4호분과 M6호분은 대부분 도굴되어 유물이 거의 출토되지 않았으나, M5호분은 수차례 도굴이 이루어졌음에도 불구하고 의미있는 유물들이 출토되었다. M5호분 출토유물은 청

그림 10. 월산리 M5호분 유물 부장상태

자계수호(靑磁鷄首壺)와 철제
자루솥(鐵製鐎斗)을 비롯하여
금제귀걸이(金製耳飾)·유리
제목걸이(頸飾)와 같은 장신
구류, 투구(冑)·목가리개(頸
甲)·찰갑(甲冑) 등의 갑옷과
기꽂이(蛇行狀鐵器)·발걸이
(鐙子)·재갈(銜)·삼주령(三
珠鈴) 등의 마구류, 쇠손칼(鐵
刀子), 쇠화살촉(鐵鏃), 쇠도끼
(鐵斧) 등의 무구류, 꺽쇠(鐵
釘), 원통모양그릇받침(筒形器
臺)·바리모양그릇받침(鉢形
器臺)·소형원통모양그릇받
침(小形器臺)·뚜껑달린긴목항아리(有蓋
長頸壺)·짧은목항아리(短頸壺) 등 다양한
토기류가 출토되었다.

M5호분에서 출토된 청자계수호(靑磁
鷄首壺)는 광구호로 한쪽에는 닭머리가,
반대편에는 구연에서 동체로 이어지는
손잡이가 부착되어 있으며 어깨에는 대
칭으로 '∩'자형 손잡이가 부착되어 있
다. 청자계수호는 중국 동진과 남조에
서 제작된 청자로 백제 한성시대부터

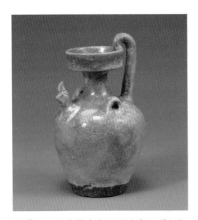

그림 11. 남원 월산리 M5호분 출토 계수호

동진과의 교류를 통하여 백제 중앙에서 수입한 유물로 대부분 백제영역에 포함
된 지역에서 출토되고 있으며 백제지역 이외의 지역에서는 신라 황남대총에서
출토된 청자가 유일하며 그동안 가야지역에서는 출토예가 없다.

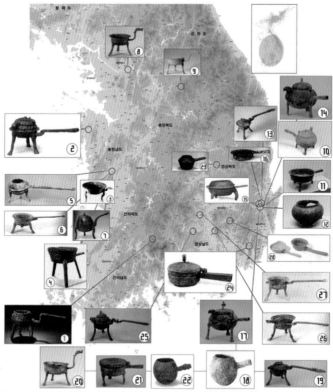

1. 남원 월산리 M-5호분, 2. 서산 부장리 5호분, 3. 부여 부소산, 4. 부여 구아리, 5~7. 傳 부여, 8. 풍납토성,
9. 원주 법천리 1호분, 10. 황남대총 북분, 11. 황남대총 남분, 12. 황남대총 남분, 13. 금령총, 14. 천마총,
15. 경주 사정동, 16. 경주 황오동 37호분, 17. 서봉총, 18~19. 금관총, 20~22. 식리총, 23. 의성 학미리,
24. 양산 금조총, 25. 傳 합천, 26. 창녕 교동 11호분, 27. 傳 고령, 28. 청도 봉기리 3, 16호분　(유물 축척 부동)

그림 12. 초두 출토 유적 분포도

　중국 수입도자는 지역적으로 백제의 영역에 속하는 서울·경기·충청지역에서 출토되고 있으며, 호남지역에서는 익산 입점리 86-1호분과 고창 봉덕리 1호분, 부안 죽막동 제사유적 등에서 출토되었다. 청자계수호는 그동안 백제 중앙에서 수입하여 지방권력층에게 사여되는 중요한 위신재로 보고 있다.

　따라서 월산리 M5호분에서 백제지역에서 주로 출토되고 있는 중국 수입도자가 출토되었다는 것은 월산리 M5호분의 성격을 밝힐 수 있는 중요한 자료가 될 것으로 보인다.

또한 M5호분에서는 중국제 청자와 함께 철제자루솥(鐎斗)이 출토되었다. 자루솥은 중국 남조의 영향으로 제작된 것으로 보고 있다. 청동자루솥의 경우 풍납토성, 원주 법천리, 부여 출토로 전하는 숭실대 소장품이 알려져 있으며 철제자루솥의 경우 M5호분 이외에는 일제 강점기 부여 구아리 출토품, 서산 부장리 5호분 출토품 등 2점이 알려져 있다. M5호분에서 출토된 자루솥은 서산 부장리 5호분 출토품과 자루의 형태가 유사하지만, 서산 부장리 출토품의 경우 액체를 따를 수 있는 주둥이(注口)가 있고 뚜껑이 있는데 반하여, M5호분 출토품은 주구가 없고, 뚜껑도 확인되지 않았다.

이처럼 M5호분에서 출토된 청자계수호와 철제자루솥의 경우 중국과 직접적인 교류를 통하여 들여왔을 가능성도 있지만 아직까지 가야지역에서 이러한 유물이 출토된 예가 없고, 주로 백제지역에서 출토되고 있어 월산리 M5호분의 피장자의 성격을 추론하는데 있어 중요한 단서가 될 것으로 보인다. 만약 M5호분의 피장자가 백제와 밀접한 관련이 있는 사람이라고 한다면 이는 무령왕의 즉위 이후 백제와 가야의 상호관계에서 비롯되었다고 볼 수 있다.

남원 유곡리 및 두락리 고분군은 전북과 경남의 도계를 형성하는 연비산에서 아영들 중심부까지 동서 방향으로 길게 뻗은 능선의 정상에 위치한다. 모두 40여 기의 고총은 구릉 정상을 비롯하여 그 능선과 직교되게 북쪽으로 돌출된 두 개의 지류에 집중적으로 분포되어 있다.[20] 1989년 조사에서 수혈식석곽묘 4기와 횡혈식석실묘 1기가 조사되어 다수의 가야계 토기와 철기류와 가야계 유물의 특징을 가지고 있는 기꽂이가 처음으로 출토되어 주목된 바 있다.

32호분은 동쪽 구릉 주 능선상의 하단부에 위치하고, 능선 하단부와 연결된 부분을 묘역으로 선정하여 의도적으로 봉분을 높게 보이는 효과를 보이고 있

---

20 전북대학교 박물관, 1989, 『두락리 발굴조사보고서』.

다. 축조 순서를 보면 먼저 기반암층을 평탄하게 한 후 석곽을 설치하고 이를 보호하고 봉분을 성토하기 위한 토제를 쌓았다. 석곽의 개석을 덮은 후 봉분을 반으로 구획하여 성토했으며, 이 과정에서 봉분의 서쪽에 주구를 굴착하고 있는데 이는 봉분의 성토를 위한 채토를 위한 것으로 보고 있다. 마지막으로 전체를 흙으로 덮어 마무리를 한 것으로 파악되었다. 봉토 상면에서 135cm 아래에서 주·

그림 13. 남원 유곡 두락리 32호분

부석곽이 나란하게 배치되어 노출되었다. 주곽의 규모는 7.5×1.3×1.8m, 부곽은 5.1×1.2×0.8m이며, 주곽에 부족한 부장공간을 보완하기 위하여 부곽을 배치한 것으로 보고 있다. 출토유물은 주곽의 중앙부에서 파장자의 착장유물인

그림 14. 남원 유곡 두락리 32호분 출토 청동거울

청동거울, 금동신발편 등이 발견되었고, 동쪽 부장칸에서는 유개장경호, 철촉과 같은 무기류, 서쪽 부장칸에서는 등자와 운주와 같은 마류구와 유개단경호가 부장되어 있었다. 부장석곽에서는 기대 13세트와 단경호 2점이 발견되었다. 출토유물 가운데 청동거울과 금동신발은 공주 무령왕릉 출토품과 비견되는데, 이를 통해 피장자가 상당한 신분의 소유자였음을 알 수 있다. 곧 아영분지의 월산리 M5호분 출토 계수호와 초두, 그리고 유곡·두락리 32호분 출토 청동거울과 금동신발을 통해 이 지역 가야계 세력과 백제와의 관계를 살필 수 있는 중요한 자료로 보인다. 특히 1989년도에 조사가 이루어진 백제 웅진기의 횡혈식석

실분의 존재는 백제의 중앙과 상당히 밀접한 관계 속에서 축조된 것으로 생각할 수밖에 없을 것이다.

2. 장계분지

장수지역에서 고고학적인 고분유적에 대한 조사는 1993년 군산대학교 박물관에 의한 지표조사에서 비롯된 것으로 볼 수 있는데,[21] 이는 1977년 문화재관리국에서 발간한 『문화유적총람』의 자료를 기초로 이루어졌다. 당시의 지표조사에서 장계면의 송천리고분군과 삼봉리고분군, 그리고 천천면의 삼고리고분군에 대한 현상과 지표에서 채집된 토기편에 대한 소개를 담고 있다. 이후 최근 2013년 장수군 일대의 가야 고총군 정밀지표조사를 통하여 장계면 삼봉리 41기, 월강리 23기, 계남면 호덕리 41기, 황양리 1기, 장수읍 동촌리 80기, 대성리 2기 등 200여 기의 가야계 중대형 고총이 분포되어 있음을 확인하였다.[22]

그림 15. 장수 삼봉리고분군 원경

장수지역의 고총 고분군 가운데 지표조사나 발굴조사를 통하여 확인된 결과, 장계분지에 위치한 삼봉리와 장계리고분군 등이 최고 상위계층의 피장자의 고분으로 알려졌다. 후술하겠지만, 삼봉리 고분의 주석곽 내부에서 안치목곽이 시설되었을 것으로 추정되고, 마구 등이 발견되었다. 장

---

21 곽장근, 1995, 「전북 장수군의 유적현황과 보존실태」, 『호남고고학보』 2, 호남고고학회.

22 전주문화유산연구원, 2020, 『장수 삼봉리 고분군 -1 · 24 · 25호분』.

계리 고분에서는 철기 제작관련 단야구 일습이 출토되고 있어 장수지역의 고분들과 차이점을 보이고 있다. 따라서 장수지역에서는 장계분지를 중심문화권지역으로 상정하여 그 성격을 파악하고자 한다.

　　장수 삼봉리고분군은 백화산에서 뻗어내린 산줄기의 중간지점에 봉토 직경 20m 내외가 되는 2기의 고분과 그 아래쪽으로 직경 10m 정도의 고분 20여 기가 발굴조사 당시에는 자리잡고 있었다.[23] 그 가운데 발굴이 이루어진 1호분은 봉토 중앙부에 주곽을 두고 주변에 2기의 순장곽을 그 사이에는 합구식옹관이 안치되고 있음이 확인되었다. 주곽의 규모는 4.62×96×1.42m이며 석곽의 남서쪽에서 우개장경호와 내부의 교란된 흙 속에서 꺽쇠 16점, 철모 1점, 교구 6점, 철촉 4점, 철겸, 철도 등 철기류가 출토되었고, 바닥면에서 환두대도가 부장되었던 흔적이 확인되었다.

그림 16. 장수 삼봉리 고분 출토 유물상태

　　한편 순장곽으로 보고된 1-2호 석곽의 규모는 2.02×0.62×0.78m이며, 내부에서 적갈색심발형토기와 철도자가 출토되었다. 1-3호 석곽은 규모가 1.86×0.48×0.68m이며, 광구장경호 1점이 발견되었다. 합구식 옹관은 장란형토기를 사용하고 있는데,

그림 17. 장수 삼봉리 2호분

23　군산대학교 박물관, 2005, 『삼봉리 고분군 · 동촌리 고분군』, 장수군 · 문화재청.

합구 상태의 길이는 80cm 정도가 된다.

2호분[24]은 주석곽과 순장곽으로 추정되는 석곽 3기, 토광 1기가 조사되었으며, 주변에서 4기의 석곽묘가 조사되었다. 봉분은 평면형태가 타원형이며, 평탄면을 조성한 후 이를 판 다음 주석곽을 축조하였다. 주석곽은 세장한 평면으로 천석과 할석을 섞어 쌓았으며, 바닥면에서 일정 간격의 목주흔이 노출되었다. 주곽의 규모는 4.9×1.0×1.63m이다. 출토유물로는 단경호, 장경호, 발 등의 토기류, 그리고 재갈, 등자, 안장가리개, 교구, 운주 등 마구류와 대도, 철촉, 철모, 철부 등 무기류와 꺾쇠가 발견되었다.

3호분[25]의 봉분 형태는 타원형이며, 규모는 동서 26.0m, 남북 17.0m, 잔존 높이 5.0m이다. 봉분은 남북으로 뻗은 지류의 정상부와 경사가 급한 동쪽 사면은 깍아내고 지대가 낮은 서쪽 사면은 성토하여 묘역을 조성하였다. 정상부에는 높이 60cm 정도로 성토한 후 묘광을 파고 주석곽을 안치하고 있다. 주석곽의 평면은 세장방형으로 바닥면에서는 장벽에 붙여 각각 4개씩 좌우 대칭으로 모두 8개의 주혈이 확인되었다. 주석곽의 규모는 5.25×1.2×1.74m이며 1호 소형석곽은 3.65×0.75×0.7m이며, 부장유물은 주석곽과 주변석곽에서 장경호, 단경호, 기대, 배 등의 토기류와 교구, 꺾쇠, 도자, 철촉, 금제이식 등 금속제 유물이 출토되었다.

삼봉리 고분군 보고서에는 꺾쇠 발견의 의미를 목관을 결구하는데 사용한 것으로 판단하고 있고, 특히 석곽 내부에서 노출된 장벽 양옆으로 4개씩 정연하게 보이는 목주흔은 석

그림 18. 장수 삼봉리 고분 출토 꺾쇠

24 전주문화유산연구원, 2015, 『장수 삼봉리 고분군』.
25 전주문화유산연구원, 2017, 『장수 동촌리 · 삼봉리 고분군』.

곽 축조시에 붕괴를 방지하기 위한 것으로 해석하고 있다. 그러나 목주흔과 꺾쇠의 존재로 미루어 3호분에는 목곽을 사용했을 가능성이 매우 높다 할 것이다. 유곡·두락리 32호분에서도 석곽의 중앙부 곧 피장자가 안치되었을 공간의 양단에 목주흔이 보이고 있고, 꺾쇠와 관정이 출토되었다. 그런데 부식이 덜 된 상태의 관정의 길이가 15~16cm에 이르러 최소한 7~8cm 두께의 목재를 사용했을 것으로 추정되는데, 실제로 관정이나 꺾쇠에 남아있는 목질 흔의 길이가 5cm 이상되는 것도 있어 이러한 추정이 가능하다. 그렇다면 7~8cm 두께의 목재를 사용했다면 시신을 운반하여 매장한 관이라기보다 오히려 안치용의 목곽이 시설된 것으로 볼 수 있는데, 석곽 내부에 정연하게 남아 있는 8개의 목주흔이 이를 뒷받침하는 것으로 생각된다.

삼봉리 고분에서 주 매장주체부인 대형 석곽은 중앙에 자리하고 있지만, 소형석곽이나 옹관이 봉분의 남사면에 배치되어 있는 양상에서 이는 부곽이라기보다 추가장에 따른 배장적 성격의 매장시설로 생각된다. 주석곽 주변의 소형석곽들이 순장곽이라는 의미를 충족시키기 위해서는 우선 주석곽과 소형석곽의 축조 동시성이 입증되어야 한다. 그러나 발굴과정에서 이러한 조건을 설명하기 위한 토층조사가 완전하지 못한 것이 현실이다. 그런데 최근 조사가 이루어진 동촌리 2호분의 서쪽에 배치된 1-2호 석곽의 토층을 보면[26] 당초 봉분의 피복으로 성토된 토층을 파고 1-2호 석곽이 안치되었음이 확인된다. 또한 삼봉리 3호분의 2기의 소형석곽의 배치를 보면 봉분의 기저부 밖에 해당하는 것으로 알 수 있는데,[27] 역시 순장이라기보다는 혈연적 친연성에 의해서 배치된 배장형태로 이해할 수 있다. 따라서 이는 시차를 두고 석곽이 조성된 것으로 이러한 양상은 가야 고분에서 보이는 순장에서 보이는 부곽이라기보다는 혈연중심의 가족관계에서 주 매장부의 피장자 자식 등이 성인이 되기 이전에 사망한 경우 배장한 것으로 판단된다.

---

26 전주문화유산연구원, 2017, 앞의 보고서, 도면 4 참조.
27 전주문화유산연구원, 2017, 앞의 보고서, 도면 9 참조.

특히 삼봉리 19호의 경우 주석곽은 안치되지 않은 채 분정의 남쪽에 치우쳐 4기의 소형석곽이 발견되었을 뿐이다. 만일 삼봉리 고분군 가운데 순장곽이 일반화되었다면, 주 피장자가 안치되기 이전에 순장부터 했다고 말할 수 있을 텐데, 이는 순장이라는 장제의 틀과는 거리가 멀다고 할 수 밖에 없는 것이다. 또한 순장이 일반화된 장법이라면, 어느 정도 정형화된 주석곽과 순장곽의 배치가 발견되어야 하는데 그렇지 못하다. 따라서 삼봉리를 비롯한 장수지역의 하나의 봉토 내에 안치된 주석곽과 종석곽의 의미는 혈연관계에 의한 장법이 아닌가 생각된다. 순장곽의 의미는 재검토하는 것이 맞다. 이러한 예는 동촌리나 삼고리에서도 확인되고 있다. 장계리에서는 소형 석곽이 보이지 않는 예도 보인다. 남원의 두락리 32호분의 경우는 부장곽으로 보는 것도 주목할 필요가 있다.

장계리 고분군은 백화산에서 북서쪽으로 뻗은 여러 갈래의 지류 중 장계면 소재지까지 뻗은 지류의 끝자락에 자리한다. 이 지류의 정상부와 돌출부에 고분이 자리하고 있으며, 직경 20m 내외의 대형분과 10~15m 내외의 중형분이 정상부를 따라 일정간격을 두고 위치한다.

64호분[28]은 구릉 정상부인 북쪽에서 남쪽으로 높게 흙을 성토하여 봉분처럼 조성한 것으로 토층에서 확인되었으며, 매장주체부는 확인되지 않았다. 일부 석재가 노출되어 도굴이 이루어진 매장주체부로 추정하였던 적석(돌무지)은 주변에 구획한 Tr에서 확인되는 토층으로 보아 성토층의 경사면에 일시적으로 쏟아부은 듯이 확인되었다. 유물은 성토층에서 뚜껑 1점, 배 1점 등 토기편이 약간 확인되었다.

8호분은 매장주체부인 석곽은 흑회색점질층을 굴광하고 일정한 높이까지 벽석을 쌓아올린 다음 벽석축조와 봉분 성토가 동시에 이루어진 것으로 판단된다. 수혈식석곽의 평면형태는 장방형이며, 장축방향은 남-북방향이다. 석곽의 규모는 3.6×0.7×0.81~0.1m이다. 벽석의 축조방법은 크고 작은 장방형 할석과 천석을 이용하여 가로눞혀쌓기 하였다. 부장유물은 북쪽 단벽에 치우쳐 배

---

28 전북문화재연구원, 2022, 『장수 백화산 고분군 -8 · 9호분-』.

와 집게·망치 등의 단야구, 철겸, 방추차가 출토되었고 중앙에서 남쪽 단벽으로 약간 치우친 바닥면에서 환두도편, 이식편, 옥이 출토되었다. 그리고 도굴구덩이를 정리하는 과정에서 유개장경호, 고배편, 단경호편 등의 유물이 수습되었다. 주석곽 남쪽 단벽과 인접하여 소형석곽 1기가 확인되었다. 장

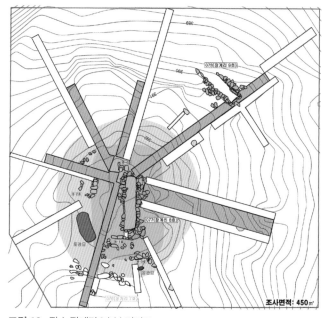

그림 19. 장수 장계리 8호분 평면도

축방향은 8호분 주석곽과 직교하는 동-서 방향에 가깝다. 석곽의 규모는 1.9×0.43×0.36m이며, 중앙에서 동쪽으로 약간 치우친 바닥면에서 유개장경호, 광구호, 배가 출토되었다. 이 유적에서 주목되는 것은 단야구가 발견된 점인데, 장수지역에서 가야 제철유적의 존재 가능성을 높여주고 있는 것이라 하겠다.

그림 20. 장수 장계리 8호분 출토유물

한편 장계분지에서 조사가 이루어진 호덕리 유적[29]은 삼봉리 고분군에서 서쪽으로 인접해 있는데 두개의 구릉에 각각 고분이 조성되어 있다. A지구에서만 가야계 수혈식석곽묘 11기가 조사되었다. 이 가운데 1호와 9호는 장축이 4m 이상이며, 2호와 8호는 2m 이하이며, 7기는 2~3m 정도이다. 석곽의 군집양상이나 규모와 내부시설과 출토유물에서도 장계분지의 삼봉리나 장계리 고분군보다는 하위계층의 분묘로 판단된다.

제3절 전북가야의 주변문화권

앞서 전북 동부 산간지역에 분포하고 있는 고분군을 통해 가야세력의 중심지를 아영분지와 장계분지로 나누어 보고 그 지리적 특징과 그 내용을 파악해 보았다. 이와 같은 중심권역의 세력을 뒷받침하는 집단에 대한 분묘들이 운봉분지와 장수분지를 중심으로 분포하고 있는데, 두 지역간의 상호 비교를 통해 전북가야에 대한 구체적인 모습을 그려낼 수 있을 것이다.

1. 운봉분지

건지리 고분군은 도굴에 의해 그 유구가 지표상에 드러난 것을 정리하여 보고하면서 알려지게 되었다.[30] 이후 조사에서 '가'지구에서 17기, '나'지구에서 5기, '다'지구에서 17기 등 모두 39기의 수혈식석곽분이 조사되었다. '나'지구에서는 봉토 내에 하나의 석곽이 안치되어 있었으나 '가'지구와 '다'지구에서는 주석곽과 더불어 여러 석곽이 하나의 봉토 내에 배치되어 있다.[31] 그러나 훼손이

---

29 전북대학교 박물관 · 군산대학교 박물관, 2000, 『대전-통영간 고속도로(무주-장계구간)건설구간 문화유적발굴조사보고서』.

30 윤덕향, 1987, 「남원 건지리유적조사개보」, 『삼불김원용교수정년퇴임기념논총』, 일지사.

31 문화재연구소, 1991, 『남원 건지리 고분군 발굴조사 보고서』.

심한 탓인지 보고서를 검토한 결과 봉토의 구체적인 정보는 확인하기 힘들다. 석곽들은 대부분 풍화 암반층을 파고 안치되었고, 바닥에는 별다른 시설없이 생토면을 그대로 이용하고 있다. 도굴이 심한 상태여서 출토유물의 조합상은 파악하기 힘든 상태였지만, 고령양식의 토기가 주를 이루고 있다.[32]

그림 21. 남원 행정리 13호분 부장유물

행정리 고분군에서는 토광묘 1기, 수혈식석곽분 12기와 고려시대 횡구식석곽분 1기가 조사되었다.[33] 석곽은 풍화암반을 파고 안치하고 있으며, 그 길이가 3.0m 이상이 4기, 3.0m 이하가 5기, 1.0m 이하의 소형곽이 3기로 다양한 규모들이 배치되어 있다. 이를 통해 1호분 같은 경우는 단곽분이나 12호의 경우는 7호와 8호를 배장석곽으로 배치했을 가능성이 있다. 출토유물은 무개장경호가 주를 이루며 전형적인 고령양식의 토기가 출토되지 않은 점이 주목되고 있다.[34] 연대는 인근 건지리에서 출토된 토기와 통하고 있어 그 연대를 6세기 전반으로 추정하고 있다.

임리 고분은 운봉읍 임리 마을의 서북쪽 산줄기를 따라 조성된 30여 기의 고분 가운데 하나로[35]서 조사 전에 봉토는 이미 유실된 상태였고, 개석 2매가 지표상에 노출된 상태였다. 봉토는 층위나 지형을 고려할 때 원형 또는 타원형이었을 가능성이 높으며, 직경 15m 정도였을 것으로 추정된다. 봉토 중앙에 주석

32 곽장근, 1999,『호남 동부지역 석곽묘 연구』, 서경문화사.
33 전북대학교 박물관, 1994,『행정리 고분군 발굴조사보고서』.
34 곽장근, 1999, 앞의 책.
35 군산대학교 박물관, 2013,『남원 입암리·임리 고분』.

그림 22. 남원 임리 고분 발굴상태

곽을 배치하고 동북쪽에 소형의 석곽 2기를 배치하고 있다. 석곽 내 유물이 단벽에 치우쳐 부장된 양상을 보이고 있어 시신이 매장되었을 가능성을 두고 순장곽으로 파악하고 있다. 그러나 순장곽이라는 전제는 좀 더 면밀한 검토가 요망되는데, 보고서에도 지적하고 있듯이 주석곽은 횡구식으로 백제 영향을 언급하고 있다. 곧 백제계 횡구식석곽분에서 과연 순장곽이 존재하고 있는지 검토가 필요하다. 주석곽에서 유개장경호 1점과 1-1호 석곽에서 광구장경호, 호형토기가 각각 1점, 1-2호 석곽에서 광구장경호가 1점 발견되었다. 이 밖에 봉토 내에 부장되었을 것으로 추정되는 직구호, 대호편, 뚜껑 등이 확인되었다. 부장유물에서 주석곽의 횡구식과 더불어 백제의 영향이 있었을 것으로 추정된다.

북천리 고분군은 바래봉의 가지구릉에서 북서쪽으로 흘러내린 능선을 따라 9기의 고분이 열지어 분포하고 있는데, 3호분에 대한 조사가 이루어졌다. 조사 결과 가야계 횡구식석곽묘 1기, 신라 후기 횡구식석곽묘 1기, 신석기시대 주거지 1기가 확인되었다. 신라 후기 횡구식석곽분에서만 6세기 후반대의 단각고배가 출토되어 신라의 이 지역 확산과 연결짓고 있다.

한편 남원 서부권에 해당하는 입암리에서는 7기의 말무덤 가운데 1기의 마한 분구묘가 조사되어 이 지역의 기층문화로서 마한 정치체를 상정할 수 있는 근거가 되고 있다. 이와 더불어 대강면 사석리·방산리에 7기, 운봉읍 장교리에 7기 가운데 3기만이 보존되어 있어 남원지역의 기층문화로서 마한문화를 가늠케 하고 있다.

2. 장수분지

장수 동촌리 고분은 가야고분의 일반적 입지인 사방이 훤히 보이는 곳에 5개 지구로 나뉘어 모두 40여 기가 분포하고 있다. 그 가운데 가지구에서 8기의 고분을 조사했는데, 3호, 6호, 7호에서는 각각 1기의 부곽을 갖추고 있음이 확인되었고, 8호에서는 4기의 부곽이 딸려 있음이 확인되었다.[36] 출토유물 가운데 주목되는 것은 3-3호에서 출토된 무투창고배와 9호에서 출토된 직구호는 백제 관련 토기로서 5세기 말에서 6세기 초에 걸쳐 백제와 교섭이 있었음을 추론케 하는 증거가 되고 있다.

동촌리 1호분[37]에서 보면 구지표와 풍화암반층을 봉분형태로 깎아 조성한 후 석곽은 반지하에 위치하도록 하고 그 위에 성토하여 봉분을 조성하고 있다. 일단 풍화암반층을 봉분형태로 깎아서 조성하기 때문에 봉토 조성에 소요되는

그림 23. 장수 동촌리 고분군 원경

---

36 군산대학교 박물관, 2005, 앞의 보고서.

37 전주문화유산연구원, 2015, 『장수 동촌리 고분군 -1호분-』.

그림 25. 장수 동촌리 고분 발굴상태

그림 24. 장수 동촌리 고분 출토 토기

노력을 최소화하면서 멀리에서도 고대한 봉토를 가지는 분묘라는 인식이 될 수 있도록 하는 최대의 효과를 보이고 있다. 이러한 예는 장계리 고분에서도 동일한 현상을 보이고 있다. 한편 1-1호는 주매장부의 묘광을 파고 들어가 안치되어 있기 때문에 시간적인 선후관계를 보이고 있는데, 이 점이 바록 주·부곽의 관계에서 순장적 개념으로 이해하는 것보다 이는 주매장부의 피장자와 혈연적 관계에 있었던 미성년자가 배장된 것으로 볼 수 있다.

출토유물은 모두 18점으로 토기류 12점, 철기류 2점, 자연유물(말뼈) 4점이다. 토기류는 단경호·발형기대·발형토기·개·배·고배 등의 기종이 확인된다. 단경호에서는 백제적 요소가 보이며, 발형기대는 함양 백천리·고령 지산동·옥전의 출토품과 유사하여 상호 비교가 가능하다. 발형토기와 개, 배는 재지에서 생산된 것으로 종래 장수지역에서 조사된 고분 출토품과 흡사하다. 또한, 철제편자는 말뼈와 공반되어 출토되었는데 국내에서 사례를 찾아보기 어려우며, 편자와 말뼈의 분석을 통해 실제 사용된 편자로 말의 품종과 매납양상을 파악할 수 있는 중요한 단서를 얻을 수 있었다. 이렇듯 출토유물에 있어 재지계와 백제·대가야계의 양식이 혼재된 양상을 보이고 있으며, 고총의

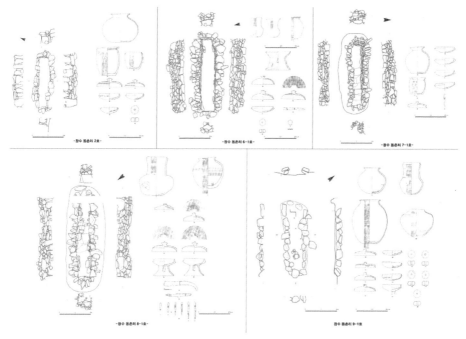

그림 26. 장수 동촌리 수혈식석곽분 및 출토유물 현황

봉토와 주석곽의 축조기법에서는 장수지역이 갖는 지역적 특색을 확인할 수 있었다. 아울러 동촌리 1호분의 축조연대는 석곽구조와 출토유물을 중심으로 볼 때 6세기 전반으로 추정해 볼 수 있다

동촌리 2호분[38]은 봉분 형태는 타원형이며, 규모는 남북 14m, 동서 12m, 잔존 높이 1.8m이다. 주석곽은 도굴된 상태였으며 주변에 3기의 석곽이 배치되었다. 주석곽은 세장방형으로 구지표와 생토면을 정지한 후 굴광하여 안치되었다. 주석곽에서 장경호, 파수부완, 병, 개배, 고배, 기대 등의 토기류와 대도, 철도자, 금제이식이 출토되었다. 2호분의 조사를 통하여 동촌리 고분군의 봉분 조

---

38 전주문화유산연구원, 2017, 앞의 보고서.

성관련 정보를 알 수 있다는 점에서 의의를 찾을 수 있다.

　장수 삼고리 고분은 능선의 정상부에는 대형봉토분이 자리잡고 그 사면에는 소형석곽분들이 분포하고 있어 가야지역의 수장층 고분의 입지와 같은 양상을 보이고 있다. 이들 고분 중에서 19기의 석곽묘가 조사되었는데, 출토토기는 유개고배, 유개장경호, 광구장경호, 발형기대, 개배 등 대가야 양식 토기가 주를 이루고 있다.[39] 그러나 7호분에서 출토된 삼족토기와 8호에서 출토된 병형토기는 백제와 교류관계를 파악하는 매우 귀중한 단서가 되고 있는데, 그 시기는 6세기 초엽으로 판단된다. 이는 백제가 공주천도 이후 금강을 따라 가야지역으로 진출했음을 알 수 있는 증거로 보인다.

　진안 황산리 고분은 세장형 수혈식석곽분으로 금강변을 따라 동서 방향으로 뻗은 능선의 정상과 남쪽 기슭에 자리하고 있는데, '가'지구에서 12기와 '나'지구에서 5기 등 모두 17기가 조사되었다.[40] 출토유물은 대가야계의 저평통기대, 대부장경호, 광구장경호, 고배 등과 더불어 6호, 7호, 11호에서는 삼족토기와 같은 백제토기가 공반되고 있어 두 정치체간의 교류를 확인할 수 있는 자료인 것이다.

　장수 노하리 고분군에서는 6기의 석곽묘가 발굴조사가 이루어졌는데,[41] 봉토는 유실되었고 3호 석곽의 경우 타원형의 주구가 확인되었다. 석곽은 세장형으로 개석은 남아있지 않고, 벽석은 3~4단 내외로 남아있다. 1호와 2호의 경우 주변에 소형석곽이 확인되며, 3호 석곽의 주구에서는 다량의 토기류가 폐기된 상대로 출토되어 마한 분구묘 전통의 요소로 판단된다. 출토품은 기대, 고배, 파배, 장경호, 단경호, 대부호, 발 등 토기류와 철도, 철도자, 철겸, 철촉, 뿌리기, 금제이식 등의 금속류가 발견되었다. 출토토기에서는 재지계, 백제계, 소가야

---

39 군산대학교 박물관, 1998, 『장수 삼고리고분군』.
40 군산대학교 박물관, 2001, 『진안 용담댐 수몰지구내 문화유적 발굴조사 보고서 Ⅳ』.
41 전주문화유산연구원, 2018, 『장수 노하리 고분군』.

그림 27. 장수 노하리 고분 발굴전경

계, 대가야계 등이 혼재된 양상을 보여 주고 있어 이 고분의 피장자 집단은 주변 세력과 활발한 교류의 흔적을 남긴 것으로 볼 수 있다. 이 고분에서 발견된 대부 호는 군산 산월리의 석실분 출토와 매우 유사하며, 배신이 낮은 고배는 논산 신흥리 2호분 출토품과 유사하여 두 지역과 장수 노하리 축조집단간의 교류를 엿볼 수 있다.

제4절 전북지역 가야와 백제의 관계

1. 전북가야의 백제관문, 연산지방

금강이나 섬진강수계의 묘제 특징은 가야의 수혈식에 뿌리를 두고 있지만, 출토유물에서 백제계의 토기들이 포함되어 있는 양상을 보인다. 묘제의 수용이 강제적이라기보다 자발적이라는 관점에서 보면 이러한 의미는 고분을 축조한 주인공들이 가야문화에 뿌리를 두고 있다는 점을 알 수 있는 자료들이다. 그리

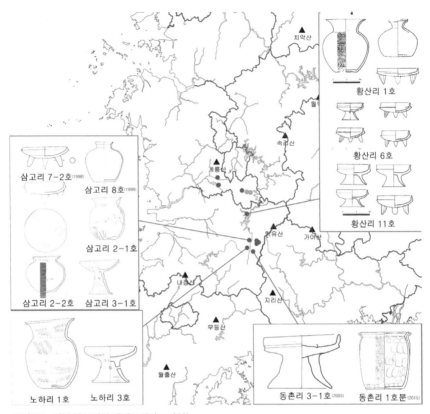

그림 28. 전북 동부지역 백제토기 출토 현황

고 백제토기가 부장된 점은 백제와의 교류나 영역화 과정에서 자연스럽게 백제
문화의 수용을 의미하는 것이다.

　이렇듯 가야문화권역의 확산 배경에는 강력한 정치체의 뒷받침없이는 불가
능한 것이었을 것이다. 바로 운봉고원의 월산리 두락리고분을 축조했던 세력과
장수지역의 삼봉리, 삼고리, 동촌리의 군집고분의 주인공들이 강력한 정치체를
이루고 섬진강을 따라 남해로, 금강을 따라 서해로의 진출을 도모했을 것이다.

　가야에서도 이 지역이 서해나 남해로 진출하는 중요한 요충지였듯이 백제에서도 가야지역으로 진출하는 요충지인 셈이다. 따라서 백제도 이 지역에 깊은 관심을 가질 수밖에 없었을 것이다. 2010년도 월산리에서 출토된 중국제 계수호와 철제초두는 바로 백제의 중앙과 관련된 중요한 증거가 된다.[42] 백제가 중국 견사시에 중국 물품과 작위를 받아 지방에 하사하여 지방통치의 한 방편으로 삼았음은 잘 알려진 사실이다. 백제 고지의 각 지역에서 발견되는 금동관과 금동신발로 대표되는 위세품과 중국제 청자가 이러한 사실을 뒷받침하는 고고학적인 증거이다. 무령왕대에 백제는 다시 이 지역을 장악하게 되는데 남원 초촌리 고분군과 척문리 고분군이 웅진유형의 백제 중앙 고분으로서 그 증거가 된다. 곧 백두대간의 서쪽 안전지대인 이곳에 가야지역으로 나아가는 교두보를 형성하고 있었음을 살필 수 있다.

주목되는 것은 백제고지에 해당하는 충남 연산지역에서 수혈식석곽분이 군집을 이루고 발견되었는데, 일반적으로 중앙묘제인 횡혈식석실분 채용 이전에 지역의 재지세력에 의해 축조된 것으로 이해되어 왔다. 그러나 수혈식석곽분 내부에서 백제토기와 더불어 가야계통의 토기가 출토되어 일찍이 가야와 관련성이 있는 것으로 지적된 바 있지만,[43] 크게 주목되지 못했다. 그런데 전북지역의 장수와 진안지역에서 가야계 수혈식석곽분에서 가야계토기와 더불어 백제토기가 공반되고 있어 이제는 연산지방의 수혈식석곽분의 피장자 집단을 가야에 뿌리를 두고 있었던 집단으로 이해가 가능하게 되었다.

표정리 고분군은 대규모 수혈식석곽분의 군집지역으로, 하표정유적에서 보면 표고 45m의 산으로 함지봉 줄기에서 평야지대에 분지형으로 돌출되어 있는 야산의 구릉에 입지하고 있다.[44] 모촌리 고분군이 위치한 곳의 전체 지형은 동

42 박순발, 2012, 「계수호와 초두를 통해 본 남원 월산리고분군」, 『운봉고원에 묻힌 가야무사』, 국립전주박물관.
43 윤무병, 1979, 「연산지방의 백제토기연구」, 『백제연구』 10, 충남대학교 백제연구소.
44 안승주, 1976, 「논산 표정리 백제고분과 토기」, 『백제문화』 9, 공주대학교 백제문화연구소.

향의 사면을 이루고 있지만, 동북에서 서남으로 흐르는 구릉이 낮아지면서 동남으로 경사를 이루고 있어 지형상 남향의 사면이 이루어진 곳이다. 조사된 고분(古墳)은 대체로 표고 80m 내외의 높이에서 사면의 하단 즉 계곡간에 형성되어 있는 경작지까지 넓게 분포되어 있다.

한편 수혈식석곽분군의 주변에는 산성이 축조되어 있는 예를 확인할 수 있다. 산성이 축조된 지역은 군사상의 거점이었을 뿐아니라 정치적인 중심지였음을 추측할 수 있기 때문에, 수혈식석곽분과 성곽과의 직접적인 관련이 밝혀진다면 이는 수혈식석곽분 축조지역을 거점으로 상당한 세력기반을 가진 집단이 있었을 것으로 추측할 수 있다.

표정리 고분군 주변의 산성은 함지봉에 위치한 황산성을 대표적으로 들 수 있으며, 이외에도 청동산성, 외성리산성이 분포되고 있어 이 지역의 군사적 중요성(요충지)을 나타내 주고 있다. 모촌리 고분군이 인접한 곳에는 신흥리산성이 자리하고 있고,[45] 동으로는 산직리산성이 자리하고 있어 역시 산성과 고분은 밀접한 관련을 가지고 축조된 것으로 판단된다. 웅포리고분군에 인접한 곳에도 함라산성과 어래산성이 자리하고 있어 공통점이 발견되고 있다. 그러나 고분의 축조연대와 산성의 축조시기가 일치하는가는 현재로서는 파악하기 어려운 문제이지만, 아무튼 고대에 있어 성이 군사적 목적 외에 통치의 치소였던 점을 감안하면 수혈식석곽분이 위치하고 있는 입지는 교통의 요소인 동시에 일정한 세력의 거점으로 적합한 지역이란 점에서 주목된다.

연산지방과 인접하고 있는 익산 왕궁 동룡리 수혈식석곽분에서 가야계의 유개장경호가 출토되었는데,[46] 이는 가야가 금강유역으로 진출했던 증거가 될 것이다. 이에 대해서 완주 상운리를 경유하는 교통로와 관련된다는 견해가 있으나, 인근 논산지역에 가야곡이란 지역과 특히 연산 신흥리, 표정리 등의 수혈식석곽분과 관련성을 찾을 수 있을 것이다. 따라서 연산지역에서 운주를 거쳐 진

---

45 공주대학교 박물관, 1994, 『논산 모촌리 백제고분군 발굴조사보고서Ⅱ』.
46 전북문화재연구원, 2017, 『익산 동용리 백제고분군』.

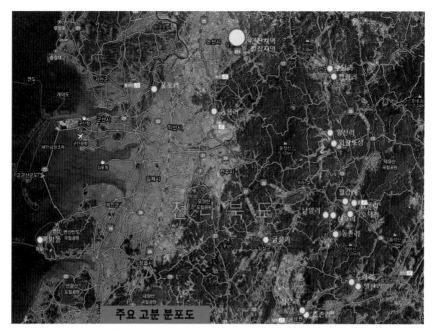

그림 29. 전북 동부지역과 서부지역의 가야계 토기 출토 현황

안으로 통하는 루트를 상정해 볼 수 있지 않을까 한다. 연산지역에 이르면 곧바로 논산천과 연결되며 강경을 거쳐 웅포, 군산에 거쳐 서해로 나아가는 해로가 형성되는 것이다. 금강하구의 웅포리[47]나 산월리에서 출토되고 있는 가야계 토기들도 이를 뒷받침하고 있으며, 특히 부안 죽막동유적에서 가야계 토기가 다수 발견되는 것은[48] 금강을 통한 가야의 해상 교통로를 상정할 수 있는 것이다.

　이상에서 살펴본 바와 같이 전북의 동부 산간지대에는 가야 전통의 고분과 유물이 발견되고 있는 반면에 서부 평야지대에는 마한문화를 근간으로 백제에

---

47 원광대학교 박물관, 1995, 『익산 웅포리 백제고분군 -1992년, 1993년도 발굴조사-』.
48 국립전주박물관, 1994, 『부안 죽막동 제사유적』.

의한 영역화 이후에도 마한 전통의 분구묘가 5세기 말 이후까지도 지속적으로 남아 있음을 확인할 수 있다.[49] 곧 동부 산간지역에서는 가야계의 분묘들이 축조되고 있어 서부 평야지대와 다른 문화양상을 가지고 있었다. 이와 같은 다양한 문화적 양상을 가진 전북지역에도 백제의 근초고왕과 무령왕대 영역확장 과정에서 점차 백제의 중앙 문화가 확산되기 시작한다.[50] 그것은 남원 초촌리와 정읍 신정동 등에서 보이는 웅진유형의 석실분이 이를 말해 주고 있는 것이다.

백제는 사비시대에 들어서 전라 북서부지역과 남서부지역의 통합을 위해 정읍 고부일대에 중방성을 설치하고, 동부산간지대의 가야세력을 비롯한 다양한 세력을 통합하기 위하여 남원 일대에 남방성을 설치한 것으로 추정할 수 있다. 이와 같은 백제 오방성 가운데 중방성과 남방성을 전라도에 설치함으로서 전라도지역은 백제의 완전한 영역화를 이루게 되는 것이다.

동부산간지대에 가야문화가 이입되기 이전에는 서부지역과 같이 마한 백제에 기반하고 있었지만,[51] 400년 고구려의 남진에 의한 가야사회의 격변과 장수왕에 의한 한성백제의 함락이라는 커다란 사건을 통하여 전북가야의 성립에 많은 영향을 미친 것으로 추정할 수 있다.

지금까지의 논의를 통해 전북 동부지역에 자리잡고 있었던 가야문화에 대한 몇 가지 특징을 찾을 수 있었다.

가야의 정치체가 자리잡고 있었던 중심지역은 지리적인 면에서 전면에 하나의 분지를 두고 있는데 이는 적의 공격으로부터 완충 역할을 했을 것으로 보이며, 이를 통해 지리적 방어가 유리한 분지를 택하고 있다는 점이다.

장계분지의 삼봉리 고분군의 피장자는 장수지역을 지배했던 최고의 계층으

---

49 최완규, 2007, 「분묘세력으로 본 익산세력의 전통성」, 『마한 · 백제문화』 17, 원광대학교 마한 · 백제문화연구소.

50 최완규, 1997, 「전북지역의 백제 횡혈식석실분」, 『호남고고학보』 6, 호남고고학회.

51 최완규, 2018, 「전북지역의 가야와 백제의 역동적 교류」, 『호남고고학보』 59, 호남고고학회.

로 이해할 수 있는데, 고분의 규모나 내부시설, 출토유물에서 이를 뒷받침하고 있다. 그러나 아영분지의 월산리 등의 고분군보다는 규모나 출토유물에서 한 단계 낮은 위계를 갖는 것으로 보인다. 그러나 장수지역 고분군의 공간적 범위나 고분군의 숫자에서 보면 결코 남원지역에 못지 않은데 이는 장수가야의 뒤 배경이 되었던 백제와 긴밀한 소통관계에서 비롯된 것으로 이해할 수 있다.

장수지역의 고분 특징은 산지맥의 날등을 이용하여 고대하게 보이기 위한 봉분을 조성하고 있다. 경사 방향을 따라 삭토하여 정리하거나 또는 성토하기 때문에 타원형의 봉분 형태가 만들어지고 주석곽 방향도 그에 따라 정해지는 것으로 판단된다.

하나의 봉분 내에 대형의 주석곽과 소형석곽이 다장 형태로 안치된 예가 많은데, 대부분 그 성격을 순장곽으로 이해해 왔다. 그러나 이를 증명하기 위해서는 주석곽과 동시 축조라는 층서적 해석이 선행되어야 할 것이다. 그런데 봉분의 범위를 벗어나는 예도 있고, 심지어 주석곽은 조성되지 않고 소형석곽만 있는 경우도 있어 모두 순장곽이라는 관념에서 탈피해 고찰할 필요가 있다. 필자는 고분 축조 당시에는 유아 사망률이 높았기 때문에 혈연적 관계 속에서 배장적 성격의 다장이 이루어진 것은 아닌지 생각하고 있다.

삼봉리나 유곡 · 두락리의 주석곽의 상면에서 노출된 주공흔과 꺽쇠의 출토를 통하여 목관으로 보고 있는 경우가 많은데, 시신 운반 및 안치를 위한 목관의 시설이라기보다 안치용 목곽으로 판단하는 것이 합리적인 해석이 아닐까 한다.

아영고원 일대의 가야문화 중심권역에서 조사된 수혈식석곽분에서 대가야 양식의 토기가 출토되어 이 지역이 대가야 영역에 포함된 것으로 보는 견해도 있었으나, 월산리에서 출토된 철지상감환두대나 철제 갑옷 및 마구 등은 다른 가야소국에 비해 전혀 손색이 없는 위세품이라 할 것이다. 특히 월산리 M5호분에서 출토된 중국제 청자계수호와 철제 초두는 백제와의 정치적인 관계를 살필 수 있는 자료이다, 또한 두락리 · 유곡리 고분군에서는 금동제 신발편이나 청동거울에서 무령왕릉 출토품과 비교되고 있는데, 역시 당시 국제적 외교권을 장악하고 있었던 백제와 관계 속에서 생각할 수 밖에 없는 것이다.

최근 장수지역의 고총 고분군과 철 관련 유적, 그리고 봉수와 더불어 전북가야의 독자성을 뚜렷하게 보여주고 있는 것이다. 이렇게 독자성을 가지고 성장한 전북가야는 백제와 친연적 관계 속에 있었음은 하나의 고분에서 백제와 가야토기가 발견되고 있다는 점에서 이를 뒷받침하고 있다. 특히 진안에서 금산을 거쳐 논산천으로 이어지는 교통로에 해당하는 연산지방의 가야계 수혈식석곽분과 유물은 백제 수도였던 공주나 부여에서 머지않은 영토내에 전북가야의 거점이 백제 중앙의 묵인 하에 존재하고 있음을 파악할 수 있다.

백제 사비시대에 들어서는 전북가야와 백제의 친연적 관계가 백제의 남방성이 남원에 설치되는 배경이 되었다. 백제 남방성의 설치는 낙동강 서안의 가야세력이 변한을 기층문화로 하고 있다면, 전북가야는 마한문화가 기층문화였기 때문에 백제와 역동적 교류를 통한 친연관계가 가능했을 것으로 보인다.

2. 전북지역의 가야계 세력과 백제 남방성

사비시대의 지방통치체제는 '5方 37郡 200城'으로 편제되게 되는데, 오방성에 대한 기록은 중국측 사서인 「周書」, 「隨書」, 「北史」, 「翰苑」 등에 보인다. 이에 따르면 오방은 중방성, 동방성, 남방성, 서방성, 북방성으로 나뉘는데, 동방성은 은진으로, 북방성은 공주로, 중방성은 고부지역으로 비정하는데에 대체적으로 의견이 일치되고 있다. 다만, 서방성과 남방성에 대해서는 아직 논쟁의 여지들이 있는 듯 하다.

김제 벽골제는 정읍 영원면 일대의 분구묘를 축조한 집단의 경제적인 배경이 되었고, 부안 백산성은 유통의 거점으로서 당시 이 일대의 풍요하고 강성했던 지방세력의 단면을 그려낼 수 있다. 그렇기 때문에 근초고왕이 마한세력의 병합과정에서 이곳에 들러 맹세할 정도로 매우 중요하게 여길 수밖에 없었고, 사비기 이후 이곳은 백제 중방 오방성으로 자리잡게 되는 배경이 되었다.[52]

---

52 최완규, 2013, 「김제 벽골제와 백제 중방성」, 『호남고고학보』 44, 호남고고학회.

고부지역은 오방 가운데 중방(中方)인 고사성(古沙城)에 해당하는데, 이러한 사실을 뒷받침하는 고고학적 자료들이 최근 고부 구읍성에 대한 4차에 걸친 발굴조사에서 속속 밝혀지고 있다. 또한 은선리와 신정동에 집중적으로 분포되어 있는 백제 중앙묘제인 횡혈식석실분을 통해서도 백제 중앙문화의 수용양상을 살필 수가 있다. 은선리 고분군은 웅진 2식을 선행으로 웅진 2식과 사비 2식이 축조되었는데, 사비천도 이후 이 지역이 오방성 가운데 중방 고사부리성으로서 위치를 가지는 시기에 백제 중앙과 밀접한 관계를 가지는 세력집단에 의해 6세기 중엽경에 축조된 것으로 추정된다. 이후 이 지역에서 이루어진 정밀지표조사결과 백제시대의 고분으로 추정되는 유적이 13개소에서 124기가 확인되었는데, 이는 금강 이남에서 가장 밀집도가 높은 백제 고분군에 해당한다. 이와 같이 대규모 백제 고분군이 축조된 것은 바로 이 지역이 백제 중앙과 밀접한 관계 속에서 주요한 지방통치의 거점이었음을 확인할 수 있는 것이다.

한편 정읍 신정동[53]과 고창 오호리 고분군에서 웅진 2식의 횡혈식석실분이 군집으로 발견되고, 특히 오호리에서 『○義將軍之印』銘의 청동 인장이 출토됨에 따라 백제 중앙에서 파견된 지방관과 관련있을 것으로 추정된다. 이들 유적은 고사성을 중심으로 외곽에 거점으로 배치되어 영산강유역의 마한계 세력을 견제와 통치를 위한 포석일 수 있으며, 동시에 중방성의 하부조식의 행정단위의 거점이었을 가능성도 배제할 수 없다.

또한 백제는 수도인 사비뿐만 아니라 지방 거점이나 주요 교통로에 불상을 조성했는데, 고사부리성 인근 소성리의 2구의 불상입상이 이를 뒷받침하고 있다.[54] 이외에도 금사동산성, 은선리 토성 등 많은 산성도 백제 중방 고사성을 지지하고 있는 고고학적 자료들이다.

백제 오방성 가운데 유일하게 치소를 특정할 수 있는 중방 고사성의 구성요

---

53 원광대학교 마한 · 백제문화연구소, 2005, 『정읍 신정동 유적』.

54 원광대학교 마한 · 백제문화연구소, 1985, 『정읍 보화리석불입상주변 발굴조사보고서』.

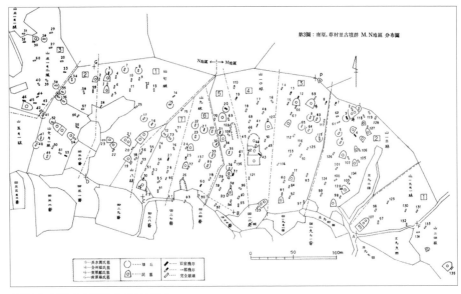

그림 30. 남원 초촌리 백제고분 분포도

소에서 보면 치소에 해당하는 산성과 이를 지지하는 주변의 성곽, 사비시대의 횡혈식석실분이 대규모 군집을 이루고 있으며, 통치이념으로서 작용한 불교의 불상, 그리고 경제적으로 뒷받침할 수 있는 유적 등을 들 수 있다. 또한 방성이 설치되는 곳은 지리적인 조건은 우선 교통의 중심지로서 입지를 갖추고 있는 것이다.

남원일대에는 이러한 조건을 충족하고 있어서 일찍부터 백제 남방성으로 지목되고 있었다.[55] 먼저 초촌리 고분군은 인접된 함양 상백리나 남원 운봉면, 아영면, 임실 금성리 등이 모두 가야계 수혈식석곽분임에 비해 210여 기가 넘는

---

55 전영래, 1985, 「백제남방경역의 변천」, 『천관우선생 환력기념 한국사학논총』, 정음 문화사.

백제시대의 횡혈식실분이 대규모로 군집을 이루고 있다. 유감스럽게도 대부분 파괴되어 8기 정도만 그 구조를 파악할 수 있었다.

고분의 형식은 웅진 2식과 3식, 사비 3식에 해당하는데 6세기 초엽을 시작으로 7세기 중반에 걸쳐 축조된 것으로 판단된다. 초촌리 고분군은

그림 31. 남원 초촌리 M60호분 토기류 출토상태

이백면 초촌리 자라말 부락 동쪽 표고 20m 구릉 서사면과 그 서방 무동산의 남사면 및 서쪽으로 향하는 지맥의 남·서사면에 211기가 분포되어 있는데, 대부분 파괴된 채 방치되어 있었다. 1979년에 파괴분의 정리 차원에서 13기에 대한 실측조사가 실시되었고, 4유형으로 분류하여 보고되었다.[56]

제 I 유형 : 장방형평면의 현실에 동편선도(東偏羨道)가 설치되었고 벽면은 할석으로 쌓았고 네벽 상부를 내경시켜 천장폭을 좁힌 것(M60호분, M43호분, M21호분)

제 II 유형 : 장방형평면의 현실에 서편한 연도를 설치하고 연도입구는 현실의 상면보다 높다. 벽의 축조는 하단에 판장석(板狀石)을 세우고 측벽 상부는 할석을 쌓아 천장폭을 좁혔으나 뒷벽은 거의 직선으로 약간 내경하였다(M37호분, M13호분).

제 III 유형 : 약간 폭이 넓은 장방형평면의 현실에 남벽중앙에 연도가 설치되었다. 벽의 축조는 하단에 판장석(板狀石)을 세우고 그 위에 장대할석으로 올려 내경시켰는데 북벽은 약간 내경되었는데 거의 수직에 가깝다(M3호분, M19호분, E19호분).

---

56 전영래, 1981, 「남원, 초촌리고분군발굴조사보고서」, 『전북유적조사보고』 12.

제IV유형 : 폭이 좁은 장방형평면의 현실로서 남쪽의 단벽을 천석으로 폐쇄한 횡구식석곽분이다. 할석으로 3벽을 쌓고 동서의 측벽은 천장폭을 좁혔으나 북벽은 수직에 가깝다(N3호분, N53호분).

표 2. 남원 초촌리 백제고분 제원표

번호	유형	유적	석실부					연도부				바닥시설	장축방향	천정형태	출토유물	
			규모			축조재료		위치	규모						토기류	철기류
			길이	폭	높이	장벽	뒷벽		길이	폭	높이					
1	熊津 2式	M60호	274	126	95	괴석+ 할석	괴석+ 할석	우	72	89		잡석	N45E	네벽 조임	직구호4, 개2, 배2, 방추차1	겸형철기1, 도자1, 철촉3, 관구류53
2	熊津 2式	M21호	272	152	152	할석+ 천석	할석	우	146	82	82	강돌	N30E	네벽 조임		관고리, 관정
3	熊津 2式	M43호	277	134	127	할석	할석	우	95	87	70		N20E	네벽 조임	배1, 방추차1	겸형철기1, 도자1, 관정
4	熊津 3式	M37호	260	146	164	판상석 + 할석	판상석 + 할석	우	122	95			N20W	장벽 조임	토기편	관정, 청동이식
5	熊津 3式	M13호	270	130	125	판상석 +장대 할석	판상석 +장대 할석	좌				편평석	N20E	장벽 조임	개1	
6	泗沘 3式	M3호	262	175	138	판상석 + 할석	판상석 + 할석	중앙	40	88	85	편평석	N65W	장벽 조임	삼족 토기편	철겸1, 철부1, 금동이식1쌍, 관정8
7	泗沘 3式	E10호	286	188	149	판상석 +장대 할석	판상석 +장대 할석	중앙		97	102	편평석	N45E	괴임식		
8	泗沘 3式	M19호	283	140	149	판상석 +장대 할석	장대 할석+ 할석	중앙		83	90		N20E	괴임식		

　이상의 횡혈식석실분을 필자의 분류안에 대입하면 제1유형은 웅진 2식, 제2유형은 웅진 3식, 제3유형은 사비 3식에 해당한다. 한편 초촌리고분의 연대는 6

세기 전반에 제Ⅰ유형이 발생하였고 후반경으로 내려가면서 제Ⅲ유형으로 변천했으나 이 이행과정에서 제Ⅱ유형이 나타났고 제Ⅳ유형은 Ⅰ, Ⅱ유형과 공존한 것으로 보고 있다.[57] 그리고 초촌리 고분에서 가장 이른 시기에 해당하는 웅진 2식 가운데 M43호분, M21호분은 중앙의 고분과 기본플랜은 같이하고 있지만 축조석재에서 차이를 보이고 있다. M60호분의 경우는 웅진 2식으로 분류할 수 있지만 정형과는 많은 차이가 발견된다. 곧 M60호분은 웅진 2식에서 웅진 3식으로 이행하고 있는 몇가지 요소를 발견할 수 있다. 먼저 연도가 짧아져 형식적인데 서벽의 남단에 문주석을 세우고 있는 점은 웅진 3식의 속성과 통하고 있다. 축조석재는 하부에 부정형 괴석을 그 위에 장대할석을 쌓아 천장을 네벽조임으로 가구하고 있지만 뒷벽의 경우 내경도가 완만한 편으로 거의 웅진 3식과 같은 양상이 발견된다.

웅진 3식은 M13호분, M19호분, E10호분 그러나 전형적인 웅진유형에서 벗어나 있어 지역성이 강하게 반영된 것으로 보인다. 고분의 축조 시기는 6세기 전반에서 중반에 해당하는데 M60호분에서 출토된 직구호의 연대와 통하고 있다. 특히 1963년 초촌리 고분군 인근 척문리의 파괴된 석실에서 은제관식 1점이 백제토기 3점과 관정 등이 수습된 바 있다.[58] 은제관식은 6품 이상의 나솔(奈率) 관리가 착장했던 위세품으로서 이 지역에 이미 백제 중앙관리가 파견되었음을 알 수 있는 자료이다.

척문리 산성은 이백면 소재지에서 운봉고원에 이르는 여원치로 가는 도로와 요천강을 거슬러 장수 방면으로 가는 도로가 분기되는 삼각점에 위치한다. 뿐만 아니라 이곳은 전주 방면에서 남원에 이르는 구도로가 연결되는 곳이기 때문에 교통의 요지에 해당한다. 성의 규모는 둘레 567m이며, 석축으로 쌓은 성으로서 내부에서 삼족토기를 비롯한 다수의 백제토기편이 수습되었다.

---

57 전영래, 1981, 앞의 논문.
58 전영래, 1981, 앞의 논문.

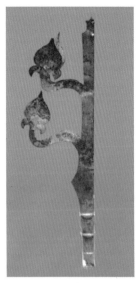

그림 32. 척문리출토 은화관식

주생면 지당리 석불입상은 고려불상이지만 삼국시대의 불상을 계승하고 있는 고식 양식으로 평가되고 있다.[59] 이 불상은 삼국 가운데 백제 불상을 모방하고자 노력한 불상으로 그 배경에는 남원지역이 백제시대의 중요한 교통로상에 위치하고 있을 뿐만 아니라 거점이었기 때문이다.

따라서 남원 일대에는 백제 중방 고사성인 정읍 고부지역과 같은 방성이 갖추어야 할 지리적 요건과 고고학적 요소를 모두 갖추고 있다. 곧 남원의 초촌리 고분군과 척문리 산성일대는 백제의 방성의 구성요소를 모두 갖추고 있어 백제 남방성으로 지목할 수 있는 것이다.

중방 고사성의 기층문화는 마한문화로서, 이를 기반으로 중방성을 설치하고 영산강유역 마한계 잔여세력의 견제와 통제를 위해 설치되었다면, 남방성은 운봉고원 일대의 가야세력을 기반으로 백제 남방성이 설치되었고, 이를 기반으로 대가야 세력과 신라세력을 견제하고자 했던 것으로 해석할 수 있다.

---

59 진정환, 2007, 「남원 지당리 석불입상고찰」, 『동악미술사학』 8, 동악미술사학회.

제5장　전북지역의
　　　고대수리
　　　유적

제1절 머리말

물은 인간 생명을 유지하는 원천이기도 하지만, 고대 농경사회에서 현대 산업사회에 이르기까지 인간의 생존을 위한 생산 활동에서 절대적으로 필요한 물질이다. 자연계에서 인간에게 주는 물은 때로는 넘쳐나 커다란 수해를 입히기도 하지만, 이를 잘 이용하면 이익을 가져오기 때문에 중국 전설시대 왕조의 군왕들은 물 관리를 최우선 정책으로 삼았음은 잘 알려져 있다.

수리시설은 물을 절대적으로 필요로 하는 벼농사가 본격적으로 시작되는 청동기시대에 등장한 것으로 보고 있다. 청동기시대의 벼농사는 구릉 사면부 말단부나 중·소규모의 하천 범람원이나 선상지를 이용한 것으로 보고 있다.[1] 이러한 입지는 벼의 특성상 저습한 곳에서 자생했던 것을 이용한 것이기 때문에 지속적으로 생장할 수 있도록 물을 공급해 줄 수 있는 환경이 필요하므로, 곧

---

1 노중국, 2010, 「한국고대의 수리시설과 농경에 대한 몇 가지 검토」, 『한국고대의 수전농업과 수리시설』, 서경문화사.

수리시설과는 불가분의 관계가 있을 수밖에 없다.

지금까지 청동기시대 수리시설유적은 호서지역과 영남지역에서 조사 예가 많지만, 전북을 비롯한 호남지역에서는 구체적으로 조사된 사례가 없다. 그것은 호남지역은 우리나라 최대 곡창지대임에도 불구하고 수리유적이 발견되지 않았다는 것은 벼농사와 관련된 유적 입지에 대한 조사가 이루어지지 않았을 뿐, 앞으로 조사 예가 증가할 것으로 생각된다. 특히 전북지역에서 조사된 청동기시대 전기유적에서 잡곡인 조·기장·콩 등이 출토되었고, 전주 동산동 전기와 중기 주거지에서는 토기압흔 분석에서 쌀과 기장이 확인되는 것으로 보아 벼재배가 일반화되었을 가능성을 높게 보고 있다.[2]

1990년대 이후 저습지 유적의 발굴이 이루어지면서 청동기시대의 수전유적은 울산 무거동 옥현유적을 시작으로 논산 마전리, 보령 관창리, 대구 서변동, 창원 반계동 등 전국적으로 발견되고 있다.

이들 유적의 경관을 보면 소규모의 취락과 수전유적, 그리고 관개시설로 구성되어 있는데, 때로는 탄화된 볍씨와 여러 종류의 수확 도구가 출토되기도 한다. 관개시설은 대체적으로 구릉 소곡저에 축조되어 있으며, 용수원에서 수로를 이용하여 곧바로 논으로 관개하는 Ⅰ유형, 저류지에 담수후 수로를 이용하여 관개하는 Ⅱ유형, 보와 수로를 이용하여 관개하는 Ⅲ유형으로 나뉘어진다.[3]

안동 저전리(苧田里) 유적에서는 청동기시대의 저수지가 발견되었는데[4] 1호 저수지의 경우 너비 15m, 길이 60m 정도의 규모이며, 입수구와 출수구가 확인

---

2 김규정, 2023, 「전북지역 청동기시대 전기 생업경제 시론」, 『우행 느리게 걷고 깊이 남기다』 10주기 추모논문집, 학연문화사.
3 허의행, 2012, 「호서지역 청동기시대 관개체계와 전개양상」, 『호남고고학보』 41, 호남고고학회.
4 이한상, 2007, 「청동기시대의 관개시설과 안동 저전리유적」, 『한·중·일의 고대수리시설의 비교연구』, 계명대학교 출판부.

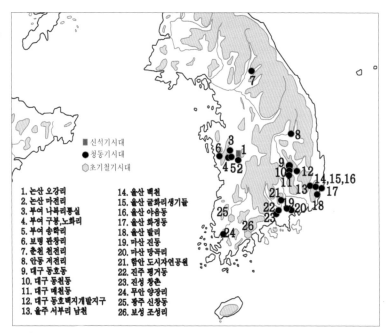

그림 1. 수리시설물 유적 분포도(허의행, 2012, 원도 인용)

되었고 출수구 쪽에서는 보가 시설되었다. 2호 저수지는 1호 폐기 후 축조되었는데, 출수구 부근에서 출토된 다수의 가공된 목재들은 1호에서 출토된 것보다 대형이다. 2호 저수지 내부에서는 도토리, 솔방울, 각종 야생 씨앗류와 탄화미, 복숭아 등이 다수 출토되었다. 이 유적은 다양하게 축조되는 저수지의 초기형태로서 중요한 의미를 부여할 수 있다.

초기철기시대는 철기가 제작되기 시작하면서 도구의 혁신이 일어난 시기로 철기의 보급과 함께 농경구 또한 발전한 것으로 볼 수 있다. 이 시기의 수전은 이전 시기와 큰 차이를 보이지 않는다. 지금까지 확인된 초기철기시대의 수리유적은 보성 조성리 저습지, 무안 양장리 나지구, 천안 장산리가 해당된다.

보성 조성리 유적은 넓은 평야의 가운데 위치하여 남쪽으로는 바다와 인접하고 있어 거주환경이 매우 양호한 곳이다. 이 유적의 조사결과 기원전후한 시기부터 5세기에 걸치는 환호, 패총, 구거지 등이 복합적으로 구성되어 있다. 저습지에서는 한국 최고의 부엽공법(산초법)을 이용한 보시설이 확인되었고, 하도 주변에서 탄화미가 발견되었는데, 이 중심연대는 기원전후의 시기로 밝혀졌다.[5]

무안 양장리 나지구에서는 주거지와 함께 수리시설이 조사되었는데 확인된 유구는 3~5세기로 보고 있다. 수리유적은 농경과 관련되며 수로와 목조구조물이 확인되어 보 시설로 보며 삼국시대에 해당하는 보는 4기로 길이 1.4~13m 정도이며 축조재료는 말목, 걸침목, 점토, 초본류를 사용하였다.

삼국 이전의 이러한 관개시설은 농경유적과 더불어 이에 부수된 형태로 발견되고 있는데, 모든 취락에서 운용되었다고는 보기 어렵고 일부 지역과 취락에서 운용되었을 것으로 판단하고 있다. 이를 운영한 주체는 세대공동체별 혹은 지역 공동관리 정도의 수준이었을 것으로 추정된다.

삼국시대에 들어서면 수리시설들이 국가에 의해 적극적으로 관리가 이루어진 사실이 문헌에서 확인된다. 또한 최근 발굴조사를 통해 수리시설의 규모는 대형화가 이루어지고, 특히 제방을 축조하는데 있어 매우 발달된 토목공법을 채용하게 된다. 이러한 제방 축조기술은 한국과 중국, 일본과의 상호 교류의 흔적도 발견되고 있다.

그런데 최근 들어 백제의 중앙에서 축조한 것으로 인식되어 왔던 김제 벽골제의 축조 주체세력이 마한이라는 새로운 주장이 제기되었고,[6] 특히 초축연대를 알 수 없었던 익산 황등제 발굴조사에서 발견된 시료에 대한 방사성탄소연대 측정결과 B.C.4~3세기로 밝혀져 학계의 관심이 집중되고 있다.[7] 이러한 일련의 고고학적인 조사는 우리가 잘 알지 못했던 마한의 실체에 대한 새로운 접근

5 이동희, 2010, 「보성 조성리 유적의 성격」, 『고대 동북아시아의 수리와 제사』, 대한문화유산연구원.
6 최완규, 2013, 「김제 벽골제와 백제 중방성」, 『호남고고학보』 44, 호남고고학회.
7 전북문화재연구원, 2023, 『익산 황등제Ⅰ』.

이 가능하다는 점에서 앞으로 연구결과가 주목되고 있다.

대규모 수리시설과 국가단계 사회의 형성은 세계의 역사, 고고 및 인류학계의 중요한 연구과제의 하나이다. 이 연구주제와 관련하여 기념비적인 역할을 한 것은 1930년대부터 수력사회(水力社會, hydraulic society) 이론으로 중국의 사회와 경제구조를 분석한 Karl August Wittfogel(1896~1990)을 들 수 있다. 그는 고대사회에서는 대규모 관개 수리시설이 국가형성의 요인이 된다고 주장한 바 있다.[8] 그러나 한국의 경우 최근 연구결과 대규모 수리시설은 중앙집권화된 국가가 형성된 이후 국가에 의해서 건설된 결과가 도출되고 있기도 하다.[9] 이러한 관점에서 보면 호남지방을 중심으로 B.C.4~3세기부터 대규모 수리시설이 축조되고 있었다는 사실이 밝혀지면서 새로운 형태의 정치체 등장 요인에 따른 경제적 배경으로서 접근이 가능할 것으로 생각된다.

한국 고대사회에서 대표적인 저수지로서는 김제 벽골제, 제천 의림지, 상주 공검지, 밀양 수산제, 영천 청제 등을 들 수 있는데, 이들 유적들은 삼한시기에 축조된 것으로 추정하고 있다.[10] 삼국 초기에 해당하는 삼한 시기는 마한 54개국과 진·변한에 각각 12개국으로 구성되어 있었는데, 마한은 백제로, 진한은 신라로, 변한은 가야의 연합체로 재편성된 것으로 이해되고 있다. 『三國志』동이전에 기록된 78국 가운데 저수지 의미가 포함된 국명이 보이는데, 변한의 "弁辰彌離彌凍國"과 "弁辰古資彌凍國"을 들 수 있다. 미리(彌離)는 물을 의미하며,

---

8　Witfogel, Karl A, 1955, Development of Aspect of Hydraulic Societies. In Irrigation Civilizations: A Comparative Study, edited by Social Science Section. Department of Culyure Affairs. Social Science Monographs Ⅰ. Pan American Union, Washington D.C.

9　강봉원, 2003, 「한국 고대국가형성에 있어서 관개수리의 역할 : Wittgogel의 수리이론과 관련하여」, 『한국상고사학보』39, 한국상고사학회.

10　李丙燾, 築造時期에 관해서는 考古學的인 發掘調査 分析에 의한 것이 아니라 言語學的인 研究에 바탕하고 있다.

미동(彌凍)은 제방(堤防)을 의미하는 것으로 볼 수 있다.[11] 따라서 저수지가 이러한 국(國)들의 성장에 중요한 기능을 했음을 보여 준다. 그러나 삼국 초기에는 많은 노동력을 동원하여 대규모 제방을 만들 수 있는 집단력이 아직 확립되지 않았을 것으로 당시 저수지의 규모는 크지 않았을 것이다.[12] 이 시기의 고고학 자료로는 광주 동림동유적에서 대규모의 취락과 저습지, 보, 거 등이 확인되어 당시의 수리시설의 단면을 살필 수 있었다.[13]

특히 조선시대의 실학자 반계(磻溪) 유형원(柳馨遠)의 반계수록(磻溪隨錄)의 제언(堤堰)편에 보면 호남지역 3대 제언은 익산 황등제, 김제 벽골제, 고부 눌제를 일컫고, 3대 제언을 호남과 호서를 구분하는 기준으로 삼고 있다.[14] 김제 벽골제는 한국 고대사회의 대표적인 수리유적으로 많은 연구자들의 관심의 대상이며, 1975년 이후 10여 차례가 넘는 발굴조사가 이루어져 왔다. 벽골제에 비해서 황등제나 눌제에 대한 연구는 문헌자료에 의존하였으나 익산 황등제와 정읍 눌제의 시·발굴조사에서 얻어진 시료의 방사성탄소연대 측정결과 황등제와 같이 지금까지 생각했던 것보다 그 축조연대가 상당히 상향되고 있음이 드러나고 있다.

따라서 한국을 대표하는 3대 수리유적에 대한 새로운 접근의 필요성이 제기되고 있으며, 수리시설이야말로 고대국가의 경제적 기반이자, 먹고사는 문제와 직결되어있기 때문에 한국 고대사 연구에 있어 매우 중요한 의미를 부여할 수 있을 것이다.

---

11 이병도, 1975, 『한국고대사연구』, 박영사.
12 노중국, 2010, 「한국 고대의 저수지 축조와 역사적 의미」, 『고대 동북아시아의 수리와 제사』, 대한문화유산연구원.
13 호남문화재연구원, 2007, 『광주 동림동유적 Ⅰ·Ⅱ·Ⅲ·Ⅳ』.
14 유형원, 1670, 『磻溪隨錄』堤堰.

제2절 전북지역의 고대수리 유적

1. 익산 황등제

1) 문헌에 보이는 황등제

황등제는 저수지로 알려진 수리유적으로 익산시 황등면 황등리 1740번지 일원에 위치하고 있다. 함열에서 황등을 지나 익산시로 향하는 23번 국도 가운데 익산시 신용동 도치산에서 황등면의 황등산과 연결되는 부분은 황등제의 제방을 이용해서 예부터 현재까지 도로로 사용되고 있다. 제방을 이용한 이 도로는 1909년 일본인들에 의한 제방 증축으로 변형이 되었고, 현재는 왕복 4차선으로 확장되어 본래의 모습에서 크게 덧씌워진 모습으로 남아 있다. 제방의 길이는 1.3km에 달하며 중간 부분에 수문이 남아 있을 뿐, 현재는 저수지로서 기능은 상실한 채 제방의 내외에서 경작이 이루어지고 있다. 다만, 도로가 직선화로 확장되는 과정에서 제외된 황등산 남쪽 기슭에 해당하는 일부 구간은 확장 이전의 모습을 볼 수 있다.

익산지역의 수시시설과 관련된 내용은 1454년에 편찬된 『세종실록지리』에 '상시'와 '상시제'가 처음 등장하며, 이어서 1530년에 편찬된 『신증동국여지승람』에는 '상시연'이라는 명칭이 보인다. 그리고 황등제라는 명칭은 반계 유형원에 의해 1656년 편찬된 『동국여지지』와 1670년의 『반계수록』에 처음 기록되어 있다. 이 두 문헌의 기록을 근거로 황등제의 초축 시기는 정확하게 알 수 없지만 조선시대 이전에 축조된 것으로 보고 있으며, 일반적으로 '상시' '상시제' '상시연' '황등제'를 동일한 수리시설로 파악해 왔다.[15] 이러한 관점은 『세종실록지리지』 전주부 익산군조에 "大堤一 上屎 在道西十里"라 하여 익산군의 커다란 제

---

15 익산문화원, 2005, 『익산향토지 Ⅰ·Ⅱ·Ⅲ』.
　　박승자, 2010, 「익산 요교제의 역사지리」, 『문화역사지리』 22, 한국문화역사지리학회.
　　박노석, 2011, 「익산 황등제에 대한 역사적 고찰」, 『건지인문학』 6, 전북대학교 인문학연구소.

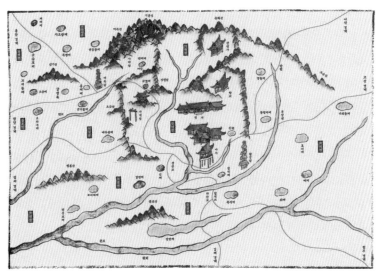

그림 2. 여지도서(1757년)에 보이는 황등제

방은 황등제밖에 없었을 것이란 전제에서 비롯된 것으로 생각된다. 더욱이 반계 유형원의 『동국여지』나 『반계수록』 이래 1790년 편찬된 『증보문헌비고』에서 "國中大堤 比與古阜郡訥堤 益山郡黃登堤 通稱三湖 忠淸全羅之稱 湖西湖南 以比"라고 기록하고 있는데, 이 내용에서 나라 가운데 대제는 삼호를 벽골제·눌제·황등제로 칭하게 되면서 명칭이 다른 '상시', '상시제', '상시연'을 황등제와 동일한 제호로 인식했던 것으로 생각된다.

그러나 『동국여지』를 보면 "황등제는 군에서 서쪽으로 22리에 있는데 함열현과 경계를 이루고 '귀교제'라 불리며...이하 생략"이라 하였고, "상시연은 군에서 서족으로 17리에 있다. 마룡지....이하 생략"라 기록하고 있다. 이 기록에서 보면 황등제의 별칭을 귀교제라 하면서 상시연을 다르게 언급한 것으로 보면 두 수리시설은 전혀 다른 대상이었음이 확인된다. 이러한 사실은 『동국여지』의 내용을 답습한 것으로 보이는 『大東地志』에서도 동일하게 견지하고 있다. 한편 1756년에 편찬된 『금마지』에서는 황등제의 또다른 이름인 '요곳제(蓼串堤)'가 보이는데, 황등제를 최근까지 요교제(허리다리)라 불려지고 있다. 따라서 이 두 명칭은 음사적으로 차이가 없고, 한자어의 내용에서도 동일한 의미를 내포하고 있기 때문에 '요곳제'는 '황등제'를 일컫는 것이다. 또한 "상시연은 군에서 17리에 있는데, 속칭 '번지'라 불리며 상하에 못이 있는데 이미 폐기 되었다"라 기록하고 있는데, 이는 『세종실록지리』 전주부조에 "대제가 셋이 있는데 상시제, 하시제, 공덕제"라는 내용을 뒷받침하고 있는 것으로 생각된다. 특히 『금마지』 내용에서 주목되는 것은 상시제의 속칭을 '번지'라 기록하면서 '요곳제'를 달리 기술하고 있는 점에서 '상시연' 요곳제'를 동일하게 보고 있지 않았다는 점이다. 따라서 '오곳제'와 '황등제'는 동일한 수리시설이며, '상시', '상시제', '상시연'라고 불리는 대상과 황등제는 달리 볼 수밖에 없다.

표 1. 황등제와 관련된 문헌자료

연번	년도	왕력	내용	출전
1	1454	단종 2년	大提一, 上屎.【在道西十里。】	세종실록 151권, 全州府 / 益山郡
			大堤三, 上屎堤、下屎堤、孔德堤。	세종실록 151권, 全州府
2	1530	중종 25년	上矢淵。在郡西十七里。(산천조)	신증동국여지승람 제33권
3	1656	효종 7년	黃登堤湖 在郡西二十二里 咸悅縣界 一云龜橋堤 堤長九百步 周二十五里 與金堤郡碧骨堤 古阜郡 訥堤稱三湖 舊時灌漑甚廣 人物富盛 今堤決湖涸 間爲民田。 上矢淵。在郡西十七里 馬龍池 在郡南三里 五金寺南百餘步 世傳薯童大王母築室處. 王宮井 在郡南五里 世傳古宮闕遺址及當時所鑿也.	동국여지지 卷五上
4	1670	현종 11년	今觀金堤之碧骨堤 全羅忠淸之名爲湖南湖西 由於此堤 古阜之訥堤 益山全州之間黃登堤 皆是陂堤之巨者 有大利於一方 前古極一國之力成築 今皆廢缺。	磻溪隨錄 卷之三 / 田制後錄 上
5	1756	영조 32년	山川：上矢淵 在郡西十七里 俗稱藩池 有上下池 幾廢 出『勝覽』。 堤堰：蓼串堤 幷在彌勒。	金馬誌
6	1757	영조 36년	益山 蓼串堤 在郡西十里 周回一千一百十三尺 深六尺	輿地圖書

연번	년도	왕력	내용	출전
7	1760	영조 39년	磻溪柳先生馨遠曰湖南若修築 黃登碧骨訥堤則蘆嶺以下 無凶歉矣三者之中 碧骨其最大也	성호사설 제3권
8	1770	영조 46년	輿地考十 黃登堤湖 一云舊橋 長九百步 周二十五里 在西二十五里 灌漑甚廣.	文獻備考 卷二十二
9	1790	정조 14년	輿地考 十 山川"國中大堤 比與古阜郡訥堤 盆山郡黃登堤 通稱三湖 忠淸全羅之稱 湖西湖南以比"	增補文獻備考 卷二十二
10	1798	정조 22년	卜台鎭疏曰:."農功之所先務 莫要於興水利, 水利之效 莫要於堤也…'扶安之訥堤 臨陂之碧骨堤 萬頃之黃藤堤 是謂湖南三大堤 當其始築之際 竭一國之力以成者 而中間毁棄 不過動數郡之力 依舊葺成 則蘆嶺以北 永無凶荒之年 湖南沿海之郡 可比於蘇杭。	조선왕조실록
11	1853	철종 7년	黃登堤 治西二十里 周二十五里 灌漑甚廣.	輿圖備志 卷十二
12	1866	고종 3년	黃登堤 一云龜橋堤 西二十里 長九百步 周二十五里 灌漑甚廣 長淵 春浦北 上矢淵 西十五里 馬龍池 五金寺南百餘步 王宮井 南五里.	大東地志 卷十一

이와같이 황등제에 대한 문헌을 검토한 결과『세종실록지리지』나 『신증동국여지승람』에는 '상시제'밖에 기록이 남아 있지 않는데, 이는 '황등제'는 이미 오래전에 폐기되었기 때문에 주목의 대상이 되지 못했을 것으로 보인다. 그리고 황등제와 더불어 국중 삼호라 불리운 김제 벽골제나 고부 눌제는 『신증동국여지승람』의 고적조에 기록되어 있지만, 황등제는 누락되어 있는데서 이러한 사실을 뒷받침한다. 결국 황등제의 기록이 처음 등장하는 것은 반계 유형원이 편찬한 『동국여지지』와 『반계수록』이라고 볼 수밖에 없다. 그렇지만 유형원을 비롯한 중농주의자들에 의해서 황등제는 벽골제나 눌제와 같이 국중삼호의 위상을 되찾은 것으로 이해할 수 있다.

황등제의 규모는 『문헌비고』에 "길이 900보, 둘레 25리(長九百步 周二十里)"라는 기록과 『여지도서』에 둘레가 1,113척, 깊이 6척으로이 있으나 지형으로 보아 증축하기 전의 제방길이는 1,100m가량이었을 것으로 추정된다. 증축 후의 몽리 면적은 3,343ha이나 증축 전의 정확한 몽리면적은 미상이다.

증축 전의 용수시설로는 제방의 남단에 석축으로 시설한 석수문(石水門)이 있었다는 것 외에는 전해진 것이 없다. 황등제는 우리나라 옛 제언 중에서 문헌 자료가 극소하기 때문에 관리상태 등 내력은 알 수 없으나 이곳으로부터 4km 남쪽에 있는 옥야현(沃野縣 : 지금의 모현동(慕縣洞))에서 관리를 담당해 왔다고 전한다.

『조선왕조실록』 등 관찬서에도 황등제에 관한 기록이 없는 것을 보면 벽골제·눌제와 같이 조선시대 이전에 폐제(廢堤)된 뒤 조선시대에도 전혀 보수하지 않았던 것으로 추정된다. 이 무너진 제방에 허리다리(腰橋)가 있었다는 사실은 전라북도 농지개량조합 황등출장소에 보관중인 비석을 통해 알 수가 있다. 이 다리 부분에서 출토된 비석에는 정조 2년(1778)에 서만재(徐萬載) 등이 시설비를 들여 다리를 시설한 것으로 기록되어 있다.

한편, 황등제는 일제강점기인 1909년 임익수리조합을 설립, 증축하여 '요교호'로 불렸으며, 1935년 완주 경천저수지가 축조되면서 저수지의 기능을 상실하고 농경지로 변화하였다.

2) 발굴조사에서 드러난 황등제의 모습

문헌자료를 통해 살펴본 황등제에 대한 정보는 매우 빈약하기 때문에 고고학적인 발굴조사를 통해 제방의 축조방법, 수문의 위치나 구조 등을 밝히고자 제한된 범위에 대한 조사가 실시되었다. 발굴조사는 옛 도로 부지에 남아 있던 추정 황등제 제방 부지에 대한 시굴조사에서 확인된 Tr.1을 중심으로 한 397㎡의 면적에 대해서 매우 제한적으로 이루어졌다.[16]

조사결과 제방의 기저부는 현 제방에서 약 4.9m 아래에서 확인되었는데, 그 폭은 약 22m로 확인되었다. 제방은 물이 침투하기 어려운 점토 덩어리를 교차 쌓기를 하였다. 그리고 흙덩이 사이사이에 풀과 나뭇잎을 깔았는데 이러한 축조방법은 김제 벽골제 제방에서도 확인된다.

---

16 전북문화재연구원, 2023, 앞의 보고서.

그림 3. 황등제 제방 및 조사지역

흑회색의 점토(뻘)층 위에 축도
된 제방은 니질점토와 회백색 점
토인 불투성 점토를 이용하여 교
차 쌓기를 하였고 토괴형태로 성
토(Ⅰ층)하였다. Ⅰ층은 조사과정
에서 부엽층이 확인되었으며, 부
엽이 확인되는 곳에서는 지반에
타격을 주어 다진 흔적이 일부 확
인되고 있다. 이는 제방의 안정된
축조를 위해 이루어진 것으로 보
인다.

그림 4. 황등제 서쪽 장벽 성토상태

제방의 하단부에서는 3~4m 간격으로 목재가 확인되었는데, 제방축조과정
에 방향과 작업구간 확인을 위한 시설로 추정된다. 시굴조사와 발굴조사 과정
에 수습한 부엽층, 목재, 토양에 대해 AMS 분석(C14탄소연대측정) 결과 목재와 부
엽층은 B.C.5~3세기, 토양은 B.C.40~11세기로 확인되었다.

표 2. 황등제 시료 AMS분석결과

측정번호	시료	C14 연대	교정한 연대범위
남쪽 1번 목재	목재	2250±30 yrs(BP)	BC 320~200(64.9%)
남쪽 3번 목재	목재	2220±40 yrs(BP)	BC 390~170(95.4%)
최북쪽 목재	목재	2200±40 yrs(BP)	BC 390~150(95.4%)
남쪽 1 · 2번 부엽	부엽	2270±30 yrs(BP)	BC 310~200(51.9%)
최하층 부엽	부엽	2330±30 yrs(BP)	BC 490~350(91.4%)
부엽1	부엽	2350±30 yrs(BP)	BC 520~380(95.0%)
부엽2	부엽	2210±40 yrs(BP)	BC 390~170(95.4%)
남쪽 3번 부엽	부엽	2280±30 yrs(BP)	BC 410~350(51.8%)
남쪽 2번 목재	목재	2229±31 yrs(BP)	BC 391~197(95.4%)
남쪽 2번 부엽	부엽	3650±32 yrs(BP)	BC 2136~1918(95.4%)
시굴 상단 부엽	부엽	2278±30 yrs(BP)	BC 400~351(59.6%)
시굴 중간 부엽	부엽	2367±30 yrs(BP)	BC 532~389(95.4%)
서쪽 1번 토탄	토양	2915±20 yrs(BP)	BC 1132~1042(64.98%)
최북쪽 토탄	토양	4600±25 yrs(BP)	BC 3378~3340(51.74%)
서장벽 4단	토양	5095±25 yrs(BP)	BC 3880~3800(63.5%)
동장벽 4단	부엽	2285±20 yrs(BP)	BC 400~355(68.09%)
남쪽 단벽 계단	목재	2185±20 yrs(BP)	BC 357~277(56.45%)

　　분석결과 A.D.330년에 초축되어 한반도 최고의 수리 시설로 알려진 김제 벽골제보다 익산 황등제의 제방이 무려 6~700여 년이나 더 오래전에 축조된 것으로 밝혀졌다. 곧 한국에서 가장 오래된 수리시설로서 익산 황등제를 상정할 수 있게 되었지만 좀 더 넓은 범위에 대한 조사를 통해 더 많은 객관적인 자료 확보가 필요하다고 하겠다.

　　3) 고지형 분석을 통해 본 황등제

　　황등제는 『조선왕조실록』 등 관찬서에 기록이 없는 것을 보면 벽골제 · 눌제와 같이 조선시대 이전에 폐제된 뒤 그 후에도 전혀 보수하지 않았던 것으로 추정되지만, 기록과는 다르게 고지도 및 지방지도에는 상시연, 황등제, 요곳제 등의 저수지가 표기되어 조선 후기까지도 소류지 형태로 남아 있었던 것으로 볼 수 있다. 이후 무너진 제방에 요교가 있었다는 사실은 전라북도 농지개량조합 황등출장소에 보관 중인 비석[17]을 통해 확인되었다.

1924년도 『朝鮮五萬分之一地形圖』에서 보면 제방은 이미 무너져 보수가 되지 않아 저수지로써의 기능은 상실하고 교통로의 역할만 하였던 것으로 관찰된다. 제방이 있었던 제내지 안쪽은 남북으로 길게 소류지의 흔적이 확인된다. 황등제는 1909년부터 일본인들이 임익수리조합을 설립하여 제방을 다시 쌓고 일명 요교호로 불리었다. 1911년 지형도에서는 요

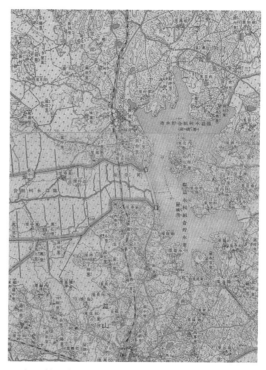

그림 5. 황등제 주변 지도(1924년도)

교호가 보이지 않지만, 1924년에 제작된 지형도에서 확인되고 있는 것으로 보아 1911년 이후에 황등제가 다시 축조되었다는 것을 알 수 있다. 하지만 1935년 고산천 상류의 경천저수지가 축조되면서 황등제는 저수지로써의 기능을 상실하고 제내지는 경지로 개간되었고 제방은 도로로 이용되게 된다. 1954년 항공사진에 제내지와 제외지가 모두 반듯하게 경지정리가 이루어진 것을 알 수 있다.

황등제 제방은 일제강점기에 보수가 이루어져 원형이 훼손되었으며, 제내 ·

---

17 정조 2년(1778)에 서만재 등이 시설비를 들여 다리를 시설하였다.

외도 경지정리와 하천의 선형정비가 이루어져 정확한 규모를 알 수 없다. 다만 보수가 이루어진 이후에 작성된 『朝鮮五萬分之一地形圖』(함열·이리 1924)에서 확인되는 담수범위를 보면, 면적은 약 8,700,000㎡에 이르는데 초축 당시 황등제의 담수범위와 유사했을 것으로 추정된다.

수문의 위치는 정확하지 않지만, 일제강점기에 축조된 요교호 외부로 연결되는 수로의 위치로 보면 남북 수문과 중앙에 흐르는 탑천과 교차지점 등 모두 3개 지점에 수문이 있었을 것으로 추정해 볼 수 있는데 1954년 촬영된 항공사진에서도 잘 나타나고 있다.[18]

하지만 최근 안형기·이홍종에 의한 고지형분석[19]에서는 수문을 2곳으로 표기하고 있어 초축 당시의 수문이 정확하게 몇 개였는지 알 수 없다. 또한 고지형 분석결과 황등제 주변으로 구하도·미고지·웅덩이 등이 관찰되었는데, 제방의 서쪽에서 확인된 미고지는 충적지의 높은 곳에 설치된 인공수로를 안정적으로 유지하기 위한 일종의 수리시설로 판단하고 있다. 이를 근거로 중국 도강언의 예와 비교하면서 이 미고지를 도강언에서 물길을 분리하는 기능을 하는 어취(魚嘴)와 같은 것으로 판단하고 있다.

황등제의 재내지에는 미고지나 설상대지와 함께 미륵산에서 발원하는 하도가 형성되어 있다. 이러한 지형을 통해서 보면 호남의 삼대제언이라 불리는 김제 벽골제나 고부 눌제와 같이 벼농사가 이루어지지 않는 겨울철에는 어느 정도 담수를 했다가 이앙기에 낮은 곳으로 방류한 다음 제내지에서도 벼농사가 이루어지는 저수답이었을 것으로 생각된다. 황등제가 축조될 당시에 중국은 전국시대에서 진·한시대로 전환이 이루어지는 시기인데, 이 당시는 중국 수리 공정의 역사에 있어서 가장 성행하던 때이기도 하다. 따라서 농업 수리건설에 있

---

18 권정혁, 2022, 「벽골제·눌제·황등제의 기능 재검토」, 『호남고고학보』 70, 호남고고학회.

19 안형기·이홍종, 2023, 「고지형분석을 활용한 황등제 수리시설 운용 연구」, 『호남고고학보』 73, 호남고고학회.

어서 많은 인력과 물적 자원을 동원하여 일련의 수리공정이 이루어졌다.[20] 한국에서는 익산지역을 중심으로 만경강유역에서 중국 동북지방에서 점토대토기와 철기가 유이민과 더불어 유입되면서 마한이 성립되는 전환기에 해당한다. 특히 중국 중원지방과 물적 교류를 추정케하는 증거들이 발견되고 있는데, 곧 익산 평장리에서 전한시대 동경이 청동검과 더불어 출토되었고,[21] 익산 신흥동에서는 전한시대의 반량전이 수습되었다.[22] 이외에도 완주 상운리의 도씨검출토[23] 등으로 미루어 두 지역 간의 교류를 살필 수 있다. 또한 당시 1.3km에 달하는 제방을 축조하기 위해서는 최첨단의 토목기술이 필수적으로 수반될 수 밖에 없다. 따라서 마한이 성립될 당시의 수준 높은 기술력을 엿볼 수 있을 뿐만 아니라, 농업 생산력을 높여 마한 성립의 경제적 기반을 뒷받침할 수 있었다고 추정된다.

2. 김제 벽골제

1) 현황 및 문헌자료

벽골제는 우리나라 최고 최대의 저수지로서 널리 알려진 한반도 농경문화의 대표적인 유적으로 부량면 포교리를 기점으로 남쪽으로 월승리에 이르는 평지에 남북으로 약 3km의 제방이 일직선을 이루며 잔존한다. 제방의 남과 북의 양단에 가까운 곳에 수문임을 보여주는 거대한 돌기둥이 우뚝 서 있고, 제방의 중간 부분에는 대형 석재들이 일부 노출되어 있어서 역시 수문시설이 있었음을 알 수 있다. 벽골제 중수비문에 의하면 이외에도 수문은 2개소가 더 있었던 것으로 기록되어 있는데, 곧 유통거, 장생거, 중심거, 경장거, 수여거 등 수문의 구체적

---

20 王双怀, 2010, 「中國古代的水利設施及其特征」, 『陜西師範大学学報(哲学社會科学版)』 第3卷 第2期.

21 全榮來, 1987, 「益山 平章里新出 靑銅遺物」, 『古文化談叢』 19, 北九州古考學研究會.

22 이문형, 2021, 「익산 신흥근리공원 출토 중국 반량전 비파괴 분석보고」, 『마한·백제문화』 37, 원광대학교 마한·백제문화연구소.

23 全榮來, 1976, 「完州 上林里出土 中國式銅劍에 관하여」, 『전북유적조사보고』 6.

명칭을 기록하고 있다. 벽골제의 제방은 1925년 동진농지개량조합에서 농지관개용 간선수로를 만들면서 파괴되었고, 1961년 북단에 위치한 수문지(長生渠)의 석주를 노출하는 과정에서도 유적이 훼손되었다.

벽골제에 대한 문헌기록은 『삼국사기』에 시축기사[24]와 더불어 증축기사[25]가 보이고 있다. 초축 시기는 『삼국사기』와 『삼국유사』에 각각 신라 흘해왕 21년(330)과 20년(329)으로 기록되어 있다.

벽골제는 통일신라 원성왕 6년(790)에 전주 등 7주의 사람들을 동원하여 대대적인 증축이 이루어졌으며, 문성왕 13년(851)에는 청해진을 없애고 그곳 사람들을 벽골군으로 옮겼다는 기록으로 보아 통일신라시기까지 나라에서 관리한 중요한 수리시설이라는 것을 알 수 있다.

고려시대에는 현종(1010~1030) 때 다시 수축이 이루어지며, 인종 21년(1143)에 중수되었고, 인종 24년(1146)에 무당의 말을 듣고 벽골제 제방을 허물었던 것으로 기록되어 있다. 이후 고려시대에 벽골제의 수축이나 중수는 이루어지지 않은 것으로 보인다.

조선시대에는 태종 8년(1408)에 수축에 대한 건의가 있었고, 태종 15년(1415)에 벽골제를 쌓으라고 하였지만 벽골제를 다시 쌓았다는 기록은 보이지 않는다. 세종 원년(1418)에도 벽골제는 수축되지 않은 것으로 보인다. 그러다 세종 2년(1420)에 큰 비바람으로 벽골제가 무너져 둑 아래 전답이 모두 쓸려나간 것으로 기록되어 있다. 조선 세종 대에 결궤된 이후 수축된 기록이 없는 것으로 보아 벽골제는 조선 전기에 폐제된 이후 이렇다 할 수축이 이루어지지 않은 채 방치된 것으로 보인다. 1670년 유형원의 『반계수록』에 벽골제·눌제·황등제의 중요성이 제기되었고 이후에도 여러 건의가 있었지만 끝내 수축이 이루어지지 않은 것으로 보인다.

---

24 『三國史記』新羅本紀 第二, 訖解尼師今 二十一年條, 始開碧骨池岸長一千八百步.
25 『三國史記』新羅本紀 第十, 元聖王 六年條, 增築碧骨堤徵全州等七州人興役.

표 3. 문헌기록에 보이는 벽골제 주요연혁

年度	王曆	內容	出典	備考
330	新羅 訖解王 21年 (百濟 比流王 29年)	始開碧骨池 岸長一千八百步	三國史記	初築
329	訖解尼師今 己丑	始築碧骨堤	三國遺事	初築
790	新羅 元聖王 6年	增築碧骨堤 徵全州等七州人興役	三國史記	增築
851	新羅 文聖王 13年	罷淸海鎭 徒其人於碧骨郡	三國史記	
1010 ~1030	高麗 顯宗時	修完舊制	重修碑文	修理
1143	高麗 仁宗 21年	又增修復而終至廢棄	重修碑文	重修
1146	高麗 仁宗 24年	以巫言遣內侍奉說決金堤郡新築碧骨池堰	高麗史	決堰
1408	朝鮮 太宗 8年	金堤郡碧骨堤 … 乞依舊修築…	朝鮮王朝實錄	修築要請
1415	朝鮮 太宗 15年	更築以利少弊多尋墮之	朝鮮王朝實錄	更築決堰
1420	朝鮮 世宗 2年	大風雨 金堤郡碧骨堤決	朝鮮王朝實錄	決堰
1420	朝鮮 世宗 2年	修築碧骨堤 訥堤 令政府六曹議之 皆請待豊年修築	朝鮮王朝實錄	修築要請

벽골제는 그 규모에서 한반도 최대를 자랑하고 있는 만큼 축조나 증 · 개축에는 많은 인력이 동원될 수밖에 없다. 따라서 이렇게 많은 인원 동원과 관련된 사실들을 증명할 수 있다면, 벽골제를 중심으로 정치, 경제의 영역을 설정하는 데 있어 그 근거자료로 활용될 수 있을 것이다. 예를 들면 신라 원성왕 6년(790)에 벽골제 증축하는데 전주 등 7주 사람을 징발한 것으로 미루어[26] 상당히 넓은 지역에서 부역이 이루어진 것으로 보인다.

또한 벽골제의 중수비에서 보면 둑의 길이는 60,843자이고, 둑안의 둘레는 77,406보로서 관개 수전의 범위가 무려 9,840結95卜이 되며, 5개의 수문에서 각각 관개 범위가 구체적으로 기록되어 있다.[27] 수여거에서는 만경현의 남쪽에 이

---

26 『三國史記』, 新羅本紀 第十, 元聖王 6年, 「增築碧骨堤 徵全州等七州興役」.

27 『新增東國輿地勝覽』, 金堤郡 古蹟條 碧骨堤 所引 重修碑 記錄 參照.

르고, 장생거의 두 물줄기는 만경현의 서쪽에 이르고, 중심거의 물줄기는 고부의 북쪽과 부령의 동쪽에 이르고, 경장거와 유통거의 물줄기는 인의현 서쪽에 이르는 것으로 적고 있다. 이와 같이 중수비에서 보이고 있는 벽골제의 몽리 범위는 정치, 경제, 문화의 권역으로 설정할 수 있는데, 바로 동진강권역이 여기에 해당한다. 따라서 동진강권역내에 위치하고 있는 유적들은 상호관련성을 가지고 형성된 것이라는 추정이 가능하며, 이 지역 고대문화의 근간을 이루고 있다고 할 수 있을 것이다.

2) 발굴조사에서 드러난 김제 벽골제

1975년 벽골제 수문의 복원공사에 필요한 정확한 정보를 얻고자 충남대학교 박물관 주관으로 제방의 남과 북에 위치하는 경장거와 장생거와 제방 일부를 절개하는 조사가 진행되었다. 2012년부터 중심거와 그 주변에 대한 발굴조사를 실시한 결과, 3개의 수문의 구조와 축조수법을 확인하고 간설수로 이설에 따른 제내지에 대한 조사도 이루어져 벽골제 축조 이전의 지형과 고하도에 대한 정보를 알 수 있었다.

표 4. 김제 벽골제 발굴조사 현황

연번	조사기관	조사기간	조사명	조사내용
1	충남대박물관	1975.02.26 ~1975.03.30	김제 벽골제 학술조사	석주수문(장생거, 경장거) 및 제방토층
2	전북문화재연구원	2012.03.20 ~2012.06.15	사적 제111호 1차년도 벽골제 중심거 발굴조사(1차)	중심거의 위치 및 주변 호안석축, 도수로 구조 및 축조방식
3	전북문화재연구원	2012.12.26 ~2013.06.17	사적 제111호 1차년도 벽골제 중심거 발굴조사(2차)	중심거 구조 및 제방 축조방식
4	전북문화재연구원	2013.11.11 ~2014.02.20	김제 벽골제(사적 제111호) 복원·정비를 위한 문화재 시굴조사(3차)	제방의 위치 및 기저부 성토방법 (Ⅰ~Ⅲ지점)
5	전북문화재연구원	2014.07.04 ~2015.05.25	김제 벽골제(사적 제111호) 복원·정비를 위한 문화재 발굴조사(4차)	벽골제 제방과 보축제방, 구하도 (Ⅰ·Ⅲ지점)
6	전북문화재연구원	2015.06.15 ~2015.12.17	김제 벽골제(사적 제111호) 복원·정비를 위한 문화재 발굴조사(5차)	보축 제방의 규모와 축조방법, 중심거 관련 수로의 잔존여부 및 범위

그림 6. 김제 벽골제 전경 및 발굴지역

연번	조사기관	조사기간	조사명	조사내용
7	전북문화재연구원	2016.03.22 ~2016.09.07	김제 벽골제(사적 제111호) 복원 · 정비를 위한 문화재 발굴조사(6차)	중심거 전체현황 및 경장거 주변 조사, 곡선수로 시점부 초축 및 보축제방
8	전북문화재연구원	2016.11.28 ~2016.12.27	김제 벽골제(사적 제111호) 복원 · 정비를 위한 문화재 시굴조사(7차)	문헌기록상의 유통거 관련 수로의 진행방향과 주변 원지형
9	강원고고문화연구원	2017.05.22 ~현재	벽골제지구 수리시설개보수사업 부지 내 유적 시, 발굴조사	시굴조사에서 소하천유로 및 수혈유구 확인
10	울산문화재연구원	2018.10.10 ~2018.12.10	벽골제지구 수리시설개보수사업 부지 문화재 추가 정밀발굴조사	소하천유로 3기 및 수혈 6기 확인
11	전라문화유산연구원	2020.03.18 ~2020.10.31	김제 신덕동9351-1번지 일원) 벽골제 수문추정지 내 유적 발굴(시굴)조사	도수로, 방수로 축조양상 확인
12	전북문화재연구원	2022.04.15 ~2022.04.22	추정 유통거 시굴조사	도수로, 방수로 축조양상 확인

① 장생거와 경장거

1975년도 1차 발굴조사 결과, 두 수문지에는 높이 5.5m에 달하는 거대한 석주가 약 4.2m의 간격을 두고 좌우 대칭으로 서 있는데, 이 석주들의 안쪽 면에는 각각 폭 20cm, 깊이 12cm로 위에서 아래까지 홈을 팠는데 가장 아랫부분에 이르러 길이 63cm, 폭 30cm의 확대부를 만들었다. 이러한 갑문 시설은 목제

그림 7. 벽골제 장생거 전경

판을 이 凹부에 끼워 상하로 이동시키면서 방수량을 조절하기 위한 것으로 보인다. 제방은 상부가 좁고 하부가 넓게 구축되어 있는데 이 석주가 세워진 위치는 제방 상부의 외면에 맞춰 세워졌음이 제방 절개조사에서 확인되었다. 또한 이 수문지와 제방의 연결부에는 거대한 장대석을 이용하여 높이 1.9m에 달하는 호안석축을 쌓아 보강하고 제방도 이 부분에서는 둥글고 두텁게 구축하여 석축과 맞물리고 있다. 또한 호안석축 사이의 수로 간격은 4.15m로 수문 석주의 간격과 같고 바닥에는 대형 판석을 깔아 방수량은 견뎌낼 수 있도록 시설하였다.[28]

한편 수문에서 연장되는 도수로가 수문지에서 서쪽으로 18m 정도 떨어진 트렌치에서 폭 120cm, 폭 60cm에 달하는 도랑 형태로 조사되었다. 그러나 이 도수로는 수문의 규모로 짐작하건대 방대한 방수량을 견디기에는 너무 협소한 규모이기 때문에 발굴 트렌치와 제방 사이에 다른 곳으로 물길을 돌린 좀 더 큰 규모의 도수로가 있었을 것으로 추정되고 있다.

② 중심거

중심거는 용골마을 내에 위치하며, 주변에는 화강암 석재들이 노출되어 있었다. 최근 정밀 측정결과 벽골제의 제방 길이가 약 3.8km임이 확인되었는데, 정확히 제방의 중심 지점에 위치하고 있기 때문에 제방이 완성된 후에 수문의 위치를 선택했을 것으로 판단된다. 이러한 사실은 1914년도 지형도와 고지형 분

---

28 윤무병, 1992, 「김제 벽골제 발굴보고」, 『백제고고학연구』, 충남대학교 박물관.

석에서 장생거나 경장거 제내지에는 고하도와 연결되고 있으나 중심거 부근에서는 고하도가 보이지 않고 있다는 점에서도 뒷받침된다.

3차례에 걸친 조사결과, 중심거를 중심으로 제방의 횡·단면 조사를 통하여 중심거 시설의 축조순서와 관련된 정보를 파악할 수 있었다. 먼저 전체적인 제방의 축조에 앞서 중심거를 시설하기 위한 제방을 축조한 것이 확인되는데, 하부 기준으로 길이 21여 m 정도가 되지만 하층은 남북으로 각각 연장되고 있다. 이렇게 축조된 제방의 중심에서 북측으로 치우쳐 길이

그림 8. 벽골제 중심거 발굴전경

1,322cm로 다시 굴착한 다음, 석재를 이용하여 하인방석, 석주, 호안석 등을 설치한 후 뒤채움으로 보강하였다. 특히 중심거 시설을 위한 제방의 남북단의 토층에서 이곳을 기점으로 남북방향으로 제방을 축조해 나간 것으로 확인할 수 있었다.[29] 따라서 이 중심거의 기점이 단순히 제방 축조집단과 수문시설 기술자와 차이에서 비롯된 것인지, 아니면 중심거를 중심으로 각기 다른 지방에서 부역에 참가자한 집단의 차이인지 앞으로 좀 더 면밀한 검토가 요망된다.

---

29 전북문화재연구원, 2015, 『김제벽골제Ⅱ』.

그림 9. 벽골제 중심거 축조과정

　제방의 동쪽 부분 곧 제방 안쪽에 해당하는 곳에서 확인된 도수로는 바닥석과 호안석축이 확인되는데 그 규모는 길이 590cm, 너비 430cm이며, 화강암의 석재를 이용하여 부석하였다. 바닥석의 크기는 길이 80~250cm, 너비 40~63cm 정도의 석재를 이용하여 시설하였다. 도수로의 끝 즉 인수로가 존재하였을 것으로 보이는 지점에는 八 자형으로 넓어지는 형태이다. 이는 제내지 내에 담수된 물의 흐름을 원활하게 하기 위함으로 판단된다.

　중심거의 갑문 하부시설이 발견되었는데, 이는 장생거나 경장거와 같은 방식으로 세워졌던 2개의 석주는 상부가 결실되어 하부만 일부가 남아 있지만 양 석주 사이에 걸쳐진 하인방석 양쪽 끝부분과 조합된 상태로 확인되었다. 조합 상태를 보면 하인방석은 양 끝단에 '凸'형태로, 석주 하단 안쪽 면에 '凹'형태로 가공하여 서로 맞물리게 시설하였다. 잔존하고 있는 석주는 너비 83cm, 두께 70cm이며 높이는 두 수문의 것과 비슷했을 것으로 추정된다. 하인방석은 길이는 420cm인데, 곧 양 석주사이의 간격이 되며, 너비는 84cm이다. 하인방석 중앙에는 횡으로 너비 20cm의 폭으로 '凹'형태로 파서 가공하고 있는데, 이는 방수량을 조절할 수 있는 판자를 끼웠을 때 최하단에 해당하여 강한 수압을 잘 견딜 수 있도록 한 시설로 생각된다.

　또한 하인방석의 바깥쪽 곧 서쪽부분에서 확인된 방수로는 수압으로부터 수문시설을 보호하기 위해 대형 석재로 쌓은 호안석과 편평 석재를 깐 바닥석이 확인되었다. 특히 출수구는 서쪽으로 연장되면서 '八'자형으로 호안석을 시설하고 있는데 내부나 하인방석 인근의 호안석보다는 정교하지 못하며, 북쪽 부분에서는 1단이 남아 있으나 남쪽 부분에서는 거의 유실되었다. 이와같이 '八'자형으로 호안석을 시설한 이유는 방수되는 물의 흐름을 원활하게 하려는 의도가 있었을 것으로 추정된다. 잔존하는 '八'자형 호안석축의 추정 너비는 1,950cm이며, 하인방석에서 서쪽으로 잔존하는 출수부의 길이는 1,340cm이다. 한편 출수시설을 견고히 할 목적으로 하층에 시설된 자료를 얻고자 출수부의 일부를 절개하여 조사했으나 일부에서 무질서하게 석재가 노출되었고, 별다른 시설을 확인되지 않았다.

한편, 중심거 축조과정에서 이미 축조된 제방을 굴착 후 연약지반을 견고하게 하기 위하여 하부에 석재를 깔고 말뚝을 박아 기초를 보강했음이 확인되었다. 이러한 예는 중국 상해의 갑문유적인 쯔단위엔(志丹苑)의 남쪽 갑문 남장벽에서 석재 및 나무를 박아 다지고 있음이 확인되었다.[30] 또한 중국 상해의 이 갑문 유적은 벽골제 중심거를 비롯한 3개의 수문과는 규모만 다를 뿐, 그 구조나 축조방식에서 매우 유사하여 두 지역의 교류 흔적을 엿볼 수 있다.

③ 수여거와 유통거

벽골제에는 5기의 수문이 있었는데, 그 중 장생거와 경장거는 석주가 잘 남아 있어 그 위치를 미루어 알 수 있었고, 중심거는 발굴조사를 통해 이 두 수문과 규모나 구조에서 동일한 것으로 알려졌다. 그런데 제방의 남북 끝단 부분에 있었을 것으로 추정되는 수여거와 유통거에 대한 위치나 규모 등을 정확히 알 수 없었으나 지표조사 및 고지형 분석을 통해 위치을 추정할 수 있었다.[31]

먼저 고지형 분석을 통해본 수여거의 위치는 제방의 북쪽에 자리하고 있는

30 上海博物館考古研究部, 2003, 「上海市普陀区志丹苑元代水閘遺址发掘简報」, 『志丹苑 -上海元代水閘遺址研究文集-』, 上海博物館, 科学出版社.

31 최완규 · 권정혁, 2019, 「고지형 분석을 통한 벽골제 기능의 재검토」, 『수리사적 측면에서 본 벽골제』, 사적 제111호 김제 벽골제 학술대회, 원광대학교 마한 · 백제문화연구소.

그림 10. 벽골제 수여거 위치

신덕마을까지는 제방이 연결되며, 이곳에서 수월마을까지는 자연 구릉을 이용하여 제방으로 이용한 것으로 보인다. 수월마을 남동쪽의 구릉의 정상부는 주변보다 낮은 것으로 관찰되었고 이지점을 중심으로 동에서 서남쪽으로 도수로(구하도)의 흔적이 관찰되었다.

곧 이곳이 수여거가 있었던 곳으로 추정되는데, '수월리'라는 지명도 '무너미'에서 유래했을 것으로 보인다.

수월마을 부근의 계단식 논에서 수로형태의 지형과 가공 흔적이 있는 석재가 확인됨에 따라 이 지역을 중심으로 시굴조사를 실시했다.[32] 조사결과 수문과 관련된 도수로와 방수로, 그리고 도로유구, 구상유구 등 다양한 유구가 확인되었다. 특히 제내지역에서는 정교하게 가공된 석재로 축조된 도수로 바닥과 측면의 호안석축이 노출되었다. 제외지역에서는 자연지형을 굴착하고 축조한 방수로가 발견되었는데, 바닥에서 별다른 시설을 확인되지 않았다. 현재까지 확인된 도수로의 길이는 68m, 너비 30m, 방수로는 길이 120m, 너비 30m, 깊이 7.5m이나 조사지역 외곽으로 확장되는 양상을 보이고 있다. 한편 수문의 위치는 도수로의 석재 바닥시설이 사리지고 기반층이 시작되는 지점 사이에 위치할 것으로 보고 있다. 그리고 출토유물로 보아 통일신라시대에 축조된 것으로 확인되었다.

---

32 전라문화유산연구원, 2020, 『김제 벽골제유적 -김제 신덕동 벽골제 수문추정지 내 시굴조사』.

향후 수여거에 대한 정밀발굴조사를 통해 정확한 수문의 위치나 규모와 구조, 인공적인 제방 유무 등을 밝혀야 할 것으로 판단된다.

한편 벽골제 제방의 남쪽 끝단에 위치할 것으로 추정되는 유통거는 자연 구릉을 제방으로 이용하고 있는 월승교 주변에서 관찰되었다. 이 지점은 남쪽으로 치우쳐 주변보다 낮은 지형이 형성되었고, 시굴조사에서 구하도 흔적이 발견되어 유통거가 있던 곳으로 추정된다.[33]

④ 제방의 축조

1975년도 1차조사[34] 조사결과 제방은 대략 세 번에 나누어 축조된 것을 절개면의 토층을 통해 확인할 수 있었고, 3차에 걸쳐 형성된 인공구축토 하부에서는 1~2cm 정도의 흑색의 식물탄화층이 노출되었는데 이는 저습지에서 자생하는 갈대 등으로 늪지 위에 제방이 축조되었음이 파악되었다. 한편 제방 축조과정의 층위에서는 그 시기를 알 수 있는 유물이 발견되지 않아 제방 최하층의 유기물, 다시 말하면 제방 축조 이전에 자생하던 식물유체를 통한 방사성탄소연대 측정결과 A.D.330~374라는 연대를 얻을 수 있어 문헌기록과 시축연대가 일치하는 것을 확인하였다.

이후 전북문화재연구원 주관으로 5차에 걸친 발굴조사 결과, 중심거의 위치 및 구조를 확인했으며, 제방의 축조공법에 대한 정보를 파악할 수 있었다. 또한 용골마을의 조사에서는 제방의 기저부가 확인되었고, 본 제방을 보호하기 위한 보축 제방이 초낭을 이용하여 축조된 사실을 확인하였다. 이러한 발굴조사를 통하여 문헌에 기록되어 있는 벽골제의 개수 사실을 고고학적으로 증명할 수 있게 되었다.[35]

먼저 2012년 2013년 두 차례에 걸친 발굴조사에서 제방 축조방법에 대해 좀

---

33 전북문화재연구원, 2018, 『김제 벽골제(사적 제111호) 고환경 분석을 위한 조사(8차)』.

34 윤무병, 1992, 앞의 보고서.

35 전북문화재연구원, 2014, 『김제 벽골제 I 』.
전북문화재연구원, 2015, 앞의 보고서.

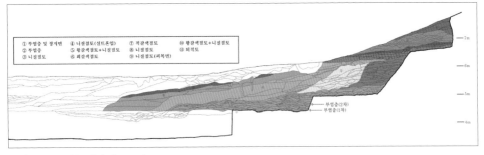

그림 11. Tr.1 북쪽 제방 성토 도면

더 구체적인 정보를 얻을 수 있었다.[36] Tr.1 북쪽제방 성토층은 크게 10개 공정으로 구분되며, 나머지 부분은 제방 초축 이후 증·개축과 관련하여 성토된 것으로 판단된다. 제방의 성토층을 살펴보면 다음과 같다.

①공정은 부엽층으로 초본류가 깔려져 있다. 부엽층은 제방을 성토하기 전에 최초의 공정으로 확인된다. 부엽은 초본류를 이용하였으며, 도구를 이용하여 다진 흔적이 관찰된다. 초본류의 두께는 가장 두꺼운 층이 약 1.5cm이며, 1.1m의 폭으로 제방과 나란하게 고랑을 만들었다. 부엽의 고랑이 제방과 나란하게 시설한 목적은 첫째로 성토된 흙이 밀리지 않게 하기 위함이며, 둘째로 성토되는 불투성점토와 초본류와 단단하게 고착화 시키기 위해서 시설한 것으로 판단된다. 부엽층을 깔고 정지한 층 아래로는 3개층으로 구분되는데 최하위층은 Root Hole(식물뿌리흔)이 산발적으로 관찰되며, 블록이 물의 흐름을 덜 받아 거칠게 형성되어 있다. 두 번째 층은 블록이 다소 완화되어 점토가 부드럽게 퇴적되어 있으며, 세 번째 층은 실트와 같은 아주 세립자의 점토가 확인되고 있다.

특히 세 번째 층에는 식물 뿌리의 유기물이 횡으로 관찰되고 있어 제방이 축조되기 이전에 환경은 이곳에 물에 흐름이 있었던 것으로 판단된다. ②, ③공정은 불투성 점토인 니질점토와 실트를 이용하여 교차적으로 성토하는 과

---

36 전북문화재연구원, 2014, 앞의 보고서.
　　전북문화재연구원, 2015, 앞의 보고서.

정에 다시 초본류를 깔았던 흔적이 관찰된다. ④공정은 회백색을 이용하여 성토하였다. ⑤공정은 황갈색 점토와 실트를 이용하여 교차적으로 성토하였다. ⑥공정은 회갈색 점토를 이용하여 성토하였는데 이는 제방의 불투성 점토를 단단하게 하기 위하여 점성이 강한 점토를 깔았던 것으로 추정된다. ⑦공정은 황갈색 점토를 이용하여 판축하듯이 성토하였고 ⑧공정은 니질점토와 황갈색 점토를 혼입하여 성토하였다. ⑨공정은 니질점토를 이용하여 제방 성토 전면에 피복하였는데 이는 제방

그림 12. 동쪽 제방 성토상태

을 성토면을 보호하기 위해 인위적으로 깔았던 것으로 판단된다. ⑩공정은 황갈색 점토와 니질점토를 이용하여 성토하였는데 후대 증축이나 보수와 관련하여 쌓았던 것으로 추정되며, ⑪층은 최근에 형성된 층으로 확인된다.

현재 제방 경사면 길이는 동벽의 조사지점에서 약 12m 정도인데 『신동국여지승람』의 벽골제 중수비문 편에 나와 있는 길이를 살펴보면 하광이 21m, 상광이 10m, 높이가 5.7m로 기록되어 있는데 이것으로 보아 제내지 쪽의 제방은 원래의 제방이 아니고 간선수로를 만드는 과정에서 파괴된 것으로 판단된다.

제방의 동쪽 단면 축조상태는 크게 7개 공정으로 구분되며, 북쪽 제방과 비슷한 양상이다. 동쪽 성토양상과 북쪽 제방은 거의 비슷하나 북쪽 제방이 측단부이기 때문에 좀 더 견고히 하기 위해 세밀한 성토가 이루어졌음을 알 수 있다.

전체적으로 벽골제의 최초 공정은 부엽을 깔았던 지점이 1차 공정 면이라 할 수 있다. 1차 공정은 정지작업을 한 후 초본류을 깔았으며, 그 하단은 3개의 층으로 구분되는데 이 층이 조수 간만의 흐름인지, 유수의 흐름인지는 유공충 및 규조류 등의 구체적인 분석 작업을 통해서 그 성격이 밝혀질 것으로 기대한다.

⑤ 보축제방 조사

일제 강점기에 벽골제 제방의 동쪽 부분을 파괴 후 개설한 간선수로는 대부분 제방과 평행을 이루며 직선이지만, 용골 마을 부분에서는 만곡형을 이루고 있었다. 이에 따라 축조 당시의 제방은 직선이었는지, 아니면 만곡형을 이루고 있었는지에 대한 정확한 정보를 얻고자 발굴조사가 이루어졌다. 조사결과, 초축 당시 제방은 직선으로 남쪽 초승리로 연장되었고, 곡선형 간선수로 방향으로 시설된 만곡형 보축제방이 확인되었다. 이 지역은 지금도 연포천이 흐르고 있어서 제방이 붕괴 위험에 항상 노출되었을 것인데, 이는 고지형 분석에서도 확인되고 있다. 따라서 이곳 저지대로 흘러들어오는 수압을 효과적으로 분산시키기 위해서 과학적 원리를 이용한 만곡형 보축제방이 축조된 것으로 판단된다.

초축제방의 조사에서 일

그림 13. 벽골제 보축제방 진행방향 모식도

그림 14. 보축제방에서 발견된 초낭

정한 간격으로 목주혈이 확인되는 것으로 보아 이곳이 벽골제 제방에서 가장 연약한 습지였을 가능성이 매우 높았던 곳으로 보이는데, 지금도 초축제방 안쪽으로는 담수가 이루어지고 있는 곳이다. 용골마을에서 확인된 초축제방은 대부분 마을 형성과 관련하여 파괴되었으나 하부의 기초시설과 불투성점토를 이용한 성토층, 부엽공법 등이 확인되었다. 부엽층에서 확인된 초본류를 연대측정한 결과 5세기대의 연대값이 확인되었으며, 이를 절대적 신뢰값으로 산정하면 벽골제는 단기간에 축조되지 않고 오랜 시간동안 제방 축조가 이루어지거나 증·수축과 관련된 행위가 이루어졌을 것으로 판단된다.

보축제방은 초축제방을 보호하기 위해 성토된 제방으로 습지가 많은 연약한 지반에는 초낭을 배치하고 그 외 지역은 황갈색 사질점토와 적갈색 사질점토를 깔아 기초부를 조성하였다. 이는 초낭을 기저부에 전반적으로 배치하지는 않았음이 발굴조사 과정에서도 습지가 확인된 그리드에서만 집중적으로 초낭이 발견되었다. 이와 같이 초낭과 사질토로 기초부를 다진 후, 유사판축으로 제방을 축조하였는데 제방 상부에도 초낭의 흔적이 확인되었다. 교차성토는 점토와 불투성 점토를 교차적으로 성토한 흔적, 구획성토는 '之'자형으로 적갈색 사질점토, 황갈색 사질점토, 불투성점토 등을 이용하여 성토하였다. 또한 보축제방 하부에서는 담수 식물인 마름이 확인되었고 성토하는 과정에서 버려진 복숭아 씨앗, 담가, 통일신라 토기편 등이 출토되었다.[37]

보축제방의 축조시기는 『三國史記』元聖王 6년(790)「增碧骨堤徵全州等七州人興役」의 기록과 관련된 것임을 알 수 있었다. 이는 용골마을 제방이 물의 흐름이 많아 제방이 자주 붕괴되었던 것으로 판단되며, 이를 방지하기 위하여 제방 앞쪽 제내지 쪽에 만곡형의 또 다른 제방을 감쌌는데 이것이 원성왕 때 축조된 보축제방이다. 용골마을은 민가가 형성되면서 초축 제방이 파괴되었지만,

---

37 전북문화재연구원, 2015, 앞의 보고서.
　　전북문화재연구원, 2017a, 『김제 벽골제Ⅲ』.
　　전북문화재연구원, 2017b, 『김제 벽골제Ⅳ』.

보축제방이 남아 있어 일제 강점기때 보축제방의 성토된 흙을 이용하여 간선수로가 곡선화를 이룬 것으로 판단된다.

최근 간선수로 이설에 따른 제내지에 대한 발굴조사에서 장타원형과 말각세장방형의 수혈 3기와 소하천 유로가 확인되었다. 수혈은 자연매몰양상과 목주흔을 확인하였다. 수혈 내부에서 유물은 출토되지 않았지만 청동기시대 함정유구와 유사한 성격의 유구로 보고 있으며, 소하천 유로는 동쪽에 치우쳐서 확인되었는데 장축방향은 남동-북서방향과 남서-북동방향으로 구분된다. 1·3호는 원평천이 위치한 북서쪽 또는 북동방향으로 갈수록 넓어지는 형태로 나타난다.[38]

3) 고지형 분석을 통해 본 벽골제

벽골제 제방과 그 제내·외 지역으로 벽골제 제방의 길이, 담수범위, 수문지의 위치 등을 확인하고자 고지형분석이 이루어졌다.[39] 1973년 항공사진과 비교분석을 위해 1914년 제작된 벽골제 주변의 지적원도와 1924년 제작된『朝鮮五萬分之一地形圖』를 확보하여 관찰한 결과 북쪽으로 신덕마을까지는 제방을 쌓았을 것으로 추정되며, 수월마을까지 자연구릉을 제방으로 이용하였을 가능성이 있다고 판단하였다. 특히 수월마을 남동쪽에 약간 낮은 지형이 관찰되고 있어 수여거의 위치로 추정하였으며, 수월리의 지명 또한 이것에서 유래된 것으로 보았다.

하중도인 용성마을과 신덕마을에서 주택들이 남북으로 길게 확인되고 있는데, 용골마을에서도 주택들이 주 제방선 상부와 동쪽에 약간 호상으로 확인되어 발굴조사 당시 용골마을에서 확인된 주 제방과 보축제방의 위치와 일치하여 용성마을에서도 주 제방과 제방을 보강하기 위한 보축제방이 있을 것으로 추정된다.

---

38 강원고고문화연구원, 2022,『김제 벽골제 및 주변 유적』.
    울산문화재연구원, 2020,『김제 벽골제 제내지유적』.
39 최완규·권정혁, 2019, 앞의 논문.

남쪽으로는 초승마을까지 제방을 쌓았고 상서마을까지는 자연구릉을 제방으로 사용하였을 것으로 추정된다. 유통거의 위치는 초승마을 북쪽의 월승교 주변, 초승마을과 상서마을 사이의 약간 낮은 지점 등 2개 지점으로 추정하였으나, 현지조사를 실시한 결과 초승마을과 상서마을 사이의 지점은 제방 밖이 안쪽보다 약간 높아 제외되었다.

구하도는 경지정리가 이루어지지 않은 원평천 주변에서 확인되었으며, 이는 대부분 직선화가 이루어지기 이전 원평천의 하도로 1924년 제작된 『朝鮮五萬分之一地形圖』에서 관찰되는 하도와 거의 일치하고 있다. 수문의 도수로로 추정되는 구하도는 경지정리가 이루어지지 않은 중심거의 동쪽에서 짧게 되며, 일제강점기 지적원도에도 관찰되었다. 각 수문지의 동쪽과 서쪽에서 동-서방향의 도수로로 추정되는 흔적이 확인되었다.

벽골제의 현재 추정 담수범위는 넓은 범위로 설정되어 있는데 상류의 평지에 분포하는 원삼국~삼국시대로 추정되는 고분(분구묘)을 포함한다.

벽골제와 그 주변지역에 대한 고지형 분석 결과를 통해 확인되는 벽골제와 주변지역의 지형변화는 벽골제가 제방의 기능을 상실한 이후에 대해서 확인할 수 있었다. 1914년에 제작된 벽골제 주변의 지적원도를 보면 벽골제 제방은 대지와 밭으로 이용되었고 제내ㆍ외는 논으로 이용되었음을 확인할 수 있었다. 또한 경지정리가 이루어지지 않아 원평천의 구하도로 추정되는 흔적, 벽골제 수문의 수로로 추정되는 흔적, 용추, 용연 등의 저수지 등이 확인되었다. 이러한 흔적은 1966~1973년 항공사진에서도 경지정리가 이루어지지 않은 제내지 중 용골마을 동북쪽에서도 그대로 확인되어 비교할 수 있었다. 그러나 현재는 주변이 모두 경지정리가 이루어져 관찰되지 않는다.

추정 수여거 주변을 보면 지적원도가 제작된 1914~1966년 항공사진-현재까지도 크게 지형이 변화하지 않았다. 또한 논 경작지와 원평천, 연포천 등의 하천을 제외한 구릉과 자연마을은 크게 변화하지 않았음을 확인하였다.

특히 수여거의 위치로 추정되는 곳은 마을의 지명이 '무너미'에서 유래한 '수월리'이고, 추정 담수범위 또한 마을 경계와 도로, 수로 등으로 추정할 수 있었

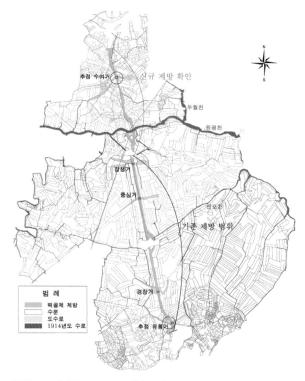

다. 지형 또한 하천의 유로를 제외하고는 크게 변화하지 않았을 것으로 현재 관찰되는 흔적은 조선시대의 벽골제 모습으로 추정된다.

지적자료의 분석은 부량면 일대의 지형변화 이전에 작성된 일제강점기 지적도를 이용하였다. 지적자료 분석은 항공사진의 3D분석 결과를 보완하여 고지형분석 결과의 신뢰도를 높이고자 하였다. 제방은 월승리의 제주방죽~장생거까지로 제방 길이는 약 2.6km였으나

그림 15. 지적원도(1914년도)에서 보이는 고하도

지적자료 분석+항공사진+3D 분석에서 신덕동/장화동 일원까지 흔적이 남아 있어 약 1.5km가 더 연장되는 것으로 추정되었다. 수문과 수로의 존재도 지적 자료 분석을 통하여 확인되었는데 제내·외에 답으로 이용되었던 지역 중 뚜렷 한 물길의 흔적이 관찰되었다. 동-서로 완곡하게 곡류하는 원평천의 큰 줄기의 북쪽으로 두월천이 합수하며, 원평천의 남북으로 벽골제의 제방 안쪽에 해당하 는 부분에는 구(溝)와 원평천으로 합류하는 3개의 구는 원평천에 의해 형성된 배 후습지의 영향일 것으로 판단된다. 반면에 신두리의 구릉지역과 감곡면에서 뻗 어 내려가는 구는 다수가 확인되었고 구들은 연포천으로 흘러드는 것으로 파악 되었다. 1914년 당시의 연포천은 고지형분석에서 추정된 최소 담수범위를 따라 현재 벽골제의 보축제방을 관통하였던 것으로 확인되었다. 벽골제 제방의 수문

을 중심으로 확인되는 수로는 조선시대 후기~말기에도 유량의 차이가 있을 뿐 꾸준히 이용되었을 것으로 판단된다.

4) 벽골제의 몇 가지 논점

벽골제와 같은 대규모 토목공사는 고대의 중앙집권적 국가에서만이 가능한 사업의 지표로 인식되는 점에서 매우 의의가 크다. 따라서 벽골제의 시축연대와 축조집단의 성격에 대한 해결이야말로 이 유적의 제방에 대한 축조방법 및 관개 시설에 대한 기본적인 시각과 더불어 한국 고대사에서 매우 중요한 작업이 될 것으로 생각된다.

지금까지 벽골제에 대한 주요 연구는 첫째는 초축 시기에 대한 논란과, 둘째 는 그 성격에 대한 것으로 벽골제가 담수했던 저수지냐 혹은 해수 유입을 막아 소위 "축전개전"의 기능이었냐 하는 것이다. 이외에도 축조집단의 주체 문제와 지형 및 지리적 변화에 따른 경관에 대한 분석 등이 이루어져 왔다. 그러나 이러 한 논쟁은 두 지점의 수문에 대한 간단한 발굴조사 이외에 본격적인 발굴조사 가 이루어지지 않은 상태에서 현상학적인 측면으로 접근해 왔기 때문에 다양한 의견들이 제시되고 있는 것으로 보인다. 따라서 벽골제에 대한 고고학적인 발 굴조사가 필수적이며, 그 과정에서 유구 조사는 물론, 문헌자료에 대한 세밀하 고 종합적인 검토가 이루어져야 할 것으로 생각된다.

① 축조시기

벽골제에 대한 문헌기록은 먼저 『삼국사기』에 시축기사[40]와 더불어 증축기 사[41]가 보이고 있다. 그리고 고려사 이후 문헌에서 여러 차례 중수와 개보수를 통해[42] 오늘날까지 그 명맥을 이어오고 있음을 살필 수 있다.

---

40 『三國史記』新羅本紀 第二, 訖解尼師今 二十一年條, 始開碧骨池岸長一千八百步.

41 『三國史記』新羅本紀 第十, 元聖王 六年條, 增築碧骨堤徵全州等七州人興役.

42 『與地勝覽』所載 重修碑文,「高麗顯宗時修完舊制及仁宗二十一年又增修復而終 至廢棄」.
『高麗史』, 高麗仁宗24年,「以巫言遣內侍奉說決金堤郡新築碧骨池堰」.

벽골제의 초축 기록은 왜 신라본기 흘해이사금(訖解尼師今) 21년조에 기록되어 있을까? 이에 대해서는 대부분 연구자들이 구체적인 비판없이 벽골제가 위치한 지역이 백제 고지라는 이유로 백제 비류왕 27년(330년)대에 초축이 이루어진 것으로 비정하고 있다.[43] 이와 더불어 1975년 발굴조사결과 하층에서 채집된 식물유체의 탄소연대측정결과를 문헌 기록의 뒷받침 자료로 활용하고 있다. 그러나 원래 백제본기에 기록되어 있었던 초축기사를 의도적으로 왜곡하여 신라본기로 옮겼다고는 보지 않는다. 왜냐하면 첫째, 벽골제 축조가 가지는 사실이 백제와 신라간에 중요한 정치적 사건으로서 정치적 이해관계가 걸린 행위로 보기 어렵기 때문이다. 둘째, 삼국사기 찬술에서 보면 철저히 마한에 대한 정보가 소략화되어 있다는 느낌을 지울 수 없다. 다시 말하면 백제본기에는 원래부터 벽골제 시축에 대한 내용은 없었고 마한과 관련된 기사에 포함되었을 가능성이 있는 것이다. 이러한 추론을 고고학적인 자료에서 보면 백제 한성기에서 웅진기에 걸쳐 마한의 고지가 백제 영역화가 이루어지고 있음에도 불구하고 여러 지역에서는 대형 마한 분구묘가 군집을 이루면서 지속적으로 축조되고 있다는 점이다. 예를 들면, 서산 부장리, 기지리, 완주 상운리, 전주 마전유적과 장동유적등을 들 수 있고, 정읍과 고창을 비롯하여 영산강유역에서 보이는 많은 수의 분구묘가 그것이다. 이는 마한에 뿌리를 두고 각 지방에서 강력한 정치세력으로서 잔존하고 있었다는 근거가 되기 때문이다. 따라서 뒤에 좀 더 구체적으로 언급하겠지만 현재까지의 발굴결과와 주변 유적과의 관련성에서 문헌의 기록대로 330년에 초축된 것으로 본다면, 문제는 벽골제를 축조한 집단이 과연 백제의 중앙세력이냐 아니면 이 지역에 세력 근거를 가지고 있었던 마한계 세력이냐에 초점을 맞추지 않을 수 없다.

벽골제 축조시점과 축조집단에 대하여 정황적인 근거에 의거해서 330년 백

『世宗實錄地理誌』, 朝鮮太宗15年, 「更築以利少弊多尋墮之」.

43 이광린, 1961, 「조선수리사연구」, 『한국연구총서』 8, 한국연구도서관.

제 중앙세력이라고 보는 견해가 있다. 곧 백제는 3세기 후반에 풍납토성과 같은 거대한 토성축조기술과 노동 동원력을 갖추고 있고, 제철기술의 발달로 질 좋은 토목용구의 제조, 『일본서기』 신공기를 인용 369년에 이미 김제는 백제의 영역화가 이루어진 점, 『일본서기』 웅신기 7년조에 백제 도래인에 의해서 일본에 저수지 축조된 사실 등을 들어 벽골제는 백제 비류왕 27년 330년에 초축된 것으로 보고 있다.[44] 이러한 추론은 벽골제의 발굴조사의 결과나 직접적인 기록의 뒷받침없이 단순한 백제의 정황적 근거에 벽골제의 초축 연대를 비정하고 있다. 다만 『일본서기』 신공기 49년조의 백제의 마한 경략기사 가운데 「至于百濟 國 登辟支山盟之 復登古沙山 共居磐石上 時百濟王盟之...」 내용을 들어 김제는 369년 이전에 백제국에 편입된 것으로 해석하여 백제 축조설을 뒷받침하고 있다.[45] 그러나 동기사의 앞부분에 보이는 「以賜百濟 於是 其王肖古及王子貴須 亦領軍來會 時比利 辟中 布彌支 半古 四邑 自然降服...」의 四邑 항복기사와 비교해 보면 각 사건의 선후관계는 있을지언정, 시대적 선후관계로는 볼 수 없을 것 같다. 기본적으로 두 내용이 신공기 49년에 일어난 사건을 정리해 기록하고 있기 때문이다. 따라서 김제가 이미 백제에 병합되었다고 해석하는 것 보다는 백제왕이 각각의 산에 올라 맹세를 할 정도로 이 지역을 중요시한 것을 보여주는 상징적인 사건으로 보는 것이 타당할 것으로 생각된다. 다시 말하면 벽골제의 축조집단이 마한 정치세력이 중심을 이루고 있었다면 벽골제의 초축과 관련해서 백제의 정황적 근거는 전혀 별개의 사실이 된다.

한편 벽골제의 발굴조사 결과를 분석을 통하여 일본 협산지의 제방축조 방법과 같이 제방을 보호하기 위한 다짐층과 같이 3, 4, 5층의 축조시점을 동일 시점으로 간주하여 A4 Tr의 5층과 3층 사이에서 집중적으로 노출된 기와편을 근거로 4세기대에 기와가 사용될 가능성이 희박하다는 근거를 들어 웅진 사비시

44 노중국, 2010, 「한국고대의 수리시설과 농경에 대한 몇 가지 검토」, 『한국고대의 수전농업과 수리시설』, 서경문화사.
45 노중국, 2010, 앞의 책.

대에 시축된 것을 소급하여 잘못 기록된 것으로 파악하고 있기도 하다.[46] 그러나 보고서에서는 A4 Tr의 층서관계를 3, 4층은 동일 시기에 축조되었고. 5층은 이후에 증축된 것으로 파악하고 있다.[47] 최근 1차 조사에서 사비기의 연화문 수막새편과, 2차 조사에서 작은 적갈색 연질토기편이 확인되었다. 그러나 연화문 수막새편은 처음 중심거의 유구를 노출하는 과정에서 발견되었는데, 이 와편이 발견된 층위는 안정된 층이라기 보다 상층에서 교란되었을 가능성이 큰 것으로 판단되었다. 또한 적갈색 연질토기편은 안정된 층위에서 발견되었는데 역시 연대를 추정하는데는 무리가 있다. 특히 이들 유물이 발견된 층위는 모두 현재 잔존하는 중심거의 석조물 시설을 축조하기위한 제방과 관련된 지점이어서 신중한 접근이 요구된다. 다시 말하면 벽골제 제방유구 가운데 가장 파괴되기 쉽고, 또한 많은 보수와 증 개축이 이루어진 곳이라는 점에서 더욱 그렇다. 우선 문헌 기록대로 330년에 초축이 이루어졌다는 전제하에 신라 원성왕 6년(790)에 처음으로 증축이 이루어지고 있는데, 무려 460년 동안 단 한번도 증개축이 없었을리는 만무하다. 따라서 수문 주위의 발굴을 통하여 증개축에 관한 고고학적 자료를 확보하는 것이 매우 중요하다는 점을 인식하고, 각각의 수문이 동시에 보개수가 이루졌는지 등에 대한 종합적 검토도 필요하다. 결국 최근 1, 2차 발굴조사에서 발견된 와편과 작은 토기편에 대하여 적극적인 편년자료로 채택하는 점에서도 좀 더 보완된 자료를 기다릴 수밖에 없는 형편이다.

그런데 여기에서 주목해야 될 점은 중심거 발굴조사에서 밝혀졌듯이 수문을 설치할 지점의 제방을 길이 21 m로 먼저 축조한 다음, 이를 다시 1,322cm의 폭으로 굴착하여 수문시설을 하고 나머지 부분은 호안석이 견고하도록 뒤채움이 이루어지고 있음이 확인되었다. 따라서 1975년도 조사에서 단면조사가 이루어진 토층은 시축 당시의 제방을 절개한 것이 아니라 호안석축의 뒷채움 층에 대

---

46 성정용, 2007, 「김제벽골제의 성격과 축조시기 재론」, 『한 · 중 · 일의 고대수리시설 비교연구』, 계명대학교 출판부.
47 윤무병, 1992, 앞의 보고서.

한 조사가 이루어졌을 가능성을 배제할 수 없다. 75년도의 조사보고서를 검토해 보면 장생거의 경우 축조 단면을 살필 수 있는 A3와 A4의 트랜치를 수문석주에서 남쪽으로 9m의 거리를 두고 동서로 굴착했으며, 경장거에서는 B1 트랜치를 수문석주에서 남으로 5.5m 지점에 동서로 7.5m의 길이에 걸쳐 팠다. 장생거나 경장거의 수문 구조나 규모에서 중심거와 동일하기 때문에 3개소의 수문의 설치 방법도 크게 다르지 않을 것으로 보인다. 그렇기 때문에 금번 중심거의 발굴결과 수문설치를 위한 제방의 길이가 그 축조과정에서 우선적으로 수문시설을 위해 다시 팠던 곳을 보강했던 층일 가능성이 있는 것이다. 왜냐하면 중심거에서 보면 남쪽의 석주에서 수문시설 관련 제방 남단까지는 704cm가 되기 때문이다. A지점의 단면은 중심거 보다 약 200cm의 여유가 있지만 단면 토층에서는 중심거의 호안석축 뒤채움 토층과 매우 유사하게 나타나고 있기 때문에 면밀한 재검토가 요망된다. 한편 B지점의 단면에서 보면 3, 4, 5층을 수문시설의 기초공사로 파악하고 그 위에 수문과 호안공사가 이루어진 것으로 보고 있다. 그러나 B지점의 경우는 석주에서 남으로 불과 5m밖에 떨어져 있지 않기 때문에 중심거의 수문관련 제방 길이에서 보면 분명히 시축 이후 보수과정에서 뒤채움이 이루어진 토층을 절개한 것으로 추정할 수 있다. 따라서 수문이 시설된 주변에서 제방의 종·단면을 통해 초축 연대나 제방축조에 관한 자료를 얻기 위해서는 원래 시축 당시의 정확한 정보가 뒷받침되지 않으면 안 된다는 점을 간과해서는 안 될 것이다.

벽골제 제방의 기능에 대해서는 현재까지 발굴조사 결과를 보면 제방의 서쪽 부분에서 해수면과 관련된 퇴적이나 침식의 흔적이 발견되지 않고 있기 때문에 우선 해수 유통을 막아 제방 내에서 경작이 이루어졌다고 판단하기 어렵다. 다만 현재의 장생거, 경장거, 중심거의 구조나 시설에서 보면 저수지와 관련된 수문임에 틀림없다. 따라서 차후 좀 더 넓은 범위내의 발굴조사가 이루어진 이후에야 원래 방조제의 기능에서 저수지의 제방으로 전환이 있었는지 등등에 대한 정확한 정보를 파악할 수 있을 것이다.

② 축조집단

벽골제 축조집단에 대해서는 풍납토성의 축조에서 부엽공법의 거대한 토성을 축조할 수 있는 기술력과 대규모 노동력을 동원할 수 있는 집권력을 백제가 가지고 있었기 때문에 벽골제 축조의 조건은 이미 3세기 무렵에 갖추고 있는 것으로 파악하였다. 곧 벽골제와 같은 대규모 저수지는 중앙 집권세력의 성장과 궤도를 같이하며, 농업 생산력을 증대시켜 중앙세력의 강화를 위해 백제의 중앙세력에 의해 축조하고 있다는 것이다.[48]

풍납토성의 축조방법은 우선 사다리꼴에 가까운 형태의 중심 토루를 구축하고 그것을 중심으로 내벽과 외벽을 덧붙여 쌓아 나갔다. 이처럼 여러 겹의 토루를 덧붙여 전체 성벽을 완성한 방법이야말로 풍납토성의 성벽 축조방식에서 가장 특징적인 점이라 할 수 있는데, 이러한 방법은 기본적으로 앞서 살펴본 중국 선사시대 성지의 성벽 축조방법과 크게 다르지 않은 것이라 판단하고 있다. 이외에 기조법, 역경사판축법, 부엽법, 부석과 석축, 지정법 등을 이용하여 풍납토성을 축조한 것으로 파악하고 있다.[49]

벽골제의 축조방법은 풍납토성의 다양한 공법보다는 오히려 호남 서해안지역에 분포하고 있는 마한 분구묘 축조 방법과 공통점을 찾을 수 있다. 영암 내동리 초분골 1호분[50], 나주 신촌리 9호분[51], 영암 신연리 9호분[52], 나주 복암리 3호분[53], 고창 봉덕리 1호분[54] 등의 분구 성토 과정에서 보이는 토층이 벽골제의 성토 방법이 매우 유사함을 발견할 수 있다. 마한 전기단계의 마한 분구묘는 이

48 노중국, 2010, 「백제의 수리시설과 김제 벽골제」, 『백제학보』 4, 백제학회.
49 신희권, 2008, 「중한 고대 축성방법 비교연구」, 『호서고고학』 18, 호서고고학회.
50 국립광주박물관, 1986, 『영암내동리초분골고분』.
51 국립문화재연구소, 2001, 『나주 신촌리 9호분』.
52 국립광주박물관 1993, 『영안 신연리 9호분』.
53 국립문화재연구소, 2001, 『나주 복암리 3호분』.
54 원광대학교 마한·백제문화연구소, 2016, 『고창 봉덕리 1호분 -종합보고서-』.

른바 주구묘라 불리는데 낮은 분구를 성토하고 매장부를 대부분 지면이나 그보다 좀 높은 위치인 분구 중에 두기 때문에 거의 분구나 매장부가 남아 있는 경우가 많지 않다. 그러나 중기 단계에 들어서면 낮고 부정형의 분구를 갖추게 되며, 후기에는 분구의 대형화가 이루어지고, 분구의 형태도 원형·방형·장대형 등 다양하게 변화하게 된다.[55] 분구의 규모가 작은 전기나 중기 단계에는 매장부가 단순한 토광이나 옹관이어서 분구의 성토가 비교적 간단하게 이루어진다. 그러나 분구의 대형화가 이루어지는 후기에서는 매장부가 대형 옹관이나 석실로 바뀌면서 특히 매장부가 분구중에 위치하기 때문에 이를 보호하기 위해서는 매우 견고하게 분구를 축조하지 않으면 안 되었을 것이다. 이와 같이 마한 분구묘는 전기의 주구묘 단계에서 후기의 대형 분구묘 단계까지 계기적 발전과정이라고 이해된다. 따라서 분묘라는 전통성과 보수성이 강한 속성에서 보면 전기의 간단한 분구 성토에서 후기의 견고한 분구 성토는 당연히 계승 발전되는 것이며, 분묘의 변화양상과 흐름을 같이하는 것이다.

마한 중기에 해당하는 3세기 말로 편년되는 초분골 1호분의 분구성토는 황색 점토와 회갈색 점토, 그리고 암적색 사질토를 번갈아 성토하였다.[56] 4세기 전반에서 후반에 걸치는 것으로 추정되는 신연리 9호분의 분구 성토는 먼저 주구 굴착토를 기본적으로 쌓고 있다. 분구 중심부의 층위는 얇은 표토층 아래에 굵은 사립이 섞인 황갈색 사질점토층, 그 아래로는 적황색 사질토층, 황적색 사질토층, 회갈색 점토층, 지반토인 생토층으로 이루어져 있다.[57]

영암 옥야리 방대형 고분은 분구축조 과정에서 점토 덩어리를 이용하여 방사상으로 구획한 다음 그 구획 내에 동심원상으로 점토 덩어리로 분구를 견고하

---

55 최완규, 2000, 「호남지역의 마한분묘유형과 전개」, 『호남고고학보』 11, 호남고고학회.

56 국립광주박물관, 1986, 앞의 보고서.

57 국립광주박물관, 1993, 앞의 보고서, 그림 5 참조.

그림 16. 영암 옥야리 방대형 고분

도록 보강하고 있다.[58] 이러한 수법은 2014년도의 용골 마을 부근의 시굴조사에서 노출된 벽골제 축조수법과 동일한 것임이 밝혀졌다.

3세기에서 7세기까지 400여 년의 지속기간이 유지되었던 복암리 3호분은 한 분구 내에서 옹관, 수혈식석곽, 횡혈식석실, 횡구식석곽, 석곽옹관, 목관 등 영산강유역에서 확인되었던 모든 유형의 묘제가 망라된 41기의 매장시설이 확인되었다. 이렇게 복암리 3호분은 전기에서 후기까지 지속적으로 사용되었기 때문에 대형 분구의 성토과정과 변화과정을 이해하는데 매우 유의한 자료로 생각된다. 분형은 방대형으로 성토층은 크게 상, 중, 하의 3층으로 구분된다. 하층은 분구 조영 이전에 형성되어 있던 옹관묘군의 주구와 그 사이의 주구 또는 공백지역을 메운 것으로 혼합점토를 사용하고 있다. 중층은 두껍게 나타나는데 전반적으로 수평을 유지해 나가면서 국부적으로 일정한 높이로 성토하고 덧대어 옆으로 확장해 나갔다. 한편 상층은 중층보다 넓은 범위를 수평으로 한 겹씩 성토했는데 대부분의 유구는 이 층을 파고 조성되었다. 적갈색, 황색계열의 색조로 혼합점토를 사용했는데 두께는 평균적으로 150cm 정도이다.[59]

신촌리 9호분은 1917~1918년에 발굴조사가 이루어졌지만, 좀 더 구체적인 정보를 얻고자 재조사가 이루어졌다.[60] 동서 단면의 토층조사에서 밝혀진 분구

58 국립나주문화재연구소, 2012, 『영암 옥야리 방대형고분』.
59 국립문화재연구소, 2001, 앞의 보고서, 도면 8, 9 참조.
60 국립문화재연구소, 2001, 앞의 보고서.

의 성토는 크게 3개층으로 이루어졌다. 하층의 중심부는 회갈색 점질토를 기본으로 하여 황갈색 점질토와 적색, 회색, 황색 점질토 혼합토를 교호로 다졌다. 두 번째 성토층은 이 층의 외곽에 덧댄 적갈색 사질토층이다. 중심부 성토층과 축조순서상의 차이만 있을 뿐 시차가 있는 것으로 보이지 않는다. 이 두 층 위에 적갈색 사질토층이 두껍게 쌓여 있는데 분구의 상층이 된다.[61]

고창 봉덕리 1호분은 영산강유역의 전형적인 분구묘의 분구 축조 방법과는 다른 양상으로 축조되어 있다. 영산강유역의 분구묘는 평지에서부터 분구를 성토한 후 매장시설을 안치하고 있는데 반해, 봉덕리 1호분은 먼저 자연 구릉을 방대형으로 깎아 기본적인 분형을 조성한 후 성토를 하고 있는 점에서 다르다. 다듬어진 자연 구릉 위에 조성된 분구의 성토 내용을 동서 단면 트랜치에서 보면 기저부와 5개의 성토층으로 이루어졌다. 기저부위에 조성된 1차 정지층은 회갈색이나 암적갈색의 점질토와 명황 혹은 명적갈색의 사실토와 적갈색 사질토를 번갈아 성토하고 있다. 성토 1층은 적갈이나 암적갈색의 점토와 사질점토를 교차 성토하고 있는데, 6층과 7층에서 토낭과 비슷한 암갈색 점토 덩어리가 발견되고 있다. 성토 2층은 2층과 3층, 그리고 10층에서 흑갈색 점토 덩어리가 혼입되어 있다. 성토 3층과 성토 4층은 점성이 강한 점토나 점토 덩어리가 혼입된 점이 발견된다. 성토 5층은 적갈색이나 명갈색의 사질점토가 교차 성토되었다.[62]

마한 분구묘의 분구 성토 방법에서는 벽골제의 제방 축조에서 최하층에 보이는 부엽공법이 보이지 않는다. 이는 분구묘가 기본적으로 낮은 구릉에 축조되어 있는 지리적 환경과 벽골제가 위치한 곳이 저습지라는 특수한 환경의 차이에서 비롯된 것으로 보인다. 그러나 점질토와 사질토의 교차 성토법과 각기 다른 토양의 점착력을 높이기 위한 점토 덩어리의 혼입 등에서는 동일한 수법을

61 국립문화재연구소, 2001, 앞의 보고서, 도면 50 참조.
62 원광대학교 마한 · 백제문화연구소, 2016, 앞의 보고서, 도면 동서장축토층도 참조.

보이고 있다. 또한 풍납토성의 축조에서 보이는 중심 토루에 덧붙이는 성토법 등은 벽골제의 제방에서는 보이지 않는다. 오히려 제방을 성토하는데 있어 수평을 유지하면서 교차성토가 이루어지는 점이라든지, 성토 공정을 나누어 축조하고 있는 점 등은 마한 분구묘의 분구축조와 벽골제의 제방 성토법이 동일하다는 것을 알 수 있다.

그렇다면 과연 백제 중앙세력이 아닌 이 지역의 마한 세력에 의해서 거대한 토목공사인 벽골제가 축조되었을 것인가? 이를 뒷받침할 수 있는 적극적인 자료는 3~4세기에 들어서면서 호남지역에서는 집자리 수가 급격하게 증가하고, 취락 역시 대규모로 변화한다는 점이다. 전북 서부지역에서만 20여 개소가 군집을 이루어 발견되었고,[63] 특히 익산 사덕유적 105기[64], 익산 송학동 23기[65], 전주 송천동 66기, 부안 장동리 33기, 고창 봉덕 56기, 고창 교운리 44기 등 전 시기에 비해 뚜렷이 취락의 규모가 대형화되는 추세를 읽을 수 있다. 한편 전남지역에서도 함평 소명동 128기, 중랑 202기, 무안 양장리 73기, 담양 태목리 400기, 광주 동림동 100여 기 등 역시 대규모 취락이 등장하고 있어[66] 전북지역의 양상과 동일한 현상을 알 수 있다. 이러한 사실은 마한 사회에 인구가 급격하게 증가하게 됨에 따라 노동 인력이 풍부하게 되고, 한편으로는 식량자원의 확보가 시급한 과제가 되었을 것이다. 따라서 안정적으로 농사를 지을 수 있도록 벽골제와 같은 관개시설이 절대적으로 필요하게 되었을 것인데, 마한 세력 집단은 분구묘 축조에서 축적된 기술력을 바탕으로 거대한 토목공사의 결정체인 벽골제 축조가 가능했던 것이다.

5) 벽골제의 역사·문화적 의미

첫째, 정확한 역사적 기록에 기반하고 있는 벽골제의 정확한 역사성이다. 벽

---

63 이은정, 2007, 「전남지역 3~6세기 주거지 연구」, 『호남고고학보』 26, 호남고고학회.
64 호남문화재연구원, 2007, 『익산 사덕유적』.
65 전북문화재연구원, 2008, 『익산 송학동유적』.
66 이은정, 2007, 「전남지역 3~6세기 주거지 연구」, 『호남고고학보』 26, 호남고고학회.

골제에 대해서는 무엇보다도 삼국시대의 역사를 기록하고 있는 『삼국사기』나 『삼국유사』에 그 시축연대가 정확하게 기록되어 있다는 점이다. 이 두 역사서는 모두 고려시대에 편찬된 것으로 주로 왕조 중심의 역사적 사실을 기록하고 있는 점이 특징인데, 예외적으로 당시 백제 수도인 한강유역에서 멀리 떨어진 김제 벽골제가 '신라 흘해왕 21년(330년)'에 처음 축조된 것으로 적고 있다. 330년 당시 백제 영역에 속하였던 김제 벽골제의 축조 기사가 「신라본기」에 적혀 있다는 사실에 대하여, 백제 비류왕 27년의 기사가 잘못 기록된 것으로 단순하게 생각할 수도 있겠지만, 원래부터 백제 본기에 수록되지 않았을 가능성이 있다. 왜냐하면 벽골제 축조 사실은 백제와 신라 사이의 특별한 관계 속에서 이루어졌던 공동의 정치 행위가 아니라 단순한 민생과 밀접한 저수지의 축조 사실이기 때문에 『삼국사기』의 찬자가 백제본기에 속해 있던 벽골제 시축 기사를 의도적으로 신라본기에 옮겨 적을 만한 사유는 없었다고 본다. 또한 김제지역이 백제에 복속된 시기는 『일본서기』 신공기의 내용에 따르면 369년에 해당하기 때문이다.

결국 벽골제의 축조는 백제의 중앙세력이 중심이 되어 이루어진 것이라기보다 김제지역에 자리 잡고 있었던 마한 세력에 의해 최초로 축조되었을 가능성이 있다. 곧 벽골제 축조의 주인공들은 김제를 중심으로 삶을 영위했던 우리 선조들인 것이다. 한편 벽골제의 몽리 농경지에서 생산된 잉여농산물의 유통 거점이었을 것으로 추정되는 부안 백산성이 인근에 위치하고 있다. 백산성 발굴조사 결과 4세기 초에 해당하는 주거지와 내부에서 다량의 탄화된 곡물류가 발견되고 있어 이러한 사실을 뒷받침하고 있다.

이후 벽골제와 관련된 기록들은 삼국사기 외에 고려사, 조선시대 왕조실록 등 역사서에서 중수와 관련된 내용들이 다수 보이고 있는데, 농경사회에서 벽골제가 국가적 관심 속에서 관리되어 왔음을 증명하고 있는 자료들이다. 이러한 기록들을 통해 우리는 김제지역이 한반도 농경사회에 있어서 지속적으로 가장 중심적인 역할을 담당했던 곳임을 확인할 수 있다.

둘째, 벽골제 제방의 축조는 당시 최고 수준의 토목기술의 집합체이며 자연을 극복하려는 불굴의 의지가 담겨 있다. 『삼국사기』 기록에 의하면 330년 처음 벽골제가 축조되었을 당시 규모가 1,800보라고 적고 있지만, 이후에 중수하는 과정에서 좀 더 확장되는 것으로 파악되고 있다. 『신증동국여지승람』에 실려 있는 「벽골제중수비문」에 따르면, 제방의 높이는 5.23m, 하변의 폭은 21.5m, 상변이 9.24m라고 되어 있는데, 현재 남아 있는 제방의 길이는 무려 3km에 달한다. 이렇듯 엄청난 규모의 벽골제 제방은 당시 토목 기술력 보면, 오늘날 새만금 방조제나 서산 간척지와 비교되는 엄청난 토목공사인 것이다.

이와 같은 벽골제 축조의 대규모 토목공사는 많은 주민들의 단결된 힘에서 가능했을 것이다. 하늘만 바라보고 농사를 짓는 것이 아니라, 스스로 자연을 극복해 인위적으로 물 관리를 가능하게 했던 불굴의 개척정신을 보여주는 산 증거인 것이다. 또한 제방축조 기술은 우리나라 대형 토목공사의 원형이 곧바로 벽골제에서 출발한 것으로 그 의미를 부여할 수 있는 것이다.

셋째, 벽골제 축조 기술은 일본 사야마이케의 제방 기술의 원천을 제공한 국제성을 가지고 있다. 제방의 축조공법을 보면 누수로부터 제방이 훼손되는 것을 방지하기 위해 먼저 최하단에 식물 부재를 까는 부엽 공법을 채용하고 있는데, 부엽 위에는 토낭(흙덩이)과 점토를 번갈아 성토하고 상단부에는 인근 산에서 채취한 붉은색의 토사를 이용하여 제방을 축조하고 있다. 이러한 공법은 오사카의 사야마이케의 제방 축조에도 영향을 미친 것으로 밝혀져 일본 고대 제방 축조기술의 원류가 곧 바로 김제 벽골제였음을 알 수 있는데, 벽골제의 국제성을 입증하고 있는 것이다.

특히 용골마을 부근의 발굴조사 결과 제방의 개보수와 관련된 초낭이 발견되었는데, 이러한 공법은 일본 오사카의 가메이(龜井)유적과 도토리현의 모토다카유끼노끼(本高弓の木)의 원류가 된다는 점에서 의의가 있다. 지금까지는 7세기의 사야마이케(狹山池)에서 보이는 부엽공법과 연결지어 벽골제 축조기술의 일본 전파를 인식하고 있었는데, 금번 발굴을 통하여 5세기 중엽에 이미 벽골제의 기술이 일본에 전해지고 있음을 알 수 있다.

넷째, 백제 지방통치의 거점이었던 중방 고사성의 주요 경제적 기반이 되었다. 벽골제를 이용한 농업 생산력은 매우 높았을 것이며, 이러한 경제적 기반은 이 지역을 중심으로 정치적 집단이 성장했을 가능성을 보여 준다. 이와 관련하여 주목되는 유적이 벽골제 인근 지역에서 조사된 부안 백산성과 정읍 고사부리성이다.

부안 백산성 유적은 동진강과 고부천이 합류하는 지점에 위치하고 있어 천혜의 유통 거점으로 주목되는 곳이다. 앞서 밝혔듯이 백산성 정상의 유적에서 많은 탄화 곡물들이 출토되고 있어 이러한 사실이 증명되고 있다. 또한 정상 아래에서 기슭에 걸쳐 3중의 환호를 돌리고 있는데, 이는 성 안에 보관하고 있는 농업 생산물을 적이나 도둑으로부터 보호하기 위하여 조성한 시설물로 추정된다. 한편 정읍 고사부리성은 백제시대 지방통치 거점이었던 중방성 고사부리성으로 확인되었다. 그런데 고사부리성 주변에서는 백제의 중방성이 설치되기 이전에 축조된 것으로 보이는 마한 전통의 분구묘가 군집된 형태로 조사되었는데, 지사리와 운학리 고분군이 그것이다. 다시 말하면 백제 중방성이 설치될 수 있는 배경에는 이 지역이 마한의 소국으로서 상당한 경제력을 갖춘 정치세력이 자리잡고 있었기 때문에 가능했던 것이다.

이와 같이 백제 지방통치의 중심인 중방성의 운영은 벽골제를 통한 농업 생산력의 경제적 기반 없이는 불가능한 것이었다. 특히 벽골제 인근 장화동 유적에서 조사된 백제시대의 기와 요지와 건물지는 백제 왕도에서 출토되는 것과 동일한 것이다. 곧 이곳에 살았던 주인공들의 사회적 정치적 위상을 가늠하게 하는 유적이다.

벽골제는 고대 농경사회에서 자연을 극복하고자 했던, 지금도 살아 숨 쉬는 최초의 대규모 농경 유적으로, 세계 10대 경제대국인 대한민국의 토목 기술의 원천이 이곳 벽골제에서 비롯된 것임은 두말할 나위가 없다. 나아가 새만금 방조제의 역사적 맥락도 벽골제의 개척정신과 맞닿아 있는 것이다.

3. 고부 눌제

눌제는 정읍시 고부면 관청리와 신흥리 사이에 펼쳐진 평야지대를 가로질러 축조된 수리시설의 제방을 일컫는다. 이 제방은 고부에서 줄포로 연결되는 710번 국도로 사용되었지만, 현재는 이 국도에서 10여 m 이상 북쪽으로 떨어져 새로운 국도가 신설 확장되어 사용되고 있기 때문에 과거 눌제 제방은 농로를 위한 도로로 사용되고 있다.

눌제로 흘러 들어오는 수원은 흥덕현 반등산(半登山)[67]에서 발원하여 군의 서쪽 10리에 이르러 눌제천이 되고, 북으로 흘러 부안의 동쪽에 이르러서는 모천(茅川)과 합하여 동진이 되어 바다로 들어간다.[68] 또한 군의 서쪽 10리에는 눌제의 하류가 되는 대포(大浦)가 있는데, 조수가 드나든다.[69] 한편 순조 34년(1834)에 김정호에 의해 제작된 청구도에 보면 눌제천으로 표기되어 있는데, 이는 지금의 고부천을 가르키고 있는 것이다. 따라서 오늘날 고부천과 문헌에 기록되어 있는 눌제천과는 동일 하천임을 알 수 있다. 이러한 지리적인 특징은 익산 황등제나 김제 벽골제와 같은 동일한 지리적인 조건을 가지고 있는데, 황등제의 탑천과 벽골제의 원평천이 주변의 주하천으로서 상당한 정도의 수량을 가지고 있던 것이다.

눌제의 시축 연대에 대한 기록은 남아 있지 않지만, 『조선왕조실록』 태종 18년(1418) 1월에 눌제에 대한 최초의 기록이 나타나 있어 조선시대 이전에 눌제가 축조되었던 것은 확실한 것 같다. 그리고 중종 25년(1530)의 기록을 보면 눌지는 군의 서쪽에 있는데, 오늘날에는 폐하여 전(田)이 되었다 하여 수리시설의 기능

---

67 오늘날 이름은 방장산(方丈山)으로 전라북도 고창군과 전라남도 장성군에 걸쳐 있는 산으로, 높이는 743m이다. 예전에는 반등산(半登山, 半燈山) 또는 방등산(方登山, 方等山)으로 불렸으며, 지리산, 무등산과 함께 호남의 삼신산으로 불려 왔다.

68 『新增東國輿地勝覽』 卷33, 全羅道, 古阜郡, 山川「訥堤川 源出興德縣半登山 至郡西二十里 爲訥堤川 北流扶安之東 與茅川合爲東津入于海」.

69 『新增東國輿地勝覽』 卷33, 全羅道, 古阜郡, 山川「大浦 在郡西十里 訥堤川下流 潮水往來」.

그림 17. 눌제 부근 항공사진(북에서)

이 멈춰진 상태도 확인할 수 있다.[70] 이후 정조 22년(1798)에는 다시 수즙한 기사가 보이는 것으로 보아 필요에 따라 수리 기능이 폐기되었다 다시 중건되기를 반복했을 것으로 추측할 수 있다. 또한 조선시대의 기록을 보면 벽골제와 같이 수축에 관한 기사가 보이기 때문에 그 중요도에 있어서 벽골제와 비교될 수 있는 정도이다.

눌제의 규모에 대해서는 『조선왕조실록』 세종 1년(1419)의 기록을 보면, 전라감사가 고부군에 있는 눌제를 정월 10일에 시작하여 2월 10일에 걸쳐 역부 1만 1천 5백 80명으로 제방을 완성했는데, 그 길이가 3천 4백 80척이 된다고 보고하였다. 철종 7년(1856)에 눌천을 쌓아 호수를 만들었는데, 이때의 제방 길이를 1천 2백보로 기록하고 있는 것을 보면 그 규모에 있어서는 변화가 거의 없었을 것으

---

70 『新增東國輿地勝覽』卷33, 全羅道, 古阜郡, 古跡「訥池 在郡西 今廢 爲田」.

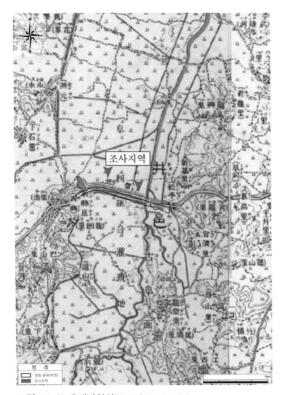

그림 18. 눌제 제방위치(1936년, S=1/25,000)

로 보인다. 다만 눌천을 쌓아 호수를 만들었다는 내용으로 보아 수리시설이 저수지로의 기능 변화가 있었을 것으로 추측할 수 있다.

『조선왕조실록』 태종 18년(1418)조의 기록을 보면 눌제에는 예전에 3개 수문이 설치되었는데, 동쪽 수문은 부령현 동쪽 방면으로 1식(息)여리 흘러가고, 가운데 수문은 부령현 서쪽으로, 서쪽 수문은 보안현 남족으로 흘러가서 관개의 이익이 1만여 경(頃)이 되었다 한다. 이를 근거로 눌제의 몽리지역은 주로 오늘날 부안군 전 지역에 해당하는 것을 알 수 있다. 한편, 이러한 기록을 근거로 태종 18년(1418) 수축 이전의 수리시설로서 제 기능을 제대로 수행할 당시의 눌제는 해발 고도에 비추어 당시 고부천 하도를 따라 올라오는 조수가 항상 제방까지 올라오지는 않았던 것으로 파악하였다. 그러나 백중사리기에는 어느 정도 영향을 받았을 것으로 보여 약간의 방조 기능도 했던 것으로 추정하고 있다.[71] 이러한 눌제는 태종시기에는 이미 그 구조와 기능을 상실한 상

---

71 박승자·이강원, 2011, 「눌제의 역사지리」, 『문화역사지리』 23, 한국문화역사지리학회.

태로 있었던으로 파악되고 있다. 그리고 제내부에서 경작이 이루어지고 있었고, 특히 『신증동국여지승람』의 산천조에서 눌제를 다루지 않고 고적조에 기록하고 있어서 이 책이 편찬되었을 당시 곧 중종때에는 눌제는 수리시설로서 그 기능이 완전히 사라졌음을 알 수 있다. 그렇지만 산천조에 눌제천의 수원에 대한 구체적인 설명이 기록된 것으로 미루어 수리시설로서의 눌제를 대신하여 눌제천을 이용한 농경이 이루어진 것으로 볼 수 있다.

영·정조시대에는 『반계수록』과 복태진의 상소에서 벽골제·황등제와 더불어 눌제 등의 수리시설로서 그 중요성을 강조하는 의견이 개진되었지만, 수축이나 보축이 이루어지지 않았다. 그 이후 철·고종대에 제작된 『여도비지』나 『대동지지』에서는 눌천을 쌓아 호수가 되었다고 기록되어 저수 기능의 수리시설인 것으로 볼 수 있으나, 김정호가 직접 답사에 의한 것이 아니라 기존의 기록을 토대로 옮겨 적은 것으로[72] 눌제는 실제적으로 폐지된 것을 보고 있다.

조선 태종 15년 이후 문헌에 나타나고 있는 눌제의 기록을 통해서 보면 조선시대 이전에 초축되어 있었지만 태종 당시에 이미 폐지된 수리시설이었을 것으로 판단된다.

표 5. 문헌에 보이는 눌제에 관한 기록

연번	연월일	내용	출전
1	태종 15년 (1415년)	古阜訥池, 臣親審之, 蓄水…之地低深, 堤下之田勢高, 難於引水…灌漑. 然則雖多貯水…, 無所用也.	조선왕조실록
2	태종 18년 (1418년) 1월	臣見古阜之地訥堤, 古置三大水門。 其東水門則流注扶寧縣東面一息餘里, 中門則流注扶寧縣西面, 西門則流注保安縣南面, 灌漑之利, 幾乎萬餘頃。 以此觀之, 利多害小可知矣。且其(溝洫)〔溝洫〕古基, 分明可考。 或者乃曰: "堤內之田, 水浸不用。又堤岸卑而田野高, 雖欲開墾, 將無所用。" 然雨後水浸之害, 不過數日, 隨卽流下, 無所損穀。	조선왕조실록

72 박승자·이강원, 2011, 앞의 논문, p.68.

연번	연월일	내용	출전
		碧骨堤下陳地, 幾乎六千餘結; 訥堤下陳地, 萬餘結, 但以其處居民, 未能盡耕. 雪水, 五穀之精. 每年九月氷凍前, 狀堤堰加築, 貯氷雪水, 翼年早春, 周足灌漑.	
3	세종즉위년 (1419년) 9월 26일	全羅道監司據知古阜郡事呈: "本郡訥堤灌漑之地, 將至萬餘結, 請於農隙, 發丁夫修築." 從之	조선왕조실록
4	세종 1년 (1419년) 2월 20일	全羅道監司李安愚啓: "古阜 訥堤下可耕萬餘結. 乞依井田之法, 同養公田." 從之.	조선왕조실록
5	세종 1년 (1419년) 2월 25일	全羅道監司報古阜郡 訥堤成, 堤長三千四百八十尺. 自是年正月十日始, 二月十日畢, 凡役一萬一千五百八十名.	조선왕조실록
6	세종 2년 (1420년) 8월 21일	全羅道觀察使報: "大雨, 古阜郡 訥堤決, 堤下田六百餘結沈水."	조선왕조실록
7	세종 2년 (1420년) 9월 14일	全羅道觀察使請修築碧骨堤、訥堤, 令政府、六曹議之, 皆請待豐年修築, 從之.	조선왕조실록
8	세종 3년 (1421년) 1월 16일	全羅道觀察使張允和啓: "金堤郡 碧骨堤、古阜郡 訥堤潰決, 曾命待豐年修築. 臣今巡視, 訪問利害, 堤岸雖決, 而水猶泓塞, 堤內良田沈水者鉅萬, 且當農月, 若致大決, 則堤下農夫, 盡爲漂沒. 請加開決, 聽民耕種." 命議政府、諸曹議之, 多是允和議, 上從之.	조선왕조실록
9	세종 10년 (1428년) 윤4월 2일	全羅道 金堤碧骨堤、泰仁古阜境上梨平、扶安東津浦、古阜訥堤等處, 慮或因水災失農,	조선왕조실록
10	세종실록 지리지	東津在扶安縣, 泰仁、井邑兩縣之水, 合于金堤 碧骨水, 西流至興德東, 與古阜 訥堤水交, 爲東津, 潮水至焉, 作橋以通行人.	조선왕조실록
11	중종 25년 (1530년)	山川: 訥堤川, 源出興德縣半登山, 至郡西十里, 爲訥堤川, 北流扶安之東, 與茅川合爲東津入于海. 古蹟: 訥池 在郡西 今廢 爲田	신증동국여지승람
12	영조 41년 (1765년)	栗池橋 在郡西十里 栗池堤 周一千五百九十四步 在郡北二十里	여지도서
13	영조 46년 (1770년)	今觀金堤之碧骨堤. 全羅忠淸之名爲湖南湖西. 由於此堤. 古阜之訥堤. 盆山全州之間黃登堤. 皆是陂堤之巨者. 有大利於一方. 前古極一國之力成築. 今皆廢缺.	반계수록

연번	연월일	내용	출전
14	정조 22년 (1798년)	卜台鎭疏曰:"農功之所先務, 莫要於興水利, 水利之效, 莫要於堤也…'扶安之訥堤, 臨陂之碧骨堤、萬頃之黃藤堤, 是謂湖南三大堤。 當其始築之際, 竭一國之力以成者, 而中間毁棄。 不過動數郡之力, 依舊葺成, 則蘆嶺以北, 永無凶荒之年, 湖南沿海之郡, 可比於蘇、杭。	조선왕조실록
15	철종 7년 (1856년)	築訥川爲湖, 堤長一千二百步, 周四十里, 源出栗峙, 北流至郡西八里, 爲訥堤川, 至白山之北, 合于茅川。 其下爲大浦, 潮水至。	여도비지
16	고종 1년 (1864년)	築訥川爲湖。 堤長一千二百步, 周四十里。 源出興德半登山栗峙, 北流至郡西八里爲此川, 至白山之北, 合于茅川。	대동지지
17	고종 9년 (1872년)	郡守朴侯奎東駕狀革罷永世不忘碑	영세불망비
18	고종 40년 (1903년)	訥川: 輿地勝覺作訥堤川 在北十里 訥堤湖:訥川爲湖 堤長一千二百步 周四十里在西八里	증보문헌비고

고부 눌제는 조선시대 이전에 분명히 초축이 있었음을 문헌기록에서 확인 가능하지만, 그 이상의 정보를 획득하는데는 한계가 있어서 고고학적인 발굴조사의 필요성 제기되었다. 특히 백제 중방 고사성의 인근에 있는 수리유적이며, 눌제의 초축이나 운영과 관련해서는 삼한시대라는 내용이 전해져 왔기 때문에 정확한 정보를 얻기 위한 조사가 진행되었다.[73]

1차 시굴 조사에서는 3개의 트랜치를 굴착했지만, 수문의 흔적이나 제체 성토층 등 눌제와 직접적인 흔적은 발견되지 않았다.

2차 조사의 대상지역은 줄포-고부간 710번 지방도를 기준으로 남쪽과 북쪽으로 나누어져 있어 편의상 북쪽을 1구역, 남쪽을 2구역으로 구분하였다. 1구역은 기존에 탐문·지표조사를 통해 제방의 기저부 말단부로 추정되는 곳이며, 논으로 이용되는 곳이다. 2구역은 제방과 추정 중앙 수문지2에 포함되는 곳이며, 체육공원으로 이용되는 곳이다.

---

73 전북문화재연구원, 2018,『정읍 눌제(추정 수문지) 시굴조사 약보고서』.
전북문화재연구원, 2023,『정읍 제방 추정지내 시굴조사 약보고서』.

그림 19. 눌제 서쪽제방 토층양상

조사결과, 1구역의 대체적인 토층양상은 상층부터 갈색 사질점토층 - 흑회색 니질점토층 - 암갈색 점토층 - 회청색 실트층으로 구분된다. 조사과정에서 고고학적인 유물은 발견되지 않았다.

2구역의 대체적인 토층양상은 상층부터 갈색 사질점토층 - 갈색 사질점토+황갈색 사질점토+흑색 니질점토+회청색 점토 - 회백색 점토+암갈색 사질점토+회갈색 사질점토 - 회백색 실트+흑색/암갈색 점토 - 부엽층으로 구분된다. 제방 성토층으로 판단되는 유사판축층은 Tr.4에서, 표토블록층은 Tr.1부터 Tr.4까지 전 트렌치에서 확인된다. Tr.1~Tr.4의 복토층에서 확인되는 갈색 사질점토, 황갈색 사질점토 등은 제방성토층에서 보이는 토양과 매우 유사하다. 이는 공원시설 등이 들어서면서 제방성토층, 즉 제방상부를 파괴하고 복토, 정지한 것으로 판단된다. 현재까지 확인된 제방 성토층의 높이는 81~106cm이다.

확인된 눌제의 제방 성토양상은 김제 벽골제의 초축제방 축조과정 중 기초부 조성 및 제체성토 공정과 익산 황등제의 기초부 조성 성토양상이 매우 유사하다.

한편 『朝鮮五萬分之一地形圖』에 저수지의 담수 범위와 수문의 정확한 위치는 확인되지 않지만, 『태종실록』에 따르면 동 · 서 · 중에 3개의 큰 수문이 있었다고 하는 것으로 보아 고부천에 중앙수문과 제방 양쪽 가장자리에 각각 수문이 있었던 것으로 추정된다. 1954년 촬영된 항공사진을 통해 확인되는 눌제는 제내 · 외지 모두 경지정리가 이루어졌으며, 도로로 이용되고 있는 제방 이외에 수문은 확인되지 않지만, 고지형분석을 통해 볼 때 동쪽과 서쪽에서 구하도로 추정되는 흔적이 관찰되어 제방과 교차되는 지점에 구하도가 확인되는 것으로

보아 수문이 있었던 것으로 추정해 볼 수 있다.[74]

4. 전북지역 고대 수리유적의 기능과 폐제

벽골제·황등제·눌제는 모두 평지에 조성된 수리유적으로 호남의 3대 제언으로 기록에는 모두 저수지로 표현되었다. 따라서 기본적으로 이들 수리유적의 기능은 제내지에 물을 가두어두었다가 제외지에 물을 공급하는 저수지로 볼 수 있다. 벽골제는 제내지의 외곽과 자연마을의 위치와 해발고도 측량을 통해 예상되는 담수 범위의 높이는 대략 6m 정도로 추정하고 있는데 초축 당시 제내담수지의 농지 면적에 비해 제외지의 농지 면적이 훨씬 적고, 감조하천인 원평천을 따라 유입되는 해수의 영향 등으로 벽골제의 기능을 방조제로 보는 견해가 꾸준히 제기되었다.

그럼에도 많은 연구자들이 벽골제를 저수지로 보는 이유는 원성왕 대에 벽골제를 증축한 배경, 벽골제 중수기에 보이는 조파는 대극포에 한정된 것이며, 벽골제가 방조제라면 개펄을 인공적으로 개간하지 않는 이상 대다수 경작지는 제방 안쪽에 있어야 하는데 조선 태종 대에 벽골제 제외지에 대한 경지면적, 벽골제 제방의 결궤는 하천의 범람이 원인이지 조수때문이 아니라는 점, 벽골제가 원성왕 대에 증축된 이후 여러 차례 걸쳐 폐기되는데 해수의 방조제였다면 당연히 제내의 경작지도 바닷물의 영향으로 못 쓰는 땅이 된다는 점에서 벽골제를 저수지로 보고 있다.[75]

이와 관련하여 원평천보다 해발고도가 낮은 동진강 하류에 위치한 부안 원천리 유적에서 B.C.2~1세기를 전후 해발 약 3.8m 내외의 충적지에 조성된 유적으로 현재 동진강 수위와 약 50cm 정도 차이를 보이고 있다. 또한 유적은(현재 제

---

74 권정혁, 2022, 「벽골제·눌제·황등제의 기능 재검토」, 『호남고고학보』 70, 호남고고학회.

75 노중국, 2010, 「백제의 수리시설과 김제 벽골제」, 『백제학보』 4, 백제학회.

방 안쪽)에 위치하여 만약 벽골제가 위치하는 지역이 조수의 직접적인 영향을 받았다면 원천리 유적은 당시에는 바다 속에 잠겨있어야 한다. 하지만 원천리 유적이 해수의 영향이 전혀 받지 않았다는 점은 벽골제 제외지도 또한 벽골제 축조 당시에는 이미 육지화 되어 있는 곳으로 볼 수 있으며 밀물 때 조수의 영향을 받아 원평천을 따라 해수가 유입되었다 하더라도 주변지역까지 해수의 영향이 있었다고 볼 수 없다.[76]

벽골제 · 황등제 · 눌제가 해수 차단이 목적이었다면 제방을 축조하기 이전에는 결국 제내지도 염분이 있는 땅으로 볼 수 있는데 조수를 막기 위해 제방을 축조하였다면 제방을 축조한 이후에도 염분을 제거하기 위해서는 오랫동안 민물을 채워두어야 한다. 그렇다면 결국 농지로 이용하기 위해서는 많은 시간이 소요되기 때문에 이 또한 쉽지 않은 일이다.

해수의 영향을 받지 않고 유적이 형성되어 있었다는 것은 당시의 자연환경이 현재와 차이가 있었다는 것을 의미하는데 벽골제의 경우도 비록 원평천이 감조하천이지만 백중사리 때를 제외하면 해수의 영향을 받지 않았을 가능성이 높다. 벽골제 내에서 조사된 청동기시대의 수혈과 시대 미상의 구하도도 이를 증명하는 것이다. 다만 벽골제는 제내지의 농지면적이 워낙 넓기 때문에 이곳에 모두 담수를 한다는 것은 농지를 모두 잃게 되어 경제적으로 큰 손실이 있기 때문에 농한기에 제내지에 담수를 한 후 농번기에 제외지에 관개하여 제외지는 물론 제내지까지 이용된 것으로 보고 있으며, 이들 저수지가 평야지에 조성되어 있고 제내지와 제외지의 높이 차이가 거의 없으며, 규모의 차이만 있을 뿐 저수답들의 입지와 형태 등에서 유사성을 보이고 있다.[77]

눌제도 구릉지를 연결하는 둑을 길게 쌓아 백중사리 시기에 고부천 하도를 따라 들어오는 정도의 조수의 영향을 차단하면서 상류로부터 내려오는 담수를

---

76 김규정, 2020, 「만경강유역 점토대토기문화의 유입과 그 변화」, 『호남고고학보』 65, 호남고고학회.

77 최완규 · 권정혁, 2019, 앞의 논문.

저수하고 긴 둑 3곳에 수문을 설치하여 3개의 긴 도랑을 통해 하류의 경지에 관개하는 형태를 지녔을 것으로 보고 있는데[78] 제방을 쌓아 저수를 만들었지만, 저수지의 깊이가 깊지 않기 때문에 제외지에 관개를 하는 목적 이외에도 제내지에 농지를 활용하는 목적도 동시에 가지고 있었던 것으로 보인다. 즉 눌제는 백중사리 고부천을 따라 역류되는 해수의 영향을 방지하고 제내지는 물론 제외지의 경작지를 활용하기 위한 목적의 저수지 즉 저수답의 기능으로 볼 수 있을 것이다.

황등제의 경우도 금강과 만경강 제방이 완성되기 이전에는 탑천을 따라 황등제 인근까지 배가 드나들었던 것으로 보고 있으며, 황등제 일대의 지명 가운데 배와 관련된 백길(뱃길) 등의 지명이 보인다. 탑천의 경우도 백중사리 때 탑천을 따라 역류하는 해수를 막기 위한 시설인 동시에 제내지는 물론 제외지에 있는 농지에 관개를 위한 저수지로 볼 수 있다. 따라서 제내지는 일정 기간 담수를 한 후 농사철에 제외지로 관개하여 제외지의 농지를 이용함과 동시에 제내지는 저수답으로 이용되는 것이 훨씬 경제적이었던 것이다.

벽골제 · 황등제 · 눌제는 고대 수리유적으로 전작에 비해 수확량이 훨씬 높은 수도작을 위해서는 지속적인 물 공급이 필요했을 것이며 저수지 축조를 통해 제외지에 안정적인 물을 공급하고 만약 제외지가 해수의 영향을 받았다면 이미 저수지가 축조될 당시에는 육지화된 지역으로 오히려 염분 제거를 위해 제내지의 물을 이용하였을 가능성도 생각해 볼 수 있다.

벽골제 · 황등제 · 제는 조선시대에 폐제되어 벽골제와 눌제는 수축된 것으로 보이지만, 황등제는 수축기록이 보이지 않는다. 특히 벽골제는 지속적인 수축에도 불구하고 제방이 결궤되어 결국 폐제된 것으로 보이는데, 이는 조선시대에도 대형 제방을 유지 · 관리하기 쉽지 않았다는 것을 단적으로 증명한다고 볼 수 있다.

---

78 박승자 · 이강원, 2011, 앞의 논문.

한편 영조 41년(1765)에 편찬된 여지도서에는 전북 각 지역에서 제언이 대량으로 증가하게 되는데, 다음 표와 같다.

표 6. 여지도서에 기록된 전북지역의 제언

연번	지역	제 명칭	비고
1	흥덕현	新池堤, 沙斤堤, 蓮池堤, 長橋堤, 禪雲堤, 墨尺堤, 東林堤, 艮尺堤, 生芹堤 등	28곳
2	부안현	新德堤, 塊堤, 阿里堤, 定只堤, 異墓堤, 古亇堤, 深城堤 등	10곳
3	옥구현	白石堤, 米堤, 金山堤, 雨洞堤, 程道堤, 新堂堤, 大位堤, 朴只山堤	8곳
4	용안현	斗雪堤, 今注乙小堤, 白墻小堤, 佃北堤, 大冬音小堤, 草三堤, 重珍小堤	7곳
5	함열현	柳堤, 高子堤, 蓮堤, 孝子堤, 瓦草堤, 員堤, 新堤, 長堤, 助隱堤, 冬至堤 등	24곳
6	태인현	上蓮池堤, 牛項堤, 下蓮池堤, 綾鄉堤, 小堤, 加峙堤, 大母堂堤, 尺川堤, 加里峙堤 등	30곳
7	여산현	木橋堤, 山陰堤, 北枝堤, 於蘭堤, 大沙池堤, 少沙池堤, 金池堤, 西林串堤, 漁梁堤 등	12곳
8	익산군	東亭子堤, 新堤, 窺見堤, 立石堤, 內堤, 外堤, 加佐洞堤, 瓶洞堤, 黑石堤, 長淵堤, 蓼串堤 등	26곳
9	고부군	助村堤, 長順堤, 檢谷堤, 大洞堤, 萬水堤, 毛助堤, 驛洞堤, 甘把堤, 新堤, 唐德堤, 栗池堤 등	22곳
10	김제군	舘堤, 占勿堤, 儉山堤, 牛堤, 升方堤, 金伊堤, 虎尾堤, 反之堤, 內猪堤, 外堤, 鱔堤, 鶴堤 등	61곳
11	임피현	院北堤, 神堂堤, 水柴堤, 蓮堤, 公昌堤, 鐵峯堤, 烏桃堤, 居山堤, 冷井堤, 蓋井堤 등	16곳
12	만경현	大堤, 東亇應尙堤, 西亇應尙堤, 汝羅堤, 安霞堤, 加多谷堤, 陽陵堤, 石井堤, 馬堤 등	24곳
13	금구현	熊池堤, 安心堤, 篏子堤, 狐兒堤, 竹山堤, 上梧赤堤, 下梧赤堤, 新橋堤, 高山堤 등	17곳
14	정읍현	蓼島堤, 余兒洞堤, 匡洞堤, 禿洞堤, 磨石堤, 竹枝堤, 馬谷堤, 梨坪堤, 葛田堤 등	14곳
			299곳

조선 후기에 있어서 이양법이 전국적으로 확산되는 시기는 17세기 전반[79]이나 후반[80]으로 연구자 간에 약간의 차이를 보인다. 그렇지만 조선 후기에 이양법의 확산에 따른 수전의 확대와 토지생산성의 증대는 인구가 급속하게 증가하는 결과를 초래한 것으로 보았다. 토지생산성의 발달과 함께 소농민의 자립화가 진행되어감에 따라 생산물지대에 기초한 지주전호제가 확고하게 되었다는 것이다.[81] 전북지역의 황등제, 벽골제, 눌제와 같은 대형 수리시설은 기록에 따르면 국가에서 관리해 왔으며, 또한 그러하도록 많은 상소도 있었다. 그러나 이양법과 인구증가와 더불어 지주전호제는 국가관리의 수리 시설에 의지하는 데서 벗어나 자체적인 소규모의 수리시설을 축조했던 것은 아닐까 생각된다. 이러한 사실은 위 표에서 보이는 바와 같이 급격하게 제언이 증가했을 것이며, 더 이상 벽골제와 같은 대규모 수리시설은 필요성이 떨어졌을 것으로 폐제의 한 원인이 되었을 것이다.

일제강점기 벽골제는 제방을 절개하여 간선수로로 이용하였으며 눌제는 제내지와 제외지 모두 경지로 이용된 것으로 볼 수 있다. 하지만 황등제는 일제강점기 저수지로 축조되어 이용되지만 저수지로 이용된 기간은 20년 정도에 불과하고 다시 폐제된다. 논농사에 필수적인 수원의 확보는 매우 중요하기 때문에 고대에서부터 수원을 확보하고 관개하기 위해서 많은 노력을 기울였지만 황등제는 미륵산에서 발원한 물만으로는 부족하여 가뭄이 심하면 제 기능을 하지 못하고 조선시대부터 만경강 본류의 물을 황등제로 끌어들이기 위한 노력으로 수로가 조성된 것으로 보고 있다.[82] 이러한 이유로 황등제는 조선시대에 폐제

---

79 宮島博士, 1981, 「李朝後期における朝鮮農法の發展」, 『朝鮮史硏究會論文集』 11.

80 김용섭, 1974, 「조선후기의 수도작기술 -이양법 보급에 대하여」, 『조선후기농업사연구』 2, 지식산업사.

81 이호철, 1989, 「조선시대 도작농업의 발전과 인구증가」, 『농학지』 7, 경북대학교 농업과학기술연구소.

82 박노석, 2018, 「황등제 간선수로에 대한 고찰」, 『건지인문학』 23, 전북대학교 인문학연구소.

된 이후에 일제강점기인 1911년 이후에 증축되어 임익수리조합 저수지로 이용
되었지만, 기능 불충분으로 평저형 저수지의 기술적인 한계를 극복하지 못했다.
또한 만성적인 수원 부족으로 인해 한해 극복에 취약했으며, 시설관리와 유지 ·
보수에 상당한 제원이 소요되어 대체 수원인 고산천 상류의 경천저수지가 축조
되면서 폐제된 것으로 보고 있다.[83]

---

83 정승진, 2015, 「실패한 식민지 개발 프로젝트: 익산 황등제의 폐제화 사례」, 『한국사
학보』 59, 고려사학회.

1. 사료

『三國史記』, 『三國遺事』, 『高麗史』, 『朝鮮王朝實錄』, 『新增東國輿地勝覽』,
『磻溪隨錄』, 『東國輿地志』, 『金馬誌』, 『輿地圖書』, 『增補文獻備考』, 『大東地志』,
『漢書』, 『三國志』, 『後漢書』, 『隋書』, 『新唐書』, 『舊唐書』, 『翰苑』, 『日本書紀』,
『觀世音應驗記』

2. 단행본 및 논문

1) 국내

강병학, 2005, 「한반도 선사시대 굽다리토기 연구」, 『고문화』 66, 한국대학박물관협
　　회.

강봉원, 2003, 「한국 고대국가형성에 있어서 관개수리의 역할 : Wittgogel의 수리이
　　론과 관련하여」, 『한국상고사학보』 39, 한국상고사학회.

곽장근, 1995, 「전북 장수군의 유적현황과 보존실태」, 『호남고고학보』 2, 호남고고
　　학회.

곽장근, 1996, 「군산 미룡동 고려고분 수습조사 결과보고」, 『호남고고학보』 3, 호남
　　고고학회.

곽장근, 1999, 『호남 동부지역 석곽묘 연구』, 서경문화사.

곽장근, 2004, 「호남 동부지역의 가야세력과 그 성장과정」, 『호남고고학보』 20, 호남고고학회.

곽장근, 2018, 『전북에서 만나는 가야이야기』, 전라도 정도 1000년 기념 도록, 국립전주박물관.

권정혁, 2022, 「벽골제·눌제·황등제의 기능 재검토」, 『호남고고학보』 70, 호남고고학회.

금성출판사, 1993, 『국어대사전』.

길기태, 2005, 「백제 사비기의 불교정책과 도승」, 『백제연구』 41, 충남대학교 백제연구소.

김건수, 1998, 「우리나라 골각기의 분석적인 연구」, 『호남고고학보』 8, 호남고고학회.

김경택, 2014, 「청동기시대 복합사회 등장에 관한 일 고찰 : 송국리유적을 중심으로」, 『호남고고학보』 46, 호남고고학회.

김규정, 2006, 「무문토기 옹관묘 검토」, 『선사와 고대』 25, 한국고대학회.

김규정, 2014, 「호남지역 청동기시대 취락의례」, 『호남지역 선사와 고대의 제사』 제22회 호남고고학회 학술대회 발표자료집, 호남고고학회.

김규정, 2016, 「마한의 성장과 익산」, 『마한·백제문화』 28, 원광대학교 마한·백제문화연구소.

김규정, 2020, 「만경강유역 점토대토기문화의 유입과 그 변화」, 『호남고고학보』 65, 호남고고학회.

김규정, 2023, 「전북지역 청동기시대 전기 생업경제 시론」, 『우행 느리게 걷고 깊이 남기다』 10주기 추모논문집, 학연문화사.

김길식, 2008, 「백제시조 구태묘와 능산리사지 -구태묘에서 묘사로-」, 『한국고고학보』 69, 한국고고학회.

김낙중, 2013, 「고고학자료로 본 비리벽중포미지반고사읍의 위치」, 『백제학보』 9, 백제학회.

김삼룡, 1977, 「백제의 익산천도와 그 문화의 성격」, 『마한·백제문화』 2, 원광대학교 마한·백제문화연구소.

김삼룡, 1983, 『한국 미륵신앙의 연구』, 동화출판사.

김삼룡, 2003,「지정학적인 측면에서 본 익산」,『익산의 선사와 고대문화』, 원광대학교 마한 · 백제문화연구소.

김상현, 2009,「미륵사 서탑 사리봉안기의 기초적 검토」,『대발견 사리장엄 미륵사의 재조명』, 원광대학교 마한 · 백제문화연구소.

김수태, 2004,「백제의 천도」,『한국고대사연구』 36, 한국고대사학회.

김승옥, 2000,「호남지역 마한주거지의 편년」,『호남고고학보』 11, 호남고고학회.

김승옥, 2001,「금강유역 송국리형 묘제의 연구 -석관묘 · 석개토광묘 · 옹관묘를 중심으로-」,『한국고고학보』 45, 한국고고학회.

김승옥, 2004,「전북지역 1~7세기취락의 분포와 성격」,『한국상고사학보』 44, 한국상고사학회.

김승옥, 2011,「중서부지역 마한계 묘제의 성격과 발전과정」,『분구묘의 신지평』, 전북대학교 박물관.

김승옥, 2019,「호남지역의 마한과 백제, 그리고 가야의 상관관계」,『호남고고학보』 63, 호남고고학회.

김용섭, 1974,「조선후기의 수도작기술 -이양법 보급에 대하여」,『조선후기농업사연구』 2, 지식산업사.

김원룡, 1977,「익산지역의 청동기문화」,『마한 · 백제문화』 2, 원광대학교 마한 · 백제문화연구소.

김원룡, 1990,「마한고고학의 현상과 과제」,『마한 · 백제문화』 12, 원광대학교 마한 · 백제문화연구소.

김은정, 2007,「전북지역 원삼국시대 주거지연구」,『호남고고학보』 26, 호남고고학회.

김은정, 2019,「전북지역 주거구조 비교분석을 통한 마한 · 백제 그리고 가야」,『마한 · 백제 그리고 가야』 제27회 호남고고학회 정기학술대회, 호남고고학회.

김장석, 2009,「호서와 서부호남지역 초기철기 -원삼국시대 편년에 대하여」,『호남고고학보』 33, 호남고고학회.

김장석 · 김준규, 2016,「방사선탄소연대로 본 원삼국시대-삼국시대 토기편년」,『한국고고학보』 100, 한국고고학회.

김재원, 1964,「부여 · 경주 · 연기출토 청동유물」,『진단학보』 25 · 26 · 27합, 진단학회.

김정배, 1976, 「준왕 및 진국과 「삼한정통론」의 제문제 -익산 청동기문화와 관련하여-」, 『한국사연구』 13, 한국사연구회.

김주성, 1993, 「무왕의 사찰 건립과 전제권력의 강화」, 『한국고대사연구』 6, 한국고대사학회.

김주성, 2001, 「백제 법왕과 무왕의 불교정책」, 『마한·백제문화』 15, 원광대학교 마한·백제문화연구소.

김주성, 2001, 「백제 사비시대의 익산」, 『한국고대사연구』 21, 한국고대사학회.

김주성, 2007, 「백제 무왕의 즉위과정과 익산」, 『마한·백제문화』 17, 원광대학교 마한·백제문화연구소.

김주성, 2009, 「백제 무왕의 정국운영」, 『대발견 사리장엄 미륵사의 재조명』, 원광대학교 마한·백제문화연구소.

김주성, 2016, 「백제 통치조직의 변화와 중방성」, 『정읍속의 백제 중앙과 지방』, 정읍시·원광대학교 마한·백제문화연구소.

김중엽, 2015, 「고창 봉덕리 1호분 축조방법과 공간활용에 대한 검토」, 『마한·백제연구』 25, 원광대학교 마한·백제문화연구소.

김중엽, 2018, 「호남지역 마한 분묘유적의 연구현황」, 『마한의 중심 익산 그 회고와 전망』, 원광대학교 마한·백제문화연구소.

김태곤, 1990, 「소도의 종교민속학적 조명」, 『마한·백제문화』 12, 원광대학교 마한·백제문화연구소.

김형기, 1973, 「정읍사 풀이에 대한 가설」, 『한국어문학』 11, 한국어언어문학회.

김혜정, 2008, 「왕흥사지 발굴조사 성과」, 『부여 왕흥사지 출토 사리기의 의미』, 국립부여문화재연구소.

나종우, 2003, 「백제사상에 있어 익산의 위치」, 『전북의 역사와 인물』.

노기환, 2008, 『미륵사지 출토 백제 인각와 연구』, 전북대학교 석사학위논문.

노중국, 1987, 「마한의 성립과 변천」, 『마한·백제문화』 10, 원광대학교 마한·백제문화연구소.

노중국, 1988, 「무왕 및 의자왕대의 정치개혁」, 『백제정치사연구』, 일조각.

노중국, 2009, 「마한의 성립과 변천」, 『마한, 숨쉬는 기록』, 국립전주박물관.

노중국, 2010,「백제의 수리시설과 김제 벽골제」,『백제학보』 4, 백제학회.

노중국, 2010,「한국 고대의 저수지 축조와 역사적 의미」,『고대 동북아시아의 수리와 제사』, 대한문화유산연구원.

노중국, 2010,「한국고대의 수리시설과 농경에 대한 몇 가지 검토」,『한국고대의 수전농업과 수리시설』, 서경문화사.

박노석, 2011,「익산 황등제에 대한 역사적 고찰」,『건지인문학』 6, 전북대학교 인문학연구소.

박노석, 2018,「황등제 간선수로에 대한 고찰」,『건지인문학』 23, 전북대학교 인문학연구소.

박대재, 2011,「준왕남래설에 대한 비판적 검토」,『선사와 고대』 35, 한국고대학회.

박순발, 1993,「우리나라 초기철기문화의 전개과정에 대한 약간의 고찰」,『고고미술사논총』 3, 충북대학교 고고미술사학과.

박순발, 1998,「전기 마한의 시·공간적 위치에 대하여」,『마한사연구』, 충남대학교 출판부.

박순발, 2005,「사비도성의 경관에 대하여」,『고대 도시와 왕권』, 충남대학교 백제연구소.

박순발, 2007,「사비도성과 익산 왕궁성」,『마한·백제문화』 17, 원광대학교 마한·백제문화연구소.

박순발, 2007,「사비도성과 익산 왕궁성」,『백제 왕도속의 익산』, 익산역사지구 세계문화유산등재추진 국제학술회의.

박순발, 2010,「익산 왕궁리유적 궁장과 신농석 산성의 기원」,『백제연구』 52, 충남대학교 백제연구소.

박순발, 2012,「계수호와 초두를 통해 본 남원 월산리고분군」,『운봉고원에 묻힌 가야무사』, 국립전주박물관.

박순발, 2013,「백제도성의 시말」,『중앙고고연구』 13, 중앙문화재연구원.

박순발, 2013,「사비도성과 익산 왕궁성」,『마한·백제문화』 21, 원광대학교 마한·백제문화연구소.

박순발, 2013,「유물상으로 본 백제의 영역화 과정」,『백제, 마한과 하나되다』, 한성백제박물관.

박순발, 2016, 「마한사의 전개와 익산」, 『마한 · 백제문화』 28, 원광대학교 마한 · 백제문화연구소.

박승자, 2010, 「익산 요교제의 역사지리」, 『문화역사지리』 22, 한국문화역사지리학회.

박승자 · 이강원, 2011, 「눌제의 역사지리」, 『문화역사지리』 23, 한국문화역사지리학회.

박진일, 2000, 「원형점토대토기문화연구 -호서 및 호남지역을 중심으로-」, 『호남고고학보』 12, 호남고고학회.

박진일, 2013, 『한반도 점토대토기문화 연구』, 부산대학교 박사학위논문.

박찬규, 1993, 「백제 구태묘 성립배경에 대한 일고찰」, 단국대학교 대학원 학술논총 17.

박현숙, 2009, 「백제 무왕의 익산 경영과 미륵사」, 『한국사학보』 36, 고려사학회.

서영대, 2009, 「한국 고대의 제천의례」, 『한국사 시민강좌』 45, 일조각.

서정석, 2014, 「부여 관북리 '북사'명 토기 출토 건물지의 성격 시고」, 『한국성곽학보』 24, 한국성곽학회.

서현주, 2000, 「호남지역 원삼국시대 패총의 현황과 형성배경」, 『호남고고학보』 11, 호남고고학회.

성정용, 2007, 「김제벽골제의 성격과 축조시기 재론」, 『한 · 중 · 일의 고대수리시설 비교연구』, 계명대학교 출판부.

성정용, 2013, 「한의 시작과 마한」, 『마한 · 백제의 분묘문화』 I, 중앙문화재연구원.

손준호, 2009, 「호서지역 청동기시대 묘제의 성격」, 『선사와 고대』 31, 한국고대학회.

송일기, 2002, 「익산 왕궁탑 금지금강사경의 문헌학적 접근」, 『서지학연구』 24, 서지학회.

송종열, 2015, 「만경강유역 점토대토기문화의 정착과정」, 『호남고고학보』 50, 호남고고학회.

송화섭, 1996, 「한국 암각화의 신앙의례」, 『한국의 암각화』, 한국역사민속학회.

송화섭, 2016, 「백제 가요 정읍사의 역사적 배경지 고찰」, 『호남학연구』 60, 전남대학교 호남학연구원.

신채호, 1982, 「삼조선 분립시대」, 『조선상고사』, 진경환 주역, 인물연구소.

신형식, 1992, 『백제사』, 이화여자대학교 출판부.

신희권, 2008, 「중한 고대 축성방법 비교연구」, 『호서고고학보』 18, 호서고고학회.

심수연, 2010, 『영남지역 두형토기 연구』, 영남대학교 석사학위논문.

심수연, 2011, 「영남지역 출토 두형토기의 성격」, 『한국고고학보』 79, 한국고고학회.

안승주, 1976, 「논산 표정리 백제고분과 토기」, 『백제문화』 9, 공주대학교 백제문화
연구소.

안재호, 1992, 「송국리유형의 검토」, 『영남고고학보』 11, 영남고고학회.

안형기·이홍종, 2023, 「고지형분석을 활용한 황등제 수리시설 운용 연구」, 『호남고
고학보』 73, 호남고고학회.

양기석, 1990, 『백제 전제왕권 성립과정 연구』, 단국대학교 박사학위논문.

양기석, 2009, 「백제 왕흥사의 창건과 변천」, 『백제문화』 41, 공주대학교 백제문화연
구소.

양기석, 2013, 「전남지역 마한사회와 백제」, 『백제학보』 9, 백제학회.

여호규, 2005, 「국가제사를 통해본 백제 도성제의 전개과정」, 『고대 도시와 왕권』,
충남대학교 백제연구소.

오동선, 2020, 「남원 아영분지 고총고분 조영세력의 변천과 성격」, 『남원 청계리 청
계고분군과 월산리 고분군 조사성과와 의의』, 국립완주문화재연구소·국
립나주문화재연구소.

유원재, 1996, 「백제 무왕의 익산경영」, 『백제문화』 25, 공주대학교 백제문화연구소.

윤덕향, 1987, 「남원 건지리유적조사개보」, 『삼불김원용교수정년퇴임기념논총』, 일
지사.

윤무병, 1979, 「연산지방의 백제토기연구」, 『백제연구』 10, 충남대학교 백제연구소.

윤무병, 1992, 「김제 벽골제 발굴보고」, 『백제고고학연구』, 백제연구총서 제2집.

이강승, 1987, 「부여 구봉리출토 청동기일괄유물」, 『삼불 김원룡교수정년퇴임기념
논총 -고고학편-』, 일지사.

이건무, 1990, 「부여 합송리유적 출토일괄유물」, 『고고학지』 2, 한국고고미술연구소.

이건무, 1992, 「한국 청동기의 연구」, 『한국고고학보』 28, 한국고고학회.

이건무·신광섭, 1994, 「익산 석천리 옹관묘에 대하여」, 『고고학지』 6, 한국고고미
술연구소.

이광린, 1961, 「조선수이사연구」, 『한국연구총서』 8, 한국연구도서관.

이기백, 1994, 「한국 풍수설의 기원」, 『한국사 시민강좌』 14, 일조각.

이남석 외, 2006, 「서산 해미 기지리 분구묘」, 『분구묘 분구식 고분의 신자료와 백제』, 한국고고학회.

이도학, 2003, 「백제 무왕대 익산 천도설의 검토」, 『익산문화권 연구의 성과와 과제』, 마백연구소설립 30주년기념 제16회 국제학술회의, 원광대학교 마한·백제문화연구소.

이도학, 2004, 「백제 무왕대 익산 천도설의 재해석」, 『마한·백제문화』 16, 원광대학교 마한·백제문화연구소.

이도학, 2008, 「왕흥사 사리기 명문 분석을 통해본 백제 위덕왕대의 정치와 불교」, 『한국사연구』 142, 한국사연구회.

이도학, 2018, 「익산 천도 물증 '수부'명와에 대한 반론 검증」, 『백제도성연구』, 서경문화사.

이동희, 2010, 「보성 조성리 유적의 성격」, 『고대 동북아시아의 수리와 제사』, 대한문화유산연구원.

이문형, 2021, 「익산 신흥근리공원 출토 중국 반량전 비파괴 분석보고」, 『마한·백제문화』 37, 원광대학교 마한·백제문화연구소.

이병도, 1975, 『한국고대사연구』, 박영사.

이병도, 1976, 「삼한문제의 연구」, 『한국고대사연구』, 박영사.

이병도, 1976, 「서동설화에 대한 신고찰」, 『한국고대사연구』, 박영사.

이상길, 2006, 「제사와 권력의 발생」, 『계층사회와 지배자의 출현』 한국고고학회 30주년 기념학술대회 발표자료집, 한국고고학회.

이신효, 2012, 「백제 왕도속의 익산」, 『백제 왕도속의 익산』, 익산역사유적지구 세계유산등재추진 국제학술회의, 원광대학교 마한·백제문화연구소.

이신효, 2013, 「왕궁리유적을 통해 본 백제말기의 익산경영」, 『마한·백제문화』 22, 원광대학교 마한·백제문화연구소.

이은정, 2007, 「전남지역 3~6세기 주거지 연구」, 『호남고고학보』 26, 호남고고학회.

이정호, 2013, 「영산강유역 대형옹관에 대한 실험고고학적 연구」, 『대형옹관 생산과 유통연구의 현황과 과제』, 국립나주문화재연구소.

이택구, 2008, 「한반도 중서부지역의 馬韓墳溝墓」, 『한국고고학보』 66, 한국고고학회.

이한상 2007, 「청동기시대의 관개시설과 안동 저전리유적」, 『한ㆍ중ㆍ일의 고대수리시설의 비교연구』, 계명대학교 출판부.

이현혜, 1984, 『삼한사회형성사연구』, 일조각.

이현혜, 2003, 「한국 초기철기시대의 정치체 수장에 대한 고찰」, 『역사학보』 180, 역사학회.

이호철, 1989, 「조선시대 도작농업의 발전과 인구증가」, 『농학지』 7, 경북대학교 농업과학기술연구소.

익산문화원, 2005, 『익산향토지 Ⅰㆍ Ⅱ ㆍ Ⅲ』.

임영진, 2000, 「영산강유역 석실봉토분의 성격」, 『영산강유역 고대사회의 새로운 조명』 국제학술심포지엄, 목포대학교 박물관ㆍ역사문화학회.

임영진, 2002, 「전남지역의 분구묘」, 『동아시아의 주구묘』 창립10주년기념국제학술대회, 호남고고학회.

장지현, 2015, 「호남지역 점토대토기문화의 전개 양상과 특징 -생활유적을 중심으로」, 『호남고고학보』 51, 호남고고학회.

전영래, 1973, 「고부 은선리 고분군」, 『전북유적조사보고』 2.

전영래, 1973, 「정읍 가정리 정호유구」, 『전북유적조사보고』 2.

전영래, 1974, 「임실 금성리 석곽묘군」, 『전북유적조사보고』 3.

전영래, 1974, 「정읍 운학리 고분군」, 『전북유적조사보고』 3.

전영래, 1975, 「익산 함열면 다송리 청동유물출토묘」, 『전북유적조사보고』 5.

전영래, 1976, 「완주 상임리출토 중국식동검에 관하여」, 『전북유적조사보고』 6.

전영래, 1979, 「정읍 운학리고분출토 용문투조과판ㆍ대금구의 재검토」, 『전북유적조사보고』 10.

전영래, 1980, 『고사부리』, 고부지방고대문화권조사보고서.

전영래, 1981, 「남원, 초촌리고분군발굴조사보고서」, 『전북유적조사보고』 12.

전영래, 1983, 「한국청동기문화의 연구 -금강유역권을 중심으로-」, 『마한ㆍ백제문화』 6, 원광대학교 마한ㆍ백제문화연구소.

전영래, 1985, 「백제남방경역의 변천」, 『천관우선생 환력기념 한국사학논총』, 정음문화사.

전영래, 1987, 「금강유역 청동기문화권 신자료」, 『마한 · 백제문화』 10, 원광대학교 마한 · 백제문화연구소.

전영래, 1987, 「益山 平章里新出 靑銅遺物」, 『古文化談叢』 19, 北九州古考學硏究會.

전영래, 1990, 「마한시대의 고고학과 문헌사학」, 『마한 · 백제문화』 12, 원광대학교 마한 · 백제문화연구소.

전영래, 2003, 『전북 고대산성조사보고서』, 전라북도 · 한서고대연구소.

전용호, 2009, 「왕궁리유적의 최근 발굴성과 -공간구획 및 활용방식을 중심으로-」, 『익산왕궁리유적 발굴조사 20주년 국제학술대회 발표논문』, 국립부여문화재연구소.

전용호, 2015, 「익산 왕궁성 구조에 대한 연구 성과와 논쟁점」, 『마한 · 백제문화』 25, 원광대학교 마한 · 백제문화연구소.

정광용 · 강형태 · 유종윤, 2002, 「금강유역 세형동검의 과학분석 (1) -청원 문의면 수습 세형동검-」, 『호서고고학보』 6 · 7합, 호서고고학회.

정승진, 2015, 「실패한 식민지 개발 프로젝트: 익산 황등제의 폐제화 사례」, 『한국사학보』 59, 고려사학회.

정여선, 2010, 『중부지방 원형점토대토기문화의 전개과정 연구』, 충남대학교 석사학위논문.

정인보, 1935, 『조선사연구』 상권.

정일, 2006, 「전남지역 사주식주거지의 구조적인 변천 및 전개과정」, 『한국상고사학보』 54, 한국상고사학회.

조경철, 2008, 「백제 무왕대 신도건설과 미륵사 · 제석사 창건」, 『백제문화』 39, 공주대학교 백제문화연구소.

조경철, 2010, 「백제 왕흥사의 창건과 미륵사」, 『史叢』 70, 고려대학교 역사연구소.

조원교, 2009, 「익산 왕궁리 오층석탑 발견 사리장엄구에 대한 연구」, 『백제연구』 49, 충남대학교 백제연구소.

조유전, 1984, 「전남 화순 청동유물일괄 출토유적」, 『윤무병박사 회갑기념논총』, 통천문화사.

조윤재, 2009, 「고창 출토 동인고」, 『한국고고학보』 71, 한국고고학회.

조진선, 2005, 『세형동검문화의 연구』, 학연문화사.

조현종, 2014, 「제사고고학 -선사 · 고대의 제사-」, 『호남지역 선사와 고대의 제사』 제22회 호남고고학회 학술대회 발표자료집, 호남고고학회.

지건길, 1978, 「예산 동서리 석관묘 출토 청동일괄유물」, 『백제연구』 9, 충남대학교 백제연구소.

지건길, 1990, 「장수 남양리 출토 청동기 · 철기일괄유물」, 『고고학지』 2, 한국고고 미술연구소.

지병목, 1999, 「익산 왕궁리유적의 성격에 대한 시론 -성곽유구를 중심으로」, 『사학 연구』 58 · 59합, 한국사학회.

진정환, 2007, 「남원 지당리 석불입상고찰」, 『동악미술사학』 8, 동악미술사학회.

천관우, 1989, 「마한제국의 위치시론」, 『고조선사 · 삼한사연구』, 일조각.

최맹식, 1999, 「왕궁리유적 발굴의 최근성과」, 『마한 · 백제문화』 14, 원광대학교 마한 · 백제문화연구소.

최문정, 2012, 「익산 왕궁리 후원유적에 관한 검토」, 『한국전통조경학회지』 10, 한국 전통조경학회.

최병헌, 1975, 「도선의 생애와 나말 · 여초의 풍수지리설」, 『한국사연구』 11, 한국사 연구회.

최성락, 2002, 「삼국의 성립과 발전기의 영산강유역」, 『한국상고사학보』 37, 한국상 고사학회.

최성은, 1997, 「나말여초 소형금동불입상연구 -익산 왕궁리 오층석탑출토 금동불입 상을 중심으로-」, 『미술자료』 58, 국립중앙박물관.

최완규, 1996, 「전북지방 고분의 분구」, 『호남지역 고분의 분구』, 호남고고학회.

최완규, 1997, 「백제지역 횡구식석곽분 연구」, 『백제연구』 27, 충남대학교 백제연구소.

최완규, 1997, 『금강유역 백제고분의 연구』, 숭실대학교 박사학위논문.

최완규, 1999, 「익산지역의 최근 고고학적 성과」, 『마한 · 백제문화』 14, 원광대학교 마한 · 백제문화연구소.

최완규, 2000, 「馬韓 · 百濟墓制의 複合樣相」, 『日韓古代おける埋葬法の比較研 究』, 奈良國立文化財研究所.

최완규, 2000, 「호남지역의 마한분묘 유형과 전개」, 『호남고고학보』 11, 호남고고 학회.

최완규, 2001, 「익산지역 백제고분과 무왕릉」, 『마한 · 백제문화』 15, 원광대학교 마한 · 백제문화연구소.

최완규, 2002, 「백제성립과 발전기의 금강유역 묘제양상」, 『한국상고사학보』 37, 한국상고사학회.

최완규, 2002, 「전북지방의 주구묘」, 『동아시아의 주구묘』 호남고고학회 창립 10주년기념 국제학술회의, 호남고고학회.

최완규, 2004, 「日本弥生時代の墳丘墓と韓半島西南部地域の馬韓墳墓との比較研究」, 『訪日學術研究者論文集』 第8券, 財團法人 日韓文化交流基金.

최완규, 2006, 「분구묘 연구의 현황과 과제」, 『분구묘 · 분구식고분의 신자료와 백제』, 제49회 전국역사학대회 고고학부 발표자료집.

최완규, 2006, 「정읍지역의 선사 · 고대문화」, 『전북의 역사문물전 -정읍-』, 국립전주박물관.

최완규, 2007, 「분묘유적에서 본 익산세력의 전통성」, 『마한 · 백제문화』 17, 원광대학교 마한 · 백제문화연구소.

최완규, 2009, 「고대익산과 왕궁성」, 『익산 왕궁리발굴 20주년 성과와 의의』, 주류성.

최완규, 2009, 「마한묘제의 형성과 전북지역에서의 전개」, 『마한』, 국립전주박물관.

최완규, 2009, 「백제사상 익산문화의 정체성」, 『대발견 사리장엄 미륵사의 재조명』.

최완규, 2011, 「백제 무왕대 익산천도의 재검토」, 『백제말기 익산천도의 제문제』, 익산역사유적지구 세계문화유산등재추진 국제학술회의.

최완규, 2013, 「김제 벽골제와 백제 중방성」, 『호남고고학보』 44, 호남고고학회.

최완규, 2015, 「마한 성립의 고고학 일고찰」, 『한국고대사연구』 79, 한국고대사학회.

최완규, 2016, 「백제 중방문화권 내 마한 기층문화와 백제」, 『정읍 속의 백제 중앙과 지방』, 정읍시 · 정읍문화원 · 전북문화재연구원.

최완규 · 권정혁, 2019, 「고지형 분석을 통한 벽골제 기능의 재검토」, 『수리사적 측면에서 본 벽골제』, 사적 제111호 김제 벽골제 학술대회, 원광대학교 마한 · 백제문화연구소.

최우림, 2014, 『분묘를 통해 본 중서부지역 점토대문화』, 충북대학교 석사학위논문.

최주, 1996, 「슴베에 홈이 있는 비파형동검 및 비파형동모의 국산에 대하여」, 『선사와 고대』 7, 한국고대학회.

최주 · 김수철 · 김정배, 1992, 「한국의 세형동검 및 동령의 금속학적 고찰과 납 동위 원소비법에 의한 원료산지 추정」, 『선사와 고대』 3, 한국고대학회.

최주 · 도정호 · 김수철 · 김선태 · 엄태윤 · 김정배, 1992, 「한국 세형동검의 미세 구조 및 원료산지 추정」, 『ANALYYICAL SCIENCE & TECHNOLOGY』 Vol.5. No.2.

최창조, 2008, 「한국 풍수사상의 자생적 특징」, 『풍수지리문화의 이해』, 형지사.

하인수, 2000, 「남강유역 무문토기시대의 묘제」, 『진주 남강유적과 고대일본』, 국제 학술회의 발표자료집.

한수영, 2011, 「만경강유역 점토대토기문화의 전개과정」, 『건지인문학』 31, 전북대 학교 인문학연구소.

한수영, 2011, 「만경강유역의 점토대토기문화기 목관묘 연구」, 『호남고고학보』 39, 호남고고학회.

한수영, 2021, 「마한의 시작과 만경강, 그리고 익산」, 『마한문화로 본 익산』, 익산마 한문화권 가치확산 학술회의, 원광대학교 마한 · 백제문화연구소.

한정호, 2005, 「익산 왕궁리 오층석탑 사리장엄구의 편년재검토 -금제사리내함을 중심으로-」, 『불교미술사학』 3, 불교미술사학회.

허의행, 2012, 「호서지역 청동기시대 관개체계와 전개양상」, 『호남고고학보』 41, 호 남고고학회.

홍보식, 2020, 「남원 청계리고분군과 월산리고분군의 가치와 활용방안」, 『남원 청 계리 청계 고분군과 월산리 고분군 조사성과와 의의』, 국립완주문화재연구 소 · 국립나주문화재연구소.

홍사준, 1975, 「미륵사지고」, 『마한 · 백제문화』 창간호, 원광대학교 마한 · 백제문 화연구소.

홍승기, 1994, 「고려초기 정치와 풍수사상」, 『한국사 시민강좌』 14, 일조각.

홍윤식, 1988, 「마한 소도 신앙영역에서의 백제불교의 수용」, 『마한 · 백제문화』 11, 원광대학교 마한 · 백제문화연구소.

홍윤식, 1998, 「관세음응험기에 나타난 익산 천도설」, 『익산지역 문화유적의 성격과 연구』, 원광대학교 마한 · 백제문화연구소.

홍윤식, 2003, 「문헌자료를 통해서 본 백제 무왕의 천도사실」, 『익산의 선사와 고대
　　　문화』, 원광대학교 마한·백제문화연구소.

홍윤식, 2003, 「익산지방 백제불교문화유적의 성격」, 『익산의 선사와 고대문화』, 원
　　　광대학교 마한·백제문화연구소.

황수영, 1973, 「백제 제석사지의 연구」, 『백제연구』 4, 충남대학교 백제연구소.

2) 외국

Witfogel, Karl A, 1955, Development of Aspect of Hydraulic Societies.
　　　In Irrigation Civilizations: A Comparative Study, edited by Social
　　　Science Section. Department of Culyure Affairs. Social Science
　　　Monographs Ⅰ. Pan American Union, Washington D.C.

高惠冰, 1996, 「封開縣古代"嶺南首府"存廢 探析」, 『嶺南文史』.

科學院出版社, 1963, 『考古學資料集』 3.

盧海鳴, 2004, 『六朝都城』, 南京出版社.

廖小東, 2008, 『政治儀式與權力秩序 -古代中國"國家祭祀"的政治分析』, 夏旦大學
　　　博士學位論文.

社會科學出版社, 1966, 『中國 東北地方 遺跡發掘調査報告』.

上海博物館考古硏究部, 2003, 「上海市普陀区志丹苑元代水闸遗址发掘简报」, 『志
　　　丹苑 -上海元代水闸遗址研究文集-』, 上海博物馆, 科学出版社.

辛文, 1976, 「高昌古城和交河古城」, 『文物』 12.26.

艾紅玲, 2008, 「祭祀目的之歷史變遷分析」, 『黑龍江史志』 17.

梁濤, 2009, 「高昌城的興衰」, 『新疆地方志』 2.

余黎星·余扶危, 2010, 「武則天與神都二三事」, 『四川文物』 2010年 第1期.

閻文儒, 1962, 「吐魯番的高昌古城」, 『文物』 8.29.

王双怀, 2010, 「中国古代的水利設施及其特征」, 『陝西師範大学学報(哲学社會科学
　　　版)』 第3卷 第2期.

劉淑芬, 2007, 『육조시대의 남경』, 임대희 옮김, 경인문화사.

張美華, 2002, 「淺析武則天定都洛陽的原因」, 『歷史敎學』 12.

陈剛, 2016,「20世紀 70年代以來都江堰工程研究綜述」,『廣西民族大学学報(自然科学版)』, 第22巻 第2期.

崔润民, 2018,「关于灵渠历史。科技, 文化思考」,『灵渠保护与申遗暨水利遗产保护利用学术论坛』论文集, 中国·广西兴安.

宮島博士, 1981,「李朝後期における朝鮮農法の發展」,『朝鮮史研究會論文集』11.

金關 恕·佐原 眞, 1989,『弥生文化の研究』8, 祭と墓と装い.

田中俊明, 2010,「백제의 복도·부도와 동아시아」,『2010 세계 대백제전 국제학술회의』.

青柳泰介, 2002,「大壁建物 考-韓日關係의 具體的 構築을 위한 一試論」,『百濟研究』35.

3. 보고서

경기문화재연구원, 2009,『안성 만전리 신기유적』.

경기문화재연구원, 2009,『파주 와동리 Ⅰ유적』.

고려대학교 고고환경연구소, 2005,『도삼리 유적』.

고려대학교 매장문화연구소, 1997,『관창리 주구묘』.

고려대학교 매장문화연구소, 2002,『연지리 유적』.

공주대학교 박물관, 1994,『논산 모촌리 백제고분군 발굴조사보고서Ⅱ』.

공주대학교 박물관, 1997,『분강·저석리』.

국립공주박물관, 1996,『정지산』.

국립광주박물관, 1986,『영암내동리초분골고분』.

국립광주박물관, 1988,『함평초포리유적』.

국립광주박물관, 1993,『영안 신연리 9호분』.

국립문화재연구소, 2001,『나주 복암리 3호분』.

국립문화재연구소, 2001,『나주 신촌리 9호분』.

국립문화재연구소, 2010,『백제 불교문화의 보고 미륵사 -화보집-』,

국립부여문화재연구소, 1997,『益山 王宮里』.

국립부여문화재연구소, 1998,『당정리』.

국립부여문화재연구소, 2001,『益山 王宮里』.

국립부여문화재연구소, 2002,『益山 王宮里』.

국립부여문화재연구소, 2002,『화지산』.

국립부여문화재연구소, 2006,『익산 왕궁리유적 발굴조사 중간보고Ⅴ』.

국립부여문화재연구소, 2007,『궁남지 Ⅲ』.

국립부여문화재연구소, 2009,『왕흥사지 Ⅲ -목탑지 금당지 발굴조사 보고서-』.

국립부여문화재연구소, 2011,『제석사지 발굴조사보고서Ⅰ』.

국립부여문화재연구소, 2013,『제석사지 발굴조사보고서Ⅱ』.

국립전주박물관, 1994,『부안 죽막동 제사유적』.

국립전주박물관, 1996,『완주 반교리 유적』.

국립중앙박물관, 1977,『남성리 석관묘』.

국립중앙박물관, 1995,『청당동 Ⅱ』.

군산대학교 박물관, 1995,『군산 옥정리 고분군』.

군산대학교 박물관, 1996,『군산 조촌동 고분군』.

군산대학교 박물관, 1998,『장수 삼고리고분군』.

군산대학교 박물관, 2001,『진안 용담댐 수몰지구내 문화유적 발굴조사 보고서Ⅳ』.

군산대학교 박물관, 2002,『군산 아동리 · 당북리 토석채취장예정부지내 문화유적 시
　　　　굴조사 보고서』.

군산대학교 박물관, 2002,『김제 석담리유적』.

군산대학교 박물관, 2002,『군산 당북리 · 신관동』.

군산대학교 박물관, 2004,『군산 산월리 유적』.

군산대학교 박물관, 2005,『삼봉리 고분군 · 동촌리 고분군』.

군산대학교 박물관, 2006,『장수 침곡리유적』.

군산대학교 박물관, 2009,『김제 석담리 봉의산 · 장의산유적』.

군산대학교 박물관, 2013,『남원 입암리 · 임리 고분』.

군산대학교 박물관 · 고창군, 2009,『고창군의 지석묘』.

기전문화재연구원, 2007,『화성 발안리 마을유적』.

대한문화재연구원, 2015,『고창 봉산리 황산유적 Ⅱ · Ⅲ』.

대한문화재연구원, 2017, 『고창 칠암리 고분』.

목포대학교 박물관, 1991, 『영암 옥야리 고분군』.

목포대학교 박물관, 2000, 『영광 학정리·함평 용산리 유적』.

목포대학교 박물관, 2001, 『영광 군동유적』.

목포대학교 박물관, 2001, 『함평 월야 순촌유적』.

문화재연구소, 1989, 『익산 입점리 고분』.

문화재연구소, 1991, 『남원 건지리 고분군 발굴조사 보고서』.

백제문화개발연구원·충북대학교 박물관, 1995, 『청주 송절동 고분군 발굴조사보 고서 -1993년도발굴조사-』.

복천박물관, 2006, 『선사·고대의 제사 풍요와 안녕의 기원』.

서울대학교 고고인류학과, 1964, 『광주 신창리 옹관묘군』.

영해문화유산연구원, 2012, 『곡성 대평리 유적』.

울산문화재연구원, 2020, 『김제 벽골제 제내지유적』.

원광대학교 마한·백제문화연구소, 1981, 『보덕성 발굴조사(일명 익산토성)』.

원광대학교 마한·백제문화연구소, 1983, 『남원 월산리 고분군 발굴조사보고서』.

원광대학교 마한·백제문화연구소, 1985, 『익산 오금산성 발굴조사보고서』.

원광대학교 마한·백제문화연구소, 1985, 『정읍 보화리석불입상주변 발굴조사보고서』.

원광대학교 마한·백제문화연구소, 1992, 「고창 상갑리·죽림리 석실고분」, 『고창 죽림리일대 지석묘군 지표조사보고서』.

원광대학교 마한·백제문화연구소, 2000, 『고창의 분구묘』.

원광대학교 마한·백제문화연구소, 2000, 『익산 영등동 유적』.

원광대학교 마한·백제문화연구소, 2001, 『익산 입점리 백제고분군』.

원광대학교 마한·백제문화연구소, 2002, 『율촌리 분구묘』.

원광대학교 마한·백제문화연구소, 2005, 『고창의 주구묘』.

원광대학교 마한·백제문화연구소, 2005, 『군장 산업단지 진입도로(대전-군산간)공 사구간내 문화유적 발굴조사보고서 I』.

원광대학교 마한·백제문화연구소, 2005, 『익산 신동리유적 -5·6·7지구-』.

원광대학교 마한·백제문화연구소, 2005, 『정읍 신정동 유적』.

원광대학교 마한·백제문화연구소, 2006, 『고창의 주거지 I』.

원광대학교 마한 · 백제문화연구소, 2006, 『고창의 주거지Ⅱ』.

원광대학교 마한 · 백제문화연구소, 2006, 『익산 신동리 유적 -1, 2, 3지구』.

원광대학교 마한 · 백제문화연구소, 2013, 『오룡리유적』.

원광대학교 마한 · 백제문화연구소, 2016, 『고창 봉덕리 1호분 -종합보고서-』.

원광대학교 마한 · 백제문화연구소, 2016, 『익산의 성곽』.

원광대학교 마한 · 백제문화연구소, 2019, 『고창 봉덕리 3 · 4호분 문화재시굴조사
　　　약보고서』.

원광대학교 박물관, 1992, 『옥구 장상리 백제고분군 발굴조사 보고서』.

원광대학교 박물관, 1995, 『익산 웅포리 백제고분군』.

원광대학교 박물관, 1997, 『익산 성남리 백제고분군』.

원광대학교 박물관, 2003, 『군산 여방리고분군』.

원광대학교 박물관, 2006, 『익산 왕궁리 전와요지(제석사폐기장)발굴조사보고서』.

원광대학교 박물관, 2009, 『고창 죽림리 재해 고인돌 발굴조사 보고서』.

전남대학교 박물관, 1993, 『함평 월계리 석계고분군Ⅰ』.

전남대학교 박물관, 2004, 『함평 예덕리 만가촌고분군』.

전남문화재연구원, 2016, 『나주 구기촌 · 덕곡유적』.

전라문화유산연구원, 2012, 『정읍 접지리 · 마석리유적』.

전라문화유산연구원, 2016, 『고창 부곡리 연동 · 내동리유적』.

전라문화유산연구원, 2020, 『김제 벽골제유적 -김제 신덕동 벽골제 수문추정지 내
　　　시굴조사-』.

전라문화유산연구원, 2022, 『익산 마동유적』.

전북대학교 박물관, 1989, 『두락리 발굴조사보고서』.

전북대학교 박물관, 1990, 『세전리 발굴조사보고서』.

전북대학교 박물관, 1994, 『행정리 고분군 발굴조사보고서』.

전북대학교 박물관, 2000, 『남양리 발굴조사보고서』.

전북대학교 박물관, 2001, 『와정유적』.

전북대학교 박물관, 2003, 『김제 대목리 · 장산리 · 장산리 유적』.

전북대학교 박물관, 2003, 『부안 대동리 · 하입석리 유적』.

전북대학교 박물관, 2003, 『부안 대동리 · 하입석리유적』.

전북대학교 박물관, 2004, 『전주 송천동유적』.

전북대학교 박물관, 2010, 『완주 상운리 I · II · III』.

전북대학교 박물관 · 군산대학교 박물관, 2000, 『대전-통영간 고속도로(무주-장계구간)건설구간 문화유적발굴조사보고서』.

전북대학교 박물관 · 군산대학교 박물관, 2001, 『군산 도암리 유적』.

전북문화재연구원, 2003, 『고창 남산리 유적』.

전북문화재연구원, 2005, 『정읍 영원면 문화유적지표조사보고서』.

전북문화재연구원, 2008, 『익산 송학동 유적』.

전북문화재연구원, 2008, 『전주 장동유적』.

전북문화재연구원, 2008, 『전주 중인동유적』.

전북문화재연구원, 2008, 『전주 중화산동유적』.

전북문화재연구원, 2009, 『고창 석교리 유적』.

전북문화재연구원, 2009, 『고창 오호리 신지매 유적』.

전북문화재연구원, 2009, 『전주 장동유적 I · II』.

전북문화재연구원, 2011, 『김제 장화동 유적』.

전북문화재연구원, 2011, 『부안 백산성 II -주거지-』.

전북문화재연구원, 2011, 『부안 백산성』.

전북문화재연구원, 2012, 『남원 월산리고분군 -M4, M5, M6호분-』.

전북문화재연구원, 2013, 『전주 원장동유적』.

전북문화재연구원, 2013, 『정읍 고사부리성 -종합보고서(1-5차 발굴조사)-』.

전북문화재연구원, 2014, 『김제 벽골제 I』.

전북문화재연구원, 2015, 『김제 벽골제 II』.

전북문화재연구원, 2017, 「군산 선제리108-16번지유적」, 『각지소규모발굴조사』, 한국문화재보호재단.

전북문화재연구원, 2017, 『김제 벽골제III』.

전북문화재연구원, 2017, 『김제 벽골제IV』.

전북문화재연구원, 2017, 『익산 동용리 백제고분군』.

전북문화재연구원, 2018, 『익산 탑리 · 덕기동유적』.

전북문화재연구원, 2018,『김제 벽골제(사적 제111호) 고환경 분석을 위한 조사(8차)』.

전북문화재연구원, 2018,『정읍 눌제(추정 수문지) 시굴조사 약보고서』.

전북문화재연구원, 2023,『익산 황등제Ⅰ』.

전북문화재연구원, 2023,『정읍 제방 추정지내 시굴조사 약보고서』.

전주대학교 박물관, 1990,『전주, 여의동선사유적 발굴조사보고서』.

전주문화유산연구원, 2010,『정읍 외장·오정유적』.

전주문화유산연구원, 2012,『고창 자룡리·석남리유적』.

전주문화유산연구원, 2014,『전주 안심·암멀유적』.

전주문화유산연구원, 2015,『고창 금평리, 왕촌리, 고성리유적』.

전주문화유산연구원, 2015,『장수 동촌리 고분군 -1호분-』.

전주문화유산연구원, 2015,『장수 삼봉리 고분군』.

전주문화유산연구원, 2017,『장수 동촌리·삼봉리 고분군』.

전주문화유산연구원, 2018,『고창 두어리 유적』.

전주문화유산연구원, 2018,『장수 노하리 고분군』.

전주문화유산연구원, 2020,『장수 삼봉리 고분군 -1·24·25호분』.

전주시립박물관, 1986,『정읍지방문화재지표조사보고서』.

중앙문화재연구원, 2001,『논산 원북리유적』.

중원문화재연구원, 2007,『안성 반제리유적』.

충남대학교 박물관, 2003,『사비도성 -능산리 친 군수리지점 발굴조사 보고서-』.

충남대학교박물관, 1996,『천안 장산리유적』.

충청남도 역사문화연구원, 2005,『서천 봉선리 유적』.

충청남도 역사문화연구원, 2008,『부장리』.

충청남도 역사문화원, 2004,『부여 증산리 유적』.

충청남도 역사문화원, 2005,『서천 봉선리유적』.

충청매장문화재연구원, 2001,『서산 여미리유적』.

충청문화재연구원, 1999,『공주 안영리유적』.

충청문화재연구원, 2004,『청양 장승리 고분군』.

해원문화재연구원, 2020,『남원 청계리 고분군 발굴조사』, 발굴조사 학술자문회의
　　　　자료집.

호남문화재연구원, 2002, 『고창 교운리유적』.

호남문화재연구원, 2002, 『익산 간촌리유적』.

호남문화재연구원, 2003, 『고창 봉덕 유적』.

호남문화재연구원, 2003, 『나주 용호고분군』.

호남문화재연구원, 2004, 『고창 만동유적』.

호남문화재연구원, 2004, 『김제 대동리 유적』.

호남문화재연구원, 2004, 『정읍 통석리유적』.

호남문화재연구원, 2005, 『고창 예지리 고분』.

호남문화재연구원, 2005, 『완주 갈동유적』.

호남문화재연구원, 2005, 『정읍 신월리유적』.

호남문화재연구원, 2006, 『군산 축동유적』.

호남문화재연구원, 2006, 『정읍 관청리유적』.

호남문화재연구원, 2007, 『고창 율계리유적』.

호남문화재연구원, 2007, 『광주 동림동유적 I · II · III · IV』.

호남문화재연구원, 2007, 『익산 사덕유적 I · II』.

호남문화재연구원, 2007, 『정읍 장수동 유적』.

호남문화재연구원, 2008, 『전주 마전유적(I · II)』.

호남문화재연구원, 2008, 『전주 마전유적(IV)』.

호남문화재연구원, 2009, 『김제 산치리 · 양청리 · 나제리 유적』.

호남문화재연구원, 2009, 『완주 갈동(II) 유적』.

호남문화재연구원, 2010, 『장성 환교 유적』.

호남문화재연구원, 2011, 『고창 부곡리 증산 유적』.

호남문화재연구원, 2011, 『익산 모현동 2가유적 I · II』.

호남문화재연구원, 2011, 『정읍 신면 유적』.

호남문화재연구원, 2013, 『고창 선동유적』.

호남문화재연구원, 2014, 『완주 신풍유적 I · II』.